# 数字媒体技术与创作系列教材
## 编撰委员会

主　　编：董武绍

副主编：袁南辉

委　　员：曹育红　孙　墀　吴天生

　　　　　许晓安　赵　玉　朱　姝

　　　　　李端强

数字媒体技术与创作系列教材

主编 董武绍    副主编 袁南辉

The Technology and
Creation of TV Editing

# 电视编辑技术与创作

赵 玉 吴天生 编著

暨南大学出版社
JINAN UNIVERSITY PRESS

中国·广州

图书在版编目（CIP）数据

电视编辑技术与创作/赵玉，吴天生编著. —广州：暨南大学出版社，2012.5
（数字媒体技术与创作系列教材）
ISBN 978－7－5668－0107－4

Ⅰ. ①电… Ⅱ. ①赵… ②吴… Ⅲ. ①电视节目—编辑工作—教材
Ⅳ. ①G222.1

中国版本图书馆 CIP 数据核字（2012）第 033820 号

出版发行：暨南大学出版社

地　　址：中国广州暨南大学
电　　话：总编室（8620）85221601
　　　　　营销部（8620）85225284　85228291　85228292（邮购）
传　　真：（8620）85221583（办公室）　85223774（营销部）
邮　　编：510630
网　　址：http：//www. jnupress. com　http：//press. jnu. edu. cn

排　　版：弓设计
印　　刷：佛山市浩文彩色印刷有限公司

开　　本：787mm×960mm　1/16
印　　张：23
字　　数：451 千
版　　次：2012 年 5 月第 1 版
印　　次：2012 年 5 月第 1 次
印　　数：1—3000 册

定　　价：46.00 元

（暨大版图书如有印装质量问题，请与出版社总编室联系调换）

# 前　言

电视编辑是电视节目制作的重要环节，是一项具有高度创造性的创作活动，是艺术与技术综合的体现。电视编辑的任务从本质上讲，一是对镜头进行裁剪，二是对镜头进行排列。镜头的裁剪在单个镜头内进行，同样的镜头通过裁剪可以取得不同的艺术效果。镜头的排列分为三个层次：第一层次，两两镜头的组接；第二层次，镜头句子之间的组接；第三层次，段落之间的组接。编辑对于电视创作是至关重要的，而实践练习是提高编辑水平的必由之路。

《电视编辑技术与创作》既包括了电视编辑的相关理论知识，又包括了结合业界流行的非线性编辑软件工具平台，让学生掌握编辑技能所必需的编辑实训练习。全书包括七章内容，全面介绍了电视编辑的理论知识和相关创作实训练习，包括电视编辑概述，电视编辑系统简介，电视画面编辑，视频转场、运动特效及视频特效的应用，电视字幕，电视声音编辑和常见类型电视节目的编辑。每一章都结合大量实例系统介绍 Adobe Premiere Pro CS5 的各项功能，包括项目配置的基本方法，采集、导入与管理素材的各种方法，各种视频编辑方式和编辑工具的使用方法，添加并设置转场，字幕制作，音频处理，创建动画与效果，进行视频合成以及影片的输出等内容。

本书图文并茂、深入浅出、内容翔实、案例丰富，是一部实用性与理论性并重的电视编辑著作。本书既可作为高校影视传媒类专业师生的实用教材，也可作为各类电视节目制作人员的实用指南和参考书。

本书第 1、2、3、7 章由赵玉编写，第 4、5、6 章由吴天生编写，全书由赵玉和董武绍负责统稿。

本书在编写过程中，参考并引用了许多国内外的文献资料，在此特向相关作者致以深深的谢意。本书的出版得到了暨南大学出版社的大力支持，杜小陆同志一直关注和指导着本书的编写工作，对此我们深表感谢。

作为教师，对"教然后知不足"深有体会，作为作者，对"写然后知不足"也颇有感慨，由于水平有限和时间紧促，虽几尽努力，但书中的不当之处仍在所难免，敬请读者批评指正。

编著者
2012 年 2 月

# 目 录

# The Technology and Creation
# of TV Editing

.

.

.

.

.

.

# THE TECHNOLOGY AND CREATION OF TV EDITING

## The Summation of TV Editing

第 1 章

# 电视编辑概述

本章主要阐述了电视编辑人员的要求、任务，电视编辑的作用和工作流程，并提出了相应的创作实训任务。
□

**【本章学习要点】**

通过本章的学习，读者应了解电视编辑人员的工作要求和任务，理解电视编辑的作用和目的，熟悉电视编辑的工作流程。

**【本章内容结构】**

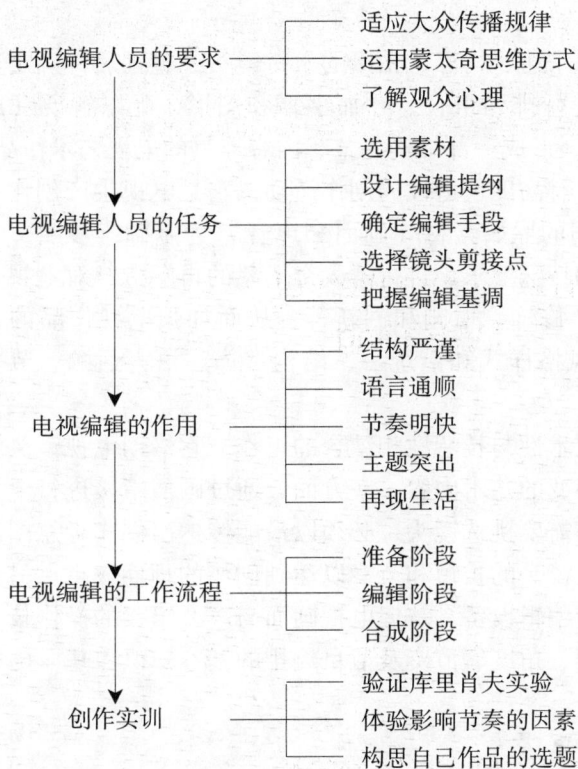

电视编辑人员的要求 ——— 适应大众传播规律
 ——— 运用蒙太奇思维方式
 ——— 了解观众心理

电视编辑人员的任务 ——— 选用素材
 ——— 设计编辑提纲
 ——— 确定编辑手段
 ——— 选择镜头剪接点
 ——— 把握编辑基调

电视编辑的作用 ——— 结构严谨
 ——— 语言通顺
 ——— 节奏明快
 ——— 主题突出
 ——— 再现生活

电视编辑的工作流程 ——— 准备阶段
 ——— 编辑阶段
 ——— 合成阶段

创作实训 ——— 验证库里肖夫实验
 ——— 体验影响节奏的因素
 ——— 构思自己作品的选题

在普遍意义上，"编辑"一词具有两种含义：一是指一种工种，即编辑机上的操作员，侧重于物理效果，是技术层面上的；二是指创作上的一个环节，侧重于意义的表达，是艺术层面上的。本书论述所涉及的"编辑"主要是指第二种含义。

电视编辑是电视片创作的后期环节，它是根据节目的要求对镜头进行选择，寻找相邻镜头间最佳剪接点进行组合、排列的过程。电视编辑以传达创作者的意图为目的，包括三层含义：

第一，电视编辑是将前期采访、构思、拍摄的素材镜头经整理后，确定剪接点和转场方式，把素材镜头进行排列组合，叠加字幕和图形，配以解说（或对白）、音响效果和音乐的处理，形成一部结构完整、内容连贯的电视艺术作品。

第二，电视编辑是一项具有高度创造性的创作活动，它是电视生产创作中的第三度再创作。它以拍摄录制的原始素材（画面和声音）为基础，参照文学剧本，结合导演总的创作意图和特殊要求，进行蒙太奇形象的再塑造，对电视片的结构、语言、节奏加以调整、修饰、增删和创新等，从而加强电视作品的表现力、感染力，使整部电视片风格样式和谐统一、结构严谨、语言通顺、节奏明快、主题突出。

第三，电视编辑是一项艺术性与技巧性相结合的工作。它借助电视镜头的排列组合变化来表达丰富而又多变的艺术内容。一方面，通过画面组接进行电视艺术再创造，必须根据节目内容需要挑选镜头，必须以最能传达出创作者意图的方式决定镜头的顺序，必须确定镜头的长短和节奏以达到创作的预期效果。另一方面，电视编辑人员除了会操作编辑设备、掌握电视画面与声音组接的操作技术技巧之外，还必须掌握有关景别、角度、节奏及节目编排的基本知识和基本技巧。

## 1.1　电视编辑人员的要求

电视创作是一个复杂的过程。在这个过程中，需要涉及许多创作环节，包括选题、构思、采访、撰写提纲、实际拍摄、后期编辑、配音配乐合成、片头片尾包装等。在这些创作环节中，编辑人员需要负责整个节目的构思、采访、后期编辑与包装、混录合成等一系列工作。根据电视节目的内容不同，对电视编辑人员的要求也不同，比如电视剧、电视纪录片、电视新闻等节目经常在外景地拍摄，要使镜头连贯、流畅、节奏和谐，并有音乐和效果声，必须经过编辑人员的后期制作才能完成；而另一些节目，如利用多机拍摄、即时切换、现场录制等方式制作的娱乐节目或访谈节目，并不需要太复杂的后期制作。根据电视节目类型的不同，电视编辑人员在创作上参与决策的程度也有所不同，比如电视剧，编辑经常是在制片或导演的指示下按照分镜头稿本进行剪接，在对镜头的选择和剪接顺序上往往很少有发言权；而在纪实风格的节目中，如纪录片、电视新闻，编辑常常要根据很粗略的脚本进行镜头剪接，编辑的工作对于节目的成功是非常重要的。因此，电视编辑人员必须了解自己的工作要求，并熟练地掌握自己的业务知识，使自己具有良好的专业素质。

### 1.1.1 适应大众传播规律

电视创作是大众传播的一部分，它的最后价值是通过电视这一传媒广泛传播，为最大量的观众所认可，并产生影响而实现的。一部成功的电视片在讲究艺术性的同时，必须兼顾作为自己重要特性之一的大众传播的品性。如果电视片编辑的创作毫不顾及受众的信息收受而追求所谓的纯艺术，就违背了电视品性和大众传播规律，这样的电视编辑是失败的。电视编辑创作应如何适应大众传播规律呢？

大众传播学理论一般把传播过程分为六个阶段：一是传播者出于各种目的为公众提供某种信息；二是这种信息是为了满足某一层次公众的需要；三是这些信息通过某种媒介传送出去；四是受众以随意选择的方式接收信息；五是受众会受到所接收信息的一定影响；六是传播效果以各种不同的方式反馈给传播者。

从大众传播的规律可以看出，大众传播是一个双向的传播活动，这就要求电视编辑在创作时必须考虑观众和传播效果，不能单凭个人的兴趣爱好去创作、编辑电视作品。为此，电视编辑要注意以下几点：

1. 提供真实可靠的信息内容

电视编辑在制作节目时要有真实的内容、可靠的信息。比如讲述一件事或表达某种意义时要做到多层次化、多角度、全方位地报道，要科学、客观、公正、真实、符合生活逻辑，同时还要有明确的目的。如中央电视台的《焦点访谈》节目，每一期的内容不论是赞扬还是贬斥，都很巧妙地融进了电视编辑的感情、态度和价值倾向，能较好地完成传播的目的。

2. 分析受众的特点

电视编辑在制作节目时要根据受众的特点有针对性地编辑节目。任何一个电视节目都不可能顾及所有层次的受众，这就要求电视编辑人员在编制节目时根据节目对象的社会化层次（年龄层次、学识层次等）做好节目的定位。在题材的选择、涉及问题的深度、节目的形式、节目的节奏等方面都要考虑特定受众的欣赏特性。如中央电视台的《百家讲坛》的宗旨是"建构时代常识、享受智慧人生",是以传授知识为主的栏目,主要面对中学以上文化程度、具有求知欲的受众。节目内容涉及人文科学、自然科学、社会科学。选题范围包括大学通选课、选修课精华,名校有影响的专题讲座、主题演讲,社会各界学者、名流的精彩演讲。因为电视不同于报纸、书籍,其传播的信息转瞬即逝,不易保存下来反复品味,而且过于高深的知识也会限制收视群体,把普通观众挡在门外,因此传播内容适应受众的口味十分重要,必须是观众易于接受、专家能深入浅出地讲解的知识,经过调整,该栏目的选题定位于"历史加经典"、"大众文化口味加流行"。

3. 发挥电视媒体的特性

电视编辑要借助电视这一大众媒体来传播信息,因此在编辑电视片时要充分利用电视媒体的特性,如视听综合、线性传播、稍纵即逝、时效性、现场感和生活化等。视听综合的传播特性要求编辑尽量利用多种视听要素,立体交叉使用,以便更全面地传送信息;线性传播和稍纵即逝的传播特性要求编辑注意浅显易懂和一目了然,同时还得适当地强调和重复;时效性则要求编辑提高效率,以保证节目的鲜活性,同时随时增加最新的信息动态,以便让受众把握最新的信息;现场感的特性要求编辑能营造一种现场的气氛,让受众有身临其境之感,力求从素材中找出能充分反映现场情境、信息量饱满、视听元素丰实的画面编入片中,以便让受众感受到事件现场的"场"的力量;生活化的电视特性要求编辑有一种平视的生活化视点,要造就一种开放型的结构,让受众参与其间,同时让事件的线索保持一种延伸的感觉,让人意犹未尽。

4. 吸引观众的注意

电视编辑在制作节目时要尽可能使节目吸引观众、抓住观众,叙述节奏上要层层递进,并尽可能多地进行节目的宣传和包装,因为电视观众是以随意选择的方式接收信息的。特别是电视这一大众媒体的选择性最大,如果节目不能吸引观众,观众会立刻转换电视频道。如前面提到的中央电视台的《百家讲坛》,通过运用悬念式的故事结构、转变传播语态(向观众讲故事、说评书)、渗透视听元素(如充分利用画面穿插的剪辑手法,将事先制作好的关于讲座内容的背景资料和形象片断适时地插入讲座之中;背景音乐的恰当选配)等传播方式,调动受众的兴趣。因其选择目前大家最感兴趣、最前沿的选题,形式不拘一格,学理性与实用性并存,权威性与前卫性并重,追求学术创新,鼓励思想个性,强调雅俗共赏,重视传播互动,所以吸引了下及八岁孩童上至八旬老者的关注。

5. 考虑传播的效果

电视编辑在制作节目时要考虑传播效果,让更多的观众对片中叙述的事件和传达的意义有深刻的了解,并形成一种效应,使节目产生良好的影响。

6. 重视观众的反馈

大众传播的传播效果是以各种方式反馈给传播者的，这就要求编辑注意与观众的交流，多接受观众反馈的意见，了解观众的所想所需，不断总结经验、接受教训，从而不断改进自己的创作，以获取最佳的传播效果。

### 1.1.2 运用蒙太奇思维方式

电视创作是视听结合的综合艺术，运用独特的电视语言，以蒙太奇思维方式反映生活。它综合运用听觉形象和视觉形象来传播信息，通过声音信息作用于人的听觉器官，通过图像信息作用于人的视觉器官，使观众产生一种综合的反应并影响其欣赏时的心理。这就要求电视创作使用与电影创作相似的思维方式：蒙太奇思维。蒙太奇是影视制作理论中的一个重要概念。它作为影视创作反映现实、传递信息的一种以形象思维为主要特征的艺术方法，不仅已经成为影视独特的视听形象思维方式，也成为影视作品的基本结构手段、叙述方式和镜头组接的全部技巧。蒙太奇思维方式打破了空间、时间相对完整的限制，把形象的建立放在一个更广阔的运动形态中。它可以把现实空间分解成大小不同的屏幕空间，可以把实际时间压缩或者延展，还可以把不同空间和时间上展开的形象交叉组合在一起。这种自由地表现时空运动的思维方式是电视创作最恰当的表现形式。所以电视创作必须运用蒙太奇的思维方法来组织形象材料，调动光线、色彩、运动、剪辑等一切造型手段来进行艺术表现。

1. 蒙太奇的含义

蒙太奇（Montage）来自法语，原意是建筑学上的"构成"、"装配"，借用到电影中变成了"组接"、"构成"之意。作为影视术语，蒙太奇的含义有狭义和广义之分。狭义的蒙太奇就是指影视作品的组接技巧。即在影视制作后期，将前期采集的画面和声音素材按照主体要求所设计的顺序组合在一起，形成一部完整的影视作品。广义的蒙太奇包含以下几方面：第一，蒙太奇是影视独特的思维方式，它指导着导演（电视记者）、摄像及编辑人员对形象体系的建立；第二，蒙太奇是影视作品特有的结构方法，包括叙述方式、时空结构、场景、段落的布局；第三，蒙太奇是指画面与画面之间、声音与声音之间以及声音与画面之间的组合关系，以及由这些关系产生的意义；第四，蒙太奇还可以指镜头的运用、镜头的分切组接以及场面段落的组接和切换等。

蒙太奇作为独特的影视思维和语言，在电影这门艺术中地位的确立，是有着一段发展史的。1895 年 12 月，法国的卢米埃尔兄弟发明了电影。在电影诞生的初期，创作者是用一次拍摄、不经过剪辑的镜头把生活原原本本地再现给观众，多数是现实生活的忠实记录或舞台剧的简单摄录，不分镜头，一般用一个固定的全景镜头拍摄一个场面，最多是把各个场面的镜头机械地连接起来，根本称不上艺术，也没有蒙太奇。19世纪末20世纪初，电影制作者多是模仿其他艺术作品，这使得当时的电影不能直接深入摄影机下的现实生活中，充其量不过是机械地记录下事件的过程，而不能表现任何抽象的概念或思维过程，也不能表现复杂的情感。到1908年，美国的格里菲斯采用分镜头的方法，产生了多视点空间的表现，从而摆脱了单一视点、单一空间和单一时间的局限，使得电影可以表现复杂的生活。格里菲斯发现的"不是实在地描绘整个动作，却又使观众产生看到了全部动作的感觉"的这种剪接技巧，到20世纪20年代末期，通过电影创作者的反复实践和试验，逐步走向成熟，事实上又创造出一种真正的电影表现方式——蒙太奇。在蒙太奇的发展过程中，苏联导演库里肖夫、维尔托夫、爱森斯坦和普多夫金等人都起了重要作用。库里肖夫把电影看成是外部动作的艺术，需要由造型手段和蒙太奇来再现，内容产生于各个镜头的组合及剪辑，中性的镜头只有在蒙太奇中才能获得含义。维尔托夫认为电影摄像机比人的眼睛更加完善，并把它称作"电影眼睛"，主张通过组织拍摄素材引导观众得出明确的思想结论，提倡出其不意地捕捉生活场景，他认为蒙太奇就是这种组织的基本手段而又不把电影的任务归结为单纯地摄录生活。爱森斯坦不仅依靠美学规律，还依靠心理学与社会学的规律来研究艺术作品对观众产生最大影响的途径，他认为蒙太奇的意义不能仅仅归结为选择，也不能仅仅归结为将情节元素加以联结，而是按照内在的叙事节奏和联想之需来联结材料；蒙太奇不仅可用于产生效果，而且可以用来阐明思想，蒙太奇是"有机地体现囊括电影作品的一切元素，局部、细节地统一思想概念的手段"。普多夫金认为蒙太奇是为表达一定的思想意图而组织电影动作的手段之一，他把蒙太奇与思维过程联系在一起，认为蒙太奇比任何艺术都更能完整地体现思维形式。

总之，蒙太奇既是影视反映现实生活的艺术方法，也是影视独特的形象思维和叙述语言，是作为影视基本结构手段和镜头组合的艺术技巧。它在影视创作中根据表达意义的需要、情节的发展以及观众注意力和关心之程度，把全片内容分解成不同的场面和镜头，分别进行拍摄，然后再根据整体构思，运用艺术技巧将这些镜头、场面和段落作合乎逻辑、富有节奏的重新组合，使之构成一个有机的艺术整体。

2. 蒙太奇的思维

蒙太奇作为一种形象思维方式，往往存在于创作者的观念之中，它是影视创作者从高层次把握创作风格和运用创作技巧的出发点，也是影视艺术构成形式和方法的总和。在创作构思时，形成连续不断的、结构独特的、合乎逻辑的、节奏舒畅的画面与声音形象的思维活动，始终存在于影视作品的编剧、导演、摄像和编辑的头脑中。

电视通过视觉信息的载体（影像）和听觉信息的载体（声音）同观众交流，或讲述故事，或抒发情感，或传达感受，或表现意念。电视作为一门综合艺术形式，集百家之长，形成并丰富了自己的表现力。因此，人们通常把电视称作有独特的直观视听结构的综合艺术。在电视创作中，文字思维和图像思维都是不可或缺的，它们既相互结合，又相互分离，呈现出复杂的关系。从历时性角度看，抽象的文字思维在创作初期起主要作用，用来确定立意、分析材料、倾注作者的观点和主观情感等；而形象的图像思维在拍摄阶段和编辑阶段起主要作用，帮助创作者寻找思想的物化形式、运用表现技巧、选择结构方式等。从共时性角度看，文字思维和图像思维两种思维方式在表意时，呈现出相互配合、相互促长的伴生形态。文字思维为图像思维提供认识表象运动深层含义的理念基础和进入特定情境的逻辑依据；图像思维则为文字思维建立叙述事态的环境氛围和解释概念的形象系统。可以这样认为，在电视创作活动中，文字思维主要用于抽象的概念运动，是画面意义的概括；图像思维主要用于形象的行为展示，是内容含义的外化。

电视是视听综合的艺术形式，它作为大众传媒进行信息传播时，表现为不同视听元素的综合运用，文字图像信息共时播出，给观众一种立体结构的信息。"视"的元素指电视节目中的图像和字幕，而"听"的元素指同期声、画外音、解说、音乐和音响效果等。文字在电视中经常以语音和字幕两种形态出现。另外，在现代意义的电视画面里，不仅有图像，也包含与画面共时发生的声音，图像和声音是一体的、相互作用的。在电视节目中，传达信息的方式有语言和图像两种。一般来说，语言传达的是间接信息，它是对事实的一种陈述；而图像传达的是直接信息，它把事物的存在方式和运动状态用影像重现在屏幕上。因此在电视节目中，画面和声音不可分离，两者通过共同的作用、相互的加强创造了立体、丰满的屏幕世界，观众通过视听联想获得审美感受。作为表现元素的视听语言主要是融合在作品的主题思想之中的，正如阿恩海姆所说的："无论在什么情况下，假如不能把握事物的整体或统一结构，就永远不能创造和欣赏艺术品"。只有在对艺术整体的感知、理解、考察与分析中，才能把多种叙事造型元素统一起来，并使它们获得生命。

3. 蒙太奇的语言

蒙太奇是一种独特的影视语言，包括画面语言和声音语言。蒙太奇影视语言和其他任何语言的表意形态一样，有其内在的规律和法则。电视直观可视地再现真实环境的视听结构是其主要美学品性之一。电视传达艺术的含义有两个方面：

一是叙事因素，人们欣赏时的领悟主要靠电视独特的叙事观念来获得，这种叙事观念使视觉形象在创作者营造的环境中所反映出的意义要超出实际出现的事物，这可以说是电视语言的一个不可低估的魅力。二是造型因素，屏幕造型是电视艺术的一种特殊语言构成方式，其实它与叙事因素是不可剥离的。电视的屏幕造型不像绘画或照片那样只有单纯的构图和色彩的变化，它还包含了运动、节奏、剪辑等结构元素，以及语言、音响、音乐等非视觉因素，这些元素综合在一种线性的叙事中，表现为视听的一体化。人们在欣赏电视片时，意义以外的视听审美感知主要是靠屏幕造型激发获得的。画面的构图，拍摄角度的选择，色彩光线的处理，人与人之间、人与环境之间、环境与环境之间的关系比例，还有运动节奏的掌握以及人物细微动作的展示，都可以增强电视叙事的语言表现能力，让人感受到更为细腻的情感，领悟到更为深沉的意境。画面不仅是现实的复现，同时还寄托了创作者的审美情趣，它不仅具有视觉上的感知价值，同时还具有美学价值。因此，画面是电视艺术形式中最重要的造型因素。而声音与画面一样，也有造型表现力，可以再现现实、再现空间。

（1）画面语言。

在声音或文字语言里，最小的语言单位是单词，它只表达一个简单的意思；能表达一个完整意思的语言单位是句子，它是由单词和短语按照一定的语法规则组成的。普多夫金说过："蒙太奇是电影导演的语言，正如生活中的语言那样，在蒙太奇中也有单词，即拍下的一段胶片；也有句子，即这些片断的组合。"在画面语言里，最小的单位是镜头，它通常只表达一个简单的意思；能表达一个完整意思的是一个或几个按照蒙太奇规律组接而成的镜头段落（或称镜头组）。

电视画面准确而客观地记录、再现了镜头前的多种现实场景。由于它提供的是一种真实时空中活动连续的视觉形象，所以给人一种强烈的现实感，它可以拥有现实中几乎全部的外在表现。电视画面中的物体是运动的，画面中同时还记录了现实中的各种音响，给观众提供一个真实的现实生活场景。然而由于摄像机的镜头本身只有客观记录的功能，使得独立的电视画面只能是一种自然现实主义的再现。摄像机摄录的是现实在时间与空间中各种具体的、单独的、外在的面貌，它获得的是一种直观的形象，独立的电视画面只有一个明确的、有限的含义。然而，受观众意识的填补，摄像机所记录的客观的物像会延伸出比其自身意义更为丰富的引申义。比如在屏幕上出现一只藏獒，在观众的头脑中往往并不仅仅认为"这是一只狗"，而是代表一类藏獒，这种观念的产生是人的大脑在多种社会性文化意识下作用的结果。也正是由于有了这种画面意义的自然引申，在电视中可以用具体的物像来进行独特的蒙太奇形象思维，它为电视语言的联想、象征等意义的形成提供了基础。另外，受观众视觉心理和生活经验的影响，镜头忠实再现的任何一个具体画面在其含义方面有了多种解释的可能性。比如一个战争的画面，观众很难单独从中看出是一次模拟的演习还是一场真正的战斗，也不能从中看出谁是正义的一方，因此这个战争场面的具体形象画面可以有模棱两可的解释。总之，独立电视画面尽管在呈现形态上有着一种现实物象再现的真实感，但其本身并不具有完整的意义和明确的内涵，而是存在多种解释和多重意义，只有通过蒙太奇思维，把它与相关的画面组接在一起形成一个电视特有的语境时，它的真正意义和内涵才会呈现。

蒙太奇是可以看见的联想。观众早就猜到在他们面前一个接一个出现的一系列画面肯定会有一个预定的含义或目的，正因为这个含义或目的的存在，蒙太奇才能使得各个并非有实在意义的孤立镜头有机地组合起来，并充分地表露出一种比它们各自单独意义相加更为深刻和丰富的含义。蒙太奇作为一种独特的影视语言，其在画面语言上的表意特点为：

第一，不同镜头的组接形成表意功能。一般来说，单个镜头是不能独立用来叙事或表意的，意义的产生是通过几个镜头组接而成的镜头段落实现的。镜头是画面语言的基本元素，本身并没有完整的意义，而是要依靠上下镜头的连接来完成表达意义的任务。画面语言中的这个特点，可以用库里肖夫的实验说明（如图1-1所示）。库里肖夫把著名演员莫斯尤金正看着画面以外的某样东西的中性表情的脸部特写镜头，分别与一盆汤、一个悲伤的妇人和一个玩耍的小女孩的镜头相接，然后再切用一个莫斯尤金的中性表情的脸部特写镜头。这时观众看到莫斯尤金的表情已经不再是中性的了，看到一盆汤后的脸上带有了细致的饥饿表情，看到悲伤妇人后的脸上带有了伤感的表情，而看到玩耍的小女孩后的脸上则露出羡慕的表情。这个实验表明，镜头本身并没有完整的叙事或表意功能，只有把它们与别的镜头组合在一起才有完整的意义。不同的画面组接会引起观众不同的想象，产生不同的效果。

图 1－1　库里肖夫实验示例一

　　第二，镜头组接排列的顺序对画面语言的意义表达会产生重要影响。如同平时人们的说话，一个句子中词序的不同排列，就会产生不同的意义，有时甚至完全相反，如"我喜欢他"和"他喜欢我"。画面语言也是一样。库里肖夫对此做过一个实验，他把三个镜头（①演员莫斯尤金向右微笑的脸；②一支朝向左边的手枪；③莫斯尤金向右恐惧的脸）用两种不同的顺序组接而引起不同的效果（如图1－2所示）。一种连接的顺序是①－②－③，观众看到演员表现的是怯懦；另一种连接的顺序是③－②－①，观众看到演员表现的是勇敢（注：因时间久远，找不到原始素材，此例视频选自电影《甜蜜蜜》和《偷天陷阱》）。三个镜头画面也就是三个视觉元素、视觉单位，只是调换了一下位置，便产生了截然相反的含义。这个实验表明，同样的镜头，如果用不同的顺序进行组接，它们所表达的意义是不同的。这种顺序的依据，实际上就是生活的逻辑关系。一组镜头间不同顺序的组接会产生不同的意义，同样，镜头段落前后安排的顺序不同所产生的意义也可以完全不同。前者是局部性的改变，而后者所带来的则可以是作品整体思想意义上的改变。

图 1-2  库里肖夫实验示例二

第三，镜头之间的组接创造新的含义。在蒙太奇语言中，把单个镜头组接在一起，就不再是两个镜头的简单相加，而是构成了一个有意义的整体，两个以上镜头连接后所形成的意义要超过它们各自基本含义之和。爱森斯坦曾说："两个接合的镜头并列着不是简单的一加一，而是一个新的创造。"这就是所谓的 1＋1＞2，因为在这里镜头与镜头之间已经形成了关系，产生了新的含义，就像两个化学元素放在一起发生了化学反应而形成了新的物质一样。比如伊文思用丰盛的麦田、翻滚的麦浪的画面与挨饿的儿童的画面进行组接，形成强烈的对比，使画面产生巨大的控诉力量。又如在报道儿童文学作家冰心老人的电视节目《生命之树常青》中，在冰心老人的《寄小读者》和《再寄小读者》两本书的特写中间，穿插了一组富有诗意的空镜头（冲击的海浪；洁白的云彩；浓绿的树木），运用蒙太奇形象象征岁月流逝、生命永驻，象征着冰心老人的艺术生命常青。

第四，镜头之间的组接可以自由地创造影视时空。镜头的分切与组合，打破了现实时空对影视时空的制约，使影视成为在空间里展现的时间艺术和在时间中延续的空间艺术。影视的无限时空是指影视在艺术表现上不受时间、空间的限制，拥有无限的自由；而有限时空是指影视作品受播映时间和银幕、屏幕画框空间的限制。影视在叙述故事、表现领域方面是无限的，但在具体表现方面是有限的。影视呈现给观众的内容是无限时空，而直接表现在银幕屏幕上的是有限时空，有限的时间取决于电视片的长度，有限的空间取决于银幕屏幕的大小。画面语言在表意中，可以自由地处理时空，创造出影视语言独特的时空结构。通过镜头的组接，可以延长时间和扩大空间，也可以缩短时间和压缩空间，还可以实现时空的跨越，使时空前进、停止或倒退。时空的延续能够渲染、烘托人物的情感世界，跨越时空则便于展现人物的幻想和梦境。苏联导演维尔托夫曾把四个不同时间、不同地点拍摄的镜头（一是1918年在阿斯特拉罕拍摄的将英雄的棺材放到坟墓中去；二是1912年在喀朗士塔拍摄的给坟墓盖土；三是1902年在彼得格勒拍摄的鸣礼炮；四是1922年在莫斯科拍摄的脱帽致敬）组接在一起，表现悼念英雄的完整意思。把不同时空成分的镜头根据统一的逻辑关系加以组合，可以构成一个意义整体，这就是蒙太奇独特的结构形式。影视时空结构就是电视片镜头组接的结构，大体上可以分为顺叙式结构、倒叙式结构和交叉式结构三种类型。

（2）声音语言。

声音是构成影视语言的两大要素之一，它具有丰富的表现力，尤其是当它与适当的画面结合在一起的时候。电视声音语言包括文字语言、音乐和音响三种，文字语言起到叙述客观事实、交流思想、抒发感情、发表议论、推动情节等作用，特别是能够充分表现画面中蕴涵的深层次的思想意义；音乐在表达人类感情的精确度和提示人物的内心世界方面是其他声音元素无法替代的；音响具有逼真性，是人类感知存在、发展变化并得出结论的重要的信息来源。无论是文字语言、音乐还是音响，都是对生活的反映以及对生活中各种声音的选择、加工、浓缩后的集中表现，在电视中有着极其重要的意义。蒙太奇在声音语言上的表意特点为：

第一，声音能使画面活起来。在电视片中，画面只有伴以声音才能显出活性。甚至完完全全的死画面配以恰当的声音以后也能变得活灵活现。人们还可以根据不同的声音效果去辨别不同的空间，创造电视的立体感觉。

第二，声音能增加画面的信息量。声音可以渲染刻画人物心理，描写烘托环境气氛，表达画面难以表现的思想内容，增加画面的信息量。屏幕画框是框不住声音的，声音可以是画框内的，也可以是画框外的，可以是左边的、右边的、天上的、地下的，也可以是脑子里想的或从前发生过的。声音空间远比画面空间要大。能不能有意识地、开发性地使用画外声音，运用声音的多层次、多色彩去表现剧情的多侧面，是掌握声音语言的重要内容。声音的运用也是增加信息量的主要手段。

第三，声音可以使画面连贯、流畅。声音的听觉特性，如强弱、高低、音色以及全方向性等，使声音具备了许多表现特性。比如，全方向性就产生了声音空间和画面空间的不同，使画面的组接方法有了多样性的可能和多种选择的机会。声音可以预示将要出现的画面，比如敲门声、电话铃、呼叫声的出现都可以预示下面事件的转折、发展，从而使画面组接的方法多样化。

第四，声音是多层次、多色彩的表现因素。电视声音中同时出现文字语言、音乐和音响，这三种声音层次有远的近的、强的弱的，构成了非常丰富的听觉世界，是一幅幅美妙的声音的"风景画"。声音还可以通过联想造成听觉与视觉的转换，表现出丰富的色彩。"风随柳转声皆绿"就是写风吹柳丝的沙沙声让人想到绿色。

### 4. 蒙太奇的类别

蒙太奇具有叙事和表意两大功能，据此，可以把蒙太奇划分为三种最基本的类型，即叙事蒙太奇、表现蒙太奇和理性蒙太奇。前一种是叙事手段，后两类主要用以表意。

（1）叙事蒙太奇。

叙事蒙太奇也称叙述蒙太奇、连续蒙太奇、连续构成。法国电影理论家马赛尔·马尔丹在《电影语言》中指出："所谓叙事蒙太奇，那是最简单、最直接的表现，是意味着将许多镜头按逻辑或时间顺序分段纂集在一起，这些镜头的每一个镜头自身都含有一种事态性的内容，其作用是从戏剧角度（即戏剧元素在一种因果关系下展示）和心理角度（观众对剧情的理解）去推动剧情的发展。"叙事蒙太奇由美国电影大师格里菲斯等人首创，是电视片中最常用的一种叙事方法，它的特征是以交代情节、展示事件为主旨，按照情节发展的时间流程、因果关系来分切组合镜头、场面和段落，从而引导观众理解剧情。叙事剪辑的内在依据是生活的逻辑，这种蒙太奇组接脉络清楚、逻辑连贯、明白易懂。叙事蒙太奇又包含以下几种具体技巧：①平行蒙太奇。这种蒙太奇常以不同时空（或同时异地）发生的两条或两条以上的情节线索并列表现，分头叙述而统一在一个完整的结构之中。②交叉蒙太奇，也称交替蒙太奇。它将同一时间不同地域发生的两条或两条以上的情节线索迅速而频繁地交替剪辑在一起，其中一条线索的发展往往影响另外的线索，各条线索相依存，最后汇合在一起。③重复蒙太奇。它相当于文学中的复述方式或重复手法。在这种蒙太奇结构中，具有一定寓意的镜头在关键时刻反复出现，以达到刻画人物、深化主题的目的。④连续蒙太奇。这种蒙太奇不像平行蒙太奇或交叉蒙太奇那样多线索地发展，而是沿着一条单一的情节线索，按照事件的逻辑顺序，有节奏地连续叙事。

（2）表现蒙太奇。

表现蒙太奇也称对列构成、对列蒙太奇，它是以镜头对列为基础，通过不同内容镜头的相连所形成的在形式或内容上的相互对照冲击来产生比喻、象征、联想的艺术效果，从而产生单个镜头本身所不具有的丰富含义，以表达某种情绪或思想。它的目的不在于叙述情节，而是用一种作用于视觉的象征性的情绪表意方法，直接深入事物的深层，去表现一种比人们所看到的表面现象更深刻、更富有哲理的意义，激发观众的联想，启迪观众的思考。表现蒙太奇可以说是剪辑中最富于变化也最具创造力的一种方法，它的运用更需要创作者的智慧和技巧，在这里时间已不再是重要的结构形式。表现蒙太奇包含以下几种具体技巧：①抒情蒙太奇。抒情蒙太奇是一种在保证叙事和描写的连贯性的同时，表现超越剧情之上的思想和情感的剪辑方式。②心理蒙太奇。心理蒙太奇是人物心理描写的重要手段。它通过画面镜头的组接或声画的有机结合，生动形象地展示出人物的内心世界，常用于表现人物的梦境、回忆、闪念、幻觉、遐想、思索等精神活动。③隐喻蒙太奇。隐喻蒙太奇通过镜头或场面的对列进行类比，含蓄而形象地表达创作者的某种寓意。这种手法往往将不同事物之间某种相似的特征突现出来，以引起观众的联想，领会导演的寓意和领略事件的情绪色彩。④对比蒙太奇。对比蒙太奇类似文学中的对比描写，即通过镜头或场面之间在内容（如贫与富、苦与乐、生与死、高尚与卑下、胜利与失败等）或形式（如景别大小、色彩冷暖、声音强弱、静止运动等）上的强烈对比，产生相互冲突的作用，以表达创作者的某种寓意或强化所表现的内容和思想。

（3）理性蒙太奇。

让·米特里给理性蒙太奇下的定义是：它是通过画面之间的关系，而不是通过单纯的一环接一环的连贯性叙事表情达意。理性蒙太奇与连贯性叙事的区别在于，即使它的画面属于实际经历过的事实，按这种蒙太奇组合在一起的事实总是主观视像。这类蒙太奇由苏联蒙太奇学派主要代表人物爱森斯坦创立，主要包含以下几方面：①杂耍蒙太奇。爱森斯坦给杂耍蒙太奇下的定义是：杂耍是一个特殊的时刻，其间一切元素都是为了促使把导演打算传达给观众的思想灌输到他们的意识中，使观众进入引起这一思想的精神状况或心理状态中，以造成情感的冲击。②反射蒙太奇。它不像杂耍蒙太奇那样为表达抽象概念随意生硬地插入与剧情内容毫不相关的象征画面，而是所描述的事物和用来作比喻的事物同处一个空间，它们互为依存，或是为了与该事件形成对照，或是为了确定组接在一起的事物之间的反应，或是为了通过反射联想揭示剧情中包含的类似事件，以此作用于观众的感官和意识。③思想蒙太奇。这是由维尔托夫创造的，方法是利用新闻影片中的文献资料重加编排来表达一个思想。它认为影视画面是最重要的视觉造型因素，画面将观众引向感情，又从感情引向思想。

### 1.1.3 了解观众心理

电视创作是形象、理念和情感三者的统一。形象是创作者对事物具象感受能力的心理反映，它要求创作者运用形象思维对事物进行概括理解；理念是创作者对事物本质认识的结果，是某种带有抽象的思辨性的哲学化思考，但在电视创作中必须用具象来表达；情感是创作者在观察、接触事物时自然产生的心理爆发，它受个体当时的处境与心理活动的制约，有较大的随意性，因此情感与由它而认识的内容之间有一种非稳定的必然性联系。一般说来，一个事物直接触发的情感是单纯的，但一旦情感的触动沉静下来与思维发生联系，情感就会变得复杂起来。因此许多时候形象、理念与情感往往会交织在一起，必须把它们当作一个整体来考虑，在创作时还必须与观众的欣赏心理结合起来，以便与观众更好地沟通。电视创作是一种编辑与观众的心理交流活动。所以，电视编辑创作时应该更好地了解观众心理并有效地控制创作心理活动，以使两者产生共鸣。观众在收看电视节目时主观性较强。不同的观众，由于心理结构、价值观念、所处社会环境和认识事物方法的不同，对信息的要求也不同，再加上电视频道的增加、卫星广播电视节目产生无限的丰富性，使电视媒介给观众提供了选择信息的极大可能性。这就从另一方面要求电视编辑懂得更多的知识和经验，以满足观众的多层次需求。

1. 观众收看电视的动机

美国著名社会心理学家马斯洛在《人的动机理论》中阐述了人类的"需要层次结构"，他把人的各种需要概括为五大层次：生理（生存）需要、安全需要、社会需要、尊重需要和自我实现需要。马斯洛认为，当人们的下一层次的需要得到一定程度的满足时，就会追求上一层次的需要，一般情况下五种需要是并存的。应当指出，越是低级的需要越广泛，人首先得满足最基本的生理需要，然后才可能追求高层次的需要。观众对电视的需要可划分成以下四个层次：

第一，基本生活的需要。这是人的最基本也是最广泛的需要。电视台天气预报的收视率比较高，这是因为它与人们的日常生活、工作、学习密切相关，它的最大好处在于直接向观众传递生活信息。同样，与生活直接相关的节目，总是大多数人所关注的。比如上午9点左右，子女去工作了，孙子女去上学了，留下老人在家不知如何打发时间，《夕阳红》在这个时段播出，填补了老年人生活的空虚部分，自然成了他们的最爱。基于此，以老年人生活为主要题材的《夕阳红》就有了立足之本，既符合老年人的审美情趣，又能在老年人保健、休闲娱乐等方面起到一定的作用。

第二，文化娱乐的需要。随着社会竞争的加剧和人们生活节奏的加快，人们需要通过娱乐来放松自己，愉悦身心，由此促使电视娱乐功能进一步强化。中国电视娱乐节目发展到今天，经历了综艺表演、欢乐动员、竞猜、真人秀四个时期：①综艺表演——遥远的欣赏。节目主要以"明星＋表演"为模式，明星嘉宾是吸引收视率的砝码，留给观众的是遥远的欣赏和无尽的遐想。②欢乐动员——参与的尝试。《快乐大本营》的开播，掀起了一股中国电视的快乐浪潮。娱乐模式已开始向"明星＋游戏＋观众参与"转变。进入20世纪90年代后期，观众的地位和参与度都有了一定程度的提高。现场观众局部参与到节目中，如上台与嘉宾一起做游戏，给嘉宾或参赛者打分等，从观众参与的角度来讲，已经有明显的进步，但与真正的观众参与还有很大差距。③竞猜——巨奖吸引参与。以《开心辞典》、《幸运52》等节目为代表，开始了对娱乐模式彻底的颠覆，并将普通观众拉入现场，明星基本退出娱乐舞台，"观众＋游戏＋巨奖"成为新的娱乐模式。④真人秀——百姓的生活游戏。像央视的《非常6＋1》、《星光大道》，湖南卫视的《超级女声》和江苏卫视的《非诚勿扰》等节目都走上了真人秀这条路，把普通人包装成娱乐电视栏目的主角。"百姓＋生活游戏"这种新的娱乐模式正在成为一种电视时尚。

第三，知识与服务的需要。人们希望从电视等传媒中得到有关的知识、信息和指导性意见。虽然说由于娱乐节目的冲击，这类知识与服务性节目一度受到人们的冷落，然而，电视的教化功能一直在文明社会得到很大的发挥。《百家讲坛》、《走近科学》等科教节目定位准确、内容充实、制作精良，以知识性、通俗性、趣味性、实用性等特点创立了自己的品牌，从而形成了相对稳定的收视群，对人们的科普知识增长贡献突出。近年兴起的电视益智类节目是一种以娱乐节目为基础进行的节目提升和创新，既是对人们娱乐心理的消解，又提供广泛而又充满激情、竞争的信息刺激，集趣味性、知识性于一身。如湖南卫视《天天向上》的成功证明了"寓教于乐"的重要性。《天天向上》定位在传播中华礼仪文化，让世界认识真正的中华民族传统美德与礼仪风范，让观众在开怀大笑之余，感受中华传统美德的精髓并借此发扬光大。其开场如同大型晚会，主持人与嘉宾载歌载舞，进而邀请各个行业、不同身份的嘉宾参与脱口秀娱乐访谈，并穿插歌唱、舞蹈、情景表演、观众互动等环节，展现不同嘉宾的职场风采、人性魅力，潜移默化地传播中国这一千年礼仪之邦的礼仪文化。观众在幽默、快乐的气氛下明白道理，学到知识，体会文化。

第四，参与和发展的需要。人类最高层次的需要是尊重需要和自我实现需要，人们渴望通过屏幕获得深层次的人际交流，也自觉地关心社会热点，渴望参与话题评说，《焦点访谈》、《新闻调查》等的收视率在同类节目中一直名列前茅，或许正是满足了观众的这一需求。以《实话实说》为先导引发的谈话节目热，一方面反映了广大群众渴望参与、渴望发表自己见解的需求和心态；另一方面，人们可以从电视中获取新知识、新经验、新思想来丰富自己、促进自身的发展，这种需要是一种动力，在这种动力的驱动下，人们看电视就有了比较明确的目的，电视也为他们的发展和提高提供了物质和精神食粮。

2. 观众收看电视的心理活动

注意、感觉、知觉、记忆、思维和想象都是人们认识客观事物的性质和规律而产生的心理活动，在心理学上称之为认知过程。人类认识世界是从感觉和知觉开始的。人们感知事物时需要以注意为前提，并从众多信息中将有用的信息筛检过滤，储存到记忆系统，继而形成表象和概念。人在认识事物时会联系和抽象这些事物的内外部规律。这种认识要靠思维过程来进行，所以人类的思维具有高度的概括性和间接性。人类在漫长的进化过程中发展出独特的语言功能，通过它来进行思想交流，思维亦借助语言来进行。人认识客观事物时还会产生情感与意志。心理学上将认识、情感与意志统称为心理过程，即人的心理活动过程包括人的认识过程、情绪和情感过程及意志过程。情绪和情感过程是一个人在对客观事物的认识过程中表现出来的态度体验，例如满意、愉快、气愤、悲伤等，它总是和一定的行为表现联系着。人在认识客观事物时，不仅仅是认识它、感受它，同时还要改造它，这是人与动物的本质区别。为了改造客观事物，一个人有意识地提出目标、制订计划、选择方式方法、克服困难，以达到预期目的的内在心理活动过程即为意志过程。人的认识过程、情绪和情感过程、意志过程是既有区别又有联系的心理活动过程的三个组成部分。人的认识过程和意志过程往往伴随着一定的情绪、情感活动；意志过程又总是以一定的认识活动为前提；而人的情绪、情感和意志活动又促进了人的认识的发展，两者相互影响。观众收看电视节目过程中的心理活动主要有注意、感知、记忆、思维和想象。

第一，注意是观众收看电视节目的重要心理条件。注意是心理活动对一定对象的指向和集中，当观众处于注意状态时，他们的心理活动有选择地朝向有意义的、符合需要的和与当前活动相一致的有关刺激，他们或者感知某种现象，或者回忆某件往事，或者沉思于某个问题，或者作出某种想象，而避开与之无关的其他刺激并抑制对它们的反应。凡是能引起注意的事物，保持在人脑中的印象就比较清晰、深刻，而且注意还可以控制观众心理活动向一定的方向或目标进行。电视节目以丰富的视觉形象及生动的语言和音响、音乐等构成大量的信息刺激物，如何使观众注意这些信息呢？这就要在编制电视节目时善于灵活运用注意的规律：①善于运用无意注意的规律。无意注意是事先没有预定目的，也不需要作意志努力的注意，表现为在某些刺激物的影响下，观众不由自主地去感知刺激物。在电视节目视听信息处理时，要利用有关刺激物的特点来组织观众的注意，如选择相对强烈的刺激（如特写镜头、鲜艳的色彩、强光和特殊音响等）、活动和变化的刺激物（如利用拍摄对象本身的运动，镜头的推、拉、摇、移、跟等运动，动画和电视特技效果等动作因素）以及刺激物之间的显著差异来引起观众的注意。②培养观众的有意注意。有意注意是有预定目的，需要作一定意志努力的注意，是受意识的调节和支配的。电视节目尤其是科教类电视节目，经常通过语言阐述和字幕呈现来说明节目内容的目的和意义，有时也提出一些有关问题或在画面中加上某些符号提示等使观众在观看过程中保持高度的有意注意。③善于运用无意注意和有意注意互相转换的规律。观众长时间有意注意会引起疲倦和注意的

**019**

涣散，若总是无意注意则又难以完成抽象、概括的节目认知。因此，电视节目制作人员可有意识地利用生动形象的电视画面和声音引起观众的无意注意。同时，无论是有意注意还是无意注意，它们都具有共同的特点，在编制电视节目时要掌握与利用"注意"的这些特点提高电视节目的质量：①注意的稳定性，指观众在一定事物上注意能持续的时间。如果电视节目的画面过于单调、呆板或是静止，注意就难以稳定。若电视节目的画面是生动形象的、变化的、活动的，注意就能比较稳定和持久。在电视节目编制中，就要充分考虑观众注意的这一特点，将静止的事物赋予动作性，把单调的东西多样化，镜头上增加变换，避免单一、枯燥。②注意的范围，指同一时间内观众意识能清楚地把握对象的数量。电视节目画面上出现的注意的对象越集中，排列得越有规律，相互联系越紧密，观众注意的范围就越大。因此，电视节目中每一幅画面的构图和镜头的组接都应该从观众已有的知识经验和他们熟悉的事物出发来精心安排，以扩大观众注意的范围。相反，不需要观众注意时则避免用熟悉的事物去分散观众的注意力。③注意的分配，指观众同时把注意分配到不同的对象和活动上。这种多分配最重要的条件是同时进行的两种活动中必有一种活动是观众非常熟练或相当熟练的。不同观众的注意分配能力是不相同的，在编制电视节目时要特别关心对视、听两方面活动的注意分配。电视节目是视听综合的艺术，观众既要注意看又要注意听，因此要求电视节目的画面与解说词配合好，才能实现注意的分配，让观众获得良好的感知。用人们熟悉的音乐作为背景音乐，会使观众集中注意音乐而分散了对图像画面的注意。④注意的转移，是指观众有目的地把注意从一个对象转移到另一个对象上。例如电视节目开头部分的处理就非常重要，从画面到音响都应引人入胜，使观众的注意能迅速转移到电视节目上。电视节目中常利用运动镜头和镜头转换以及相应的声音效果有效地转移观众的注意。

　　第二，感觉和知觉是观众掌握电视节目内容的最基本的心理活动。感觉和知觉同属于认识过程的感性阶段。感觉是人脑对直接作用于感觉器官的当前客观事物的个别属性的反映。知觉是人脑对直接作用于感觉器官的当前客观事物的整体属性的反映，也就是说，感觉是通过某一感觉器官获取某一事物单个属性信息的过程，如事物的形状、大小、颜色、光滑与粗糙、气味、声音等。然而，通过感觉并不能完全了解事物的意义，甚至不知道反映的事物是什么。而知觉则不同，往往是多种感官参与活动，还结合以往经验，将事物多种属性综合为有意义的整体。感觉反映事物的属性，知觉反映事物的整体；感觉是知觉的基础，知觉是感觉的深入。因此，感觉是最基本、最简单的心理现象，没有感觉不仅不可能产生知觉，而且不可能产生其他一切心理现象。感觉到的个别属性越丰富，对事物的知觉就越完整。然而，知觉不是许多感觉的简单堆积，而是各种感觉的有机整合。知觉对客观现实的反映比感觉更真实、更完整。比如说，医科学生尚未学会读 X 光片时，只能"感觉"到团团阴影；学会读片之后，才"知觉"到某种病变。感觉和知觉是人们掌握知识的最基本的心理活动。知觉具有如下特征：①知觉的整体性。当感知一个熟悉的对象时，只要感觉到它的个别属性和特性就能使之形成一个具有完整结构的整体形象，这就是知觉的整体性。知觉的整体性除依赖于知觉者过去的经验外，也与知觉对象的特点有关，例如接近、相似、连续和封闭等因素，均能影响知觉的整体性。如图 1-3 中的图形，就可作为此种心理现象的说明。从客观的物理现象看，这个图形不是完整的，而是由一些不规则的线和面所堆积而成的。可是，谁都会看出，图形能明确显示其整体意义：是由两个三角形重叠，而后又覆盖在三个黑色方块上所形成。我们会发现，居于图中间第一层的三角形虽然在实际上没有边缘和轮廓，但是在知觉经验上却是边缘最清楚、轮廓最明确的图形。像此种刺激本身无轮廓，而在知觉经验上却显示"无中生有"的轮廓，称为主观轮廓。由主观轮廓的心理现象看，人类的知觉是极为奇妙的。这种现象早为艺术家应用在绘画与美工设计上，使不完整的知觉刺激形成完整的美感。②知觉的选择性。客观事物是多种多样的，在特定时间内，人只能感受少量或少数刺激，而对其他事物只作模糊的反映。被选为知觉内容的事物称为对象，其他衬托对象的事物称为背景。某事物一旦被选为知觉对象，就好像立即从背景中突显出来，被认识得更鲜明、更清晰。一般情况下，面积小的比面积大的、被包围的比包围的、垂直或水平的比倾斜的、暖色的比冷色的，以及同周围明晰度差别大的东西都较容易被选为知觉对象。即使是对同一知觉刺激，如观察者采取的角度或选取的焦点不同，亦可产生截然不同的知觉经验。影响知觉选择性的因素有刺激的变化、对比、位置、运动、大小程度、强度、反复等，还受经验、情绪、动机、兴趣、需要等主观因素影响。由知觉选择现象看，人们可以想象，除了少数具有肯定特征的知觉刺激（如捏在手中的笔）之外，人们几乎不能预测提供同样的刺激情境能否得到众人同样的知觉反应。如图 1-4 所示，图形为一立方体，但如果仔细注意，就会发现这个立方体与你最接近的一面随时都在改变。此种可以引起截然不同的知觉经验的图形称为可逆图形。事实上图形本身并未改变，只是由于观察者着眼点的不同而产生了不同的知觉经验。③知觉的理解性。人在感知某一事物时，总是依据既往经验力图解释它究竟是什么，这就是知觉的理解性。人的知觉是一个积极主动的过程，知觉的理解性正是这种积极主动的表现。人们的知识经验不同、需要不同、期望不同，对同一知觉对象的理解也不同。一张检验报告，病人除了知觉一系列的符号和数字之外，并不知道是什么意思；而医生看到它，不仅了解这些符号和数字的意义，而且可以作出准确的判断。因此，知觉与记忆和经验有深刻的联系。人在知觉时，对事物的理解是通过知觉过程中的思维活动达到的，而思维与语言有密切关系，因此语言的指导能使人对知觉对象的理解更迅速、更完整。如图1-5所示，我们看到的是一些黑色斑点，一下子分辨不出是什么，当有人说出这是一条"狗"时，这些斑点即刻便显示成一条"狗"的轮廓。④知觉的相对性。知觉是个体以其已有经验为基础，对感觉所获得资料而作出的主观解释，因此知觉也常被称为知觉经验。知觉经验是相对的。我们看见一个物体存在，在一般情形下，我们不能把该物体孤立地作为引起知觉的刺激，而必须同时看到物体周围所存在的其他刺激。这样，物体周围其他刺激的性质与两者之间的关系，势必影响我们对该物体所获得的知觉经验。形象与背景是知觉相对性最明显的例子。形象是指视觉所见的具体刺激物，背景是指与具体刺激物相关联的其他刺激物。在一般情境之下，形象与背景是主副的关系（形象是主题，背景是衬托）。如图1-6（a）所示，图中黑白相对两部分均有可能被视为形象或背景，如将白色部分视为形象，黑色为背景，该形象可解释为烛台或花瓶；相反，则可解释为两个人脸侧面的投影像。另一个例子是知觉对比，是指两种具相对性质的刺激同时出现或相继出现时，由于两者的彼此影响，致使两刺激所引起的知觉上的差异特别明显。如大胖子和小瘦子两人相伴出现，会使人产生胖者益胖瘦者益瘦的知觉。如图1-6（b）所示，图中A、B两圆半径完全相等，但由于周围环境中其他刺激物的不同，因而产生对比作用，致使观察者在心理上形成A圆小于B圆的知觉经验。

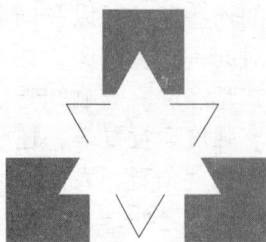

图1-3　知觉的整体性

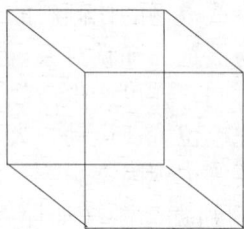

图1-4　知觉的选择性

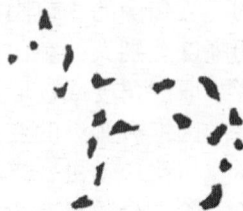

图1-5　知觉的理解性

（a）形象与背景

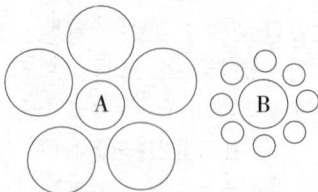

（b）知觉对比

图1-6　知觉的相对性

电视节目是通过图像信号和声音信号来刺激观众的视觉和听觉器官的，因此在编制电视节目时必须注意应用感知规律：①刺激强度规律。作用于感觉器官的事物与现象必须达到一定的刺激强度才能被人们清楚地感知。因此，电视节目呈现的图像画面的大小、颜色与声音的强度都应使观众在适当距离内能清楚地感知到。例如，电视屏幕出现的文字一般不能多于七横行，每一横行不能多于十个字，这样大小的字才能产生足够的刺激强度，便于观众看清楚；要尽可能多地用近景或特写镜头进行拍摄，使图像有足够的清晰度与分辨率；事物颜色的还原要准确，有恰当的饱和度；声音要清晰，音量大小要适当。②整体规律。人们在接受繁复众多的刺激时，总会按接近、相似、闭合、连续等形式将它构成整体，或按部分的主要特征以旧知识经验将它组成为整体。因此，电视节目画面要遵循这一规律构图。不合理的构图会将一种事物的整体知觉分为几个不同的部分或将几种事物的不同部分组合成另一种事物整体。对一些观众还完全没有经验的新事物，应安排在画面上整体呈现，而对一些观众已经熟悉的事物，则呈现事物的部分主要特征会有更好的知觉效果。③对比规律。在性质或强度上对比强烈的刺激物同时或相继地作用于感觉器官时，往往能使人们对它们的差异感知变得特别清晰。在画面构图和镜头组接时可以有目的地运用大小对比、明暗对比、色彩对比、虚实对比、动静对比或者是多画面重叠、屏幕分割等手法使节目中要作对比的刺激物同时或先后出现，加深观众对差异的感知。④主体对象与背景的相关规律。主体对象和背景在颜色、运动形态、强度等某一个方面的差别愈大，被知觉的对象愈清晰地显现出来。电视节目中为了突出主体对象，在构图中就要非常注意主体对象和背景之间色彩、亮度、线条、造型、动静几方面的区分。比如，背景一般是表现环境或与主体对象的相互关系，与节目内容无关的背景物不应出现在画面上；作背景的幕布或道具布景色泽不宜过分鲜艳，以免喧宾夺主；可用明暗对比来突出主体，加强主体部分的灯光照明来突出主体对象；可用运动的技巧突出主体对象，拍摄时用推、拉镜头突出主体对象的特征，用摇、跟镜头追踪表现主体对象的运动特征。⑤言语引导规律。电视画面的直观图像配以文字字幕或解说词，有利于促进观众的知觉理解，唤起观众大脑皮质两种信号系统的协同活动，使他们更好地理解节目内容。解说词与画面的配合形式可以是语言在前提示引导画面，也可以是语言与画面同时或交错地进行互相补充，还可以是语言在后概括强化画面。电视节目应根据实际需要，有针对性地选用不同的语言表达形式，使观众的感知和思维活动服从于促进理解的要求，从而提高观众理解节目内容的效果。

第三，记忆是观众掌握电视节目内容必要的心理活动。记忆是过去经历过的事物通过识记、保持、回忆或再认的方式在人脑中的反映。从信息加工的观点来看，记忆是对输入信息的编码、储存和提取的过程。记忆的基本过程是识记、保持、遗忘、再认和再现。记忆是从识记开始的。识记是外部世界的对象和现象的映象在记忆中巩固和保持的过程，它是记忆的一个重要环节。再现的完整性和精确性、保持的巩固性和长久性都依赖于识记。识记根据有无目的性可分为随意识记和不随意识记。随意识记的特点是有自觉提出的识记目的，它要求意志努力和应用专门方法；不随意识记的特点是没有识记目的，它是在某种活动中自然而然地实现的。通常，随意识记要比不随意识记有成效。识记的成效主要依赖于它的目的性、准备性、对所识记的材料的兴趣和情绪关系。根据对材料的理解或不理解，识记又可分为意义识记和机械识记。意义识记与对材料的理解有联系，它的基础是在新的材料和已熟悉的材料之间，在材料的各个部分之间建立意义联系；机械识记则同理解没有联系或较少联系，这是由材料的特点及其理解的困难性所引起的，它的基础是以多次重复的方法巩固外部联系。一般说来，意义识记的效果优于机械识记的效果，但在认识过程中这两种识记都是必要的。保持和遗忘是相互对立的过程。保持是对材料进行积极加工，使之系统化，进而概括和掌握它们，并把它们储存在记忆中的过程；遗忘是材料在记忆中消失的过程，即没有把材料保持下来。因此，保持的过程实质上也就是同遗忘作斗争的过程。识记和保持的结果具体地表现在再认和再现上，人们对经验的获取和应用也往往是通过再现或再认来实现的。再认和再现是以前感知过的东西的恢复过程，两者的差别是：再认是当客体在场时出现的，再现是客体不在场时出现的。再认和再现可以是随意的或不随意的。记忆表象是过去感知过的事物在头脑中再现出来的形象，可以是视觉、听觉、触觉和运动觉等的单一表象，也可以是综合表象，它是认识过程的一个重要环节，是学习中不可缺少的。由于记忆表象的存在，人们的认识才可能暂时摆脱知觉，通过概括化，为思维、想象过程提供了基础。

电视节目编制中要掌握记忆规律，注意以下问题：①充分利用不随意（无意）识记的规律。生动、具体的形象比语言文字、抽象的事物更易识记。一部优秀的电视节目应能使观众在无意中记住更多的内容。在电视节目中选用一些难度适中而又新颖的题材、生动有趣的画面、激动人心的事件、通俗简练的解说等，观众不需付出太大的意志努力就能记住节目内容。②充分利用意义识记的规律。意义识记是通过积极思维活动，掌握事物的本质属性，找到新材料和已有知识的联系，并把它纳入已有知识系统中识记。意义识记的材料容易记住，保持时间长，且易于提取。利用意义识记规律编制电视节目，应注意内容的展开要符合科学逻辑性，应把形象与抽象结合起来，讲清道理，并且注意将内容归类或系统化为简要的结论，这样会使观众产生良好的记忆效果。③重视开头与结尾的处理。研究表明，复杂材料的开端和末尾部分容易被记住，而中间部分就容易被遗忘。

因此，电视节目编制要特别重视开头与结尾的处理，要将需要观众记忆的重要内容安排在这两部分。一般来说，开头应开门见山，提出关键的、具有启发性的问题，或是提出节目的要点；在结尾要复述总结重要的结论。

第四，思维和想象是观众掌握电视节目内容的高级心理活动。思维是人脑对客观现实概括的和间接的反映，它反映的是事物的本质和事物间规律性的联系。思维同感知觉一样是人脑对客观现实的反映。感知觉所反映的是事物的个别属性、个别事物及其外部的特征和联系，属于感性认识；而思维所反映的是一类事物共同的、本质的属性和事物间内在的、必然的联系，属于理性认识。思维是高级的心理活动形式。人脑对信息的处理包括分析、综合、比较、分类、抽象、概括、具体化、系统化等，这些是思维最基本的过程：①分析与综合。分析是把一个事件的整体分解为各个部分，并把这个整体事件的各个属性都单独分离开的过程；综合是分析的逆向过程，它是把事件里的各个部分、各个属性都结合起来，形成一个整体的事件。②抽象与概括。抽象是把事件共有的特征、共有的属性都抽取出来，并对与其不同的、不能反映其本质的内容进行舍弃；概括是以比较作为前提条件，比较各种事件的共同之处以及不同之处，并对其进行统一归纳。③比较与分类。比较是在思想上确定对象之间异同的心智操作；分类是思想上根据对象的共同点和差异点，把它们区分为不同类别的心智操作。④具体化与系统化。具体化是指在头脑里把抽象、概括出来的一般概念、原理与理论同具体事物联系起来的思维过程，也就是用一般原理去解决实际问题，用理论指导实际活动的过程；系统化是指在头脑里把学到的知识分门别类地按一定程序组成层次分明的整体系统的过程，它是在分析、综合、比较和分类的基础上实现的。

思维活动过程的几个基本环节是密切联系着的，电视节目编导只有掌握思维活动过程的规律才能编制出符合观众思维活动、有利于培养和发展观众思维能力的电视节目。因此编制电视节目时应注意以下几点：①电视手法与思维活动过程相配合。例如，用全景表现事物整体性，推至近景或特写分析事物的个别部分和个别特征；用整体画面或电视编辑、动画技巧逐一显示的手法加以综合说明；用画面分割、叠化等特技手法对事物进行比较；用淡入、淡出的手法对事物进行抽象、概括；用划变、拉幕进入等手法对事物进行具体化等。②镜头运动、镜头组接及电视节目整体和局部结构都必须符合观众思维活动规律。任何镜头的推、拉、摇、移、跟都应是有目的的，因为观众不仅跟着运动的镜头观看画面，同时他们也在跟着运动的镜头进行思维。镜头的组接更要符合观众的思维逻辑，几个镜头不同顺序的组接会具有完全不同的意义。同时电视节目的整体和局部结构也应该符合逻辑性及思维认识过程的规律。③思维具有指向解决问题的特性。提出问题并不断解决问题应贯彻在整部电视节目的始终，这样才有利于启发观众思考问题，培养观众的思维能力。④电视节目编制者应充分利用电视节目形象化的特点，提供一定数量的感性材料用于发展观众的形象思维能力。所提供的材料要具有典型性、代表性，并且能够把直观形象提高到抽象层次，使观众掌握运用表象对事物进行分析、综合、抽象与概括的能力，从而进行抽象思维的高级阶段。

总之，观众往往愿意接收那些自己关心的、与自己价值观念接近或一致的信息；往往容易记住自己愿意记住或偏爱的东西；不同观众对同一信息的理解不尽相同，这种理解往往与个人的习惯与情感有关，同时受到态度和信仰的制约。观众对电视信息的选择性接收、理解和记忆等心理因素直接影响电视节目的信息传播效果。因此，作为一个电视编辑，要想提高传播效果，就要研究观众心理，采取更有效的策略去感化观众，并使观众在不知不觉中认同创作者的思想和情感。

## 1.2　电视编辑人员的任务

电视编辑的基本任务就是根据稿本要求，从前期制作阶段拍摄到的素材镜头中选取合适的素材，然后将其按电视语言的语法规则组接起来，形成一部能够准确表达创作者思想情感的影视艺术作品。正确、合理、高明的编辑，能够增强电视片的艺术表现力和感染力。反之，错误、平庸、低劣的编辑，就会减弱甚至破坏电视片的艺术表现力和感染力。编辑人员的再度创作，通过对原始素材和诸多艺术要素的调整、增删、修饰、弥补和创新，能够使电视创作达到结构严谨、语言通顺、节奏明快、主题突出、再现生活的目的，从而大大增强电视片的艺术表现力和感染力。一部电视片的成败，导演、摄像、编辑三位一体，共同起着决定性的作用。电视编辑在后期制作中处于核心地位，是决定电视片艺术生命的关键环节。

### 1.2.1　选用素材

编辑的首要任务就是对大量的独立、零散的原始素材进行准确的选择、正确合理的使用。在选择使用素材时，要充分认识和正确把握动作、造型、时空这三大因素。编辑人员必须具有辨别好、坏镜头及选取优良镜头的能力，这是基本功，是对合格的编辑人员最起码的要求。

### 1.2.2　设计编辑提纲

在文学剧本、分镜头稿本和导演阐述的基础上，编辑人员必须运用蒙太奇的思维方式，对整部片子的结构、节奏、声画处理、场面转换等提出自己的设想，设计出编辑提纲。编辑提纲的主要依据是分镜头稿本，要充分体现导演的创作意图，还要力求有所超越。编辑提纲是编辑人员进行艺术再创作的蓝图，要有一定的精确性、可行性和稳定性，但也可以根据片子实际拍摄情况加以必要的改动。编辑提纲着重设计、安排、调整电视节目的结构处理。

### 1.2.3　确定编辑手段

确定编辑手段有三层含义：一是掌握了多种编辑手段，能够根据艺术处理的需要在众多编辑手段中确定一种最合适的编辑手段；二是面对一组特定的镜头，能够确定一种编辑手段，使编辑后能达到最佳的艺术效果；三是对于不同种类的电视片，能够根据不同的艺术特点确定编辑手段，以发挥不同电视片各自的优势。总之，电视编辑手段丰富多样，对于画面和声音编辑，确定使用哪一种编辑手段进行镜头组接从而获得最恰当、最便捷、最能达到预想的艺术效果，是对编辑人员总体艺术水平和技艺熟练程度的检验。

### 1.2.4　选择镜头剪接点

在进行镜头组接时，编辑工作的关键环节是寻找、选择准确的剪接点。剪接点的选择包括画面和声音两个方面。就画面编辑而言，最主要的剪接点有动作剪接点、情绪剪接点和节奏剪接点。要选择到准确的剪接点，需要编辑认真考虑画面的动作、造型、时空三大因素，充分注意动作的连续、语言的节奏、情绪的贯穿、镜头的运动、画面的造型和时空的关系等。准确地选择剪接点，是编辑工作的基本内容和关键环节，也是对编辑人员技艺水平最直接、最严格的检验。

### 1.2.5　把握编辑基调

从剧本的文学构思和导演的蒙太奇设想出发，经过编辑处理而体现出电视节目的节奏基调。不同题材、样式、风格的电视片具有不同的编辑基调，其决定性因素在于掌握好全片的总节奏。在编辑工作中，选取镜头的数量、长度及镜头的排列顺序，都对电视片的总节奏有直接的影响。编辑人员必须正确稳妥地运用蒙太奇方法和编辑手段，同时充分考虑到广大观众的欣赏习惯和要求，才能形成电视片的编辑基调，并且坚持贯穿全片始终而不被破坏。把握编辑基调，是编辑工作的难点，它要求编辑人员具有较高的艺术素养和业务技能。

总之，电视编辑人员并不是将镜头素材掐头去尾连接起来就能编辑出一部完整的电视片，也并不是将镜头组接起来就完成了编辑任务。在编辑过程中往往会出现各种各样的情况，如动作不衔接、戏不衔接、情绪不连贯、时空不合理、缺镜头、光影色彩不衔接等问题。编辑的任务就是将这些不合理、不完善、不清楚的地方通过编辑使之合理、完善，去掉假的镜头，留存真实的画面。编辑可以把不是这场戏的镜头借用到这场戏中使用，弥补前期拍摄的失误，达到以假乱真的程度。这些都是电视编辑必须掌握的技法、技巧。编辑的作用就是根据这些技法、技巧，从一堆素材中编辑出一部既有情节，又有内容的电视片，剪出戏来，使电视片真实、可信、好看。电视编辑技巧的挖掘是无止境的，在编辑过程中，只有根据电视作品的不同题材和镜头的具体情况灵活运用技法、技巧，才能达到电视作品的可视性。

## 1.3　电视编辑的作用

电视编辑是根据编导的意图和节目要求，对镜头进行选择和组接，再按照一定的逻辑顺序组合的过程。电视编辑的作用和目的是要使电视片从内部结构到外部结构都达到严谨和流畅，可以概括为五个方面：

### 1.3.1　结构严谨

编辑作为电视制作中的重要环节，其意义不仅仅在于镜头的组接、段落的组接，更重要的是对电视作品整体结构的影响。编辑在作品构思编剧之初就应该考虑结构问题。首先，整体结构是全篇范围内的人物和事件的组织和安排方法，如人物的设计、时间的安排和发展；其次，叙述角度的选择，如主观叙述、客观叙述，或主客观交替交叉叙述而产生的含义性结构，也是作为影像整体结构的编辑应该考虑的问题；再次，对于时空艺术特有的时空性结构，编辑还要决定如何构建未来的时空，即采用顺叙、倒叙、闪回还是插叙方式来叙述人物和事件。电视作品结构的最基本要求是完整、自然、新颖、严谨和统一。

1. 完整

完整是要求电视作品在结构上应该形成一个整体，不能给人以零乱残缺的感觉，头尾要呼应，各部分要饱满，各部分之间要匀称和谐。一部电视片的整体结构一般都有开头、主要内容和结尾三大部分。主要内容部分又可根据内容的逻辑关系分成发展、高潮等若干层次。这些部分的组织和排列形成了作品结构的完整性。一般来说，电视节目没有一个完整的故事情节作为结构框架，经常要把一些不完整的片断，甚至是零碎的材料组织在一起。而且图像材料不像文字材料那样容易产生连贯的感觉，有时即使有一条较为清楚的思想脉络，也不容易建立起电视作品完整的总体感。因此，这就需要有一个清晰、完整的结构形态，使观众对这些片断材料之间的关系有一个总体的把握。完整性是对电视作品结构的最基本的要求，它是叙事清晰、完整的前提，不然观众会弄不明白电视作品是在"说什么"。结构不完整，事件的因果关系也不会完整。

2. 自然

自然是指电视作品结构顺理成章、过渡自然、行进流畅。尽量不露雕琢的痕迹，更不能牵强附会地拼凑。作家孙犁说过："作品的结构不是单一个形式的问题，也是内容的问题，因为一篇作品描写一个事件，那事件本身就具备一个进行的规律，一个存在的规律。写出这个规律，使它鲜明，便是作品的基本结构。"这种事物本身内部的条理性也是电视创作者组织电视作品结构的依据。电视节目结构方式的主观性强，它靠蒙太奇及画面连接在一起，可以不受时间和空间的限制，自由地跳动，同样的材料可以有不同的组织安排方法。但是，无论怎样的组织安排，都不应为形式而形式，而是要考虑材料事实所提供的逻辑基础，使结构形态的运行如行云流水，自然而不做作，朴实而不雕琢。

3. 新颖

新颖就是要使电视作品的结构既要符合叙事内容的特性，又要有叙事者的个性风格，给观众以一种清新和变化，不能总是用相同的模式去套编不同的题材，也不能不管结构形式与内容是否相符而一味地效仿新的模式。一部好的电视作品应该从内容到形式都有自己的特点，有自己的个性，这样才能准确地表现出事物的特殊本质，使每一个独特的事物都有自己独特的表现形式。如果使结构形成一种固定的套路，出来的作品就会让人觉得千人一面，乏味得很。当然，对一些好的结构形式，可以有选择地借鉴。不可能有两个作品题材在内在的逻辑发展的节奏上是相同的，必须依据鲜活的内容来选择、寻找为内容服务的结构形式，只有这样才能保持电视作品结构上的永远创新。

4. 严谨

严谨是要求电视作品结构要严密、精巧、工整，条理要清晰，层次要分明，主次要得当，切忌杂乱无章、颠三倒四，让观众不知所云。结构的严谨首先要重视思维逻辑的严谨，要对电视作品内容发展趋向有明确的认识，这样才能使详略不同的材料在结构中被放在恰当的位置上，做到组织严密、无懈可击。特别是有些题材，像政论性题材、风光题材等，需要有精密严整的结构来显示逻辑的力量或表现优美的形式特征。而有些题材，如以人、社会和生活为反映对象的题材，则展现其自然真实远比严谨重要。因为真实的生活现象不可能那么井井有条、工工整整，过分强调严谨会使观众感到呆板、做作，反而会失掉真实感。

5. 统一

统一是指一方面电视作品的结构形式要与叙事内容的内在节奏取得一种有机统一；另一方面电视作品的结构形式本身和谐统一，浑然一体，全篇贯通，不能使人有前后割裂或格调风格不一致的感觉。

### 1.3.2 语言通顺

上下镜头之间的组接是电视编辑的基本技巧，它的要求是流畅。卡雷尔·赖兹和盖文·米勒在《电影剪辑技巧》中说："创作者一次流畅的剪辑，意味着两个镜头的转换不致产生明显的跳动并使观众在看一段连续动作的时候不致被打断。"这里所说的"跳动"是指视觉上的不连贯，比如大全景接大特写、静止的镜头接摇镜头都会产生"跳动"的感觉。更深层次的原因则来自于观众的视觉心理，这种"跳动"是由于外来刺激的感知能量的无序引起的，事实上只是一种信息接收挫折。镜头是电视片结构中的最小组成单位，它对电视片的好坏起着至关重要的作用，为了保证电视片的动作连贯、节奏鲜明、自然流畅，在镜头组接时必须选择恰当的剪接点。

"以若干镜头构成一个场面，以若干场面构成一个段落，以若干段落构成一个部分，这就叫做蒙太奇。"这是《普多夫金论文集》中记载的蒙太奇学派对"段落"的经典论述。实际上段落组接就是将一组相关镜头按照一定的逻辑顺序排列起来表达特定的含义。马尔丹的《电影语言》中将蒙太奇分为叙事蒙太奇和表现蒙太奇，在这里可以理解为"段落"可分为叙事段落和表现段落。前者是为了描述一个动作或表达一件事情，按照动作的逻辑顺序或情节的发展时间来分切组接镜头。后者是以表现某种特殊的含义（如情绪、节奏、思想、观念等）为目的来罗列镜头的，重在表现力和感染力。

### 1.3.3 节奏明快

节奏是运动的产物。宇宙万物都在运动，白天黑夜、四季变换、冷暖交替都是自然变化的节奏。电视作品由一系列活动的画面、运动的镜头排列组合而成，其间自然就会有节奏的产生。每一个电视画面都由造型、活动的人和物构成，再加上拍摄中的运动摄影形成了运动的镜头，而活动与运动自然就形成了电视的节奏。电视作品中影调的变化、镜头分切的快慢、运动的速度都影响电视作品的节奏。节奏体现了一部电视作品的艺术表现形式，也体现了创作者内心的情感世界。

节奏的表现形式是一种连续而又有间歇的运动。由于电视作品是时间和空间的复合体，其节奏就自然地既表现在时间的流程中，又表现在空间的运动形态上。另外，电视艺术是视听综合的艺术，其节奏既依附于活动的影像中，又依附在声音里，是视觉节奏和听觉节奏的有机结合。

节奏在电视作品中常常是通过创作的多个环节来实现的。如情节的发展，人物心理变化及形体言语动作，画面造型、色彩、影调的组合与对比，镜头运动速度与长度的变化，镜头角度与景别的变换，镜头的转换与组接，语言、音响、音乐的时值和力度等因素都可以用来体现电视作品的节奏。因此节奏不等同于速度，它是一个十分复杂的综合体。当然它的表现形态时常与速度结合在一起，许多时候它们是吻合的。不过视听语言是由多种元素组合成的，它的表现形态也具有多样性。有时紧张的节奏可以是慢速度的，而有时轻松的节奏却是快速度的。在电视作品中许多紧张的营救场面，往往在行动过程中穿插一些别的场景或故意设置些障碍，使得行动的速度变慢，一张一弛的画面组接便营造了一种紧张的气氛。而当一个人因摆脱了某种苦痛和压迫而心情轻松时，又常常会快速奔跑起来，或用一连串快速的连续画面来表示，这是以快衬慢，营造一种强烈的节奏感。电视作品叙事中的节奏形态是多重的，包括下面几大类型：

1. 内部节奏和外部节奏

电视作品叙事中的节奏形态最基本的有内部节奏和外部节奏。内部节奏是由情节发展的内在矛盾冲突或人物的内心情绪起伏而产生的节奏，可通过人物的言语动作及场面调度和蒙太奇的手法来实现。而外部节奏是由画面上一切主体的运动以及镜头转换的速度产生的。内部节奏与外部节奏有时是一致的，有时是不一致的。不管怎样，必须根据电视作品的内容和结构要求来安排节奏，并力求做到内部节奏与外部节奏的有机统一。处理节奏必须根据作品的内容和结构仔细体会剧情发展、人物心理和情绪的变化，把握好作品内部节奏的脉搏，以便在叙事和镜头组接时找到一种与之相匹配的外部节奏。

2. 总体节奏和段落节奏

电视作品是由单个镜头构成段落，再由段落构成整体。因此，一部电视作品从其组成来说，分为全片的总体节奏和单元段落中的具体段落节奏。总体节奏统领各部分的段落节奏，它是一种结构性的节奏，必须设计好总的基调，并把各部分统一组织起来。节奏可通过电视作品创作的各个环节来体现。脚本构思是节奏设计的一个纲，电视片的节奏往往在这里有个粗略的轮廓；表演、摄影、编辑、音乐等环节则依据脚本的构思来具体体现。从节奏的表现形态来说，电视作品的节奏又可分为平稳、跳跃、流畅、凝滞、对比、重复等。

3. 视觉节奏和听觉节奏

从观众的感官直觉感受上来分，节奏又可分为视觉节奏和听觉节奏。视觉节奏是通过镜头画面形象表现出来的，如电视片中场面的调度、人物的表情动作、摄像机的运动、蒙太奇组接中镜头的长短等，一切诉诸视觉形象的张弛、徐疾、远近、长短等交替出现所形成的合乎规律的运动，构成电视作品的视觉节奏。听觉节奏是通过听觉形象表现出来的，如人物的声音、同期声、音乐、音响等一切诉诸听觉的声音有规律地交替出现轻、重、强、弱的层次构成电视作品的听觉节奏。视觉节奏和听觉节奏是不可分离的，它们都是构成电视作品节奏的重要元素，共同为形成电视作品的统一节奏服务。

4. 简单节奏和复杂节奏

从叙述的结构上分，节奏可分为简单节奏和复杂节奏。简单节奏是指由一组比较规则的镜头组接起来表现单一的动作时所产生的节奏，例如镜头视距内由远而近或由近而远的节奏、快速蒙太奇剪接中镜头长短大致相近或逐渐减短而形成的节奏。复杂节奏是由规则镜头与不规则镜头交叉组接起来以表现两组以上动作时所形成的节奏，这种节奏的营造一般是交叉平行剪接形成的，能制造出一种特定的气氛。

节奏是为表现主题思想服务的。在设计一部电视作品的结构时，必须同时把节奏设计好。应根据主题思想的要求、故事情节的发展和主要人物内心活动的起伏，设计好节奏，使观众能感到事件发展的节拍、人物内心的跳动，使节奏有紧有松，恰到好处。电视作品节奏是在编辑时最终完成的。编辑时，应根据作品内容和结构的需要，把握好总体节奏，把视听各种元素综合起来，以形成一种作品内部节奏和外部节奏有机统一的理想节奏形态。

### 1.3.4　主题突出

主题是艺术作品所描绘的整个形象体系中表现出来的中心思想，又称主题思想，是作品的内容核心，是作品的灵魂与统帅，既贯穿全部作品，又在其中起到作用。电视作品可能是电视剧，也可能是电视散文，还可能是专题片或纪录片，甚至可能是综艺节目片等，不论是哪种类型，都要突出主题。因为电视作品的主题包含着创作者对社会生活的认识、评价，渗透着创作者的美学理想和社会理想、世界观，只有把主题从作品中突现出来，才能使观众更好地接受和理解电视作品，从而实现创作者传情达意的创作意图。主题体现在电视作品的各个方面，编辑时突出主题要注意以下几个方面：

第一，从整体上贯穿作品的整个思想体系。主题是电视作品所表达的创作者对生活、社会的认识、态度、情感和审美观念，带有明显的个人主观色彩和风格样式，但不会是纯主观化的东西，一定是一种个人生活的感悟。从电视作品的开头、发展、高潮到结尾等各大部分都应贯穿全片的主题思想，字幕的设计、镜头过渡技巧的运用等也应以突出主题为目的。

第二，合理安排情节。情节的发展安排，即事件的进程、结局，不是生活的直接展现，而是包含了创作者对生活的认识和评价。情节的发展与人物命运、人物塑造密切相关，受主题制约，又是主题的体现。

第三，重视主要人物形象。对主要人物的塑造可以反映出电视作品的基本思想倾向，集中体现了创作者的感情合理性。在编辑创作电视作品时，要注意对主要人物形象的塑造，在主人公的形象和命运中，体现生活、社会、人生的意义。

第四，重视具体的艺术形象。主题的提示，须在具体艺术形象的基础上才能实现。主题不是夹杂、安排在电视作品中的几句评论，而是蕴藏在整个画面、声音所构成的整体荧幕形象中，在作品的内容展现与形式中显露出来。

### 1.3.5 再现生活

电视作品的创作必须尊重生活，再现生活。那些真实、直接、深入、生动地反映现实生活的电视作品备受观众的关注。比如电视剧《亮剑》里的李云龙不骂人不说话，不但没有影响李云龙这个人物的形象，还强化了他的性格。

一部电视作品，应该使观众通过真真切切的画面产生思考。电视纪实作品，无论是现场报道还是专题片、纪录片，讲求的都是对生活中真人真事的直接反映，坚持以真实再现生活中的影像为主，以表现、解说为辅。它们努力给予观众的不是一种给定的结论，而是要引发观众在接收由多元化的电视语言构成的、接近全面事实真相的综合信息之后带来的自我思考与判定。每个人都有他自己的判断角度和思考方式，接收到的并非是得到的。同新闻的真实性原则一样，电视纪实作品更多要展示的是与整个社会共通的、与整个时代同步的客观真实。在电视纪实作品中多是反映一种人文关怀。人经常是作品的直接主角，人物的表达不仅仅是一种信息的交流，更重要的是情感的沟通。电视作品需要让人物的内心情感得以真实流露。内心的情感是一种不由自主的瞬间动作，人物总是在感觉不到摄像机的存在的时候表达真情。所以，创作者应注意捕捉瞬间镜头，使摄像机在必要的时间内开机，营造轻松的氛围，让人物情感在其中活动自如。长镜头、同期声、跟拍，这些是抓住人物心理微妙变化的最好方法。创作者无论是在前期拍摄时，还是在后期剪辑时，都要注意抓住瞬间，注意叙事的节奏，使这种思辨性得以更好地表达，与观众产生共鸣。

## 1.4 电视编辑的工作流程

电视创作一般分为前期和后期两个阶段：前期阶段，涉及为获取原始影像素材和原始声音素材进行的一系列工作，包括选题策划、采访、实际拍摄等步骤，其中核心环节是拍摄；后期阶段，涉及对原始素材的挑选、修饰与处理，使之最终能形成一个完整的节目形态，包括编辑、特技、字幕、配音、配乐、包装等工序，这些工作主要是围绕编辑来完成的。电视编辑是一个流程性很强的系统工程，主要分为准备、编辑与合成三个阶段。

### 1.4.1　准备阶段

编辑之前的准备工作是十分必要的，准备工作越细致，编辑时就越省时省力，越能提高编辑工作的效率。准备工作包括：①修改拍摄提纲。这是因为前期拍摄过程中有可能会随实际情况调整拍摄计划和内容，从而使得所拍的素材与原来的拍摄提纲有出入，这就需要在编辑之前熟悉拍摄到的素材并对原有的拍摄提纲作修正，以方便后期编辑。②熟悉素材。在开始编辑之前，熟悉所拍摄的素材是非常重要的，它是对所拍摄的原始影像素材和声音素材进行仔细的了解和鉴别，并对有用的镜头作详细的记录，再对照修改后的脚本，根据可用素材建立初步的形象系统。③与有关人员协调。要与解说词的撰写者、电视片所属栏目的负责人等沟通，以保持电视片本身及与所属栏目的风格和谐统一。④设计编辑提纲。严谨的编辑提纲可以保证电视片在结构上的完整性和节奏感，并保证各部分内容在比例上的得当，可以保证选用最能表达意义的镜头，可以提高编辑工作的效率，可以保证节目长度上的精确性。

### 1.4.2　编辑阶段

准备工作完成后，就可以正式编辑了。编辑阶段的工作主要包括：①归整镜头。对所有的原始素材镜头进行分类和整理，如给素材编号，尽可能按时间或空间的顺序来编排，并记下每个镜头的长度和内容。②挑选镜头。原始镜头中的大多数是用不上的，必须进行鉴别和挑选，首先可以排除那些有明显技术质量问题的镜头，然后可依编辑提纲中所标示的内容进行归类，以方便接下来的编辑。③对镜头进行排列组合，即按编辑提纲上的叙事表意要求，一个镜头接一个镜头地排列组合，用来表达创作者需要的意义。这里镜头的组合与排列，不仅要注意电视语言的语法规则，更要注意意义的表达，并要通过选择正确的剪接点和合适的镜头长度来创造最佳的艺术效果。④检查编辑效果。按编辑提纲对镜头进行排列组合完毕后，需要回头进行仔细检查，检查逻辑表述是否合理、意义表达是否准确、画面剪接点是否得当、运动是否流畅、场面过渡是否自然、声音质量是否符合技术标准、声画结合是否恰当等。

### 1.4.3　合成阶段

作为一个完整的电视片，完成了声画的编辑之后，还需要添加字幕、修改解说、配音试音效以及进行画面的特效处理，最后还要完成片头片尾的包装。至此，完成了整部片子的制作，形成编辑母带（线性编辑）或合成输出成品（非线性编辑），注意及时备份和妥善保管，以防止由于工作中出现失误而造成前一阶段工作成果的损失。

## 1.5  创作实训

### 1.5.1  验证库里肖夫实验

自拍或自选素材镜头，验证库里肖夫实验。

### 1.5.2  体验影响节奏的因素

事先根据影响节奏的因素（镜头的时长、主体运动、摄像机运动、景别、明暗、色彩、构图、声音等）准备一些素材镜头，其中要有不同长短的镜头、运动和静止的镜头、不同景别的镜头、不同明暗的镜头、色彩鲜艳和暗淡的镜头、构图复杂和简单的镜头、有声和无声的镜头等。然后从素材镜头里选择一些镜头，分别编辑一个节奏越来越快的段落、一个节奏越来越慢的段落、一个节奏由快变慢的段落和一个节奏由慢变快的段落。

本实训的目的在于让学生通过编辑不同节奏的段落，理解体会对节奏产生影响的各个因素。

### 1.5.3  构思自己作品的选题

本课程建议学习者自主编导、拍摄、编辑制作一部 DV 作品，从自主创作的作品来评测对电视编辑原则与技巧的掌握情况。课程伊始，希望学习者构思自己作品的选题。

【思考题】

1. 电视是一种大众媒介，在编辑电视节目时怎样做到与传播规律相结合？
2. 广义与狭义蒙太奇的含义分别是什么？
3. 蒙太奇画面语言有哪些表意特性？
4. 电视编辑的主要任务是什么？
5. 电视编辑创作的作用和目的是什么？
6. 总结编辑一个完整电视节目的基本操作顺序。

# THE TECHNOLOGY AND CREATION OF TV EDITING

## The Introduction to TV Editing System

第 2 章

# 电视编辑系统简介

本章介绍了线性编辑系统的构成、编辑方式、操作步骤和优缺点，非线性编辑系统的技术发展、优势、分类、常用软件及工作流程，重点介绍了典型的非线性编辑软件 Premiere Pro CS5 的应用和工作流程，并提出了相应的创作实训任务。

【本章学习要点】

通过本章的学习，读者应掌握编辑系统的分类与构成，理解线性编辑的两种方式，熟悉非线性编辑的特点和编辑流程。

【本章内容结构】

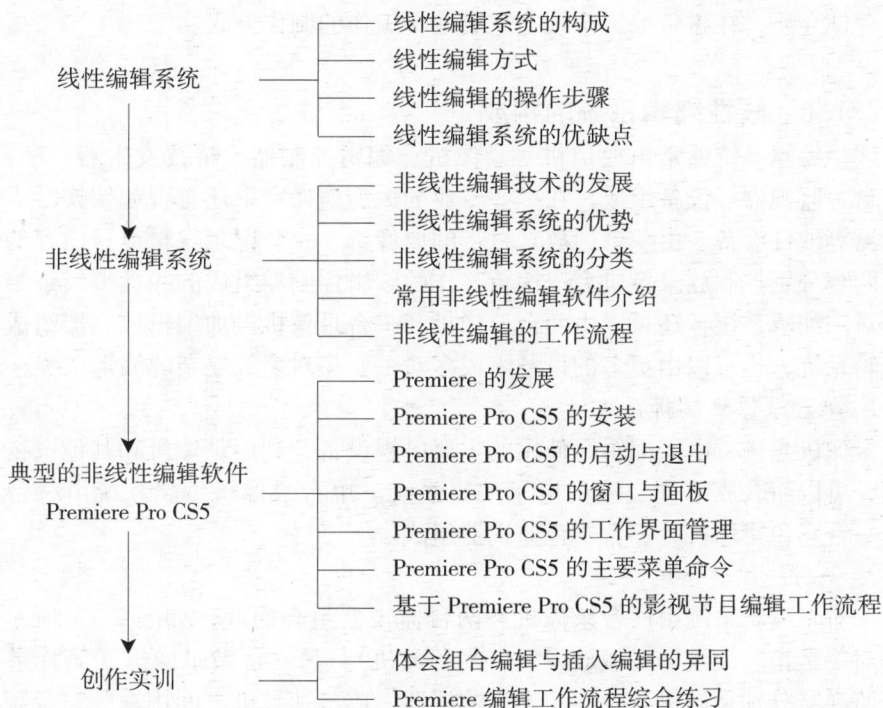

线性编辑系统
- 线性编辑系统的构成
- 线性编辑方式
- 线性编辑的操作步骤
- 线性编辑系统的优缺点

非线性编辑系统
- 非线性编辑技术的发展
- 非线性编辑系统的优势
- 非线性编辑系统的分类
- 常用非线性编辑软件介绍
- 非线性编辑的工作流程

典型的非线性编辑软件 Premiere Pro CS5
- Premiere 的发展
- Premiere Pro CS5 的安装
- Premiere Pro CS5 的启动与退出
- Premiere Pro CS5 的窗口与面板
- Premiere Pro CS5 的工作界面管理
- Premiere Pro CS5 的主要菜单命令
- 基于 Premiere Pro CS5 的影视节目编辑工作流程

创作实训
- 体会组合编辑与插入编辑的异同
- Premiere 编辑工作流程综合练习

电视编辑系统是指可以完成编辑工作的设备系统，目前常用的电视编辑系统根据工作原理不同可以分为线性编辑系统和非线性编辑系统。

# 2.1 线性编辑系统

线性编辑是传统电视制作过程中常用的后期编辑制作方式，是一种以录像磁带为存储介质，在磁带编辑系统上完成编辑工作的制作方式。

## 2.1.1 线性编辑系统的构成

线性编辑系统通常由放像机、录像机、编辑控制器、特技发生器、字幕机、调音台、监视器等设备组成，在一些专业的大型演播室中还有视频切换台、矢量示波器等硬件设备。由一台回放素材带的放像机、一台记录编辑节目内容的录像机和两台分别控制放录像机完成编辑工作的编辑控制器组成的线性编辑系统被称为一对一编辑系统，还可以由两台放像机和一台录像机再加编辑控制器组成二对一编辑系统，也可以由更多的设备组成多对一、多对多等复杂的编辑系统。

1. 单台录像机编辑系统

录像机是进行电子编辑时使用的主要电视设备，利用录像机和其他电视设备联用，可以组合成不同类型的电子编辑系统。单台录像机编辑系统由一台录像机、一台彩色摄像机、一台彩色监视器组成。

2. 一对一编辑系统

一对一编辑系统由两台录像机和两台监视器组合而成，如图 2-1 所示。所谓一对一是指一台录像机做放像机（简称放机），另一台做录像机（简称录机），两台监视器分别是放机监视器和录机监视器。放机和录机之间用视频、音频电缆连接，放机中放入镜头素材，录机中放入空白带，按顺序寻找镜头，并确定转录的起始位置（即编辑点）。同时控制放机放像和录机录像，就能正确地进行电子编辑工作。一对一设备联用曾经是国内各单位使用的最普遍的线性编辑系统。

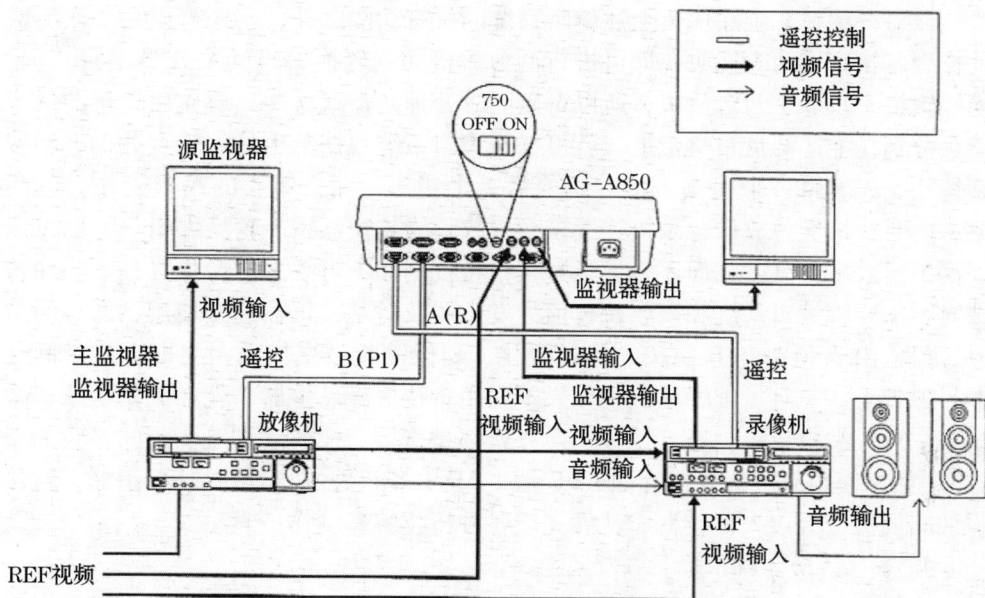

图 2-1　一对一编辑系统

### 3. 二对一编辑系统

简单的一对一编辑系统只能将两个画面连接在一起，不能进行叠化、淡入淡出、划像等特技转换编辑。如果要实现这些功能就必须有两台放像机，这样才能将两个放像机播放的图像进行选择并转录到录像机的磁带上，这就需要二对一编辑系统。二对一编辑系统是由两台放像机与一台录像机组合而成的电子编辑系统，如图 2-2 所示。

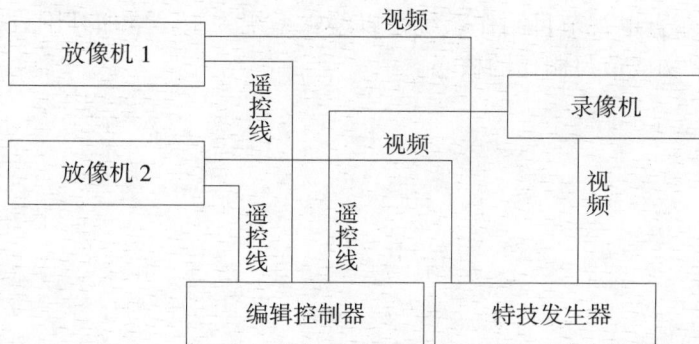

图 2-2　二对一编辑系统

**039**

二对一编辑系统除保留上述编辑系统的所有功能之外，它还可以在一次编辑动作中编辑完成两个镜头，即可进行两台放机间的轮换编辑（A/B卷编辑）。轮换编辑由于采取了两台放机，所以可以同时处理两盘素材。只要先后连接的两个镜头分别在上述两盘素材带上，就可操作编辑系统根据给出的编辑点数据自动搜索镜头，先编辑一个镜头，接着编入另一个镜头，两个镜头的编辑工作一气呵成。两台放机交替放像，录机连续录像，故称为轮换编辑。轮换编辑一方面可以提高编辑效率，另一方面还是编辑过程中特技制作不可缺少的操作过程。制作特技时，需要将编辑系统和视频特技信号发生器及时基校正器连接使用，通过两台放像机输出 A 镜头和 B 镜头，经过叠化、划像等特技变换后，立即直接录制在节目磁带上。二对一编辑系统中如果不联用特技信号发生器，就如同单机编辑系统与一对一编辑系统一样，镜头切换方式都是直接切换的（即镜头瞬间过渡的形式）。如果使用数字特技台，如 AVE－5、MX－12 等，则不用时基校正器，直接将两路放机信号接入特技台，就能完成各种特技编辑制作。

4. 多机联动编辑系统

多机联动编辑系统具有很高的自动编辑功能，由计算机控制。该系统最多可以同时控制七台放机，即可同时放入七盘素材带，根据编辑指令进行全自动搜索预卷和编辑，可以同时连接两台录机，即可得到两盘第一版节目完成带（即节目原版）。通常这种大型编辑系统联用特技信号发生器，以改单纯直接切换方式，可以使镜头组接方式丰富多变。不过任何高自动化的设备也不能代替人类的创造性思维，所有镜头的编辑点还是由编导人员预先确定，而后由技术人员输入计算机再开始编辑工作。

5. 制作系统

围绕着电子编辑系统，可以将产生各种视频信号源的设备连接在一起，调整各信号源与编辑系统的工作状态，就可以组合成一套完整的电视节目制作系统，如图 2－3 所示。电视节目制作系统是以编辑系统为主，增加外围设备扩展功能的总体组合，构成节目制作的核心。

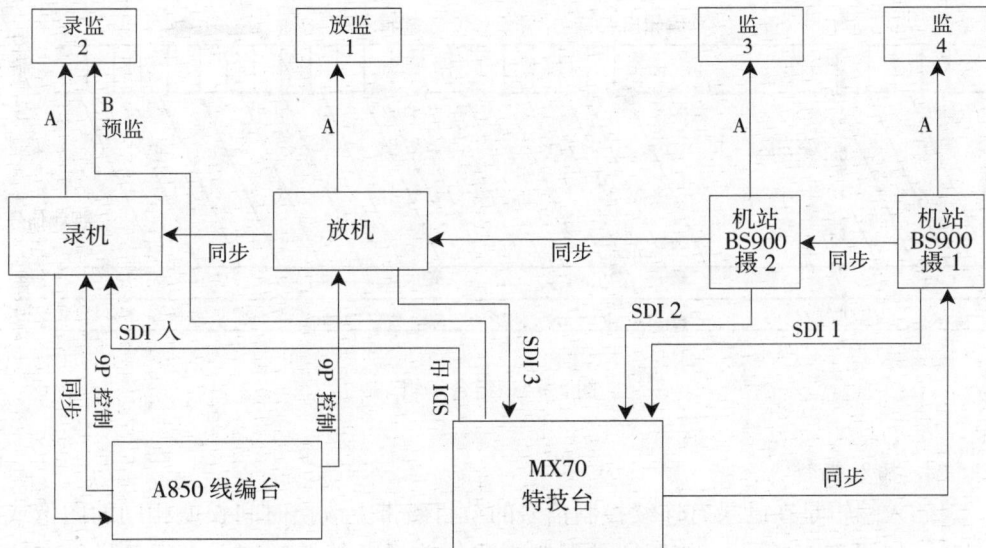

图 2 - 3　电视节目制作系统

　　线性编辑系统要求设备十分精密复杂，设备造价较高，编辑过程是电视制作中独有的。线性编辑系统的工作原理可以简单地理解为在编辑控制器的精密控制下，有选择地将放像机中素材带上的视音频信号复制转录到录像机中的节目母带上（母带是编辑工作完成后的第一版节目带）。

## 2.1.2　线性编辑方式

　　使用线性编辑方式制作电视节目，就是将放像机中素材带上选出的画面一段一段地、首尾相连地录制到母带上。根据编辑过程中选择录制到母带上的信号的方式不同，线性编辑分为组合编辑和插入编辑。

　　1. 组合编辑

　　组合编辑是指将素材带上选择出来的视频、音频信号按照事先编排好的顺序，逐个记录到节目母带上，串编成一个完整的节目，也有人称为汇合编辑和串联编辑。母带录像机在工作时会把母带上原有的视频、音频信号及控制磁迹同时消除，再记录新的控制磁迹和放像机送来的视频、音频信号。由于全消磁头和写入新磁迹的磁头之间有一定距离，因此组合编辑的编辑出点后会出现一段磁迹的空白区域，如图 2 - 4 所示。因此组合编辑只能用于首次编辑，而不适合用于修改已经完成编辑的节目带。值得注意的是空白母带必须使用组合编辑方式。

**041**

编辑出点　　　　　　　编辑入点

控制信号

空白区

视频信号

声音信号

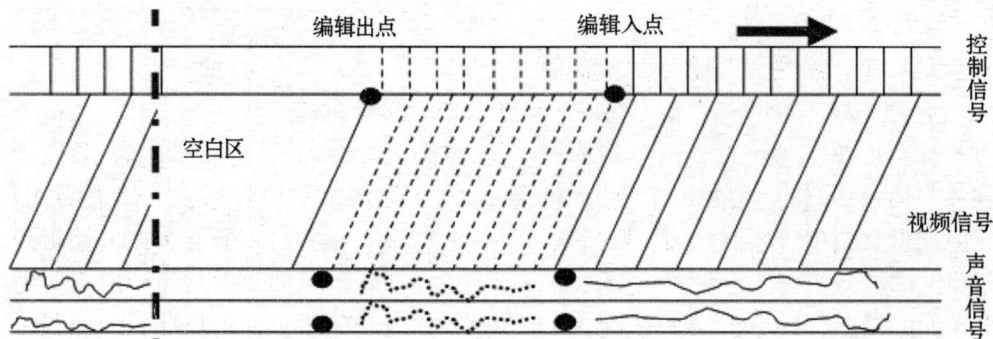

图 2 - 4　组合编辑

2. 插入编辑

插入编辑是在已录有连续控制信号的节目磁带上改换时间长度相同的图像或声音，如图 2 - 5 所示。使用这种录制方式的前提条件是磁带上必须已经录有连续、稳定的控制磁迹，也就是已经用普通录像或组合编辑方式录制了连续的图像。在一盘新的空白带上是无法做插入编辑工作的。插入编辑时总消磁磁头不工作，而是在插入图像或者声音的同时各有相应的视频旋转消磁磁头和声音消磁磁头分别进行消磁，因而既可以使图像和两个声道的声音同时插入，也可以对这三个信号的其中之一做单独的插入，而其余的信号就处于重放状态。插入编辑不能改变磁带上原有节目的长度。要插入一段新的内容，必须舍弃与其长度相同的内容，才能在这一位置换上新的内容。所以插入编辑不能增删，只能替换。

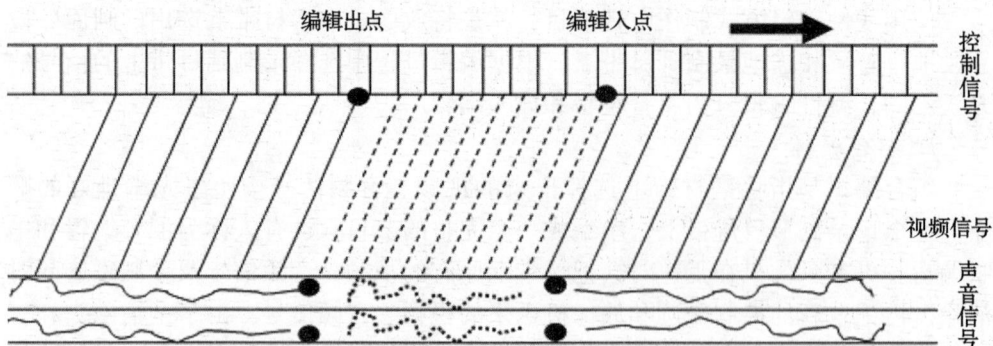

编辑出点　　　　　　　编辑入点

控制信号

视频信号

声音信号

图 2 - 5　插入编辑

### 2.1.3 线性编辑的操作步骤

不管是组合编辑还是插入编辑，通常的操作步骤包括三步：

第一步，设置入点、出点。即在编辑控制器上把所需镜头的时间点位置（时：分：秒：帧）用专用按钮进行标记。以在放像机上设置入点、出点为例，利用搜索盘快进或快倒画面，找到所需画面的起点，将素材带暂停，按下编辑控制器上的放像机的入点设置按钮，即设置了放像机入点；播放素材带到所需要编辑画面的结束位置后暂停，按下编辑控制器上放像机的出点设置按钮，即设置了放像机出点。入点与出点之间的长度即为所选画面的时间长度。利用搜索盘将录像机中的母带找到要录制画面的起点处暂停，按下编辑控制器上录像机的入点设置按钮，即设置了录像机入点。组合编辑时一般不需要再设置录像机的出点，插入编辑时录像机入点、出点要设置全。

第二步，选择编辑方式。在编辑控制器上按下"组合"编辑方式按钮，即把放像机中素材带上的视频、音频信号均复制到录像机中的母带上。若选择"插入"编辑方式，则根据需要按下所选择的视频信号、音频信号其中的一种或两种按钮。

第三步，开始编辑。前两步设置无误后，按下编辑控制器上的"自动编辑"按钮，编辑控制器即可进入编辑状态，编辑系统会自动把用户设置在入点和出点之间的画面和声音录制到母带指定的位置上。

当一个镜头编辑完成后，系统会暂停，等待用户继续编辑下一个镜头。用户在编辑过程中一般可以只打放像机的入点、放像机的出点、录像机的入点和录像机的出点四个点中的三个点。因为当编辑系统在编辑时遇到任何一个出点，系统都会完成编辑状态。当然，用户也可以将放像机、录像机的入点、出点都打全，若放像机的入点和出点之间的长度与录像机的入点和出点之间的长度不一致时，则以先遇到的出点为准，系统会自动完成编辑过程。

### 2.1.4 线性编辑系统的优缺点

由于线性编辑是基于磁带的编辑方式，磁带记录画面时是有顺序的，无法在已录好的画面之前插入一个镜头，也无法在删除一个镜头之后使画面自动接好。若要实现上述改变，必须把修改点的画面全部重新录制一遍。在使用插入编辑方式替换某段画面和声音时，所插入的画面或声音必须以 1:1 的长度进行。线性编辑在处理增加或删减画面及声音长度时，编辑效率会降低很多。线性编辑的另一个缺点是图像质量损失大，一般翻录三四版后，图像质量就达不到播出要求了。由于素材在检索过程中反复搜索，磁带和录、放像机磁鼓之间的磨损较大，而且在制作过程中，视频信号经过特技台、字幕机等设备后，信号质量有一定的衰减，导致图像质量不高。

传统的线性编辑经过多年发展，技术已相当成熟，硬件的稳定性也很高，制作过程迅速且直观，在编辑机上编辑完成时取出录像机中的磁带，即母带，没有复杂的输出编码等过程。对于很多播出时间不长的节目，尤其是时效性很强的节目，如突发事件的报道、紧急插播的新闻等，就会体现出线性编辑的优势。目前线性编辑设备在电视台等新闻时效性要求较强的部门或单位的应用仍较为广泛。

当然，线性编辑的缺点是显而易见的：需要成套的专用设备，造价较高；只能完成视频、音频信号的剪接工作；若要添加字幕、特技、动画等表现内容时需要更多专用的设备；制作成本与流程相当复杂等。随着计算机多媒体技术的进步，非线性编辑系统迅速普及，它具有很多线性编辑系统无法比拟的优势，在相当多的制作领域替代了线性编辑系统。但需要说明的是，编辑过程中的基础概念并没有变，例如在非线性编辑软件中的三点式编辑或四点式编辑即是线性编辑方法的重要体现。

## 2.2　非线性编辑系统

非线性编辑方式是相对传统的以时间顺序进行的线性编辑而言的。在非线性编辑方式中，用户可以随意组合镜头的顺序而不会影响到已经编辑好的部分。非线性编辑系统是以多媒体计算机为编辑核心，使用硬盘（或其他盘式记录媒体）作为存储介质进行编辑的数字化音视频后期制作系统。

### 2.2.1　非线性编辑技术的发展

随着计算机技术的发展，非线性编辑技术经历了有卡非线性编辑、基于CPU + GPU + I/O 技术的非线性编辑和网络编辑几个阶段。

#### 1. 有卡非线性编辑系统

传统的非线性编辑系统是由一台高性能多媒体计算机，配以能对多种视音频信号进行采集、处理的专用板卡（视频与音频处理子系统）及用于存储素材的大容量高速硬盘，再加上用于视音频编辑的软件构成的，又称有卡非线性编辑系统。计算机平台属于基础硬件平台，主要完成数据存储管理、视频与音频处理子系统的工作控制和软件运行等任务。传统非线性编辑系统中专用的视音频处理板卡上配备特殊的处理芯片与连接电路，将视频、音频编解码和实时特技处理功能固化在硬件电路上。这种非线性编辑系统工作时，计算机主要负责视频数据的存储和传输等管理工作，而视频、音频信号的输入、输出、编码、解码，字幕，特技合成等处理工作全部由专用板卡实现，视音频处理板卡在整个非线性编辑系统中是最核心的部分，它的输入输出接口、压缩编码方式决定了系统的视音频质量。应用较多的有 AVID 公司的 MC－1000/8000 系列非线性产品、Data Translation 公司的 Media－100 等。国产非线性编辑系统主要是基于 Matrox 公司的 DigiSuite 系列板卡及 Pinnacle 的 Targa 系列板卡，国内公司在这些硬件板卡上进行了 OEM 开发。借助当前的超大规模集成电路技术，像帧同步机、数字特效发生器、数字切换台、字幕机、磁盘录像机和多轨 DAT 技术等数字视频设备的功能就能在标准的板卡上实现。板卡上的硬件直接进行视频信号的采集、编解码、回放，甚至直接管理素材盘，CPU 则负责图形用户界面、字幕、网络等功能。这种方法彻底实现了多层画面的实时合成，使视频与音频信息处理不依赖 CPU 的速度，也减轻了 CPU 的负荷，从而在整体上提高了系统的可靠性。计算机本身也在迅速发展，PC 机从 32 位过渡到 64 位，CPU 主频已经达到了 3.6 GHz，6 核的 CPU 也已出现，操作系统已经可直接支持视频与音频操作。

非线性编辑软件是一整套指令，指挥计算机平台和视频与音频处理子系统高效工作。根据前期使用的视频设备不同，非线性编辑系统的组成与配接有所不同。前期数字视频设备和非线性编辑系统的有机结合，再辅助以高速数据传输、网络化资源共享等新技术以及硬盘录像机，盘带式录像机等可以组成全数字的电视节目制作系统。图 2－6 所示的是 PC 机平台非线性编辑系统的系统配接。工作原理为来自放像机或其他信号源的视频与音频信号，经视频编辑卡变换成数字视频与音频信号，并利用硬件设备进行实时压缩，然后将压缩后的视频与音频信号作为素材存储到 SCSI 硬盘中，这样便可以利用非线性编辑软件进行视频与音频后期编辑。根据导演、编辑的创作意图，综合使用多个相关编辑软件对硬盘中的素材片段进行特效加工处理，最后形成一个完整的电视节目。输出时，视频与音频信号数据送至视频编辑卡进行特效加工处理，并还原成模拟信号，通过录像机记录下来。

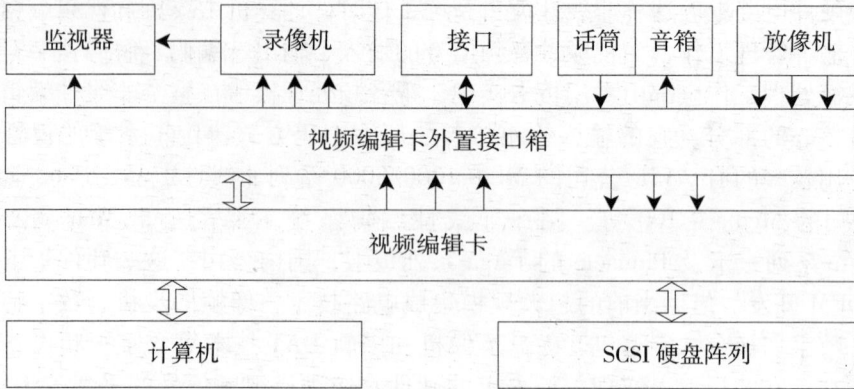

图 2 - 6　非线性编辑系统的系统配接示意图

2. 基于 CPU + GPU + I/O 技术的非线性编辑系统

近几年随着计算机技术的快速发展，出现了基于中央处理器（CPU）+ 图形处理器（GPU）+ 输入输出板卡（I/O）技术的新一代非线性编辑系统，它是建立在计算机 CPU、GPU 性能得到大幅度提升的基础上的，该产品逐渐成为目前市场上的主流。GPU 是 NVIDIA 公司在 1999 年 8 月 31 日发布 GeForce256 图形处理芯片时首次提出的概念，其定义为：集成有几何引擎、光照引擎、三角形设置、图形裁剪引擎和纹理渲染引擎，处理能力在每秒 1 000 万个以上多边形的单芯片处理器。随着 GPU 性能和 GPU 编程技术的不断提高，GPU 已可以独立完成二维、三维特技处理和视频数据的合成，与专一完成编解码的 CPU 相结合，就组成了 CPU + GPU 构架的非线性编辑系统。随着电脑硬件性能与软件技术水平的提高，基于 CPU + GPU + I/O 为核心的新一代纯软件的非编系统已经日益成熟。与基于硬件板卡的非编系统相比，纯软件非编系统无须硬件板卡的支持，以主机系统和剪辑软件实现剪辑功能，具有稳定可靠、价格低廉、格式灵活、升级容易等显著优点。在此前提下，国际主流板卡制造商将开发的重点由支持特性转为支持兼容性，并以 10bit 无压缩的视频采集质量代替了原先的 8bit 压缩质量。当高清制作普及时，视频信号的数字容量成倍增加，传统非编视频卡及其应用将意味着整体报废。因此，用户都希望在标清和高清之间实现平稳过渡以应对未来的可升级性。为此，纯软非编环境的作用被迅速升级，纯软非编系统及其网络应用成为大势所趋。纯软非编系统由主机、剪辑软件、I/O 视音频卡、存储 4 个部分组成（如图 2 - 7 所示）。与传统非编相比，硬件板卡不再承担数据流的实时支持性能，改为由主机的 CPU + GPU 核心来实现，此功能通过新一代剪辑软件来调用，硬件板卡只承担高质量信号的采集和输出，最新的 Blackmagic 公司的 DeckLink 系列卡将视频信号提高到 10bit 无压缩质量，即使素材多层特技处理和多代复制后仍能保持原色。工作流程为：剪辑软件通过 I/O 卡将素材采集到存储设备，然后通过剪辑软件使用 CPU + GPU 性能调用存储的素材进行常规的实时剪辑、特技和字幕制作，最后将成片通过 I/O 输出到磁带。可以看出，素材在处理过程中保持了 10bit 无压缩的制作流程。由于板卡不再承担实时支持，并且 10bit 无压缩的视频数据量（特别是 HD）惊人，所以，对纯软非编主机系统的配置要求增高了。

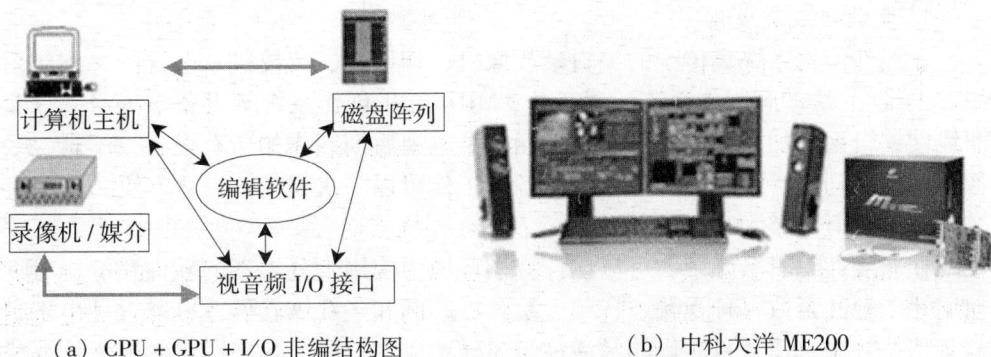

（a）CPU + GPU + I/O 非编结构图          （b）中科大洋 ME200

图 2 - 7　基于 CPU + GPU + I/O 技术的非线性编辑系统

### 3. 网络编辑系统

在单机的非线性编辑系统逐渐完善之后，各厂商开始推出网络编辑系统。网络的优势就是共享，用户存储的素材、上下载设备、编辑设备及团队任务等均可以实现共享，还可以和电视台的硬盘播出系统及媒体资产管理系统等相连接，从而大大提高制作效率和管理水平。网络非线性编辑系统造价高昂，大多为电视台影视制作等大中型单位使用。

## 2.2.2　非线性编辑系统的优势

非线性编辑系统具有线性编辑系统无可比拟的优势，主要体现在以下几方面：

### 1. 信号处理数字化

非线性编辑技术的核心是将视音频信号作为数字信号进行处理，编辑系统以计算机为核心。由于处理过程的数字化，使得数字信号的质量稳定，不会增加噪声和失真，克服了传统线性编辑的弱点，有效提高了节目的视音频质量。另外，还可方便地制作出丰富多彩的特技效果，充分发挥编辑制作技术人员的创造力和想象力。

**2. 编辑方式非线化**

在编辑方式上的非线性特点，使编辑人员能够容易地组织或修改镜头顺序，可以在任意编辑点插入或删除一段素材而不影响编辑点之后的内容，从而大大提高了编辑效率。

**3. 素材存取随机化**

在非线性编辑系统中用户可以方便地查找、标记、注释素材，快速定位于任何素材的任何位置，大大节省了搜索素材的时间，有利于提高编辑效率。

**4. 制作合成集成化**

非线性编辑系统集传统的编辑录放像机、切换台、特技机、电视图文创作系统、二维/三维动画制作系统、调音台、MIDI 音乐创作系统等设备于一身。一套非线性编辑系统加上一台录像机几乎涵盖了电视后期制作的所有设备，编辑、录像、特技、动画、字幕、音效处理等各种工作可以一次完成，灵活方便。

**5. 编辑手段多样化**

在非线性编辑系统中，可以在计算机环境中使用十分丰富的软件资源，可以使用几十种甚至数百种视频、音频、绘画、动画和多媒体软件，可以设计出多种数字特技效果，使节目制作的灵活性和多样性大大提高。几乎所有可以在计算机中使用的多媒体资源，经过适当的格式转换，都可以方便地应用到所编辑的电视节目中去。

**6. 节目制作网络化**

非线性编辑系统的优势不仅仅在于它的单机集成多功能，更在于它可以多机联网。通过联网，可以使非线性编辑系统由单台集中操作的模式变为分散、同时工作，这与电视台的节目制作流程相吻合，体现了节目制播一条龙的工作模式。素材、编辑、管理、播出等工作均可通过网络共享来完成。

到目前为止，非线性编辑系统并非十分完美，仍存在一些缺点，影响其应用范围的进一步扩大。如系统稳定性不够，会受计算机病毒、操作不当等因素影响，有时会出现死机现象，造成工作数据丢失。另外，前期摄像仍需使用磁带，使得非线性编辑设备仍未彻底摆脱磁带录像机，素材采集进计算机仍需要一定时间。随着以存储卡、蓝光光盘、硬盘作为存储介质的摄像机的出现和普及，这些不足将会有所改观。

### 2.2.3  非线性编辑系统的分类

根据不同的硬件平台，常见的非线性编辑系统有以下几种：

1. 基于 SGI 工作站的非线性编辑系统

SGI 是属于微机类的高端产品，从性能上看它具有更强的图形图像处理能力,更适合于作为非线性编辑系统的软硬件平台。比较高档的非线性编辑系统都以它作为软硬件平台,如早期加拿大 Discreet Logic 公司的一系列非线性编辑软件(Fire*/Smoke*)和数字特技合成软件(Flint*/Flame*/Inferno*)以及西班牙的JALEO 软件都运行在 SGI 工作站系列产品上。

2. 基于 Macintosh 机的非线性编辑系统

早期的非线性编辑产品大都是建立在 Macintosh 机平台上,因为苹果公司的Macintosh 机一开始就有良好的多媒体功能,图形功能也很强,所以早期的产品都以它作为硬件平台。但是 Macintosh 机的兼容性较差,不是一个开放性的平台,因此其硬件配置的可选范围和软件种类都比较少。不过它优良的图形图像处理性能还是让一些非线性编辑产品选用它作为软硬件平台,如美国 AVID 公司的MC-8000、MC-1000 系列产品和 Media-100 的系列产品都基于 Macintosh 机平台。现在苹果公司的数字视音频处理软件 Final Cut Studio 系列产品得到越来越多用户的认可。

3. 基于 PC 机平台的非线性编辑系统

随着 PC 机的发展,它的 CPU 运算速度越来越快,总线数据处理能力不断加强,多媒体技术使得它的图形图像处理能力不断提高,更为有利的是它的软件平台如 Windows NT、Windows 2000、Windows XP 平台的性能也越来越高,运行其上的非线性编辑软件和图形图像处理软件也越来越多。因此近年来以 PC 机作为平台的非线性编辑系统越来越多,如大洋的 DY-3000、DY-3300、X-8000 系列,新奥特的 NC98,索贝的创意系列,SONY 公司的 ES-3、ES-7 编辑工作站等都采用 PC 机平台。

### 2.2.4 常用非线性编辑软件介绍

非线性编辑软件是专门对数字视音频数据进行编辑处理的软件。非线性编辑软件类型丰富,有功能简单的,也有功能强大复杂的;有通用型、适用于各种硬件系统的,也有非常专业化、专用于某类硬件系统的。

1. Corel Video Studio(会声会影)

Corel Video Studio 是由台湾友立公司推出的入门级视频编辑软件(更专业的是其"同门师兄" Ulead MediaStudio Pro,即"友立独立制片人"),目前最新版本是"会10"。它是专门为个人及家庭用户量身打造的数码影像编辑软件,可以对存储在硬盘上的视频片断进行处理。它支持多种视频来源,可直接从数码摄像机、电脑摄像头、数码相机等多种数码设备上获取视频素材,可以生成多种编码格式的视频文件,甚至提供 VCD、DVD 刻录功能,能够直接生成 DVD 并刻录影碟。由于主要针对的是个人及家庭用户，会声会影在设计上也非常人性化。它的视频编辑功能非常丰富，具有故事模板编辑方式和时间线编辑方式，能够处理滤镜特效、字幕标题、配乐旁白等，详尽的向导功能能够带领初学者快速上手。此外，简洁的工作流程、清晰的结构布局，也使得初学者能够在上手的同时对非编软件有较好的理解，养成良好的操作习惯，为以后的进阶打下坚实基础。

2. Power Director（威力导演）

Power Director 是台湾迅连科技有限公司的家用非编软件，也叫"魅力四射"，是一个数字视频编辑程序，它帮助用户创建具专业外观的电影，加上配乐、配音、电影特效以及转场特效等，让用户的电影至臻完美。如果用户没有制作电影的经验，也无须担心。威力导演为家庭用户提供了简单易用的工具，帮助他们使家中的视频变得更具创意。威力导演具备采集、编辑、压缩、刻录功能，凡会声会影具备的，威力导演都具备。转场特效多，视频滤镜效果实用，能过滤风声噪音，能调色，字幕标题功能强大，有许多字幕模板，不用费事就可以制作出炫目的字幕。具有简易画中画功能。最值得称道的是其压缩速度比会声会影快两倍。

3. Ulead Media Studio Pro（友立独立制片人）

友立公司的 Ulead Media Studio Pro，比起会声会影来功能更强大，它可以实现多视频音频轨道重叠编辑，最多可达 99 轨。具备很好的采集、编辑、压缩、字幕、转场、视频滤镜功能，可以对视频进行任意拖放、裁剪，是影楼、婚庆公司和事业单位用来编辑视频、制作电子相册和专题片的常用软件。其 CG 模块可制作令人羡慕的动感字幕，还有对视频进行逐帧修改的功能，对音频能独立剪辑修改。能够将编辑好的视频直接刻录成影碟。支持 Macromedia Flash 文件，不用生成影片，可直接预览编辑效果。

4. Pinnacle Studio（品尼高）

Pinnacle Studio 是一款非常好的家用级视频编辑软件（更专业的是其"同门"Pinnacle Liquid Edition，屡次获奥斯卡大奖），无论是采集还是编辑，功能都十分强大，具备刻录影碟功能。最值得称道的是转场效果里面有几百种"好莱坞特效"，许多漂亮的特效做出来让人感到非常专业。

5. Pinnacle Liquid Edition

Pinnacle Liquid Edition 是电影级的非编软件，屡获奥斯卡大奖。集采集、编辑、刻录功能于一身，集成"好莱坞特效"，能实现真正三维空间处理、层级关系处理，三维动态画中画更为逼真，字幕效果突出，可以达到电影厂做出的部分效果。一些好莱坞特效颇有"美国大片"效果，不过对使用者要求较高，对系统要求较高。

6. Sony Vegas

Vegas 是一款优秀的视频编辑软件，其画质特效与声音编辑功能为人称道，具备调色、抠像等功能，提供三维立体动画编辑功能，字幕功能强大，专业性虽不如 Adobe Premiere Pro，但在转场特效、片头字幕、文本动画、复杂的合成、动态全景等方面都是它的特长，具备三轮色彩校正功能和专业抠像功能。有专业人士评价，其画质好于 Adobe Premiere Pro，图像边缘无毛刺，锐度好。不用 Cano-pusProCoder 和 TMPGEnc PLUS，也能压缩出高清晰画质的视频来，影像不闪烁。充分结合了特效、合成、滤镜、剪裁和动态控制等多项工具，最多可叠加 99 轨，是 DV 视频编辑、多媒体制作的一款优秀软件。

7. Adobe Premiere

Adobe Premiere 是一种基于非线性编辑设备的视音频编辑软件，可以在各种平台下和硬件配合使用，被广泛应用于电视台、广告制作、电影剪辑等领域，成为 PC 和 MAC 平台上应用最为广泛的视频编辑软件。它是一款相当专业的 DV（Desktop Video）编辑软件，专业人员结合专业系统的配合可以制作出广播级的视频作品。在普通的微机上，配以比较廉价的压缩卡或输出卡也可制作出专业级的视频作品和 MPEG 压缩影视作品。

8. Adobe After Effects

Adobe After Effects 是制作动态影像设计不可或缺的辅助工具，是视频后期合成处理的专业非线性编辑软件。Adobe After Effects 应用范围广泛，涵盖影片、电影、广告、多媒体以及网页等，时下最流行的一些电脑游戏，很多都使用它进行合成制作。和 Adobe Premiere 等基于时间轴的程序不同的是，Adobe After Effect 提供了一条基于帧的视频设计途径。它还是第一个实现高质量子像素定位的程序，通过它能够实现高度平滑的运动。Adobe After Effect 为多媒体制作者提供了许多有价值的功能，包括出色的蓝屏融合功能、特殊效果的创造功能和 Cinpak 压缩等。

9. Canopus Edius（康能普视）

Canopus Edius 非线性编辑软件专为广播和后期制作环境而设计，特别针对新闻记者、无带化视频制播和存储。EDIUS 拥有完善的基于文件的工作流程，提供了实时、多轨道、多格式混编、合成、色键、字幕和时间线输出功能。除了标准的 EDIUS 系列格式，还支持 Infinity™ JPEG 2000、DVCPRO、P2、VariCam、Ikegami GigaFlash、MXF、XDCAM 和 XDCAM EX 格式的视频素材。同时支持所有 DV、HDV 摄像机和录像机。

10. Avid Xpress

Avid Xpress 是一款非常好的广播级非编软件。中央电视台给它的每一位记者的笔记本电脑上都装有这款软件，能实现真正的三维空间处理、层级关系处理，三维动态画中画更为逼真，字幕效果突出，用它可以及时地把新闻影像资料采集编辑并从网上传输到中央电视台总部。

11. Final Cut Pro

Final Cut Pro 是 Apple 公司 Final Cut Studio 中的一个产品。Final Cut Studio 中还包括 Motion Livetype、Soundtrack、Color 等字幕、声音、包装方面的软件。该视频剪辑软件由 Premiere 创始人 Randy Ubillos 设计，充分利用了 PowerPC G4 处理器中的"极速引擎"（Velocity Engine）处理核心，提供全新功能，例如不需要加装 PCI 卡就可以实时预览过渡与视频特技编辑、合成和特技。该软件的界面设计相当友好，按钮位置得当，具有漂亮的 3D 感觉，拥有标准的项目窗口及大小可变的双监视器窗口，它运用 Avid 系统中含有的三点编辑功能，在 Preferences 菜单中进行所有的 DV 预置之后，采集视频相当方便，用软件控制摄像机，可批量采集。时间线简洁容易浏览，程序的设计者选择邻接的编辑方式，剪辑是首尾相连放置的，切换（例如淡入淡出或划变）是通过在编辑点上双击指定的，并使用控制句柄来控制效果的长度以及入和出。特技调色板具有很多飞行运动、卷页模式等可自定义的切换。在 Final Cut Pro 中有许多项目都可以通过具体的参数来设定，这样就可以达到非常精细的调整。Final Cut Pro 支持 DV 标准和所有的 QuickTime 格式，凡是 QuickTime 支持的媒体格式在 Final Cut Pro 都可以使用，这样就可以充分利用以前制作的各种格式的视频文件，还包括数不胜数的 Flash 动画文件。现在 Final Cut Pro HD 除了可以通过 PCI 卡获取 HD－SDI 外，还支持通过 FireWire 接口获取 DVCPRO HD 格式并输出，并且它可以对大多数的输入格式进行剪辑。

### 2.2.5  非线性编辑的工作流程

非线性编辑过程，实质上就是将传统的胶片或磁带的模拟信号转换成数字信号存储在计算机硬盘阵列上，然后通过任一种非线性编辑软件对素材进行反复编辑、修整和校色，最后再进行视频文件的输出。所以非线性编辑的工作流程主要包括三个步骤：

第一步，采集视音频素材。要将数码摄像机里拍摄到的视音频文件捕捉到计算机中，必须先配备好一块视频采集卡，当然最好是用 IEEE1394 卡，因为大多数视频采集软件都支持 1394 卡，而且用 1394 卡采集的视频文件是 AVI 格式，这种格式的文件压缩很小，所以质量效果也比较好。连接好设备，打开视频采集软件，设置好相应的采集参数就可以正式采集视音频素材了。

第二步，编辑合成视音频素材。上一步已经将视音频文件进行了数字化转换，接下来可以通过各种非线性编辑软件将采集获取的视音频文件以及通过计算机制作的静帧图像、动画和声音进行任意的剪辑拷贝、编辑合成。

第三步，输出视音频文件。即将所编辑好的视音频文件通过计算机进行计算输出。在这个过程中需要注意选择合理的视音频输出参数及最终文件的输出格式，根据具体的应用需求设置好场的参数以及输出的画面尺寸规格。若需要，可通过实时播放的方式将编辑合成好的视音频文件重新录制到录像带上以便于播出。

## 2.3　典型的非线性编辑软件 Premiere Pro CS5

本节就以 Premiere Pro CS5 为代表来介绍非线性编辑的软件平台。

### 2.3.1　Premiere 的发展

Premiere 最早是 Adobe 公司基于 Mac 平台开发的视频编辑软件，经历了十几年的发展，其功能不断扩展，被业界广泛认可，成为数字视频领域普及程度最高的编辑软件之一。

1. Premiere 的历史

以前，视频编辑只能在高级的非编工作站上进行，1993 年，Adobe 公司推出了 Premiere 的早期版本 Premiere for Windows，功能十分简单，只有两个视频轨道和一个立体声音频轨道。

随着奔腾处理器的出现，PC 机的性能有了长足的发展，对多媒体处理的性能也不断进步。1995 年 6 月，Adobe 公司推出了 Premiere for Windows 3.0，这个版本可以实现很多专业非编软件的功能，PC 机真正实现了专业的非线性编辑。

在 Premiere3.0、4.0、4.2 获得成功后，Adobe 公司又于 1998 年推出了功能更为强大的 Premiere 5.0，迅速占领了 Mac 和 PC 平台的市场，成为这两个平台上使用范围最广的视频编辑软件。后来相继推出了 Premiere 5.5、6.0、6.5 等版本。

为了巩固 Premiere 的低端市场并力求占领高端市场，Adobe 公司于 2003 年 7 月发布了 Premiere Pro。Pro 的含义是专业版，表示其功能更加强大，能更好地满足专业和广电领域的需求，版本重新从 1.0 开始标注。Adobe 公司于 2004 年 6 月对其进行了部分升级，推出更为稳定的 Premiere Pro 1.5。这两个版本相对于以前的版本可以说是革命性的进步，将之前的 A/B 轨编辑模式变为更加专业的单轨

**053**

编辑模式，可以实现序列嵌套，还加入了新的色彩校正系统和强大的音频控制系统等高级功能。Premiere Pro 的诞生在 PC 平台和 Windows XP 系统上建立了数码视频编辑的新标准，将软件提升到了一个新的高度，为进一步开拓市场、赢得更多的用户奠定了基础。

2006 年 1 月，Adobe 公司正式发布 Production Studio 软件套装，其中主要包括 After Effects 7.0、Premiere Pro 2.0、Audition 2.0、Encore DVD 2.0，还有 Adobe CS2 套装中的 Photoshop CS2 和 Illustrator CS2。Production Studio 套装中的软件组成了一条完美的工作流程：After Effects 7.0 可以高效、精确地创建各种动态图形和视觉效果；Premiere Pro 2.0 可以获取和编辑几乎所有格式的视频，并按需要进行输出；Audition 2.0 集音频录制、混合、编辑和控制于一身，可轻松创建各种声音，并完成影片的配音和配乐；而 Encore DVD 2.0 可以将视频内容创建刻录为带有环绕声音频解码和动态菜单的专业级 DVD 光盘；Photoshop CS2 可以处理各种图像文件；Illustrator CS2 是一个矢量绘图软件，可以以既快又精确的方式制作出彩色或黑白图形，也可以设计出任意形状的特殊文字并置入影像。Premiere Pro 2.0 是 Production Studio 软件套装中重要的组成部分，与套装中其他 Adobe 应用程序集成在一起，为高效数字视频的制作设立了新的标准。

2007 年 3 月 27 日，Adobe 再次对其产品进行整合，正式发布 Creative Suite 3 软件套装，简称 Adobe CS3。将原 Macromedia 的网络三剑客 Flash、Dreamweaver 和 Fireworks，Production Studio 中的 After Effects、Premiere Pro、Audition（单轨编辑版本为 Soundbooth）和 Encore DVD（现更名为 Encore）进行升级，统一版本号为 CS3。Creative Suite 3 的发布在 Adobe 的发展历史上具有十分重要的意义，它第一次将平面出版、网络开发设计以及影视和声频制作流程统一整合在一起，进一步统一并完善了创意工具体系，促进了整个创意行业的生产力发展水平。Adobe CS3 套装软件分别为平面、网络和视频媒体特别组合了 Design、Web 和 Production 版本套装，而且为整个的创意流程推出了 Master Collection 总套装软件，其中包含了所有 CS3 软件和相关组件。Design 和 Web 版本套装还分为 Premium 和 Standard 版，以应对高级或基础应用。Production 版本套装只有 Premium 版，针对高端影视或声频创作的需要，这实际上是上一代 Production Studio 软件套装的升级版。Master Collection 和 Production Premium 中都包含了 Premiere Pro CS3，还包含了视频特效合成软件 After Effects CS3、声频编辑软件 Soundbooth CS3 和影像光盘制作及编码软件 Encore CS3，并且均支持 Windows 和 Mac 系统平台。但在 Windows 平台下，还附加了 OnLocation CS3 和 Ultra CS3 两个组件，从而允许用户从多渠道进行更为专业的操作。

2008 年 9 月 23 日，Adobe 在 Creative Suite 3 的基础上进行了升级，发布了

Creative Suite 4 软件套装，简称 CS4，完善了软件的功能和跨媒体工作流程。CS4 延续了 CS3 的设计思路和结构，但新增功能可以应对更高端的制作需要。Premiere Pro CS4 同样继续包含在 Master Collection 和 Production Premium 中。单独购买的 Premiere Pro CS4 共包含 Adobe Premiere Pro CS4、Adobe Encore CS4、Adobe OnLoca-tion CS4、Adobe Device Central CS4、Adobe Bridge CS4 和一些专业设计的模板。

2010 年 4 月 12 日，Adobe 发布了最新一代 Creative Suite 5 软件套装，简称 CS5，大大增强了软件的性能，并整合了实用的线上应用。CS5 有超过 250 种新增特性，支持新的操作系统，并对处理器和 GPU 做了优化，能够很好地支持多核心处理器和 GPU 加速。Premiere Pro CS5 继续包含在 Master Collection 和 Produc-tion Premium 中，单独购买的 Premiere Pro CS5 依然包含 Adobe Encore CS5 和 Ado-be OnLocation CS5 等软件。不过，新的 Premiere Pro CS5 只支持 64 位系统。Ado-be Creative Suite 5 Production Premium 产品系列包含除 Premiere Pro CS5 之外的其他 9 个组件：After Effects CS5 是编辑运动图像和应用视频特效时选择的工具；Photoshop CS5 Extended 是行业标准的图像编辑和图像创建产品；Soundbooth CS5 是简单易用而又功能强大的音频编辑、整理、美化和创作工具；Encore CS5 是高质量的光盘创作工具，可以出版标准光盘、蓝光光盘和交互式 SWF 文件，它与 Premiere Pro CS5、After Effects 和 Photoshop CS5 紧密集成；Illustrator CS5 为印刷、视频创作和 Web 提供专业的矢量图形创作软件；Dynamic Link 提供产品间的链接，使用户能够在 Premiere Pro 和 Encore CS 内实时处理 After Effects 本地文件，而不用首先渲染它们；Bridge CS5 是可视化的文件浏览器，它提供对 Creative Suite 项目文件、应用程序和设置的集中访问；Flash Professional CS5 是行业标准的交互式 Web 内容创作工具；OnLocation CS5 是功能强大的、直接录制到磁盘的记录和监视软件，有助于视频摄像机创作超高品质的作品。

2. Premiere Pro CS5 的新增功能

Premiere Pro CS5 在 Premiere Pro CS4 的基础上完美升级为 64 位。在改进功能的同时，基于硬件和操作系统的支持，性能方面有了长足的进步：①水银回放引擎（Mercury Playback Engine）具备业界领先的性能，通过水银回放引擎可以实时地编辑高清或更高分辨率的素材，而不需要预渲染或降低分辨率。②拓展的无带化工作流程，提供了对 Sony XDCAM HD50、Panasonic AVCCAM、DPX 和 AVC_Intra 等本地格式的支持，增加了对 RED R3D 文件的支持，以及对佳能（Canon）和尼康（Nikon）单反相机拍摄的视频格式的支持。③和 Final Cut Pro 及 Avid 的编辑软件组成开放的工作流程，新增的在 Premiere Pro 和 Final Cut Pro 以及在 Premiere Pro 和 Avid 非线性系统之间共享的项目和素材，可以无缝整合以上系统的文件和时间线，并保留通用的效果和转场，而无须通过转换及渲染。

④业界尖端的 Adobe Story（一项全新的 CS Live 在线服务），Adobe Story 作为一款电影剧本创作工具，提供了一个安全的离线或在线写作环境，能很好地进行团队协作，可以将 Adobe Story 的脚本导入 Onlocation 和 Premiere Pro 中，并通过分析功能与素材的语音进行同步，这样就大大加速了后期制作的工作流程和从剧本到最终媒体的转化过程。⑤整合 CS Review（一项全新的 CS Live 在线服务），提供了快速、简单的在线审片功能，它的整合仅通过网页浏览器和易用的批注工具即可完成，方便不在同一地点工作的客户、项目管理者和创作团队之间的交流。⑥Ultra 抠像，可以对相对复杂的数字视频（DV）和压缩的高清视频（HDV）进行快速而精确的抠像，GPU 加速水银回放引擎对其加速可以达到高清视频（HD）实时抠像的结果。⑦细节功能的改变，在 Premiere Pro 中，通过简单地将素材拖动到新建序列按钮上便可新建序列，可以使用自动场景检测对从 HDV 采集的素材进行分段；可以从 DVD 直接导入素材，可以通过导出帧按钮从节目输出监视器或信号源监视器快速输出视频帧而无须使用 Adobe Media Encoder 进行输出，可以设置节目输出监视器和信号源监视器显示交错素材的上场、下场或全部内容，可以使用快捷键拓展目标轨道素材的持续时间到当前位置以进行更高效的编辑，可以使用检索并移除时间线上素材间空隙的命令快速整理序列。除了上述新增功能之外，Premiere Pro CS5 还在原有基础上对很多功能进行了增强，比如通过增加的元数据功能进行更加高效的编辑，并对 OnLocation CS5、Encore CS5 和 Adobe Media Encoder 这些组件的功能和性能进行了提升。

3. Premiere Pro 提供标准的数字视频工作流程

用 Premiere Pro 之类的非线性编辑软件编辑视频有一个基本的工作流程，通常包括以下步骤：①拍摄视频素材。②把视频素材采集（传输或提取）到硬盘中。对于无磁带媒体（如 Panasonic P2 和 Sony XDCAM），Premiere Pro 能够直接读取媒体，或者使用 Adobe OnLocation 直接把视频录制到工作站硬盘上（省去采集步骤）。③通过选择、剪切以及把剪辑素材添加到 Timeline（时间线）上，建立编辑后的视频文件。④在剪辑素材间加入切换特效，向剪辑素材应用视频特效，合成（分层）剪辑。⑤建立文本、字幕或基本的图形，并把它们应用到项目中。⑥加入音频，可以是同期声、音乐或者音频效果。⑦在音频剪辑中将多轨音频进行混合，并使用切换特效和特殊音效。⑧将完成后的项目导出到磁带、桌面计算机上的文件、适合因特网播放的流媒体或 DVD 和蓝光光盘上。

Premiere Pro CS5 不仅提供了一整套全功能的标准数字视频编辑工具以支持以上每一个步骤，它还具有高级音频编辑、色彩校正、关键帧控制、水银回放引擎图形卡加速器、多摄像机编辑等一些独特的功能，可以增加视频制作效果，提升最终作品的质量。尽管如此，还是有些数字视频编辑工作无法在 Premiere Pro

CS5 中完成，例如高端 3D 运动特效、详细的文本动画、带图层的图形、矢量作品制作、音乐创作、高级音频混合、编辑和效果处理等。要将这些功能中的一项或多项集成到一个作品中，建议使用 Adobe CS5 Production Premium 产品系列，它具有创建各种视频作品所需的任何工具。Adobe Premiere Pro/ Adobe CS5 Production Studio Premium 工作流程会随着创作的需要而变化，一些小型工作流程如下：①使用 Adobe OnLocation 把视频直接录制到磁盘。导出在 Adobe Story 中创建的脚本，并将其应用到特定剪辑中。②使用 Photoshop CS5 处理来自数码相机、扫描仪或者 Premiere Pro 视频剪辑的静态图像，然后在 Premiere Pro 中使用它们。③在 Photoshop CS5 中制作图层图形文件，然后在 Premiere Pro 中打开它们。可以选择让每个图层显示在 Timeline 独立的轨道上，这样能够对选择的图层应用特效和运动特技。④用 Soundbooth CS5 建立自定音乐轨道，然后在 Premiere Pro 中通过 Dynamic Link（动态链接）使用它们。⑤用 Soundbooth CS5 在现有的 Premiere Pro 视频文件或独立的音频文件上进行专业品质的音频编辑和美化。⑥使用 Dynamic Link，在 After Effects CS5 中打开 Premiere Pro 视频序列，应用复杂的运动和动画特效，之后将这些处理后的运动序列发送回 Premiere Pro，无须事先渲染就可以在 Premiere Pro 中直接播放 After Effects 合成图像。⑦用 After Effects CS5 的多种手段创建动画文本，将这些合成文件导出到 Premiere Pro 中。这些创建动画文本的手段是 Premiere Pro 所不具备的。⑧使用 Dynamic Link 将在 Premiere Pro 内创建的视频项目发送到 Encore CS5 中，而无须渲染或者保存中间文件。使用 Encore 创建光盘、蓝光光盘或者交互式 Flash 应用程序文件。

### 2.3.2　Premiere Pro CS5 的安装

Premiere Pro CS5 是 CS5 Production Premium 软件套装中的一个重要组件。安装 CS5 Production Premium 时可以选择性地安装 Premiere Pro CS5 和其他组件，也可以使用 Premiere Pro CS5 的单独版进行安装。Premiere Pro CS5 在 Windows XP 操作系统和 Mac OS 操作系统上均可安装运行，本书以 Windows XP 系统为操作平台进行介绍，不涉及在苹果计算机上的使用方法。但对于 Premiere Pro CS5 的基本功能和操作，苹果电脑与普通计算机基本相同。

1. Premiere Pro CS5 对硬件的系统需求

Premiere Pro CS5 对硬件的系统需求为：①Intel Core™2 Duo 或 AMD Phenom II 处理器，支持 64 位；②需要 64 位操作系统，如 Microsoft Windows Vista Home Premium、Business、Ultimate、Enterprise 带 Service Pack 1 或者 Windows 7；③2GB 内存（推荐 4GB 或更大内存）；④安装需要 10GB 可用硬盘空间，在安装过程中

**057**

还需要一些额外的缓存空间（不可以安装在基于闪存的可移动存储设备上）；⑤编辑压缩视频格式需要 7 200 RPM（转）硬盘驱动器，无损视频格式需要 RAID 0；⑥1 280×900 分辨率的显示器及 OpenGL 2.0 兼容图形卡；⑦Adobe 认证 GPU 的显示卡以进行 GPU 加速；⑧进行标清/高清（SD/HD）工作流程时，需要经 Adobe 认证的采集卡采集视频或输出到磁带；⑨需要 OHCI 兼容的 IEEE1394 端口进行 DV 和 HDV 的采集、输出到磁带和传输到 DV 设备；⑩Microsoft Windows 驱动或 ASIO 兼容声卡；⑪安装需要 DVD–ROM 驱动器，刻录 DVD 需要 DVD±R 刻录机，创建蓝光（Blu–ray）光盘需要蓝光刻录机；⑫需要 Quick Time 7.6.2 软件以使用 Quick Time 功能；⑬宽带因特网连接以使用在线服务。

2. Premiere Pro CS5 的安装

Production Premium（产品高级版）、MasterCollection（大师收藏版）与单独发行的 Premiere Pro CS5 版本的安装基本相同，只是在安装过程中可选的软件组件较多，并需要根据屏幕提示更换光盘。下面以 MasterCollection（大师收藏版）套装产品进行 Premiere Pro CS5 的安装。基本步骤是：

第一步，将安装光盘的第一张 DVD 放入到计算机光驱中自动运行，显示安装界面，进入软件"许可协议"界面，用户可以在显示"语言"下拉列表中选择"简体中文"后阅读中文版的许可协议，如图 2–8 所示，阅读完毕单击"接受"按钮继续。

第二步，进入"序列号"界面后，如图 2–9 所示，用户可以在文本框中输入所购买的产品附带的产品序列号，出现绿色对钩表示序列号输入正确，然后在"选择语言"下拉列表中选择安装软件的语言，单击"下一步"按钮。此处也可选择安装试用版，可以免费试用 30 天。

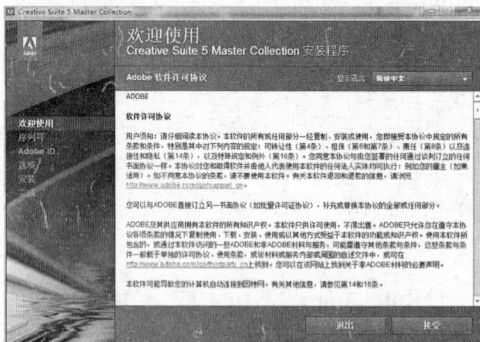

图 2–8 "许可协议"界面

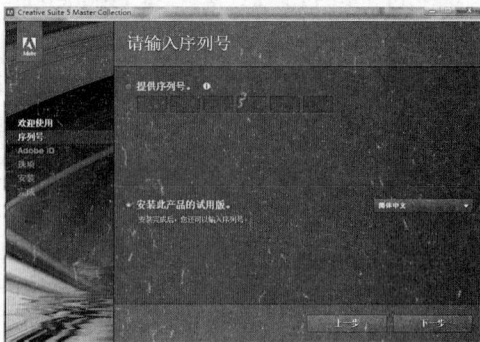

图 2–9 "序列号"界面

第三步，进入"Adobe ID"输入界面后，如图 2 - 10 所示，用户可以在文本框中输入电子邮件地址和密码，单击"下一步"按钮或单击"跳过此步骤"按钮。

第四步，进入"安装选项"界面，如图 2 - 11 所示，用户在软件列表中勾选想要安装的组件，并设置好安装路径，单击"安装"按钮。

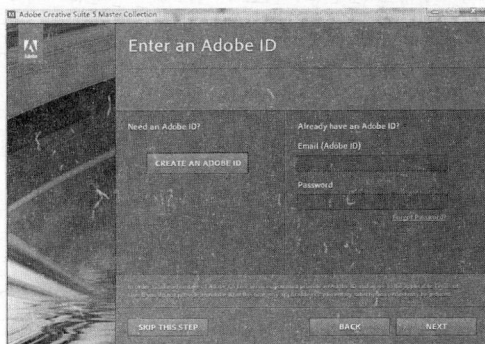

图 2 - 10　　"Adobe ID"界面

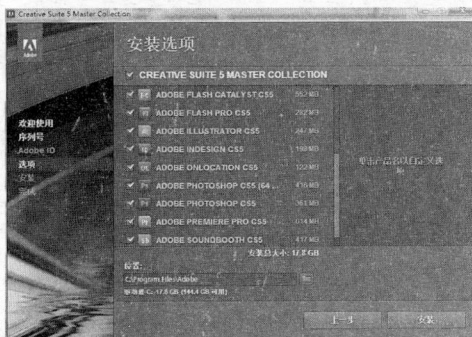

图 2 - 11　　"安装选项"界面

第五步，显示"安装进度"界面，如图 2 - 12 所示，开始进行安装，用户在安装过程中要根据提示更换安装光盘。

第六步，安装进度完成后会进入完成界面，如图 2 - 13 所示，显示安装完成，单击"完成"按钮。这样就完成了 Premiere Pro CS5 的全部安装。

图 2 - 12　　"安装进度"界面

图 2 - 13　　"安装完成"界面

### 2.3.3　Premiere Pro CS5 的启动与退出

在计算机中安装了 Premiere Pro CS5 后，就可以用它来编辑制作各种视频、音频作品了。接下来介绍 Premiere Pro CS5 的启动与退出。

1. Premiere Pro CS5 的启动

Premiere Pro CS5 的安装完成后，可以单击计算机桌面左下角的"开始"按钮，选择"所有程序 > Adobe Master Collection CS5 > Adobe Premiere Pro CS5"命令即可启动程序。如果用户经常使用 Premiere Pro，建议在桌面创建快捷方式，通过选择"开始 > 所有程序 > Adobe Master Collection CS5 > Adobe Premiere Pro CS5"，单击右键选择"发送到 > 桌面快捷方式"，这样便可以在桌面上找到 Adobe Premiere Pro CS5 的图标，以后双击该图标即可启动程序了。

第一步，程序启动过程中会弹出程序启动信息面板，随后进入欢迎界面，如图 2 – 14（a）所示。在欢迎界面中有"New Project（新建项目）"、"Open Project（打开项目）"、"Help（帮助）"、"Recent Projects（最近使用项目）"、"Exit（退出）"等按钮或选项，其中"最近使用项目"下面会列出最近编辑或打开过的项目文件名，"打开项目"用于打开一个已有的项目文件。

第二步，单击欢迎界面面板上的"新建项目"按钮，弹出"新建项目"对话框，如图 2 – 14（b）所示。在该对话框中可以通过"General（常规）"选项组设置项目文件的"Action and Title Safe Areas（动作与字幕安全范围）"、"Video Display Format（视频显示格式）"、"Audio Display Format（音频显示格式）"、"Capture Format（采集格式）"等，通过"Scratch Disks（暂存盘）"选项组设置当前项目文件中"Captured Video（采集的视频）"、"Captured Audio（采集的音频）"、"Video Previews（视频预览）"、"Audio Previews（音频预览）"在计算机硬盘中保存的位置。单击"新建项目"对话框下方"Location（位置）"右侧的"Browse（浏览）"按钮，在弹出的"浏览文件夹"对话框中可以选择项目文件保存的路径，在"Name（名称）"文本框中输入当前项目文件的名称，然后单击"OK（确定）"按钮。

第三步，弹出"New Sequence（新建序列）"对话框，如图 2 – 14（c）所示，设置完序列参数后，单击"确定"按钮。

第四步，进入 Premiere Pro CS5 工作界面，如图 2 – 14（d）所示，就可以进行编辑工作了。

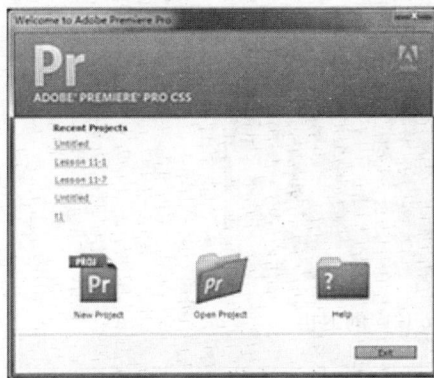

（a）欢迎界面

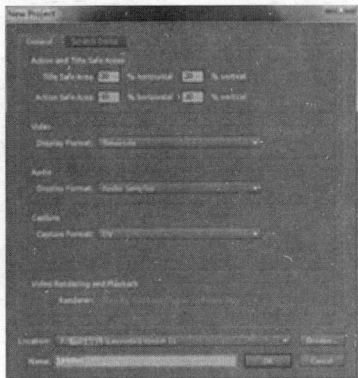

（b）新建项目

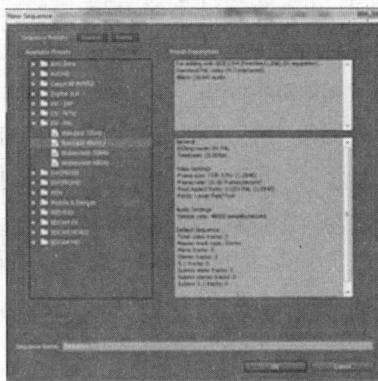

（c）新建序列

（d）Premiere Pro CS5 工作界面

**图 2 - 14　Premiere Pro CS5 的启动**

2. Premiere Pro CS5 的退出

在 Premiere Pro CS5 软件中完成编辑工作后，就可以退出程序了，具体操作方式有两种：一是当编辑完成后，选择"File（文件）> Exit（退出）"命令（或按"Ctrl + Q"组合键），此时会弹出提示对话框，如图 2 - 15 所示，选择"Yes（是）"可对当前编辑的项目文件进行保存，然后关闭软件；选择"No（否）"可直接退出软件；选择"Cancel（取消）"则回到编辑项目文件中，不退出软件。二是为避免操作上的错误，减少用户的"损失"，最好先保存当前编辑过的项目文件，然后选择"File（文件）> Close Project（关闭项目）"命令关闭当前项目文件并返回到欢迎界面中，最后在欢迎界面中单击"退出"按钮退出程序，关闭 Premiere Pro CS5 软件。

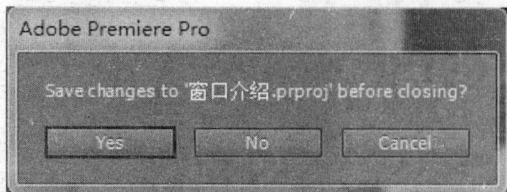

**图 2 – 15   Premiere Pro CS5 的退出**

### 2.3.4   Premiere Pro CS5 的窗口与面板

Premiere Pro CS5 的窗口、面板较多，各自担负着重要的工作，初学者在短时间内熟悉这些面板、窗口是一项困难的工作。对于初学者，可不必在熟悉各窗口、面板上花费太多的时间，开始只需要大致了解基本情况，在对 Premiere Pro CS5 的各主要功能有所熟悉之后再仔细了解各窗口、面板的功能。

Premiere Pro CS5 的大部分工作窗口均可以在主界面中任意停靠和组合，也可以浮动的方式叠加在其他窗口上进行工作。用户可以根据自己的任务需要，对 Premiere Pro CS5 的工作区域进行任意布置。单纯地说一个工作窗口为"窗口"或"面板"并不十分严格，因为它可能随每个编辑工作人员的设置而有所不同。一般习惯上把"项目"、"监视器"、"时间线"等主要工作区域称为"窗口"（用户也可以认为是"面板"），而把"信息"、"效果"、"历史记录"、"效果控制"、"音频混合器"等工作区域称为"面板"（用户也可以认为是"窗口"）。

打开 Premiere Pro CS5 后需要用户首先为将来的工作项目选择保存位置和命名，接着对要编辑的序列进行设置及命名，如图 2 – 14（b）所示。对于新建项目首先命名的最大好处是有利于用户在出现死机等意外情况时很容易找到系统自动定时保存的备份文件，将用户的"损失"减到最小。

在用户选择好保存路径并输入项目名称和序列名称后，进入 Premiere Pro CS5 的主界面。主界面的主要工作区域中各窗口分别是"Project（项目）"窗口、"Monitor（监视器）"窗口和"Timeline（时间线）"窗口；各控制面板分别是"Media Browser（媒体浏览器）"面板、"Info（信息）"面板、"History（历史）"面板、"Effects（效果）"面板、"Audio Mixer（音频混合器）"面板、"Effect Contrds（效果控制）"面板、"Metadata（元数据）"面板、"Audio Master Meters（音频主控电平表）"面板和"Tools（工具）"面板，如图 2 – 16 所示。

项目　工具　信号源　　效果　　音频混合器　元数据　　　　节目
窗口　面板　监视器窗口　控制面板　面板　　　面板　　　　监视器窗口

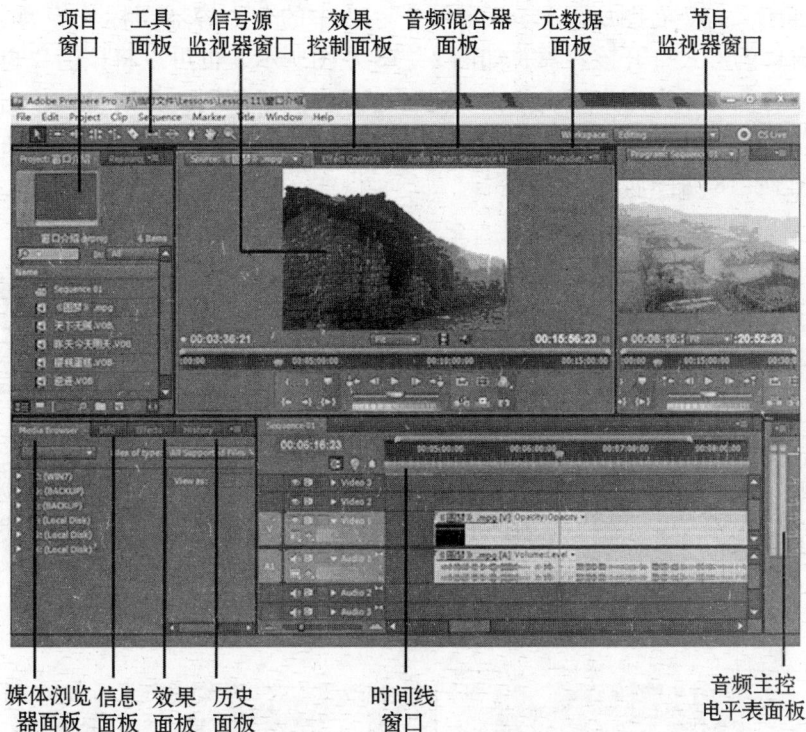

媒体浏览　信息　效果　历史　　　时间线　　　　　　音频主控
器面板　　面板　面板　面板　　　窗口　　　　　　电平表面板

图 2 – 16　Premiere Pro CS5 的主界面

1. 项目窗口

项目窗口是 Premiere Pro CS5 的素材文件管理器，在此放置项目素材的链接。这些素材包括一个影片编辑项目中所用到的所有的视频剪辑、音频文件、图形、静态图像和序列等。可以通过文件夹来组织这些素材。编辑时，可把这些素材拖放到时间线上去进行编辑。

在项目窗口中，用户可以通过窗口底部的"List View（列表视图）"按钮 或者"Icon View（图标视图）"按钮 ，选择以列表视图或图标视图方式显示素材，如图 2 – 17 左图和中图所示，每类素材以不同的图标显示。当用户单击选中某素材时，在项目窗口顶部会显示其缩略图及简要信息。用户可以通过窗口底部的"New Bin（新建容器）"按钮 或单击鼠标右键快捷菜单中的"New Bin（新建容器）"命令来建立不同的容器，从而对多个素材进行分类管理。用户可以在项目窗口中部的"查找"框 中输入需要查找的素材的关键字，在"查找范围"框 中选择查找的素材类型，可实现对特定素材的

**063**

查找（如图 2 - 17 右图所示）。双击图 2 - 17 中的分类容器图标"声音"，可以以浮动窗口的形式打开该容器，如图 2 - 18 左图所示，也可以将该窗口再停靠在用户希望的位置，为用户对大量素材进行选择提供了便利。在素材上单击鼠标右键选择"Properties（属性）"命令可以打开属性面板查看该素材的详细参数信息，如图 2 - 18 右图所示。

图 2 - 17　项目窗口列表和视图显示素材及素材查找操作

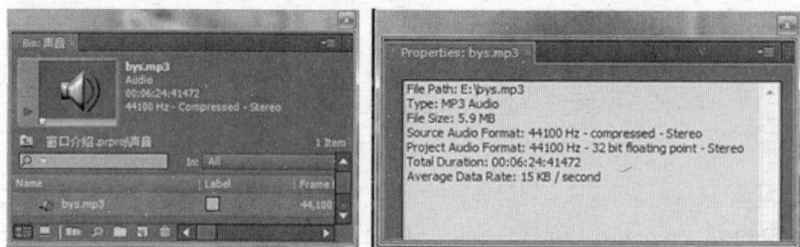

图 2 - 18　浮动的容器窗口与素材属性窗口

2. 监视器窗口

监视器窗口是用户预览素材、观察编辑设置结果的重要窗口，包括信号源监视器（Source Monitor）窗口、节目监视器（Program Monitor）窗口、修整监视器（Trim Monitor）窗口、参考监视器（Reference Monitor）窗口和多机位监视器（Multi - Camera Monitor）窗口。默认情况下，信号源监视器窗口和节目监视器窗口同时显示，如图 2 - 19 所示。

（1）信号源监视器窗口与节目监视器窗口。

图 2 - 19　信号源监视器与节目监视器窗口

　　信号源监视器主要用来查看素材和在素材上设置编辑点。在项目窗口中或时间线上双击素材，便可以在信号源监视器窗口播放查看该素材。用户可以同时打开多个素材，然后通过信号源监视器窗口上方的"Source（信号源）"下拉框选择当前需要监视的素材，如图 2 - 19 左图所示。信号源监视器窗口预览画面左下角的时间码为信号源监视器窗口中时间轨上游标所在的位置，右下角时间码为当前素材上入点与出点之间的长度。节目监视器窗口中显示的是时间线上游标当前位置的静帧图像，随游标的位置而改变，也经常显示编辑完成的节目的各种技术指标信息，用户可以通过单击右下方的"Output（输出）"按钮 选择监视的内容。图 2 - 20 左图所示的是监视器可显示的内容类型，包括"Composite Video（合成视频）"（显示普通视频画面）、"Alpha（透明通道）"（仅显示当前素材/当前点画面中的透明通道，没有透明通道时显示为白色）、"All Scope（所有范围）"（同时显示矢量范围、YC 波形、YCbCr 和 RGB 信息波形）、"Vectorscope（矢量范围）"（以矢量示波器的形式显示当前画面的颜色矢量范围信息，常用来监视画面的颜色有无超标或偏色）、"YC Waveform（YC 波形）"（以波形的方式显示当前画面中的亮度与色度信息）、"YCbCr Parade（YCbCr 检视）"（以波形的方式显示当前画面中的亮度与蓝色差和红色差信息）、"RGB Parade（RGB 检视）"（以波形的方式显示当前画面中的红、绿、蓝三原色的信息）、"Vect/YC Wave/ YCbCr Parade（矢量/ YC 波形/YCbCr 检视）"（同时显示矢量示波器、YC 波形、YCbCr 信息波形）、"Vect/YC Wave/ RGB Parade（矢量/ YC 波形/ RGB 检视）"（同时显示矢量范围、YC 波形、RGB 信息波形）等。图 2 - 20 右图所示的是选择"All Scope（所有范围）"后的显示内容，四个小图中的波形分别是：右上图为矢量示波器的显示，左上图为 YC 示波器的显示，左下图为 YCbCr 示波

**065**

器的显示，右下图为 RGB 示波器的显示。

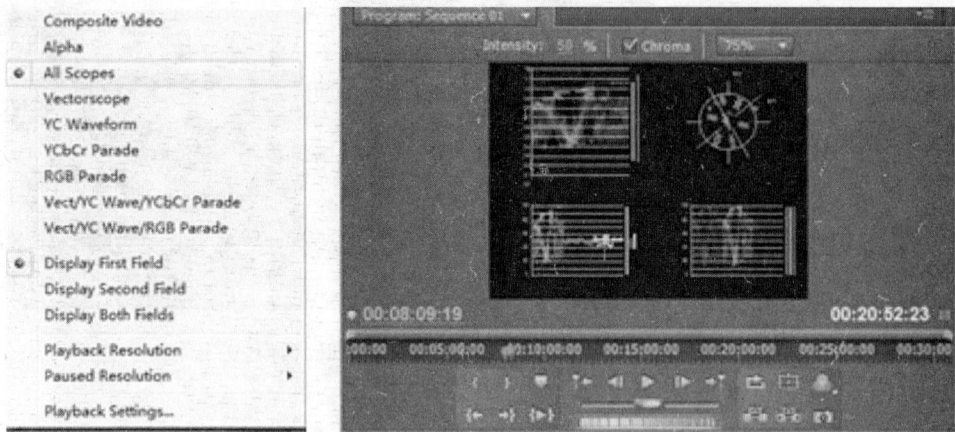

图 2-20　监视器窗口输出类型

信号源监视器窗口与节目监视器窗口的按钮基本相似，只不过前者是对素材进行操作，而后者大都是对在时间线窗口中的时间线上的剪辑进行操作。各按钮的功能如下：

Select Zoom Level（适配）按钮，查看缩放级别下拉框，选择监视画面的显示比例。

监视器窗口时间轨长度显示比例控制按钮，调整该窗口中时间轨的显示比例。

监视器窗口时间轨游标，控制当前查看素材（或时间线上的剪辑）的位置。

Set In Point（设置入点）按钮，设置当前素材（或时间线上的剪辑）的入点。

Set Out Point（设置出点）按钮，设置当前素材或剪辑的出点，与入点按钮配合决定当前素材（或时间线上的剪辑）可添加到时间线上的内容。

Set Unnumbered Marker（设置无编号标记）按钮，在游标所在位置添加一个无编号标记，用以标识素材中的特定位置（如需要与时间线上其他素材对齐的位置等）。

Go to In Point（跳转到入点）按钮，将游标定位到入点位置。

Go to Out Point（跳转到出点）按钮，将游标定位到出点位置。

Play In to Out（播放入点到出点）按钮，播放入点到出点之间的素材部分。

Go to Previous Marker（跳转到上一标记点）按钮，将游标定位到素材上一标记点的位置。

Step Back（逐帧退）按钮，将游标从当前所在的位置后退一帧。

Play-Stop Toggle（播放/停止开关）按钮，播放/停止当前素材（或时间线上的剪辑）。

Step Forward（逐帧进）按钮，将游标从当前所在的位置前进一帧。

Go to Next Marker（跳转到下一标记点）按钮，将游标定位到下一标记点的位置。

Loop（循环）按钮，按下该按钮时循环播放当前素材。

Safe Margins（安全框）按钮，显示/关闭安全框。

Output（输出）按钮，允许用户选择当前监视器中显示的内容类型，主要可以分为图像和参数指标两大类。

Insert（插入）按钮，将入点与出点之间的素材以插入的方式添加到时间线上的当前点。

Overlay（覆盖）按钮，将入点与出点之间的素材以覆盖的方式（类似于线性编辑中的组合编辑）添加到时间线上的当前点。

Export Frame（输出帧）按钮，输出当前素材中的静帧画面，可保存为BMP、GIF、JPEG、JIFF 等多种格式。

Shuttle（快速搜索）滑块，用鼠标向左拖动该滑块，窗口中可以显示当前素材（或时间线上的剪辑）的快速后退画面，向左拖动越多，画面后退速度越快；用鼠标向右拖动该滑块代表快进；松开鼠标后画面暂停。

Jog（微调）滑块，用鼠标左右拖动该滑块可以微调当前素材的位置，用以精确定位。

信号源监视器还有两个特别的按钮："Drag Video Only（只拖曳视频）"按钮，表示只将素材入点与出点之间的视频信息插入到时间线上；"Drag Audio Only（只拖曳音频）"按钮，表示仅将素材入点与出点之间的音频信息插入到时间线上。

节目监视器窗口中有四个按钮与信号源监视器窗口不同，如图 2 - 19 右图所示，它们的作用如下：

Go to Previous Edit Point（跳转到上一编辑点）按钮，将游标定位到时间线的上一个编辑点位置，用来在时间线上快速定位。

Go to Next Edit Point（跳转到下一编辑点）按钮，将游标定位到时间线的下一个编辑点位置，用来在时间线上快速定位。

　　 Lift（提升）按钮，将时间线上入点与出点之间的当前轨道上的内容删除，保留所删除内容原先占用的位置。

　　 Extract（提取）按钮，将时间线上入点与出点之间的当前轨道上的内容删除，后面的素材自动前移，将删除后的空白自动补上。

　　（2）修整监视器窗口。

　　修整监视器是用来修整一个编辑点上前后相邻的两段素材的入点、出点位置的监视器模式，选择 Premiere Pro 菜单命令"Window（窗口）> Trim Monitor（修整监视器）"或按下键盘上的"T"键即可打开修整监视器窗口。修整监视器是一个非常有用的工具，其价值在于其大预览窗口、精确的控制及其时码显示信息。如图 2 - 21 所示，用户可将鼠标置于左侧窗口中调整编辑点前的素材的出点位置；将鼠标置于右侧窗口中调整编辑点后的素材的入点位置，或将鼠标置于左右两侧窗口的中间同时调整编辑点前后两段素材的出点、入点位置。

图 2 - 21 　"修整监视器"窗口

　　（3）参考监视器窗口。

　　参考监视器窗口是指第二个节目监视器窗口，选择 Premiere Pro 菜单命令"Window（窗口）> Reference Monitor（参考监视器）"即可打开参考监视器窗口。例如，可以把节目监视器窗口的输出设置为显示"合成视频"，把参考监视器的输出选择为显示"所有范围"，再按下"Gang to Program Mointor（嵌套到节目监视器）"按钮，使参考监视器与节目监视器同步，这样就可以在看到实际图像的同时还可以看到示波器显示的波形信息，如图 2 - 22 所示。

图 2 - 22　　"参考监视器"窗口

（4）多机位监视器窗口。

多机位监视器窗口是供用户完成多机位剪辑时的监视器窗口，选择 Premiere Pro 菜单命令 "Window（窗口）> Multi - Camera Monitor（多机位监视器）" 即可打开多机位监视器窗口。在此窗口下，用户可以在四路同步播放的活动画面中选择一路进行输出，完成类似直播时的现场切换工作，如图 2 - 23 所示。关于多机位编辑可参见第 3 章常用的编辑技巧的相关内容。

图 2 - 23　　"多机位监视器"窗口

3. 时间线窗口

时间线窗口是 Premiere Pro CS5 进行视频和音频编辑的重要窗口之一，大部分的实际编辑工作在这里完成。时间线窗口主要以轨道的形式显示视频和音频素材的编辑关系，如图 2 - 24 所示。

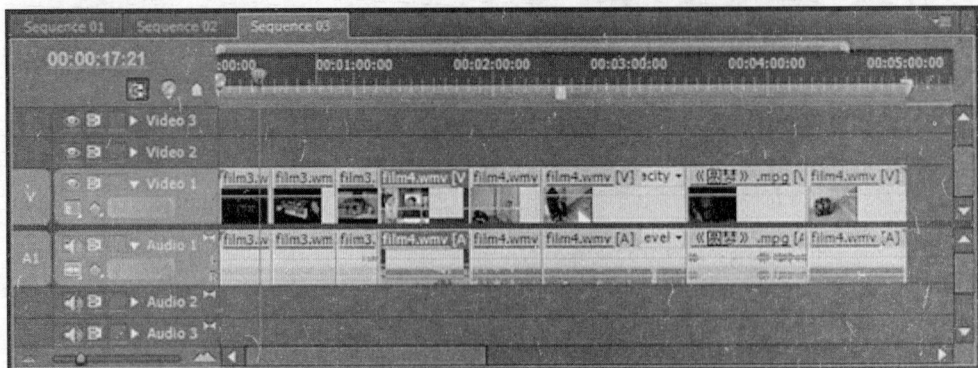

图 2 - 24 "时间线"窗口

![Snap图标] Snap（吸附）按钮，按下此按钮，当用户在时间线上用鼠标拖放素材时，素材会自动吸附到最近的素材出点、入点、游标、标记等对齐标志上。

![Set Encore图标] Set Encore Chapter Marker（设置 Encore 章节标记）按钮，按下此按钮可以在时间线上游标所在的位置添加一个章节标记，该标记是 DVD 视频光盘中分章（分段）的标记。

![Set Unnumbered图标] Set Unnumbered Marker（设置无编辑标记）按钮，按下此按钮可以在时间线上游标所在的位置添加一个无编号标记，用于添加注释或对齐素材等。

在 Premiere Pro CS5 的时间线窗口中，每条视频轨道或音频轨道的功能基本上是相同的。上层视频轨道中显示的内容会覆盖下层视频轨道上显示的内容。多条音频轨道上的内容是混合输出的。每条视音频轨道的左端是轨道控制区（如图 2 - 25 所示），可以设置当前轨道的显示、输出等属性。

图 2 - 25 时间线视频、音频轨道控制选项

对于视频轨道，用户可以在左端控制区进行如下设置：通过 Toggle Track Output（轨道输出开关）👁 控制当前视频轨道上的内容是否在节目输出监视器中显示，单击该按钮后 👁 图标消失，该视频轨道上的所有内容将不再被显示。通过 Toggle Sync Lock（同步锁定开关）🔒 可设置当前视频轨道上的素材是否能与其他轨道上的素材同时被编辑修改，通常情况下看到 🔒 表示所有视频轨道保持同步，即如果移动一个轨道，所有其他轨道也要移动相同的量。通过 Toggle Track Lock（轨道锁定开关）🔓 可以设置当前视频轨道上的素材是否能够被编辑修改，通常情况下显示 🔓 表示当前轨道未被锁定可以修改。通过 Collapse – Expand Track（隐藏—展开轨道）按钮 ▶ 可以隐藏或展开当前轨道工具栏下的部分设置按钮。通过 Set Display Style（设置显示方式）按钮 🔲 可以选择当前视频轨道上的素材四种显示方式，如 Show Head Only（仅显示开头）🔲、Show Name Only（仅显示名称）🔲、Show Frames（显示每帧）🔳 和 Show Head and Tail（显示头和尾）🔲。通过 Show Keyframes（显示关键帧）按钮 ◇ 可以选择当前视频轨道上素材关键帧的三种显示方式，如 Show Keyframes（显示关键帧）◆、Show Opacity Handles（显示透明度控制）◆ 和 Hide Keyframes（隐藏关键帧）◇。当用户在左侧选择"显示关键帧"◆ 时，右侧时间线上的素材上将显示"Opacity：Opacity（透明度：透明度）"按钮，用户可以在"Motion（运动）"、"Opacity（透明度）"、"Time Remapping（时间重映射）"等选项上继续选择素材上显示的关键帧为哪一类具体功能，默认状态下，素材上显示的关键帧为透明度，用户可以根据调整的方便进行更改。当用户在左侧选择"显示透明度控制"◆ 时，时间线上的素材上将不再显示"透明度：透明度"按钮。通过关键帧控制按钮 ◀◆▶ 中的 Add – Remove Keyframe（添加—删除关键帧）◆ 可以添加或删除关键帧。通过 Go to Previous Keyframe（跳转到上一个关键帧）◀ 或 Go to Next Keyframe（跳转到下一个关键帧）▶ 可以快速地将编辑线定位到上一个或下一个关键帧。

对于音频轨道，左端控制区的部分按钮与视频轨道的控制选项相同或相近，不同的主要有：Toggle Track Output（轨道输出开关）🔊，当图标显示为 🔊 时，该音频轨道上的音频信息会被输出，否则关闭；Set Display Style（设置显示方式）按钮 🔲 供用户选择音频素材在时间线轨道上的显示方式，有 Show Waveform（显示波形）📶 和 Show Name Only（仅显示名称）🔲 两种显示方式；Show Keyframes（显示关键帧）按钮 ◆，可有 Show Clip Keyframes（显示素材关键帧）◆、Show Clip Volume（显示素材音量）◆、Show Track Keyframes（显示轨道关键帧）◆、Show Track Volume（显示轨道音量）◆、Hide Keyframes（隐藏关键帧）等多种选择。音频轨道控制区的右侧还提示轨道是双声道、单声道、5.1 环绕声道，以及![L]和![R]代表双声道的左右声道。

　　用户在任一轨道的左端控制区的轨道名称上右击鼠标，系统会弹出右键菜单，如图 2 – 26 左图所示。选择"Rename（重命名）"命令，即可进行轨道重命名；选择"Add Tracks（添加轨道）"命令，系统即可弹出如图 2 – 26 中图所示的"添加轨道"窗口，用户可以设置要添加轨道的类型、数量与放置的位置。选择"Delete Tracks（删除轨道）"命令，系统即可弹出如图 2 – 26 右图所示的"删除轨道"窗口，用户可以设置要删除轨道的类型与目标。

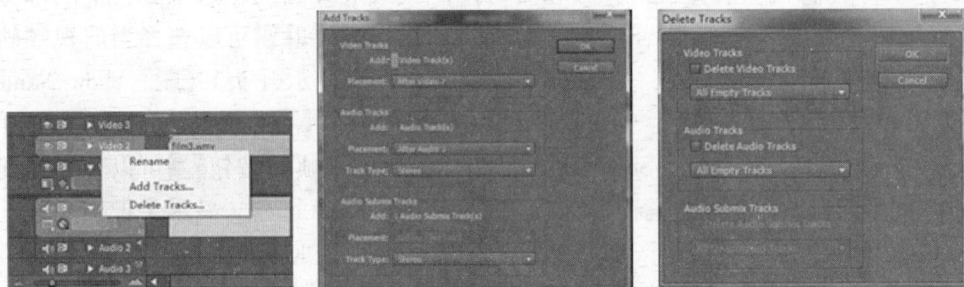

图 2 – 26　重命名、添加与删除轨道

### 4. 媒体浏览器、信息、历史、效果面板

　　媒体浏览器面板可以浏览文件，快速找到要检查或者导入的文件。媒体浏览器可以使浏览和分类查找素材文件变得更为简便。使用媒体浏览器可以在编辑的过程中快速找到所需要的素材，包括像 P2 卡、SxS 卡和 XDCAM 光盘等视频存储媒介中的素材。使用菜单命令"Window（窗口）> Media Browser（媒体浏览器）"调出媒体浏览器面板，如图 2 – 27 所示。在左侧设置好素材文件夹路径，在"Files of Type（文件类型）"下拉列表框中选择、设置好文件类型，在"View as（查看）"下拉列表框中选择一种显示模式。右键单击素材，在弹出的菜单中选择"Open in Source Monitor（在信号源监视器中打开）"选项，或双击素材，则可以在信号源监视器中打开并预览素材。使用菜单命令"File（文件）> Import From Browser（从媒体浏览器导入）"或右键单击素材，在弹出的菜单中选择"Import（导入）"选项，可以导入素材，还可以直接从媒体浏览器中拖曳素材到项目窗口中。

　　信息面板显示项目窗口中当前选取的所有素材、序列中选取的所有剪辑或切换效果的数据快照，如图 2 – 28 所示。

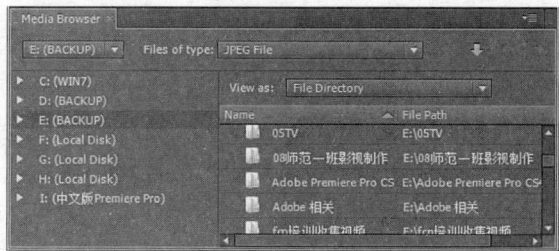

图 2 - 27　"媒体浏览器"面板

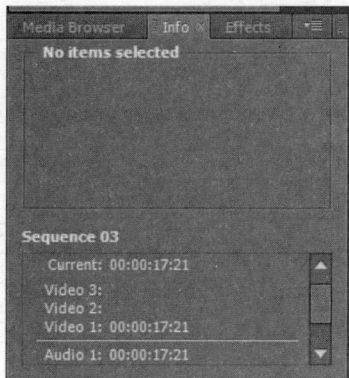

图 2 - 28　"信息"面板

　　历史面板记录编辑过程中的操作，如图 2 - 29 所示。如果用户对最近的操作不满意，在该面板中单击某一操作步骤，即可退回到操作该步骤时的状态，其后的所有操作步骤也将被撤销。也就是说，不能仅撤销当前操作列表中的某一步操作。

　　效果面板主要显示了 Premiere Pro CS5 中的所有视音频特效，如图 2 - 30 所示。这些效果按 Presets （预设）、Audio Effects （音频效果）、Audio Transitions（音频转场）、Video Effects （视频效果） 和 Video Transitions （视频转场） 组织。各种效果文件夹都包含了众多的音频激励效果、两组音频交叉消隐过场、视频转场特效（如溶解和划像）以及许多改善剪辑效果的视频特效。

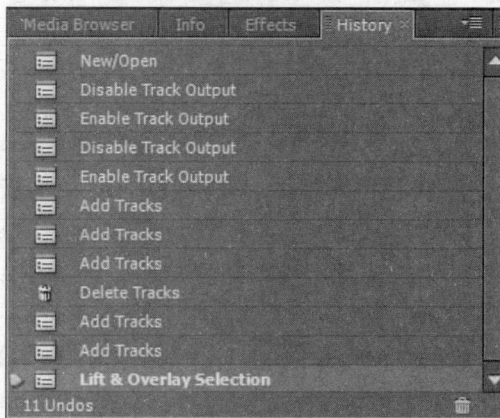

图 2 - 29　"历史"面板

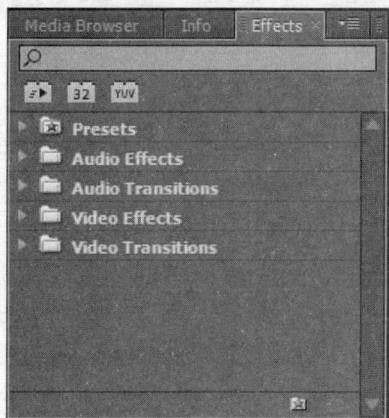

图 2 - 30　"效果"面板

**073**

5. 效果控制、元数据、音频混合器、音频主控电平表、工具面板

效果控制面板是用户设定素材视音频特效参数的重要区域。单击效果控制面板，然后单击时间线上任意一个素材，在效果控制面板中就会显示出该素材的效果参数，如图2-31所示。每一段视频、静态图像或图形，通常都会提供三种视频特效：Motion（运动）、Opacity（透明度）和 Time Remapping（时间重映射）。每个效果参数，比如"运动"效果参数中的 Position（位置）、Scale（缩放比例）、Scale Width（缩放宽度）、Rotation（旋转）和 Anchor Point（定位点）等都可用关键帧随时间而调整。还可以设置音频音量的 Bypass（旁通）和 Level（电平）效果。仅有音频特效才有"旁通"选项，对于音量特效来说，在剪辑内的任何位置打开"旁通"（通过关键帧），都可以切换到剪辑的原来的音量。用"旁通"可以不限次数地打开或关闭剪辑中的所有音频特效。

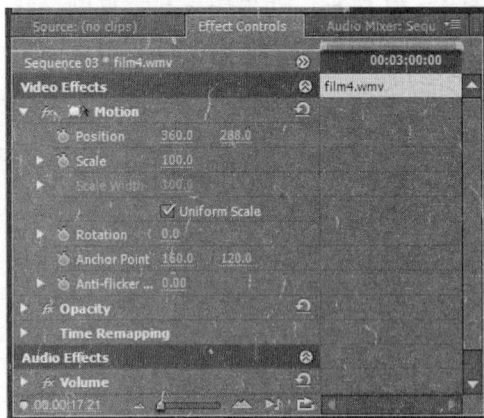

图2-31　"效果控制"面板

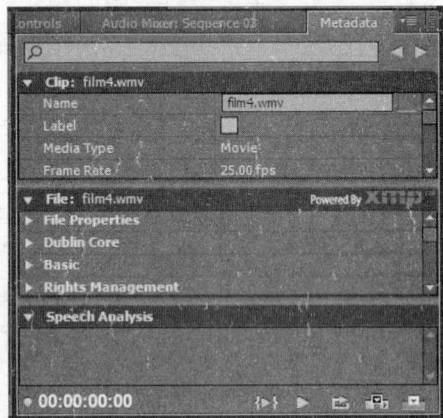

图2-32　"元数据"面板

元数据面板显示的是信号源监视器中当前素材或时间线上当前素材的元数据信息（即关于文件的描述性信息），包括 Clip（素材片段）、File（文件）和 Speech Analysis（语音分析）三个区域，如图2-32所示。素材片段区域中显示基于素材片段的元数据：在项目窗口或序列中选择的素材片段的信息。基于素材片段的信息存储在 Premiere Pro 的项目文件中，而不在源文件中，只有 Premiere Pro 可以读取这些元数据。文件区域和语音分析区域显示 XMP 元数据。其中，文件区域显示文件元数据，这些元数据直接存储在源文件中，因此可以在其他软件中出现，且包含在 Bridge 中。语音分析区域可以将包含语音的音频文件转录为文本文件，然后用户就可以搜索音频文件中的关键词，在剪辑中标记入点和出点，

甚至用文字搜索工具定位到特定的视频帧。使用元数据管理文件，可以使工作流程更加顺畅。选择所需的文件或素材片段，在元数据面板中显示其元数据，可以根据需要在其中对元数据的文字进行编辑，并对数值进行调整。在元数据面板顶端的搜索框中输入欲搜索的文本，则元数据组列表中只显示包含搜索内容的属性。

音频混合器面板的界面看起来很像一台用于音频制作的硬件设备，它包括音量滑块和摇曳旋钮，时间线上每一轨音频都有一套控件，此外还有一个主音轨，如图 2 – 33 所示。

图 2 – 33　"音频混合器"面板　　　　图 2 – 34　"音频主控电平表"面板

音频主控电平表面板是节目主控（总控）输出电平高低显示区域，如图 2 – 34 所示。控制电平是一项基本的音频编辑处理要求，在节目编辑过程中要避免将音量设置得太高（VU 表的指示线变为红色），这样会导致声音失真。

图 2 – 35　"工具"面板

工具面板中的每个图标代表一个执行特定功能的工具，通常是编辑工具，如图 2 – 35 所示。SelectionTool（选择工具）与环境相关，它会自动变换外观，代表与环境相匹配的功能。该工具用于选择剪辑素材、移动剪辑素材，为剪辑素材设置新的入点、出点，并可以调节剪辑素材关键帧等基础操作。使用选择工具并按住"Shift"键依次单击多个目标剪辑素材可以进行多选。在时间线上空白处按住鼠标左键拖动可以拉出范围框，用以同时选取多个剪辑素材。使用 Track Select Tool（轨道选择工具），可以一次选择某个轨道上自鼠标点击处到该轨道结尾所有的剪辑素材。使用轨道选择工具并按住"Shift"键并点击不同轨道上的剪辑素材，可以选择多个轨道上的剪辑素材。使用 Ripple Edit Tool（波纹编辑工具），可以在时间线上拖动剪辑素材的出点（或入点），使这段剪辑素材的出点（或入点）发生变化，而不影响轨道上其他剪辑素材的长度，仅仅影响到被调整剪辑素材右侧（或左侧）的其他剪辑素材在时间线上的位置，该轨道上后面的其他剪辑素材会自动随用户的调整而跟进或后退。使用 Rolling Edit Tool（滚动编辑工具），可以调节时间线上相邻两段剪辑素材间编辑点的位置，但两段剪辑素材的总长度不变，保持序列的总长度不变，例如向左拖动编辑点时，左侧剪辑素材的出点向左（前）移，右侧剪辑素材的入点也自动向左（前）移。使用 Rate Stretch Tool（比例缩放工具），可以调整剪辑素材的播放速度，使剪辑素材变为慢动作或快动作，不影响该剪辑素材的出入点位置。使用 Razor Tool（剃刀工具），可以把一段剪辑素材分割成两半，按住"Shift"键单击鼠标可以同时分割所有轨道上的剪辑素材对象。使用 Slip Tool（滑行工具），可以改变剪辑素材的起始帧和结束帧，而不改变它的长度或影响邻近的剪辑素材。使用 Slide Tool（滑动工具）拖动一段剪辑素材，可以移动该段剪辑素材在时间线上的位置，该素材的长度不变，但与其相邻的前后素材的长度受到影响，三段素材的总长度不变。例如向左拖动一段素材时，其前面相邻的素材的出点会向左（前）移，其后面相邻的素材的入点也会自动向左（前）移，三段素材的总长度保持不变。使用 Pen Tool（钢笔工具），可以添加、选择、移动、删除或调整序列上的关键帧（可以用关键帧来改变音频电量和摇曳效果，改变剪辑素材的不透明度，随时间改变视音频效果等），也可以在效果控制面板和节目监视器窗口中创建和调整曲线。使用 Hand Tool（抓手工具），可以拖动时间线左右滚动，以显示时间线中的不同区域，在编辑较长的影片时常用，其作用与移动时间线底部的滚动条效果相同。使用 Zoom Tool（缩放工具）在时间线上单击，可以放大时间线显示比例，同时按住"Alt"键可以缩小时间线显示比例，这个工具和时间线左下角的缩小放大按钮功能一样。

### 2.3.5　Premiere Pro CS5 的工作界面管理

Premiere Pro CS5 使用面板方式管理各工作窗口和参数面板，用户可以通过自定义工作区创建出适合自己的工作区布局，并任意移动或重新组合面板。容纳面板的容器叫框架，一个框架中可以容纳多个面板，而一个面板必须有一个框架。当更改一个框架的尺寸时，其他框架的尺寸也会随之作相应的调整。框架中的所有面板可以通过选项卡来访问。所有面板都可以定位，可以把面板从一个框架拖放到另一个框架。可以把某个面板从原来的框架中拖出，使它成为一个单独的浮动面板。用户可以把工作区保存为自定义工作区，并且可以保存任意多的工作区。

1. 调整框架大小

用户可以将鼠标移至工作界面中任意两个框架中间，当鼠标形状变为 ↔ 或 ⬍ 时，拖动边界即可调整相邻框架的大小，如图2-36所示（左图为调整前，右图为调整后）。框架的大小改变，相应的框架内当前显示的窗口或面板的大小也随之发生改变。

图2-36　调整框架大小

2. 显示与关闭面板

需要打开某面板时，可以在"窗口"菜单中选择该面板将其打开。关闭面板有几种方式：可以单击任意面板名称右侧的 ▨ 按钮；可以在面板名称上右击，选择快捷菜单命令"Close Panel（关闭面板）"；可以单击当前面板右上角的 ▤ 按钮，在出现的下拉菜单中选择"Close Panel（关闭面板）"命令，关闭面板。

3. 移动与停靠面板

用鼠标左键按住面板名称右侧的 ▨ 区域，便可将该面板拖放到一个新的位置，当在新的位置出现停靠标志时，松开鼠标即可。当一个面板被拖放到另一个框架中时，需要用户选择被拖放来的面板与原框架中的其他已有面板的排列方式。当把一个面板拖放到一个框架时，在框架中会显示一个"回"字形区域，当鼠标在"回"字形下落区域的中央（即这个下落区域是矩形）时，如图2-37

**077**

左图所示，面板就会进入选定的框架中，成为其新增的选项卡，与该框架原有面板呈上下层显示；当鼠标在"回"字形区域的偏左或偏右（即这个下落区域是梯形）时，如图 2-37 中图所示，则被拖来的面板将进入自己的框架内，与原来的面板呈现左右并列显示；当鼠标在"回"字形区域的偏上或偏下（即这个下落区域是梯形）时，如图 2-37 右图所示，则被拖来的面板将进入自己的框架内，与原来的面板呈现上下排列显示。如果一个框架内面板较多，用户可能无法看到所有面板的选项卡，在这种情况下，选项卡上会出现一个滑块，左右移动滑块就可显示出所有选项卡。用户也可以直接从"窗口"菜单中选择点击相应的面板名称来打开隐藏的面板或其他任何面板。

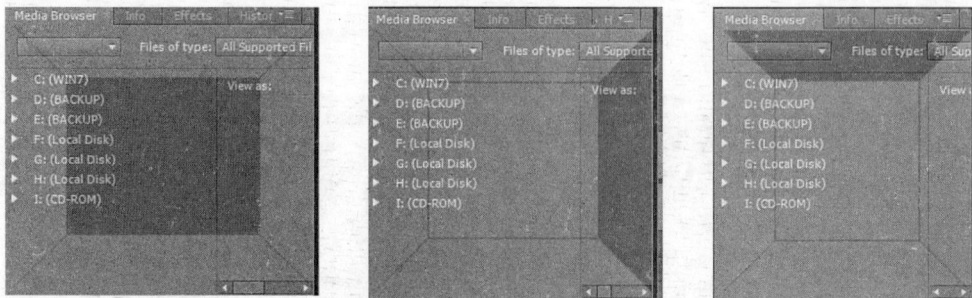

图 2-37　调整面板位置

### 4. 浮动面板或框架

Premiere Pro CS5 中的面板与框架可以由用户设置为停靠或浮动模式。在浮动状态时，面板可以浮动在 Premiere Pro CS5 主界面处，利于用户在使用多个显示器时安排各面板或窗口同时显示。在面板的名称上右击或单击▤按钮，在出现的菜单中选择"Unlock Panel（解除面板停靠）"或"Unlock Frame（解除框架停靠）"命令，即可使当前面板或框架转变为浮动状态，如图 2-38 所示。另外，还可按住"Ctrl"键，用鼠标单击并拖动面板到一个新的位置，便可创建浮动面板。

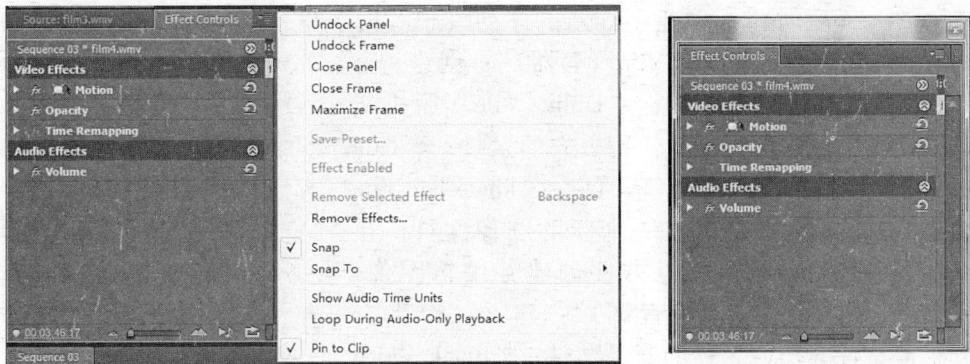

图 2 – 38　浮动面板

**5. 保存自定义工作界面与复位默认工作界面**

用户可以将 Premiere Pro CS5 的工作界面调整为自己满意的布局，使用菜单命令"Window（窗口）> Workspace（工作区）> New Workspace（新建工作区）"，输入对当前的工作界面布局的命名名称，单击"OK"后保存起来，供以后方便调用。当用户把当前的工作界面进行了较复杂的调整后，可使用菜单命令"Window（窗口）> Workspace（工作区）> Reset Current Workspace（复位当前工作区）"，将工作界面快速恢复其默认布局。Premiere Pro CS5 提供了 Audio（音频）、Color Correction（色彩校正）、Editting（编辑）、Efffects（效果）、Metalogging（元日志）、WS1 等六种典型的预设工作界面布局。用户可以通过"Window（窗口）"菜单中的"Workspace（工作区）"下的各项命令实现切换。

### 2.3.6　Premiere Pro CS5 的主要菜单命令

Premiere Pro CS5 的主菜单共有九个，它们分别是"File（文件）"菜单、"Edit（编辑）"菜单、"Project（项目）"菜单、"Clip（素材）"菜单、"Sequence（序列）"菜单、"Marker（标记）"菜单、"Title（字幕）"菜单、"Window（窗口）"菜单、"Help（帮助）"菜单。所有操作命令都包含在这些下拉式菜单和其他子菜单中。

**1. File（文件）菜单**

文件菜单主要用于各种格式的文件的新建、打开、保存、输出和程序的退出操作。在 Premiere Pro 中还提供了视频、音频采集和批处理等实用工具。"文件"菜单的各项子菜单如图 2 – 39 所示。

"New（新建）"命令包括："Project（项目）"：创建一个新的项目文件；

**079**

"Sequence（序列）"：创建一个新的序列（也称时间线）以进行编辑合成；"Bin（容器）"：创建一个新的容器以方便管理素材；"Offline File（脱机文件）"：建立一个脱机文件代替丢失的素材；"Title（字幕）"：建立一个新的字幕窗口；"Photoshop File（Photoshop 文件）"：建立一个新的图像文件，在 Photoshop 软件中打开，以方便创建并编辑图像；"Bars and Tone（彩条与音调）"：建立一个带有 1kHz 测试音的长为 5 秒的彩条文件；"Black Video（黑场）"：建立一个持续时间为 5 秒的与项目尺寸相同的黑色静态图片文件；"Color Matte（彩色蒙版）"：建立一个持续时间为 5 秒的与项目尺寸相同的彩色蒙版静态图片文件；"Universal Counting Leader（倒计时片段）"：建立一个用来创建倒计时的视频素材；"Transparent Video（透明视频）"：建立一个透明视频文件，利用透明视频文件可以对空轨道施加效果。

图 2 - 39 "文件"菜单

"Open Project（打开项目）"：打开已经存在的项目和素材文件；"Open Recent Project（打开最近项目）"：可选择打开最近编辑过的项目和素材文件；"Browse in Bridge（在 Bridge 中浏览）"：打开可视化的文件浏览器 Bridge，查看文件，选择所需文件双击鼠标即可将文件导入 Premiere Pro CS5；"Close Project（关闭项目）"：关闭当前操作的项目；"Close（关闭）"：关闭当前操作的窗口面板；"Save（保存）"：将当前正在编辑的项目以原先的文件名进行存储；"Save As（另存为）"：将当前正在编辑的项目以新的文件名进行存储；"Save a Copy（保存副本）"：为当前正在编辑的项目创建一个备份文件；"Revert（恢复）"：放弃对当前项目的编辑，恢复到最近一次保存的状态；"Capture（采集）"：从外部视频、音频源采集视频和音频素材；"Batch Capture（批量采集）"：从外部视频、音频源批量采集视频和音频素材；"Adobe Dynamic Link（Adobe 动态链接）"：提供产品间的链接，使用户能够在 Premiere Pro 和 Encore CS 内实时处理 After Effects 本地文件，通过"Send to Encore（发送到 Encore）"子命令可以将当前编辑的项目文件发送到 Encore 制作光盘或 SWF 文件，通过"Replace with After Effects Composition（替换为 After Effects 合成图像）"可以将当前编辑的项目文件替换为 After Effects 文件，通过"New After Effects Composition（新建 After Effects 合成图像）"可以为当前项目新建一个 After Effects 文件，通过"Import After Effects Composition（导入 After Effects 合成图像）"可以为当前项目导入一个已经

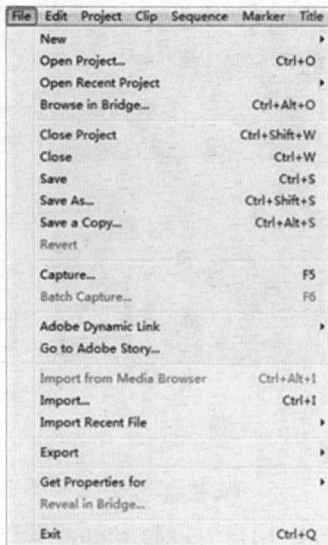

存在的 After Effects 文件；"Go to Adobe Story（转到 Adobe Story）"：访问 Adobe 官方网站，转到 Adobe Story；"Import from Media Browser（从媒体浏览器导入）"：在当前项目中通过媒体浏览器导入所需要的素材；"Import（导入）"：在当前项目中导入所需要的素材；"Import Recent File（导入最近文件）"：有选择地导入最近一段时间内用过的素材文件；"Export（导出）"：将编辑好的节目进行输出，有 Media（媒体）、Title（字幕）、Tape（磁带）、EDL、OMF、AAF、Final Cut Pro XML 等命令；"Get Properties for（获取属性）"：可以分别对硬盘上和项目中选中的素材文件进行分析，从中了解有关文件的大小、视频和音频轨道数目、长度、平均速率、音频的各种指标和有关的压缩设置等信息；"Reveal in Bridge（在 Bridge 中显示）"：用户选择当前编辑的项目文件的任一素材文件再按此命令后，即可在 Bridge 中查看该素材文件；"Exit（退出）"：退出 Premiere Pro CS5。

2. Edit（编辑）菜单

编辑菜单主要用于对软件中要处理的对象进行选择、复制、粘贴、删除和恢复等操作。编辑菜单的各项子菜单如图 2－40 所示。

"Undo（撤销）"：撤销对文件的上一步骤的操作，返回上一步的编辑状态；"Redo（重做）"：重复执行上一步骤的操作；"Cut（剪切）"：对选中的素材执行剪切操作；"Copy（复制）"：对选中的素材执行复制操作；"Paste（粘贴）"：执行粘贴操作；"Paste Insert（粘贴插入）"：将复制或剪切的素材粘贴到时间线窗口当前的编辑位置，处于其后的素材会等距离后退；"Paste Attributes（粘贴属性）"：将所复制素材的属性设置（如滤镜效果、运动设定及不透明设定等）粘贴到序列中的目标上；"Clear（清除）"：删除时间线窗口中选中的素材并保留素材原先占用的位置；"Ripple Delete（波纹删除）"：删除时间线窗口中选中的素材并且不保留素材原先占用的位置；"Duplicate（副本）"：复制素材，但复制的素材不占用剪贴板的空间；"Select All（全选）"：选择时间线窗口中的所有素材；"Deselect All（取消全选）"：取消选择时间线窗口中的所有素材；"Find（查找）"：按照素材的名称、卷标、备注、标记或出入点等信息在项目窗口中寻找符合查找条件的素材对象；"Find Faces（查找人脸）：在项目窗口中查找包含人

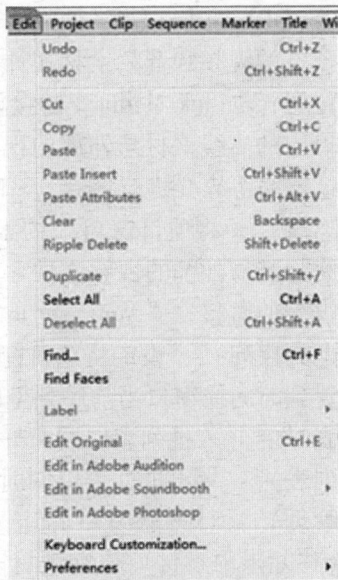

图 2－40　"编辑"菜单

脸信息的素材对象；"Label（标签）"：给指定的标签更换颜色；"Edit Original（编辑源素材）"：打开选中素材的默认编辑软件对素材进行编辑；"Edit in Adobe Audition（在 Adobe Audition 中编辑）"：在 Adobe Audition 中打开选中音频素材进行编辑；"Edit in Adobe Soundbooth（在 Adobe Soundbooth 中编辑）"：在 Adobe Soundbooth 中打开选中音频素材进行编辑；"Edit in Adobe Photoshop（在 Adobe Photoshop 中编辑）"：在 Adobe Photoshop 中打开选中图像素材进行编辑；"Keyboard Customization（定制键盘）"：主要设置键盘快捷键；"Preferences（参数）"：设置保存格式、自动保存、声音、采集、标签、字幕等的一些参数。

3. Project（项目）菜单

项目菜单主要用于管理项目以及项目窗口中的素材，还包括输入、输出批列表等功能。项目菜单的各项子菜单如图 2 – 41 所示。

"Project Settings（项目设置）"：对当前的项目进行具体的参数设置，包括"General（常规）"命令设定与素材相关的基本参数和"Scratch Disk（暂存盘）"命令设定所采集与预览的视频和音频素材在计算机硬盘中保存的位置；"Link Media（链接媒体）"：将项目窗口中的离线素材与外部的视频文件、音频文件或网络等媒介进行链接；"Make Offline（制造离线）"：将项目窗口中的素材变为离线文件，解除其与外部的视频文件、音频文件或网络等媒介的链接；"Automate to Sequence（自动匹配到序列）"：设定将项目窗口中选中的素材放置到时间线窗口当前序列上时的一些自动化操作；"Import Batch List（导入批列表）"：导入批列表以同时导入多个项目文件的信息；"Export Batch List（导出批列表）"：导出批列表以同时导出多个项目文件的信息；"Project Manager（项目管理）"：对当前项目的序列、保存位置等做一些管理设定；"Remove Unused（移除未用素材）"：在项目窗口中移除时间线窗口中未用到的素材。

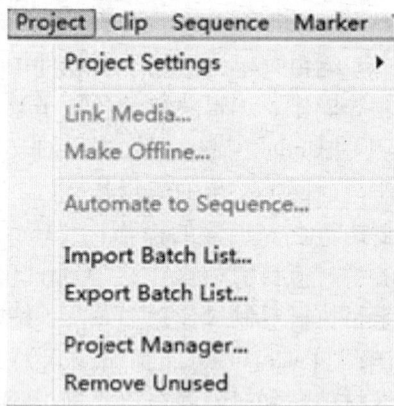

4. Clip（素材）菜单

素材菜单是比较重要的菜单，其主要功能是对时间线窗口中导入的各种剪辑素材进行编辑和处理。素材菜单的各项子菜单如图 2 – 42 所示。

"Rename（重命名）"：对选中的素材重新命名；"Make Subclip（创建子剪辑）"：为选中的素材创建子剪辑片段；"Edit Subclip（编辑子剪辑）"：编辑素材子剪辑片段；"Edit Offline（离线编辑）"：编辑项目窗口中选中的离线素材；

図 2 – 41　"项目"菜单

"Source Settings（源设置）"：设置信号源素材的属性；"Modify（修正）"：修改音频轨道（Audio Channels）、解释素材（Interpretation Footage）或时间码（Timecode）等；"Video Options（视频选项）"：对有关视频的一些相关选项进行设置，包括 Frame Hold（帧定格）、Field Options（场选项）、Frame Blend（帧混合）和 Scale to Frame Size（适应帧尺寸，缩放为当前画面大小）四个选项设置；"Audio Options（音频选项）"：包括 Audio Gain（音频增益）、Breakout to Mono（转换为单声道）、Render and Replace（渲染并替换）、Extract Audio（提取音频）四个选项设置；"Analyze Content（分析内容）"：设置"Faces Detection（人脸检测）"功能，然后自动调出 Adobe Media Encoder程序，并加载任务进行分析；"Speed/Duration（速度/持续时间）"：设置素材片段的播放速度和持续时间；"Remove Effects（移除效果）"：取消素材片段上设置的效果；"Capture Settings（采集设置）"：对从外部采集的素材进行设定；"Insert（插入）"：将素材以插入编辑方式添加到时间线窗口当前位置；"Overlay（覆盖）"：

图 2-42 "素材"菜单

将素材以覆盖编辑方式添加到时间线窗口当前位置；"Replace Footage（替换影片）"：将时间线上当前影片替换为一段新的影片；"Replace With Clip（替换素材）"：将时间线上当前素材片段替换成来自 Source Monitor（信号源监视器）或 Source Monitor、Match Frame（信号源监视器、匹配帧）或 Bin（容器）的新素材；"Enable（启用）"：启用时间线窗口中的素材，让其最终包含在预演影片或最终的成品文件中；"Unlink（分离）"：解开素材片段的视频与音频之间的链接，使视频与音频成为独立的片段；"Group（编组）"：将几个选定的素材暂时组成一个整体的素材，以方便拖动和编辑；"Ungroup（解组）"：将群组中的素材分成各自独立的素材；"Synchronize（同步）"：使视频与音频素材片段同步；"Nest（嵌套）"：使选择的多个素材嵌套成为一个素材；"Multi-Camera（多机位）"：在编辑多摄像机位素材时应用此命令。

5. Sequence（序列）菜单

序列菜单存放了对时间线窗口操作的各种有关菜单命令。序列菜单的各项子菜单如图2-43所示。

"Sequence Settings（序列设置）"：设置序列的常规属性；"Render Effects in Work Area（在工作区中预览效果）"：在工作区中预览效果；"Render Entire Work Area（工作区预览）"：预览整个工作区中节目的效果；"Render Audio（预览声音）"：预览声音效果；"Delete Render Files（删除预览文件）"：删除刚预览过的临时文件，以节省内存和硬盘空间；"Delete Work Area Render Files（删除工作区预览文件）"：删除刚预览过的工作区临时文件，以节省内存和硬盘空间；"Razor Tracks（剪断轨道）"：剪断当前时间线窗口中选中的视频或音频轨道；"Razor All Tracks（剪断全部轨道）"：剪断当前时间线窗口中所有的视频或音频轨道；"Lift（提升）"：删除选定的素材片段，但保留片段原先占用的位置；

图2-43 "序列"菜单

"Extract（提取）"：删除选定的素材片段，不保留片段原先占用的位置；"Apply Video Transition（应用视频转场）"：对指定的素材加入默认的视频转场效果；"Apply Audio Transition（应用音频转场）"：对指定的素材加入默认的音频转场效果；"Apply Default Transition to Selection（对目标应用默认转场）"：对指定的目标素材加入默认的转场效果；"Normalize Master Track（主音轨标准化）"：标准化主输出音轨；"Zoom In（放大）"：减小时间线窗口的时间间隔，以增大视频素材的显示范围；"Zoom Out（缩小）"：增大时间线窗口的时间间隔，以减小视频素材的显示范围；"Snap（吸附）"：鼠标自动对齐素材的边缘；"Go to Gap（跳转到间隔）"：将编辑时间线从当前位置自动定位到序列或轨道上的某一个或后一个素材间隔空白处；"Add Tracks（添加轨道）"：增加时间线窗口中的轨道；"Delete Tracks（删除轨道）"：删除时间线窗口中的轨道。

6. Marker（标记）菜单

标记菜单主要用于对素材进行标记的设定、清除和定位等。标记菜单的各项子菜单如图2-44所示。

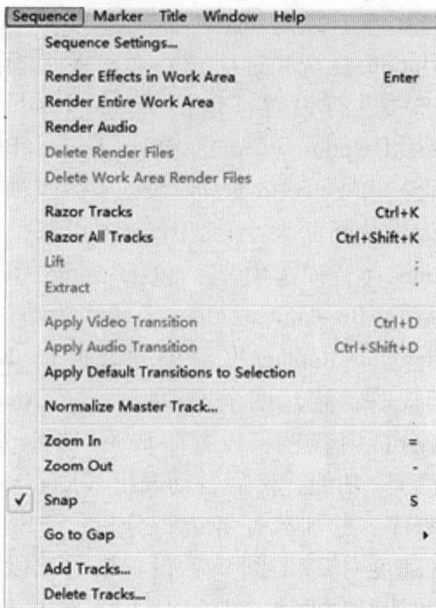

"Set Clip Marker（设置素材标记）"：在指定的素材上设定标记，包括 In（入点）、Out（出点）、Video In（视频入点）、Video Out（视频出点）、Audio In（音频入点）、Audio Out（音频出点）、Unnumbered（无编号）、Next Available Numbered（下一个有效编号）、Other Numbered（其他编号）等多种操作设定当前编辑线位置为视频与音频入点、视频与音频出点、视频入点、视频出点、音频入点、音频出点、无编号标记、有编号标记（编号标记的号码比前一标记的编号大 1）或其他编号标记

图 2 - 44　"标记"菜单

（可自定义标记的编号）；"Go to Clip Marker（转到素材标记）"：定位到指定素材上的指定标记点；"Clear Clip Marker（清除素材标记）"：清除指定素材上的指定标记点；"Set Sequence Marker（设置序列标记）"：在序列上设定标记，可以通过"In（入点）"设定当前编辑线位置为序列标记入点、"Out（出点）"设定当前编辑线位置为序列标记出点、"In and Out Around Selection（所选择素材的入点和出点）"设定序列上所选择素材的入点和出点为序列标记的入点和出点、"In and Out Around Clip（当前素材的入点和出点）"设定序列上当前编辑线位置所在的素材的入点和出点为序列标记的入点和出点、"Unnumbered（无编号）"设定当前编辑线位置为无编号序列标记、"Next Available Numbered（下一个有效编号）"设定在现有编号标记的基础上产生序号递增的序列编号标记、"Other Numbered（其他编号）"设定可指定编号的序列标记；"Go to Sequence Marker（转到序列标记）"：定位到序列上的指定标记点；"Clear Sequence Marker（清除序列标记）"：清除序列上的指定标记点；"Edit Sequence Marker（编辑序列标记）"：编辑序列上的标记；"Set Encore Chapter Marker（设置 Encore 章节标记）"：设定 Encore 章节段落标记以备 Encore 创作光盘或输出交互式 SWF 文件；"Set Flash Cue Marker（设置 Flash Cue 标记）"：设定 Flash Cue 标记。

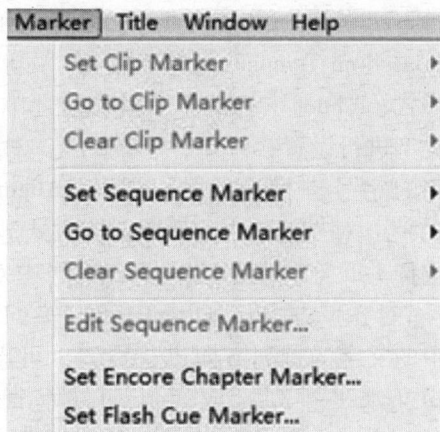

7. Title（字幕）菜单

字幕菜单主要用于在 Premiere Pro CS5 中添加字幕的各种操作。"字幕"菜单的各项子菜单如图 2 - 45 所示。

"New Title（新建字幕）"：创建一个新的字幕文件，与"File（文件）> New（新建）> Title（字幕）"命令功能一致，不过此处还可选择"Default Sill（默认静止）"、"Default Roll（默认滚动）"、"Default Crawl（默认游动）"、

"Based on Current Title（基于当前字幕）"和 "Based on Template（基于模板）"等各种新建字幕形式；"Font（字体）"：对当前选中的文字的字体类型进行设置；"Size（大小）"：对当前选中的文字的字号进行设置；"Type Alignment（对齐方式）"：对当前选中的文字对齐方式进行设置，可以选择 Left（左对齐）、Center（居中对齐）或 Right（右对齐）方式；"Orientation（方向）"：对当前选中的文字的排列方向进行设置，可以选择 Horizontal（水平排列）或 Vertical（垂直排列）方式；"Word Wrap（自动换行）"：当字幕窗口设置的宽度容纳不了所包含的文字时，文字自动换行；"Tab Stops（停止跳格）"：用来制作表格及绘制制表线；"Templates（模板）"：应用 Premiere Pro 自带的字幕样式模板可以让用户在短时间内制作出满意的字幕效果；"Roll/Crawl Options（滚动/游动选项）"：

图 2-45　"字幕"菜单

设置字幕滚动/游动的运动参数；"Logo（标志）"：对插入到字幕中的标志（一般为图形）进行设置，可以选择 Insert Logo（插入标志）、Insert Logo into Text（插入标志到正文）、Restore Logo Size（恢复标志大小）和 Restore Logo Aspect Ratio（恢复标志纵横比）等选项进行相关设置；"Transform（变形）"：对当前字幕中选中的对象进行变形操作，可以对 Position（位置）、Scale（比例）、Rotation（旋转）和 Opacity（透明度）等选项进行相关设置；"Select（选择）"：提供用于选择当前字幕中对象的一些快捷方式，可以选择"First Object Above（第一个对象之上）"、"Next Object Above（下一个对象之上）"、"Next Object Below（下一个对象之下）"或"Last Object Below（最后的对象之下）"的对象；"Arrange（排列）"：对字幕中对象的排列方式进行设置，可以选择将当前选中对象 Bring to Front（提到最前）、Bring Forward（提前一层）、Send to Back（退到最后）或 Send Backward（退后一层）；"Position（位置）"：对当前选中的对象的位置方式进行设置，可以选择当前对象在当前字幕窗体中 Horizontal Center（水平居中）、Vertical Center（垂直居中）、Lower Third（底部对齐）；"Align Objects（对齐对象）"：设置对象的对齐方式，可以选择 Horizontal Left（水平左对齐）、Horizontal Center（水平居中对齐）、Horizontal Right（水平右对齐）、Vertical Left（垂直左对齐）、Vertical Center（垂直居中对齐）或 Vertical Right（垂直右对齐）；"Distribute Objects（分布对象）"：设置对象的分布方式，可以选择 Horizontal Left

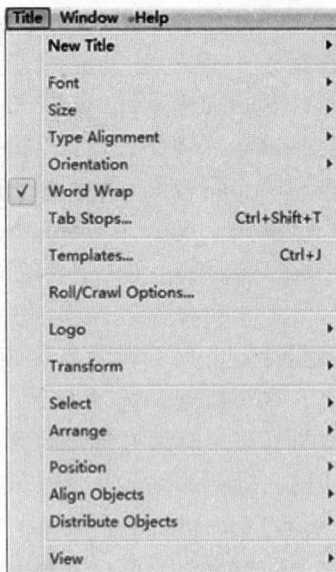

（水平居左）、Horizontal Center（水平居中）、Horizontal Right（水平居右）、Horizontal Even Spacing（水平等距）、Vertical Left（垂直居左）、Vertical Center（垂直居中）、Vertical Right（垂直居右）或 Vertical Even Spacing（垂直等距）等方式；"View（查看）"：设置字幕窗体中安全区域的相关信息，可以选择 Safe Title Margin（字幕安全框）、Safe Action Margin（动作安全框）、Text Baselines（文本基线）、Tab Markers（跳格制表线）、Show Video（显示视频）等选项显示相应信息。

8. Window（窗口）菜单

窗口菜单主要是用来管理工作区域的各个窗口和面板的，利用窗口菜单可以在已经打开的几个不同的窗口中进行切换或者设置当前窗口的显示状态。窗口菜单的各项子菜单如图 2 - 46 所示，包括"Workspace（工作区）"，提供了 Audio（音频）、Color Correction（色彩校正）、Editting（编辑）、Effects（效果）、Metalogging（元日志）和 WS1 六种典型的预设工作界面布局供用户选择，还可新建、删除、复位或导入工作区；"Extensions（扩展）"提供了 Access CS Live（访问 CS Live）和 Resource Central（资源中心）两种窗口；"Audio Master Meters（音频主控电平表面板）"、"Audio Mixer（音频混合器）"、"Capture（采集）"、"Effect Controls（效果控制）"、"Effects（效果）"、"Events（事件）"、"History（历史）"、"Info（信息）"、"Media Browser（媒体浏览器）"、"Metadata（元数据）"、"Multi - Camera Monitor（多机位监视器）"、"Options（选项）"、"Program Monitor（节目监视器）"、"Project（项目）"、"Reference Monitor（参考监视器）"、"Source Monitor（信号源监视器）"、"Timelines（时间线）"、"Title Actions（字幕运动）"、"Title Designer（字幕设计）"、"Title Properties（字幕属性）"、"Title Styles（字幕样式）"、"Title Tools（字幕工具）"、"Tools（工具）"、"Trim Monitor（修正监视器）"和"VST Editor（VST 编辑）"等命令可以调出相应的窗口或面板供用户操作使用，功能相对简

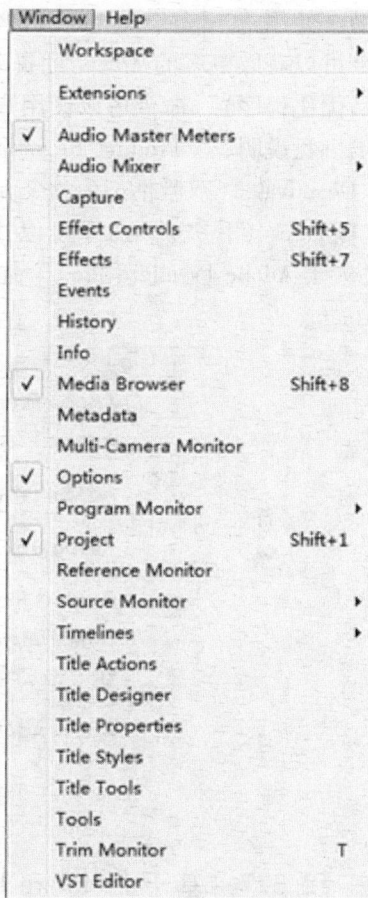

图 2 - 46　"窗口"菜单

单，在此就不作过多介绍了。

9. Help（帮助）菜单

帮助菜单的主要功能是为用户提供多种形式的联机帮助。用户在软件的使用过程中遇到问题时，借助帮助菜单中提供的信息可以找到答案。帮助菜单的各项子菜单如图 2－47 所示。使用 "Adobe Premiere Pro Help（Adobe Premiere Pro 帮助）" 命令或按键盘快捷键 "F1" 可以调出 Premiere Pro 软件对应的帮助，如果连接了因特网则通过更新打开完整的在线帮助，如果处于脱机状态则打开内置帮助。使用 "Adobe Premiere Pro Support Center（Adobe Premiere Pro 支持中心）" 命令可以获取更多的社区帮助资源。"Adobe Product Improvement Program（Adobe 产品优化程序）" 命令可以让用户在线优化程序；"Keyboard（键盘）" 命令可以调出键盘说明；"Product Registration（产品注册）" 命令可以调出产品注册窗口；"Deactivate（双激活）" 命令允许用户在另一台计算机上激活 Adobe CS5 产品；"Updates（升级）" 命令可以让用户在线升级程序；"About Adobe Premiere Pro（关于 Adobe Premiere Pro）" 命令显示当前 Premiere Pro 的版权信息。

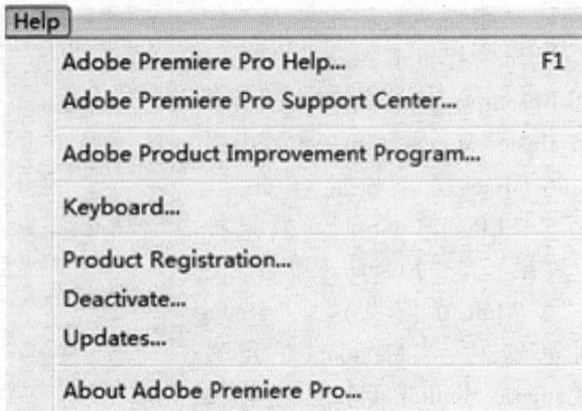

图 2－47　"帮助" 菜单

### 2.3.7　基于 Premiere Pro CS5 的影视节目编辑工作流程

本小节将带领读者制作一个简单的节目片段，通过具体实例的介绍，使读者对基于 Premiere Pro 的影视编辑工作流程有一个初步的了解。对于每部分工作更为详细的操作与设置，将在以后相应的章节中进行详细阐述。

1. 编辑构思

在实际使用 Premiere Pro CS5 进行影视编辑之前，用户需要拟定一个比较详细的编辑提纲，也就是说先要计划好编辑一个什么样的影片节目，要用到哪些素材（或有哪些现有的素材可用），表现什么主题思想，然后考虑使用什么样的编辑技巧和手段等具体的问题。

本实例的编辑提纲可以描述为：编辑一个简单的小短片，利用已有素材简单地表现一下旅游的风景。主要使用 Premiere Pro CS5 的镜头剪接、叠加字幕、添加转场和特效、音频处理及输出影片等基本功能。

2. 新建项目

Premiere Pro CS5 启动完成，会停留在如图 2 - 14（a）所示的欢迎界面，等待用户选择下一步工作。单击"新建项目"按钮，弹出如图 2 - 14（b）所示的"新建项目"对话框，在该对话框中设置项目文件的动作与字幕安全范围、视频和音频的显示格式、采集格式、采集存储和预览存储位置等，单击对话框右下方"浏览"按钮选择项目文件保存的路径，在"名称"文本框中输入项目名称（如"旅游风景"）后单击"确定"保存。由于 Premiere Pro CS5 在工作过程中需要产生多个临时文件及目录，在本小节项目实例中选择项目保存路径为当前项目的默认工作路径，用户新采集的视频、音频等新素材都会保存在该目录下，为便于编辑工作的顺利进行，建议用户将项目保存在可用空间大的硬盘上，并且每个项目最好保存在单独的目录下。接着在弹出的如图 2 - 14（c）所示的"新建序列"对话框中设置序列参数，在此选择目前最为常用的 DV 编辑模式"DV - PAL > Standard 48kHz（标准 48kHz）"，单击"确定"按钮进入 Premiere Pro CS5 工作界面，名为"旅游风景"的项目文件便创建成功了，接下来就可以进行具体的编辑工作了。

在创建项目文件时，系统会要求用户保存项目文件。在编辑过程中，用户也应该养成随时保存项目文件的习惯，这样可以避免因为停电、死机等意外事件而造成数据丢失。可以手动保存项目文件，也可以自动保存项目文件。手动保存项目文件的方法是：在 Premiere Pro CS5 工作界面中，选择"File（文件）> Save（保存）"命令，系统直接将项目文件进行保存。如果要改变项目文件的名称或保存路径，则需要选择"File（文件）> Save As（另存为）"命令，在系统弹出的"Save Project"（存储项目）对话框中设置项目文件的名称和保存路径，然后单击"保存"按钮，就可以将项目文件保存起来。按"Ctrl + S"组合键也可以快速保存项目。如果用户没有随时保存项目文件的习惯，则可以设置系统自动保存，这样也可以避免丢失数据。设置系统自动保存项目文件的方法是：在 Premiere Pro CS5 工作界面中，选择"Edit（编辑）> Preferences（参数）> General（常规）"命令，弹出"参数"对话框，在"Auto Save（自动保存）"选项组中，选择"Automatically save projects（自动保存项目）"复选框，设置"Automatically

**089**

Save Every × × minutes（自动保存时间间隔）"和"Maximum Project Versions（最多项目存储数量）"参数，然后单击"OK"按钮即可，如图2-48所示。设置自动保存选项后，在工作过程中系统就会按照设置的时间间隔定时对项目文件进行保存，避免丢失工作数据。

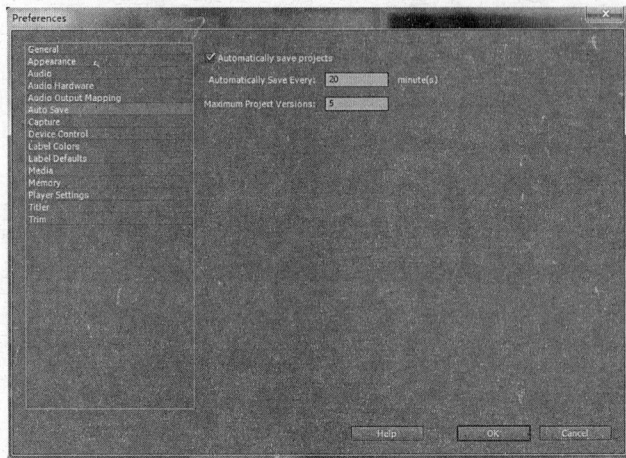

图2-48　自动保存项目参数设置

### 3. 采集素材

项目建立后，需要将拍摄的影片素材采集到计算机中进行编辑。对于模拟摄像机拍摄的模拟视频素材，需要进行数字化采集将模拟视频转换成数字视频；而对于数字摄像机拍摄的数字视频素材，可以通过配有IEEE1394接口的视频采集卡直接采集到计算机中。

（1）连接并设置系统。

在进行采集之前，首先需要连接并设置好整个系统。根据流程的不同，需要为计算机连接其他硬件设备。目前常用的DV编辑系统，即是由一台DV摄像机和一台安装了配有IEEE1394接口的视频采集卡和Premiere Pro CS5软件的计算机组成，还可以为DV摄像机配一台监视器；若采集模拟摄像机拍摄的模拟视频素材，需要计算机安装或连接一个模拟/数字（A/D）转换器或连接一台可以将输入的模拟信号数字化的数字摄像机或录像机。

（2）采集窗口。

使用Premiere Pro CS5采集外部视频信号是通过"Capture（采集）"窗口来实现的。在Premiere Pro CS5工作界面中，选择"File（文件）> Capture（采集）"命令（或直接按 F5 键），弹出采集窗口。采集窗口包括状态显示区、预览窗口、参数设置面板、设备控制面板四个部分（如图 2 - 49 所示）。

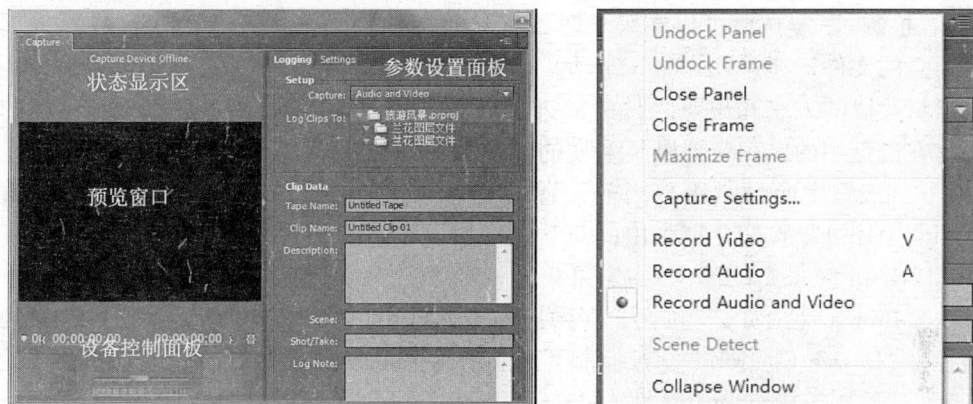

图 2 - 49    素材采集窗口及窗口菜单

单击采集窗口右上角的 ▤ 按钮可以打开窗口菜单，如图 2 - 49 右图所示。窗口菜单是一种快捷菜单，其中选择"Capture Settings（采集设置）"选项可以打开"采集设置"对话框；选择"Record Video（录制视频）"选项可以采集视频；选择"Record Audio（录制音频）"选项可以采集音频；选择"Record Audio and Video（录制音频和视频）"选项可以同时采集音频和视频；选择"Scene Detect（场景检测）"选项用于检测采集信号；选择"Collapse Window（折叠窗口）"选项可以隐藏采集窗口的参数设置面板，只保留预览窗口和设备控制面板。

设备控制面板位于预览窗口的下方，其各按钮工具是用来控制外部视频设备的（如摄像机等）。外部视频设备一般都有自己的控制按钮，但在实际采集过程中使用这些设备自身的控制按钮会造成播放与采集时间上的不同步。因此，通过设备控制面板实现对外部视频设备的遥控，使播放与采集保持时间上的同步，在 Premiere Pro CS5 中就能实现对外部视频设备中素材的预览和采集。设备控制面板还有一个重要的作用就是能够生成一个采集时间列表，这个列表可以包括所要采集的多段视频素材片段的起点和终点，根据这个列表自动采集所有的片段，可实现视频的批量采集。

参数设置面板包括"Logging（记录）"和"Settings（设置）"两个选项卡（如图 2 - 50 所示）。在"记录"选项卡中可设置源素材带中需要采集的场景，其中"Setup（设置）"用于设置采集信号的类型和保存位置；"Clip Data（素材

**091**

数据）"允许用户简单描述所采集的素材片段以方便分辨查找素材；"Timecode
（时间码）"设置所要采集的视频素材的起点和终点；"Capture（采集）"选择采
集"In/Out（入点/出点）"或"Tape（磁带）"的素材，勾选"Scene Detect
（场景检测）"复选框可以在采集时根据场景的转换将不同场景的素材片段采集
为独立的文件，在"Handle（手动）"后输入所需的帧数可以在采集时多采集一
些素材片段的入点和出点之外的额外帧。在"设置"选项卡可设置所采集到的
素材在磁盘中的保存位置以及采集的控制方式，其中"Capture Settings（采集设
置）"列表框中会显示用户当前设置的有关采集的各项参数设置，也可以单击
"Edit（编辑）"按钮，在弹出的对话框中对所设置的采集参数进行调整；"Cap-
ture Location（采集位置）"指定采集的视频和音频素材在计算机中保存的位置，
单击"Browse（浏览）"按钮，在弹出的对话框中可以重新设置保存采集素材的
路径；"Device Control（设备控制）"用于设置采集的一些参数；"Device（设
备）"选项用于指定采集设备；"Preroll Time（预卷时间）"选项用于设置预卷时
间以使 Premiere Pro 与外部视频输入设备的预卷时间匹配。

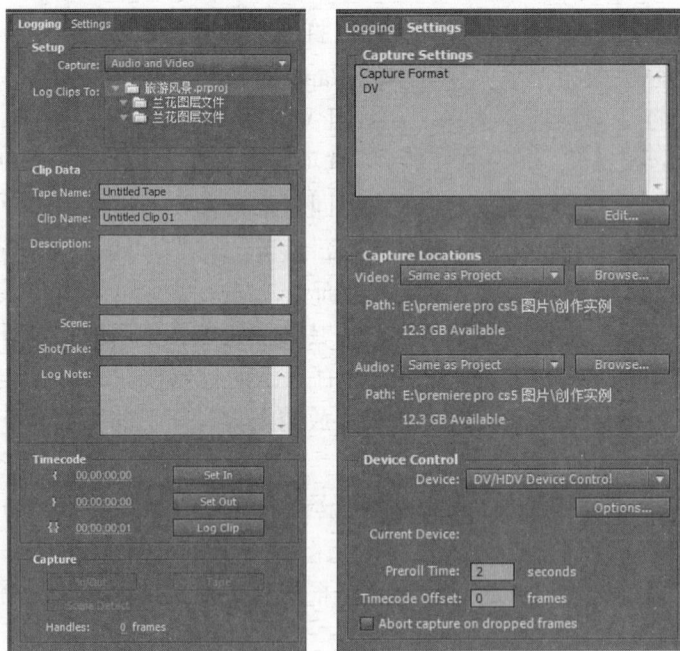

图 2 – 50　参数设置面板

（3）手动采集素材的基本方法。

对于不支持 Premiere Pro 设备控制的摄像机机型，只能使用手动采集素材的方法。手动采集是在任何情况下都可以使用的最简单的采集方法。

第一步，将装入录像带的数字摄像机用火线与计算机的 IEEE1394 接口连接。打开摄像机并调到放像状态。

第二步，使用菜单命令"File（文件）>Capture（采集）"（或直接按"F5"键），弹出采集窗口（如图 2 - 51 所示）。在"Logging（记录）"选项卡中的"Setup（设置）"栏中选择采集素材的类型为 Video（视频）、Audio（音频）或 Video and Audio（视频和音频），并在"Settings（设置）"选项卡的"Capture Location（采集位置）"栏中设置采集的素材在计算机中保存的位置。

图 2 - 51　"采集"窗口

第三步，按下摄像机上的播放按钮，播放并预览录像。当播放到要采集的素材片段的起点位置之前的几秒钟时，单击"设备控制面板"上的录制按钮█开始采集素材，当播放到终点位置后几秒钟的位置时按停止按钮█或"Esc"键停止采集。

第四步，在弹出的"Save Captured Clip（保存采集素材）"对话框中输入文件名等相关数据（如图 2 - 52 所示），单击"OK"按钮。素材文件将被采集到硬盘并出现在项目窗口中（如图 2 - 53 所示）。

图 2 – 52　"保存采集素材"对话框

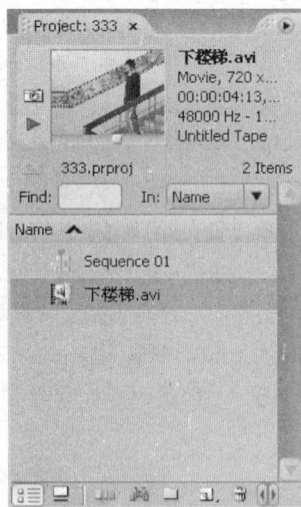

图 2 – 53　采集素材后的项目窗口

（4）自动采集素材的基本方法。

自动采集素材是利用 Premiere Pro 内置的设备控制功能进行自动采集。Premiere Pro 采集窗口中的"设备控制面板"上的各个按钮与摄像机上的控制按钮是一一对应的关系，可以对播放进行控制。自动采集可以采集整卷录像磁带，或者对要采集素材片段的入点和出点进行精确定位并加以采集。自动采集的方式使得一次性采集大量素材片段的批量采集方式得以实现。

第一步，使用菜单命令"File（文件）＞ Capture（采集）"命令（或直接按 F5 键），弹出采集窗口，并确认设备连接正确。如果采集窗口的"状态显示区"显示"Capture Device Offline（采集设备脱机）"，则需要重新检查设备是否正确连接。

第二步，在"Settings（设置）"选项卡的"Device Control（设备控制）"栏中选择采集设备的种类，并单击"Options（选项）"按钮，在弹出的"DV/HDV Device Control Settings（DV/HDV 设备控制设置）"对话框中选择设置摄像机的品牌和具体型号（如图 2 – 54 所示）。如果 Premiere Pro 没有提供摄像机的型号，可以单击"Go Online for Device Info（转到在线设备信息）"按钮，上网查看设备的相应信息。

图 2－54　DV/HDV 设备控制设置

第三步，设置所要采集的视频素材的起点和终点。使用"设备控制面板"上的按钮将素材移动到要采集片段的第一帧，单击"设备控制面板"上的入点设置按钮■或"Logging（记录）"选项卡中的"Timecode（时间码）"栏中"Set In（设置入点）"按钮，将其设置为入点；然后将素材移动到要采集片段的最后一帧，单击"设备控制面板"上的出点设置按钮■或"Logging（记录）"选项卡中的"Timecode（时间码）"栏中"Set Out（设置出点）"按钮，将其设置为出点，完成对要采集素材片段的入点与出点的设置。

第四步，单击"Logging（记录）"选项卡中的"Capture（采集）"栏中的"In/Out（入点/出点）"按钮，自动采集上步所标记的入点到出点之间的素材片段。如果想要采集整卷磁带，则需要先将磁带倒回至开头，然后单击"Logging（记录）"选项卡中的"Capture（采集）"栏中的"Tape（磁带）"按钮，则可以自动采集整卷磁带中的素材片段。勾选"Scene Detect（场景检测）"复选框可以在采集时根据场景的转换将不同场景的素材片段采集为独立的文件。在采集时若想多采集一些素材片段的入点和出点之外的额外帧，可以在"Handle（手动）"后输入所需的帧数（Frames）。

（5）批量采集素材的基本方法。

当需要对磁带中的多个素材片段进行采集时，可以使用批量采集的方式以提高工作效率。批量采集是基于自动采集的，当完成对要采集的素材片段的记录后，在"Logging（记录）"选项卡中的"Timecode（时间码）"栏中单击"Log Clip（记录素材）"按钮，在弹出的记录素材对话框中填写记录信息（如图 2－55 所示），单击"OK（确定）"按钮，记录的片段以离线文件的形式出现在项目窗口中（如图 2－56 所示）。反复记录素材片段，将要采集的多个素材片段全部

**095**

以离线文件的方式记录（如图 2－57 所示），也可以使用菜单命令"Project（项目）＞Export Batch List（导出批列表）"将记录的批量采集信息存储为批列表，并可以使用菜单命令"Project（项目）＞Import Batch List（导入批列表）"随时调用所记录的批量采集信息。在项目窗口中，选中要进行采集的离线文件，使用菜单命令"File（文件）＞Batch Capture（批量采集）"或快捷键 F6，在弹出的批量采集窗口中选择"Capture with Handles（通过手动采集）"设置额外帧及"Override Capture Settings（忽略采集设置）"保留或更改采集设置（如图 2－58 所示）；单击"OK"按钮，开始自动采集所记录的素材片段。采集完毕，离线文件全部替换成采集的素材，并生成一份文本格式的批量采集记录（如图 2－59 所示）。

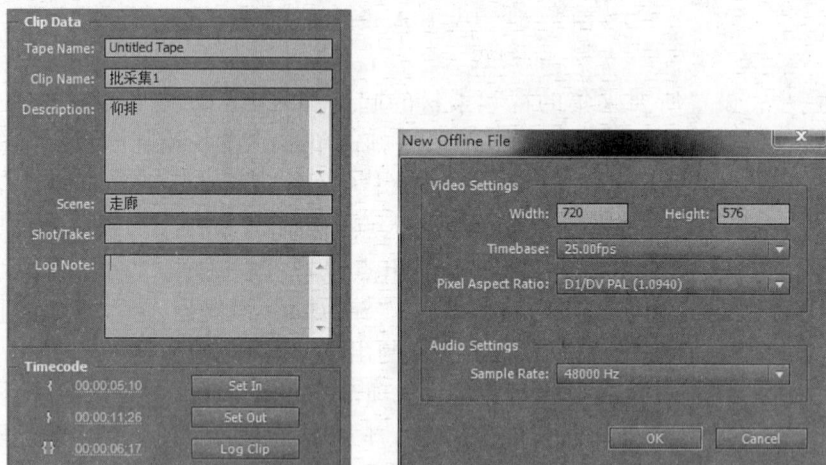

图 2－55　记录素材片段对话框

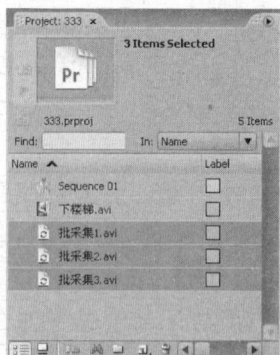

图 2－56　项目窗口中显示离线文件　　　　图 2－57　"批量采集"窗口

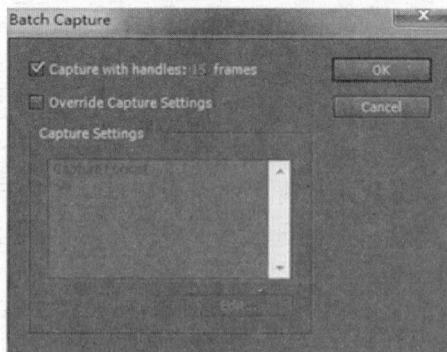

**096**

图 2-58　批量采集过程

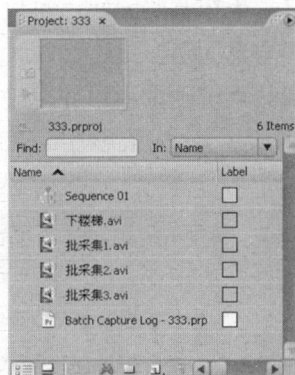

图 2-59　批量采集记录

（6）录音。

如果是复杂的配音及音频合成工作，建议在 Soundbooth 中进行。简单的配音，可以在 Premiere Pro 中，直接通过麦克风将声音录入计算机并转化为可以编辑的数字音频，从而完成影片的配音工作。

第一步，将麦克风与计算机的音频输入口相连接，打开麦克风。

第二步，使用菜单命令"Window（窗口）> Audio Mixer（音频混合器）"调出音频混合器面板，单击要进行录音轨道的"Enable Track for Recording（启用轨道录音按钮）" ，选择启用音频轨道 1 准备录音（如图 2-60 右图所示）。

图 2-60　启用音频轨道录音

第三步，单击录音按钮，并单击播放按钮，开始录音。如果想在录制过程中预览时间线，可以把游标移到配音的起点位置靠前几秒再开始录音。

第四步，录音结束，单击停止按钮，录制的音频文件以 WAV 格式被保存到计算机硬盘中，并出现在项目窗口和时间线窗口相应的音频轨道上（如图 2 - 61 所示），完成影片配音的工作。

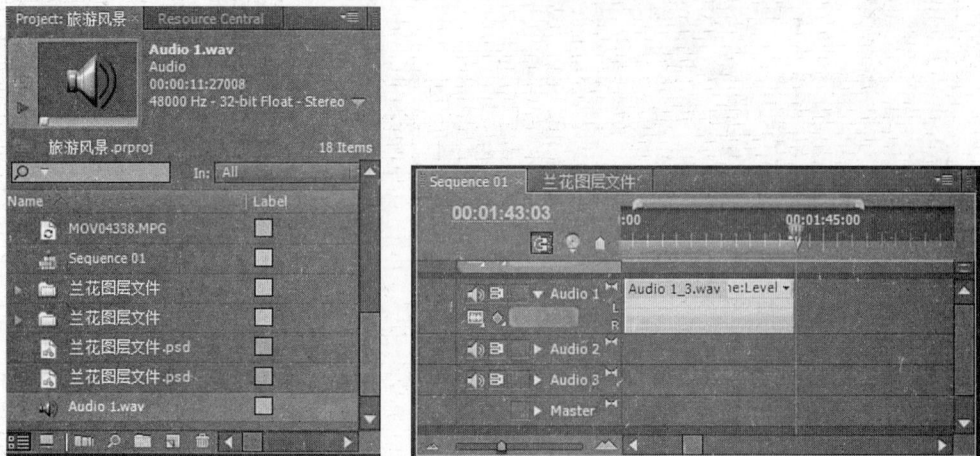

图 2 - 61　音频轨道 1 录音结果

### 4. 导入素材

在 Premiere Pro CS5 中进行编辑时所用到的所有素材，需要先导入项目窗口中，然后再添加到真正的编辑区域——时间线上。导入素材除了直接在项目窗口中导入素材之外，还可以从 Media Browser（媒体浏览器）或使用 Bridge 导入素材文件。Premiere Pro CS5 支持处理多种格式的素材文件，由于素材文件的种类不同，因此导入素材的方法也就不尽相同。

（1）导入视音频文件。

视频和音频素材是最常用的素材文件，导入的方法也最简单，只要计算机安装了相应的视频和音频解码器就可以直接将其导入。具体方法为进入 Premiere Pro CS5 工作界面后，在项目窗口的"Name（名称）"选项组的空白处单击鼠标右键，在弹出的菜单中选择"Import（导入）"命令（如图 2 - 62 左图所示）。接着在弹出的"导入"对话框中，选择需要的视频、音频素材，然后单击"打开"按钮（如图 2 - 62 中图所示），这样就会将选择的素材文件导入项目窗口中（如图 2 - 62 右图所示）。

图 2 – 62　导入视音频文件

（2）导入图像文件。

图像素材是静帧文件，可以在 Premiere Pro CS5 中当做视频文件使用，导入图像素材之前，应该首先设置其默认持续时间。在 Premiere Pro CS5 工作界面中，选择"Edit（编辑）> Preferences（参数）> General（常规）"命令，弹出"参数"对话框，选择"General（常规）"选项组，将"Still Image Default Duration（静帧图像默认持续时间）"设置为 150 帧，即 6 秒，然后单击"OK"按钮（如图 2 – 63 左图所示）。双击项目窗口的"名称"选项组的空白处，在弹出的"导入"对话框中选择需要的图像素材文件，然后单击"打开"按钮（如图 2 – 63 中图所示），这样就会将选择的图像素材文件导入项目窗口中（如图 2 – 63 右图所示），现在可以看到它们的默认持续时间都是 6 秒。

图 2 – 63　导入图像文件

（3）导入序列文件。

序列文件是带有统一编号的图像文件，如果只把序列文件中的一张图片导入 Premiere Pro CS5 中，它就是静态图片，而如果把它们按照序列全部导入，系统就自动将它们整合为一个视频文件。按"Ctrl + I"组合键，在弹出的"导入"对话框中，打开所需要的序列文件夹，可以看到里面有多个带有统一编号的图像文件，选中序列图像中的第一张图片 001.tif，单击"打开"按钮（如图 2 - 64 左图所示），则图片 001.tif 就作为图像文件导入项目窗口中（如图 2 - 64 右图所示）。再次按"Ctrl + I"组合键，在弹出的"导入"对话框中，打开所需要的序列文件夹，这次选中序列图像中的第一张图片 001.tif 后再勾选"Numbered Stills（序列图像）"复选框，然后单击"打开"按钮（如图 2 - 65 左图所示），则可以看到项目窗口中导入了一个名为 001.tif 的序列文件，其图标与视频文件的图标一样（如图 2 - 65 中图所示）。在项目窗口中双击 001.tif 序列文件 ▇ 001.tif，则在信号源监视器窗口中就可以播放预览视频的内容，如图 2 - 65 右图所示。

图 2 - 64　导入序列文件为图像文件

图 2 - 65　导入序列文件为视频文件

（4）导入图层文件。

图层文件也是静帧图像文件，与一般的图像文件不同的是，图层文件包含了多个相互独立的图像图层。在 Premiere Pro CS5 中，可以将图层文件的所有图层作为一个整体导入，也可以单独导入其中的一个图层。要把图层文件导入 Premiere Pro CS5 中并保持图层信息不变，可按照如下步骤进行操作：第一步，按"Ctrl + I"组合键，在弹出的"导入"对话框中选择所需要导入的图层文件，再单击"打开"按钮〔如图 2 – 66（a）所示〕；第二步，弹出"Import Layered File（导入分层文件）"对话框，在该对话框顶部的"Import As（导入为）"下拉列表框中包含"Merge All Layers（合并所有图层）"、"Merged Layers（合并图层）"、"Individual Layers（单层）"和"Sequence（序列）"四个选项〔如图 2 – 66（b）所示〕。若选择"Merge All Layers（合并所有图层）"选项，图层文件的所有图层将全部以灰度表示〔如图 2 – 66（c）所示〕，按照这种方式导入，图层文件的所有图层将被合并为一个整体；若选择"Merged Layers（合并图层）"选项，图层文件的所有图层将处于激活状态，可以根据需要选择导入一个或多个图层〔如图 2 – 66（d）所示〕，按照这种方式导入，图层文件中被选中的图层将被合并为一个整体；若选择"Individual Layers（单层）"选项，图层文件的所有图层将处于激活状态，可以根据需要选择导入一个或多个图层，按照这种方式导入，图层文件中被选中的各个图层将被作为各自独立的图像文件导入；若选择"Sequence（序列）"选项，图层文件的所有图层将处于激活状态，可以根据需要选择导入一个或多个图层，按照这种方式导入，图层文件中被选中的各个图层将被作为各自独立的图像文件导入，并且会自动在项目窗口中添加一个序列文件，如图 2 – 66（e）所示。

（a）

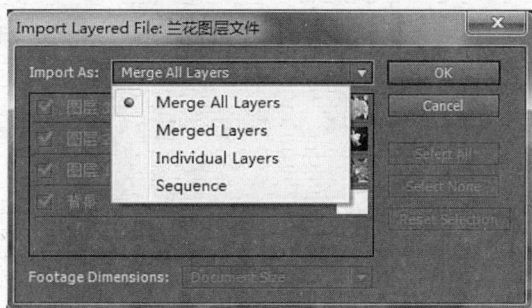

（b）

**101**

（c）

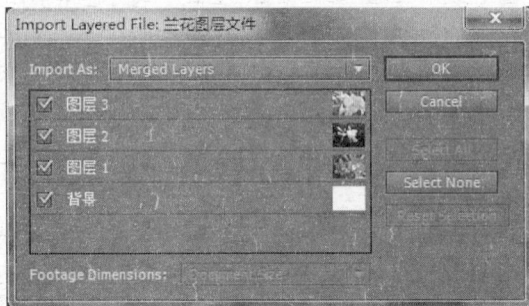

（d）

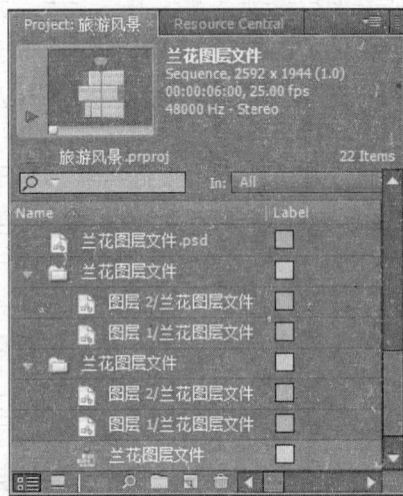

（e）

图 2 – 66　导入图层文件

5. 管理素材

　　采集与导入素材后，素材名称便出现在项目窗口中。项目窗口其实是一个管理窗口，包含一个项目中的所有元素，包含每个素材的信息。用户可以在项目窗口中对素材进行查看和分类，并可以根据实际需要对项目窗口中的素材进行管理，以方便下一步的编辑操作。

（1）设置素材显示方式。

项目窗口中提供了列表视图和图标视图两种素材的显示方式（参见图 2 - 17），列表视图显示每个素材的具体信息，而图标视图仅显示素材中的一帧及其音频波形，用户可以根据需求，自定义项目窗口的显示风格。单击项目窗口下方的列表按钮，素材以列表的方式显示；而单击图标按钮，素材则以图标的方式显示。使用项目窗口的弹出式菜单命令"View（查看）＞List/Icon（列表/图标）"，或使用快捷键"Ctrl＋Page Up/ Ctrl＋Page Down"，也可以在列表视图和图标视图之间进行切换。

在列表视图中可以自主选择显示素材的哪些 XMP 元数据属性列。使用项目窗口的弹出式菜单命令"Metadata Display（元数据显示）"，在弹出的"Metadata Display（元数据显示）"对话框中展开"Premiere Project Metadata（Premiere 项目元数据）"下拉列表勾选需要显示的属性，如图 2 - 67 所示，设置完毕单击"OK"按钮，勾选的属性列会自动出现在项目窗口中。如果不需要显示某属性列，可再次调出"元数据显示"对话框，取消相应的勾选项即可。在项目窗口中，可以通过拖曳属性列名称栏的方式更改其显示的先后顺序和列宽。

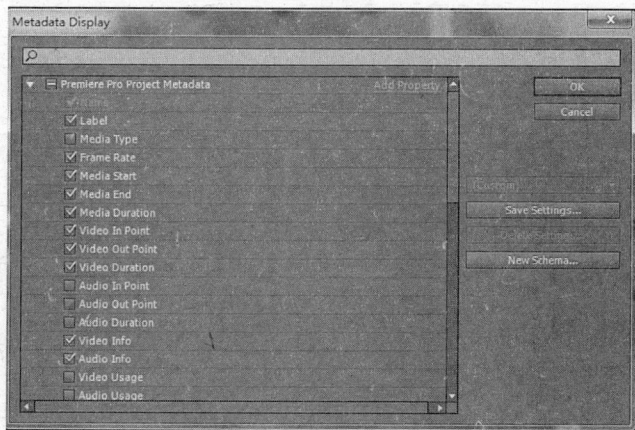

图 2 - 67    "元数据显示"对话框

在图标视图中，使用项目窗口的弹出式菜单命令"Thumbnails＞Off/Small/Medium/Large（缩略图＞关闭/小/中/大）"，可以隐藏图标缩略图，或者设置图标缩略图的大小为小、中、大三种不同的尺寸。项目窗口的图标视图可以大体实现故事板（StoryBoard）的功能。设定故事板，大概勾勒出影片的结构，可以对后面的编辑工作起到导向作用。根据剧情，可以用拖曳的方法对各个素材进行任

**103**

意排列，从而设定影片的故事板。

（2）预览素材。

对于已经导入项目窗口中的素材，用户可以通过两种方式预览素材：一是在信号源监视器窗口中预览素材，二是在项目窗口左上角处的预览框中预览素材。

在项目窗口中双击一段素材，可以在信号源监视器窗口中打开该素材，用户可以用信号源监视器窗口下方的"Play – Stop Toggle（播放/停止开关）"按钮 ▶ 对预览进行控制，也可以用鼠标直接拖动时间标尺上的蓝色游标 预览素材内容。信号源监视器窗口的有关操作请参考本书 2.3.4 的相关内容。

在项目窗口中，单击选中一个素材文件后，在项目窗口左上角处的预览框中会显示该素材的第一帧画面（或图片内容、音频图标等），单击预览框左侧的"Play – Stop Toggle（播放/停止开关）"按钮 ▶ 可以播放视频（音频）素材。当用户使用图标视图查看素材时，视频及静帧素材会以缩略图的形式显示（如图 2 – 68 左图所示），由于有时第一帧画面不一定能恰当代表当前一段视频素材中的内容，所以用户可以根据实际情况自己来设定一段视频素材在项目窗口中显示的缩略图内容，具体方法是：首先在预览框中预览素材，或直接拖动预览框下方的滑块至恰当位置（如图 2 – 68 右图所示），然后单击预览框左侧的"Poster Frame（标识帧）"按钮 ，即可将当前滑块位置处的画面设置为该段素材在项目窗口中显示的缩略图。

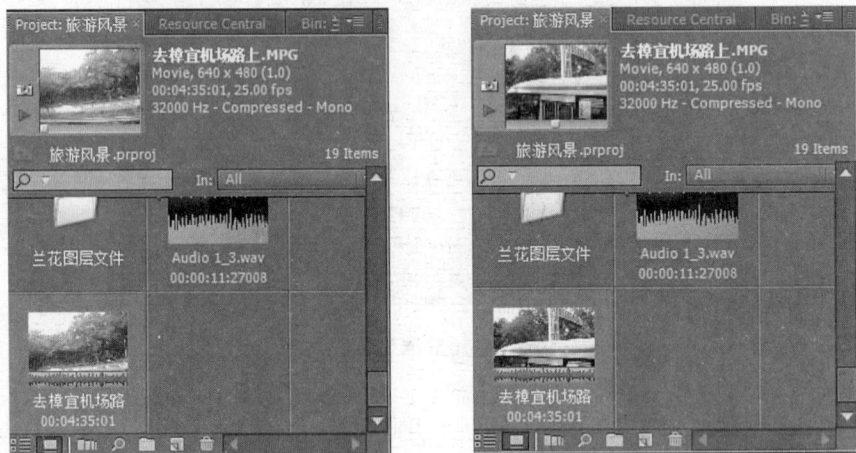

图 2 – 68　设置素材缩略图显示的画面

（3）设置素材说明。

在如图 2-69 所示的项目窗口中，单击素材的"Description（描述）"下的空白处，可以进入编辑状态，可以为素材添加描述信息，供用户快速识别素材或利用查找功能搜索素材。单击素材的其他属性列，可以为素材设置相应的说明信息，如"Scene（场景）"、"Good（有效）"标识等。

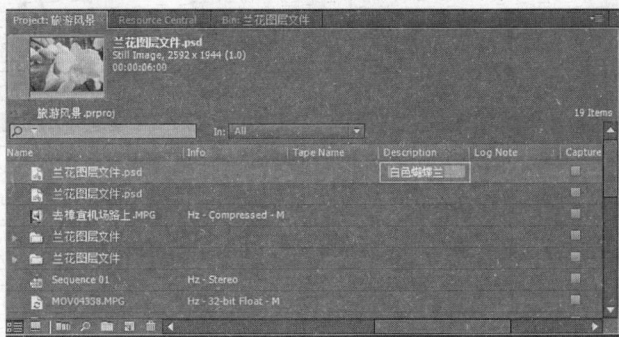

图 2-69　设置素材说明

（4）分析或解释素材。

Premiere Pro 内置了分析功能，可以对硬盘上所有支持格式的素材文件进行分析，从而得出素材的各项属性；也可以通过解释素材，对视频素材的一些属性进行设置。

使用菜单命令"File（文件）> Get Properties for（获取属性）> File/Selection（文件/选中）"，可以分别对硬盘上和项目中选中的素材文件进行分析，分析的结果显示在 Properties（属性）面板中（如图 2-70 所示），从中了解有关文件的大小、视频和音频轨道数目、长度、平均速率、音频的各种指标和有关的压缩设置等信息。

使用菜单命令"Clip（文件）> Modify（修正）> Interpret Footage（解释素材）"，调出"Modify Clip（修改素材）"对话框的"Interpret Footage（解释素材）"选项卡，对项目窗口中选中的素材进行解释，对其 Frame（帧速率）、Pixel Aspect Ratio（像素长宽比）、Field Order（场顺序）和 Alpha Channel（Alpha 通道）进行设置，如图 2-71 所示。

图2-70　分析素材属性面板　　　　图2-71　"修改素材"对话框

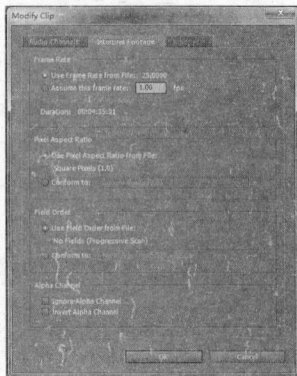

在项目窗口中，右键单击素材，在弹出的菜单中选择"Properties（属性）"或"Modify（修正）>Interpret Footage（解释素材）"命令，也可以对素材进行分析或解释。

（5）查找素材。

在 Premiere Pro 中用户可以在项目窗口中部的"查找"框  中输入需要查找的素材的关键字，在"查找范围"框  中选择查找的素材类型，实现对特定素材的查找。也可以单击项目窗口左下角处的"Find（查找）"按钮，弹出"Find（查找）"对话框，在"Column（列）"下拉列表中选择分类，在"Find What（查找什么）"文本框中输入关键词，按下"Find（查找）"按钮，查找到的素材在项目窗口中以选中方式显示，如图2-72所示。再按"Find（查找）"按钮，则会继续查找下一个符合条件的素材。

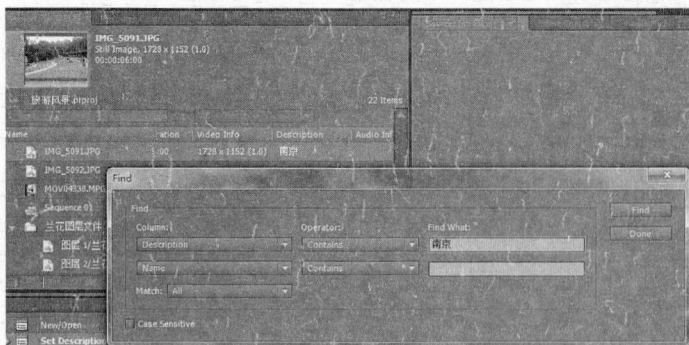

图2-72　"查找"对话框

使用"Face Detection（人脸检测）"功能以辨别素材，可以快速查找出包含人脸的素材。注意人脸检测与面部识别不同，人脸检测并不能够识别到素材内的特定人的脸，只是查找出包含人脸的素材。选择一个包含语言的文件或素材片段，使用菜单命令"Clip（素材） > Analyze Content（分析内容）"，或在右键单击"素材"弹出的菜单中选择"Analyze Content（分析内容）"命令，调出"Analyze Content（分析内容）"对话框，勾选"Face Detection（人脸检测）"复选框（如图 2 – 73 所示），单击"OK"按钮，自动调出 Adobe Media Encoder 程序，并加载任务进行分析。进程结束后，素材的状态（Status）属性栏显示对勾标记。在项目窗口的查找框中单击查找图标，选择"Face Detection（人脸检测）"选项，或使用菜单命令"Edit（编辑） > Find Faces（查找人脸）"，项目窗口中仅显示容器和包含人脸的素材。单击查找框右侧的按钮，可以清除之前的查找，项目窗口中恢复显示所有素材。

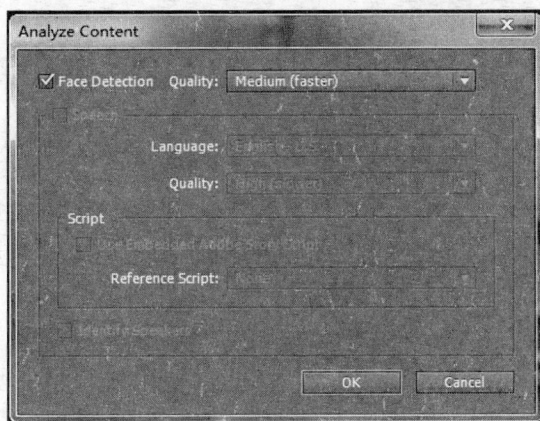

图 2 – 73　"分析内容"对话框

（6）使用容器分类管理素材。

项目窗口中可以使用容器来分类管理项目中的素材，就像文件夹的功能一样。容器中可以包含源文件、序列和其他的容器，可以用来存储离线文件列表以用于批量采集；可以分别存储每个序列及它们的源文件，也可以按照文件类型（如视频、音频、图片文件）来组织文件。

使用菜单命令"File（文件） > New（新建） > Bin（容器）"，或单击项目窗口底部的新建容器按钮，可以新建一个容器。默认状态下，将对象拖曳到容器图标上，可以将对象移动到此容器中。可以将容器拖曳到其他容器中进行嵌套。拖曳对象到容器时不会自动打开容器。在列表视图中单击容器图标左边的三角 ▶ 可以展开容器。双击容器，可以以浮动面板的形式打开容器（如图 2 - 74 所示）；按住"Ctrl"键双击容器，可以在当前面板中将容器打开；按住"Alt"键双击容器，可以在新标签中将容器打开。在项目窗口中，每个容器是一个层级，可以在每个容器中设定故事板。

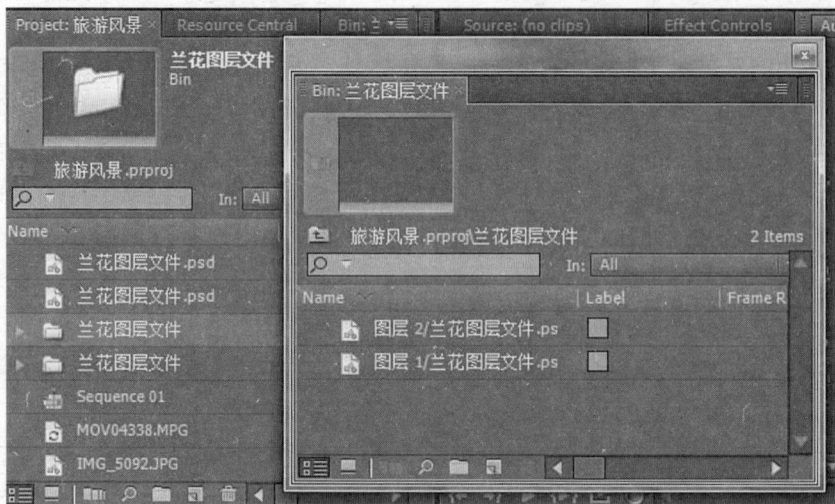

图 2 - 74　容器面板

### 6. 编辑素材

Premiere Pro 中的影片编辑工作主要是在"Timeline（时间线）"上完成的。在新建一个项目时，系统会让用户新建一个"Sequence 01（序列01）"，这是一个可以包含及保存用户影片编辑设置的容器。一个项目中至少要有一个时间线序列，一个没有时间线的项目，意味着没有真正的编辑工作。时间线窗口布局参见图 2 - 24。当时间线窗口不小心被关闭时，可以双击项目窗口中的"Sequence 01（序列01）"打开。在图 2 - 24 中可以看到，时间线就像一个水平放置的时间标尺，是时间的轨道，标尺的最左端是时间的零点，是影片的开始。素材放置在时间线上越靠右，表示该素材在影片中出现的时间越晚。当时间线上有多个素材时，也可以形象地理解为水平放置的一系列胶片，观看时从左向右依次播放。时间线上的轨道分为视频轨道和音频轨道，只能分别放置对应的素材。默认情况下会有三个视频轨道和三个音频轨道，一般情况下先使用底层的轨道，例如只有当"Video 1（视频1）"或"Audio 1（音频1）"被占用或留作他用时，才使用

"Video 2（视频2）"或"Audio 2（音频2）"。

（1）将素材拖放到时间线上。

在项目窗口中，用鼠标左键按住视频素材"台群礁海岸.mpg"前的图标，将其拖放到时间线上的"Video 1（视频1）"轨道上并靠左端放置，如图2-75左图所示。将项目窗口中的素材"台柳林夜市.mpg"拖放到"Video 1（视频1）"轨道上"台群礁海岸.mpg"的右端（如图2-75右图所示）。当拖着素材在"Video 1（视频1）"轨道上从右向左靠近"台群礁海岸.mpg"达到一定距离时，被拖着的素材会自动吸附到前一段素材的结尾处，避免两段素材之间留下间隙，此时在时间线上会出现带有 的一条黑色竖线指示素材对齐的位置。如果在时间线上相邻的两段素材之间有间隙，则在播放时前后两段素材中间将会有黑场间隔。

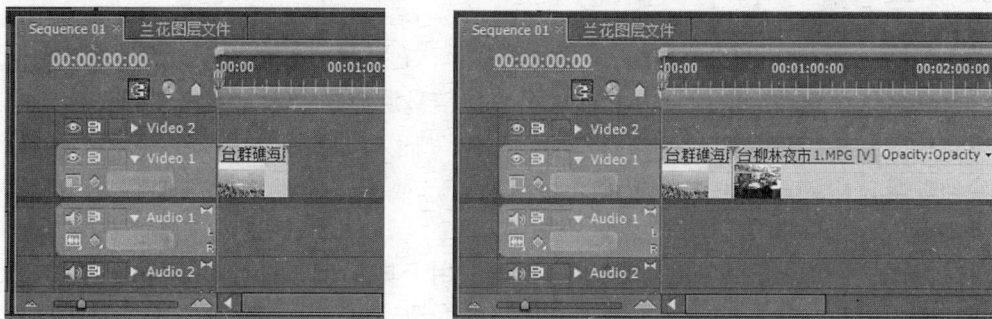

图2-75　拖放素材到时间线上

如果将项目窗口中的"美丽的花"容器（或称文件夹）拖放到"Video 1（视频1）"轨道上，则可以一次性将该容器内的所有素材拖放到时间线上，如图2-76所示。用户也可以按住键盘上的"Ctrl"键（选中多个不连续的素材）或"Shift"键（选中多个连续的素材），在项目窗口中选中多个素材，一次性拖放到时间线上。

图 2 - 76    拖放多个素材到时间线上

（2）对素材进行简单编辑。

在将素材拖放到时间线上之前，可以在信号源监视器中设置好素材的入点和出点位置，再用信号源监视器窗口右下方的"插入"按钮 ![按钮] （或者用"覆盖"按钮 ![按钮] ）将入点与出点之间的素材以插入（或覆盖）的方式添加到时间线上的当前点。

对于已经拖放到时间线上的素材，可以用工具面板上的编辑工具对素材进行相关编辑。可参见本书2.3.4中工具面板的介绍。也可以在时间线上，直接用鼠标进行简单的编辑。将鼠标放置在时间线上"台柳林夜市.mpg"素材的左端，鼠标开始变为红色的 ![图标]，按住鼠标向右拖动如图 2 - 77 所示画面相似时松开鼠标，完成对"台柳林夜市.mpg"素材的简单剪接，即改动了素材"台柳林夜市.mpg"在时间线上的入点。这时可以看到时间线上"台群礁海岸.mpg"和"台柳林夜市.mpg"两段素材之间出现了空白间隙，可以在间隙处右键单击"Ripple Delete（波纹删除）"，再左键单击鼠标即可清除素材间的间隙，也可以左键单击选中间隙，使用菜单命令"Edit（编辑） > Ripple Delete（波纹删除）"（或用组合快捷键"Shift + Delete"）清除素材间的间隙。

图 2 - 77　在时间线上编辑素材

（3）给影片配音配乐。

在项目窗口中，用鼠标将音频素材"解说 . wav"拖放到"Audio 1（音频
1）"轨道上，左端与"台柳林夜市 . mpg"素材的左端对齐，如图 2 - 78 左图所
示。再用鼠标将音频素材"htys - music. mp3"拖放到"Audio 2（音频 2）"轨道
上，让其左端也与"台柳林夜市 . mpg"素材的左端对齐，如图 2 - 78 右图所示。
这样就给影片加配了解说词和音乐。

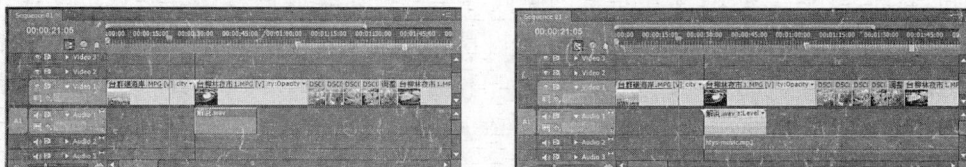

图 2 - 78　拖放音频素材到时间线上

（4）预览所编辑的影片。

在时间线顶部的时间标尺左端单击鼠标，将时间线游标 ■ 定位于时间零点
"：00：00"（即 ■00:00■ ），单击节目监视器窗口下的"播放"按钮 ▶ ，可以在
节目监视器窗口预览所编辑的影片，如图 2 - 79 所示。

**111**

图 2-79　预览影片

**7. 添加字幕**

字幕是影视节目中常用的信息说明形式，字幕不仅可以增加画面信息，还可以起到美化画面的作用。接下来要为前面编辑好的影片添加一个片名字幕。首先，将时间线游标定位于"00：00：05：00"处，即在时间线上时间标尺"00：00：05：00"处单击鼠标。然后使用菜单命令"File（文件）＞New（新建）＞Title（字幕）"（或按组合快捷键"Ctrl＋T"），打开"NewTitle（新建字幕）"对话框，如图 2-80 所示，在"Name（名称）"文本框中输入新字幕容易记住与识别的名称，还可以设置新建字幕的宽高像素、帧速率或像素比等参数。设置完毕，单击"OK"按钮，弹出字幕设计窗口，如图 2-81 所示。将鼠标移至字幕设置区域，鼠标形状为 ，在字幕区单击鼠标，会出现一个细线框，内部有竖线光标闪动，输入文字"旅游风景"，单击字幕设置窗口左上角工具栏上的"选择"按钮 ，退出文字输入状态。

用户可以看到如图 2-81 所示那样，输入的"旅游风景"四个字不能正常显示，这是因为 Premiere Pro 对中文支持仍存在不足，不能自动识别用户输入的语言种类，当用户将字体设置为中文字体后即可正常显示。在字幕设计窗口右侧"Title Properties（字幕属性）"面板中找到"Properties（属性）＞Font Family（字体）"一项，单击"字体"右侧下拉列表，选择"LiSu（隶书）"字体，则字幕文字"旅游风景"显示正常，如图 2-82 所示。如果要对字幕文字之间的距离进行设置，就在字幕设计窗口右侧"Title Properties（字幕属性）"面板中找到

**112**

"Properties（属性）>Kerning（字距）"一项，单击"字距"右侧的数字区域，输入 30，按键盘上的"Enter（回车）"键，将字水平间距设置为 30。改变字距，还可以直接在数字区域按住鼠标左右拖动，当原数字由"0.0"变为"30.0"时松开鼠标，如图 2-83 所示。若字幕已经超出安全范围，可以设置字幕在字幕设计窗口中的位置，在字幕设置窗口的左下角找到"Title Actions（字幕动作）"面板下的"Central（居中）"按钮，分别按下"Vertical Central（垂直居中）" 和"Horizontal Central（水平居中）" 两个按钮，使字幕自动在画面中居中，如图 2-84 所示。最后单击在字幕设置窗口的右上角的"关闭"按钮关闭字幕设置窗口。此时用户可以发现在项目窗口中增加了一个名为"片名"的素材文件，这就是刚刚制作好的字幕。按住"片名"文件的图标，将其拖放到时间线上"00：00：05：00"处的"Video 2（视频 2）"轨道上，松开鼠标，完成字幕叠加，如图 2-85 所示。这样就完成了一个简单的影片片名字幕叠加制作工作。

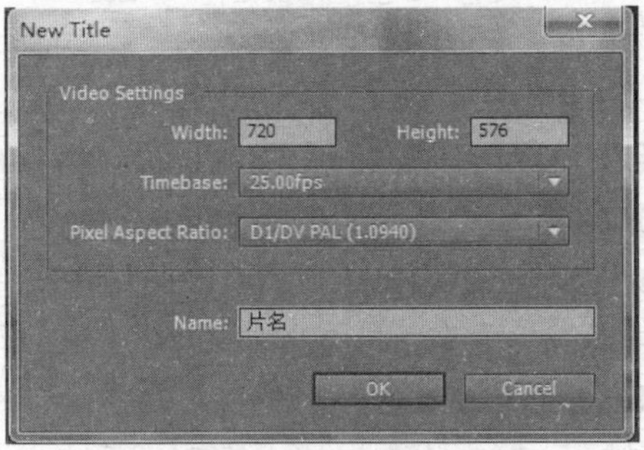

图 2-80　新建字幕

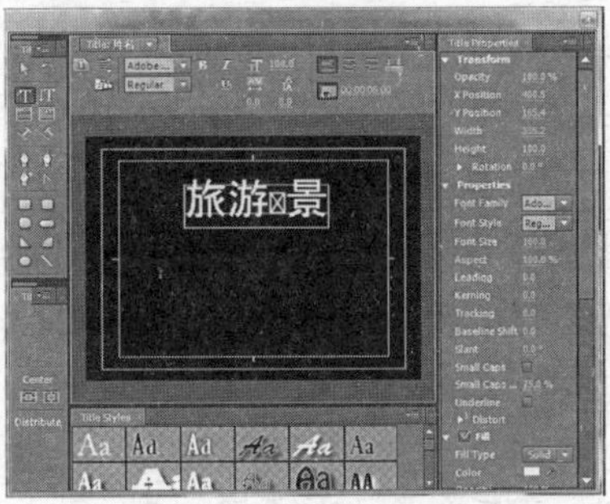

图 2-81　"字幕设计"窗口

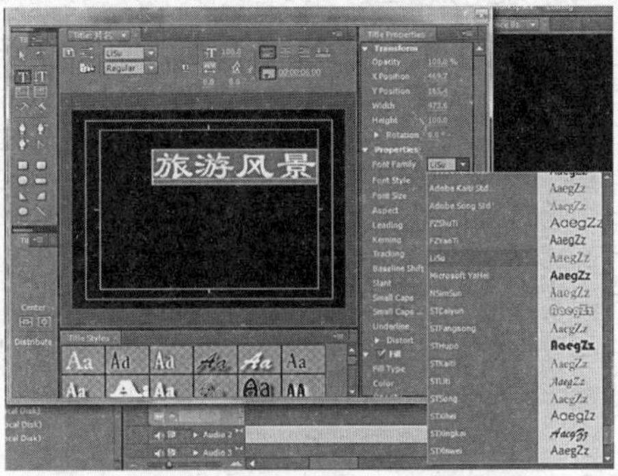

图 2-82　设置字幕字体

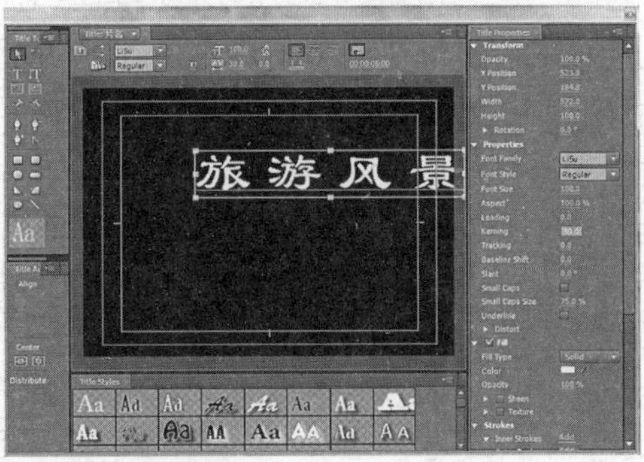

图 2-83　设置字幕字间距

图 2 - 84　设置字幕居中

图 2 - 85　在时间线上叠加字幕

**8. 添加转场和特效**

Premiere Pro 效果面板中包含了大量的转场和特效，可以使用拖曳或其他方式为时间线序列上的素材添加转场和特效。在效果控制面板或时间线窗口中，可以对效果进行控制并创建动画，还可以对转场的具体参数进行设置。

（1）添加转场。

在编辑影视节目的过程中，使用视频转场效果可以使相邻两个画面间场景的转换更自然顺畅，同时也可以起到增强画面效果、美化画面的作用。在 Premiere Pro 中，视频转场效果可以应用在两段素材之间，也可以用在单个素材的开头（入点）或结尾（出点）处。

使用菜单命令"Window（窗口）> Effects（效果）"，调出"Effects（效果）"面板，单击"Video Transition（视频转场）"前的小三角按钮展开该文件夹，单击"Dissolve（溶解）"前的小三角按钮将其展开，可以看到"Cross Dissolve（交叉溶解）"前的图标为红色框，这说明此效果为系统默认视频转场效果，如图 2 - 86 所示。再单击"3D Motion（3D 运动）"前的小三角按钮将其展开，用鼠标将"3D Motion（3D 运动）"下的"Cube Spin（立体旋转）"效果选项拖放到时间线序列上素材"高原花儿·jpg"与"塔而寺僧人辩经·jpg"之间的剪接点处，如图 2 - 87 所示。可以看到时间线序列上素材"高原花儿·jpg"与"塔而寺僧人辩经·jpg"之间会显示"Cube Spin（立体旋转）"的名称并一个带斜线的矩形标志，即在此剪接点添加一个"Cube Spin（立体旋转）"的转场效果，在节目监视器窗口可以看到播放效果，如图 2 - 88 所示。

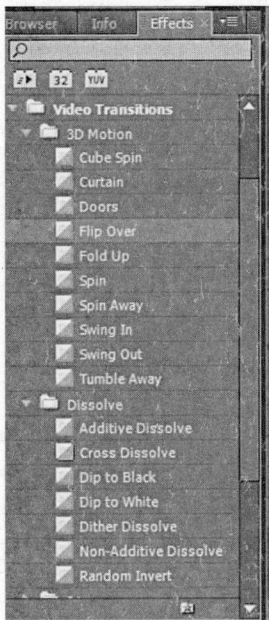

图 2-86　视频转场类型

图 2-87　添加视频转场

图 2-88　立体旋转转场预览效果

　　按照上述方法，用户可以在时间线序列上任意一个素材剪接点处依次拖放各种视频转场效果，观察体验不同的视频转场效果，选择最满意的效果留用。两段素材间的剪接点上只能添加一个转场效果，拖放入新的转场效果将会自动取代原有的转场效果。可以试着给视频 2 轨道上"片名"字幕的开始（入点）和结尾（出点）都添加一个"Cross Dissolve（交叉溶解）"效果，并在效果控制面板窗口中对转场效果的具体参数进行设置（如图 2-89 所示），使该字幕具有淡入、淡出效果。

　　（2）添加特效。

　　在 Premiere Pro 中使用特效，是指在画面上添加某种特殊效果的功能，可以使影片视频效果更加丰富多彩。所谓的特效实际上就是运用滤镜，滤镜处理过程实际上就是将原有素材或已经处理过的素材经过软件中内置的数字运算和处理后，将处理好的素材再次按照用户的意愿输出。与视频转场作用在两段相邻素材之间不同，视频特效作用的范围是当前整段素材。添加视频特效的方法与添加视频转场相仿，只是添加的位置不在两段素材之间的剪接点上，而是在整个素材上。

　　在图 2-90 所示的"Effects（效果）"面板上，单击"Video Effects（视频效果）"前的小三角按钮将其展开，单击"Image Control（图像控制）"文件夹前的小三角按钮将其展开，将"Black & White（黑 & 白）"特效拖放到时间线序列

"DSC05373. JPG"素材上（如图 2 – 91 所示），使该素材变成黑白图像（如图 2 – 92 所示）。

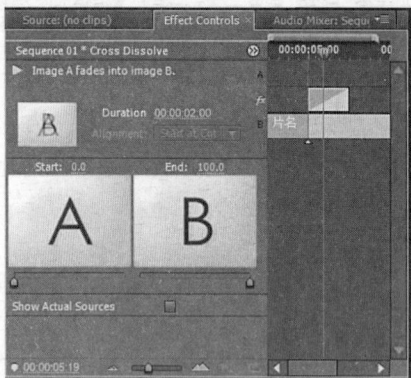

图 2 – 89　在效果控制面板中设置转场效果参数

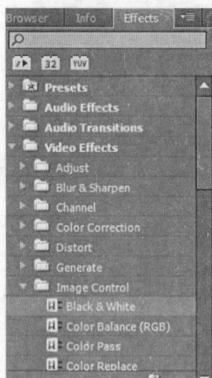

图 2 – 90　视频特效类型

图 2 – 91　添加视频特效

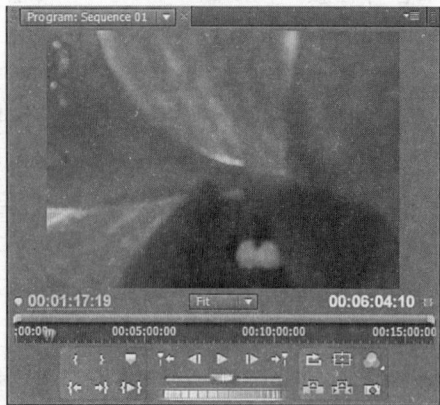

图 2 – 92　素材添加"黑 & 白"视频特效前后对比

时间线上的素材被添加了视频特效后，在其素材名称下会显示一条紫色的细线，表示该素材包含视频特效。同一段素材上可以同时添加多种特效或重复添加同一种特效。

9. 输出影片

对所有素材的编辑完成之后，预览并确定影片的最终效果，接下来就可以按照需要的格式来输出自己创作的最终作品了。Premiere Pro CS5 提供了多种节目输出方式，用户可以选择把节目输出为能在电视上直接播放的电视节目，也可以输出为专门在计算机上播放的 AVI 格式文件、静帧图片序列文件或是动画文件。其具体步骤为：

第一步，设置输出的基本选项。在合成影片前，需要在输出设置中对影片的质量进行相关设置，输出设置中大部分与项目的设置选项相同。用户需要对系统指定如何合成一部影片，例如使用何种编辑格式等，选择不同的编辑格式，可供输出的影片格式和压缩设置等也有所不同。选择需要输出的序列，作用菜单命令"File（文件）> Export（导出）> Media（媒体）"，弹出"Export Settings（导出设置）"对话框（如图 2 - 93 所示），在其中可以对文件的输出格式、名称等进行设置。单击"Format（格式）"右侧的小三角按钮，在弹出的下拉列表框中选择媒体输出格式：选择 Microsoft AVI，输出 DV 格式的数字视频；选择 Windows Bitmap、GIF、Targa 或 TIFF，可以输出静帧图片序列文件；选择 Animated GIF 输出 GIF 格式的动画文件；选择 Windows Waveform，只输出所编辑影片的声音，输出文件为 WAV 文件。勾选"Export Video（输出视频）"复选框 ☑ Export Video ，设置合成影片时输出影像文件，否则不能输出影像文件。勾选"Export Audio（输出音频）"复选框 ☑ Export Audio ，设置合成影片时输出声音文件，否则不能输出声音文件。

第二步，设置视频输出。在"Export Settings（导出设置）"对话框中单击"Video（视频）"选项卡，在"Video Codec（视频编解码器）"下拉列表框中选择视频编解码器的方式（如图 2 - 94 所示）。选用不同的输出格式，对应不同的编解码器。在"Basic Settings（基本设置）"选项组中，可以设置"Quality（品质）"、"Frame Rate（帧速率）"和"Field Type（场类型）"、"Aspect（纵横比）"等参数。选择"Render at Maximum Depth（以最大深度渲染）"复选框，以 24 位深度进行渲染，若不选则以 8 位渲染。在"Advanced Settings（高级设置）"选项组中，可以设置"Keyframes（关键帧）"、"Optimize Stills（优化静帧）"选项。

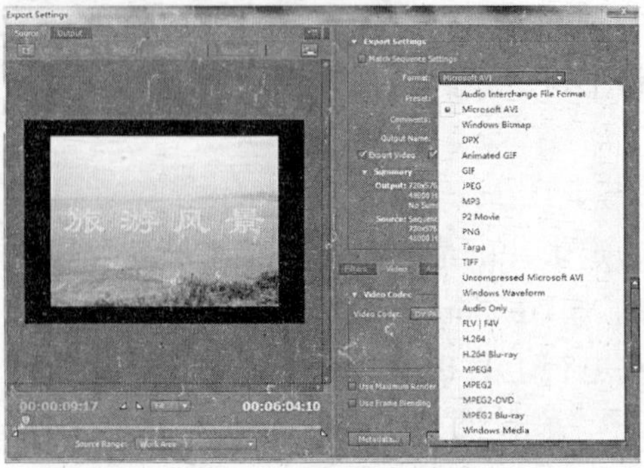

图 2 – 93 "导出设置"对话框

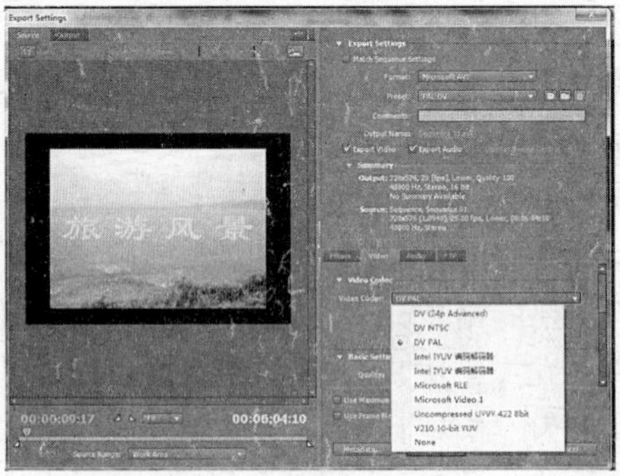

图 2 –94 "视频"选项卡

第三步，设置音频输出。在"Export Settings（导出设置）"对话框中单击"Audio（音频）"选项卡，为输出的音频设置"Sample Rate（采样率）"、"Channels（声道）"和"Sample Type（采样类型）"等参数（如图 2 –95 所示）。

第四步，在 Adobe Media Encoder 中设置视音频输出。在"Export Settings（导出设置）"对话框设置好影片的各种参数后，单击"Queue（队列）按钮"，Premiere Pro 会自动启动 Adobe Media Encoder CS5 软件。Encoder 启动后，会在界面中显示要输出的序列，如图 2 –96 所示。可以单击"输出文件"更改影片的保存路径。单击"开始队列"按钮，开始对影片渲染导出，在软件界面下方可以看到渲染信息，如图 2 –97 所示。在影片的渲染输出过程中，可以单击"暂停"按钮暂停渲染，再单击"继续"按钮即可继续渲染。如果不想渲染影片了，则可以单击"停止队列"按钮，这时会弹出停止渲染信息提示框，单击"是"按钮即可停止渲染。

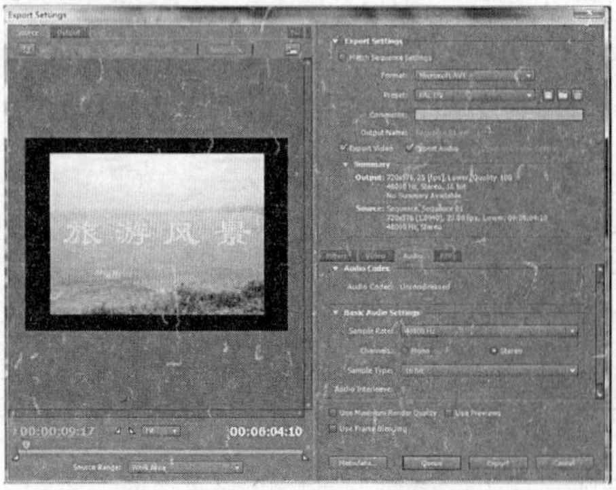

图 2 –95 音频选项卡

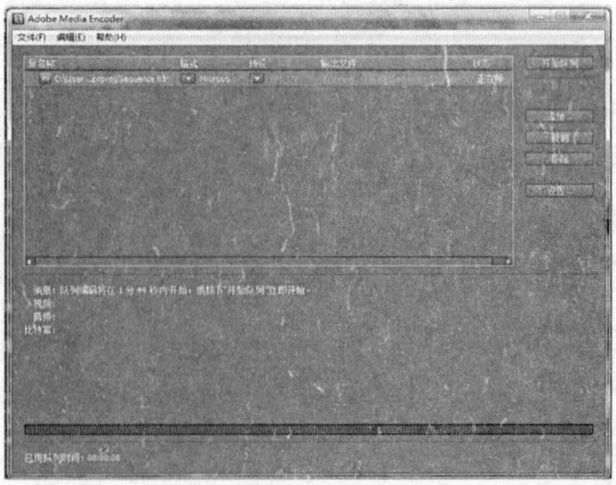

图 2 –96 Adobe Media Encoder CS5 软件界面

**118**

第五步，当渲染结束后，Adobe Media Encoder CS5 软件中会显示如图 2 – 98 所示的信息。用户在刚才设置的影片保存路径中找到视频文件，就可以在其他媒体播放器中播放并欣赏自己创作的影片了。

图 2 – 97　影片渲染输出过程　　　　图 2 – 98　影片渲染输出完成

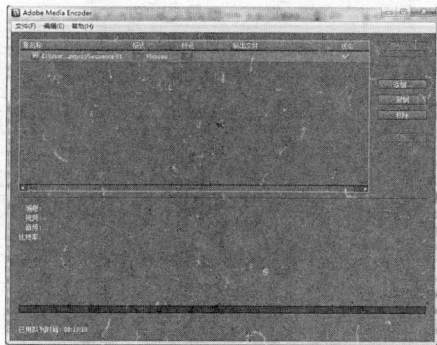

## 2.4　创作实训

### 2.4.1　体会组合编辑与插入编辑的异同

通过实际操作体会线性编辑中组合编辑与插入编辑的异同，掌握对两种编辑方式的正确、灵活的运用。

### 2.4.2　Premiere 编辑工作流程综合练习

按照 2.3.7 的内容自主创作一个时长为 1 分钟的短片，主要练习项目设置、素材的采集与导入、视音频素材的编辑、字幕的添加、转场和特效的添加以及影片的输出等工作环节，目的在于熟练掌握利用 Premiere Pro CS5 编辑影片的基本工作流程。

【思考题】

1. 组合编辑与插入编辑有什么不同？
2. 根据硬件平台的不同，常见的非线性编辑系统有哪些类型？
3. 非线性编辑系统的优势体现在何处？

**119**

# THE TECHNOLOGY AND CREATION
# OF TV EDITING

## Video Editing

第 3 章

# 电视画面编辑

本章主要阐述了画面组接的逻辑性、剪接点和轴线，运动镜头的组接，画面的分剪、挖剪和拼剪，画面转场的方法以及在 Premiere Pro CS5 中创建仅有硬切效果的视频编辑技巧，并提出了相应的创作实训任务。

**【本章学习要点】**

通过本章的学习，读者应掌握画面组接逻辑规律，合理地选择画面剪接点和声音剪接点，掌握轴线规律，把握住人物动作、景物动作和镜头动作三种动作的衔接要领，学会使用分剪、挖剪和拼剪三种剪辑技法，学会无技巧转场的方法，掌握在 Premiere Pro CS5 中创建仅有硬切效果的视频编辑技巧。

**【本章内容结构】**

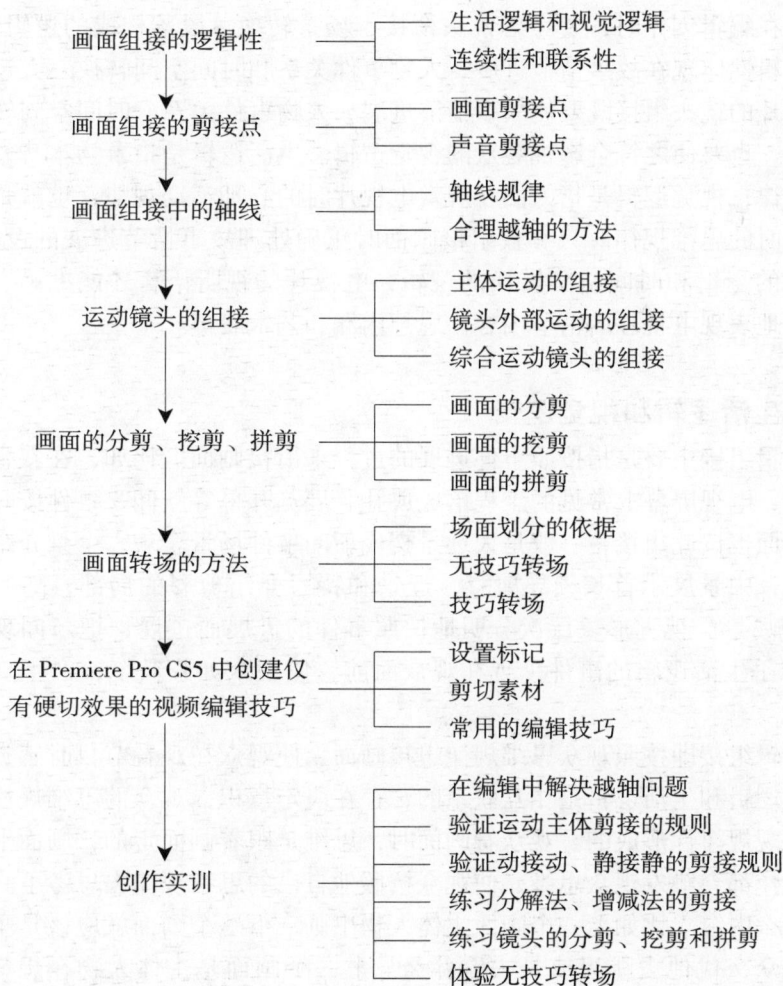

```
画面组接的逻辑性 ──────┬─── 生活逻辑和视觉逻辑
        │               └─── 连续性和联系性
        ▼
画面组接的剪接点 ──────┬─── 画面剪接点
        │               └─── 声音剪接点
        ▼
画面组接中的轴线 ──────┬─── 轴线规律
        │               └─── 合理越轴的方法
        ▼
运动镜头的组接 ────────┬─── 主体运动的组接
        │               ├─── 镜头外部运动的组接
        │               └─── 综合运动镜头的组接
        ▼
画面的分剪、挖剪、拼剪 ─┬─── 画面的分剪
        │               ├─── 画面的挖剪
        │               └─── 画面的拼剪
        ▼
画面转场的方法 ────────┬─── 场面划分的依据
        │               ├─── 无技巧转场
        │               └─── 技巧转场
        ▼
在 Premiere Pro CS5 中创建仅 ─┬─── 设置标记
有硬切效果的视频编辑技巧      ├─── 剪切素材
        │                      └─── 常用的编辑技巧
        ▼
                         ┌─── 在编辑中解决越轴问题
                         ├─── 验证运动主体剪接的规则
                         ├─── 验证动接动、静接静的剪接规则
创作实训 ────────────────┼─── 练习分解法、增减法的剪接
                         ├─── 练习镜头的分剪、挖剪和拼剪
                         └─── 体验无技巧转场
```

**121**

一部电视片是由若干个电视画面组合而成的。若干不同内容的画面通过合理组接构成一个个完整的蒙太奇段落，进而形成电视片整体。对电视创作者而言，单个画面是词汇和短句，而画面的组接技巧是语法和修辞。电视创作者要掌握画面编辑组接的规则和技巧，让观众从连贯的画面、活动的视觉图像和听觉形象中了解作品，感受作品，接受创作者所想表达的情理。

# 3.1　画面组接的逻辑性

电视编辑在编辑创作时，要考虑镜头衔接、场景转换、段落构成的逻辑性。画面组接的逻辑性体现在故事情节进展、人物事件关系和时间空间转换三大逻辑关系上。电视片的镜头组接既要使故事情节进展、人物事件关系、时间空间转换符合生活逻辑，也要使之符合影视观众的视觉逻辑。生活逻辑是指事物本身发展变化的客观规律；视觉逻辑是指人们在观赏电视片时的心理活动规律，也就是观众欣赏电视片时的思维规律。只有在组接画面时正确处理故事情节进展的逻辑、人物事件关系的逻辑和时间空间转换的逻辑，电视片的视听语言才能准确、流畅，才能完美地表现电视片的情节内容、思想内涵和艺术底蕴。

## 3.1.1　生活逻辑和视觉逻辑

按生活逻辑组接主要是指按照事件进展的过程来衔接画面。比如，在叙事性的报道节目中，电视屏幕上常见的工程落成典礼、展览开幕等新闻，事件按时间顺序发展，画面也按此组接，一般是大远景交代新闻事件场景全貌，全景介绍到会的领导群众，中景展示首长领导剪彩，近景和特写介绍剪彩的局部，随后画面又转入参观场景。视觉形象层次分明地按照事件的进展而进展，把新闻现场发生的一切合乎生活逻辑的事件呈现在观众面前，使观众如临其境，产生现场参与感。

按视觉逻辑组接即按照观众思维规律组接画面，使观众在观看节目时感觉连贯流畅。视觉逻辑和生活逻辑是相互联系的，存在决定意识，观众的思维规律也是由事物的客观规律性形成的。观众看画面时，思维是跟着画面走的，画面上主体的每一个动作都会触发观众思维，使观众按照他自己的思维规律去思考下一个画面将会是什么内容。比如上一个画面主体人物出画，下一个画面就应该是主体的去向，向观众交代他去哪里或是去看什么。上一个画面是主体人物在想、在看、在听，下一个画面就要告诉观众他想到什么、看到什么或听到什么。有这样一则电视广告：一支枪子弹上膛，一个少女在奔跑，枪瞄准，少女在奔跑，扣动扳机，打出几块金牌。许多人谈起这则广告都觉得不可理解，它给人的直观感觉是枪在打那位少女。造成观众误解的原因是这则广告镜头的组接忽略了对应关系对视觉表意的影响，观众看到枪瞄准——少女在奔跑——扣动扳机，自然想到枪打的是少女而非金牌。对依据观众的思维规律组接画面，马赛尔·马尔丹曾在《电影语言》中作过精辟的阐述："镜头的连接，不论是以'精神活动'（即心理的紧张状态）抑或以'视觉活动'（运动）为基础，蒙太奇的基本条件都是每个镜头必须为下一个镜头做好准备，去触发并左右下一个镜头，都必须含有下一个镜头能够满足的答复（例如看到什么）或完成的动作（例如一个动作姿态或运动的结果）的那个元素。"这个元素就是保证画面连贯性的承上启下的因素。这样的画面组接，以观众的视觉、思想为基础，可使观众在视觉和心理上形成整体感。

画面组接符合观众的视觉逻辑，观众就会感到连贯、流畅；反之，不符合观众的视觉逻辑，观众就会感到跳跃、不连贯。电视节目的画面结构应当明确地回答观众脑海里不断提出的问题，不要打断观众的思维规律。

### 3.1.2  连续性和联系性

画面组接的逻辑性亦称镜头组接的连续性和联系性。一般来说，连续性是指外部画面造型因素和主体动作的连续；联系性则指戏剧动作内容上的有机联系，即戏剧动作的内在逻辑和主体内在的心理动作、情感动作。连续性和联系性既相辅相成又密不可分，也就是说画面的造型因素和主体动作总是在或隐或现地表现着戏剧动作内容，而戏剧内容的展示又依赖于画面的造型因素。因此在具体的剪辑实践中，这两个方面总是随着电视片内容的变化而时有侧重。经过剪辑后，每个镜头的主体（人和物）动作与情节事件的发展是否连贯、完整，主要取决于镜头组接的连续性与联系性处理得是否恰当。正确处理好镜头组接的连续性和联系性问题，便能较好地解决画面组接的三大逻辑关系。

总之，影视画面的连贯就是视觉、感觉上的连贯。电视创作者在表达每一个叙事镜头画面或写意镜头画面时，必须将其看做一种视觉连环中的具有连贯性的整体的一部分，使观众在观看影视作品时能够从局部到整体，从单一到连贯，感受到它们之间的相互关系。可以通过画面造型因素（人物位置、角度、景别、动作、主体方向、视线、光线、影调、色彩等）的连贯来使影视画面连贯，较好地解决故事情节进展、人物事件关系和时空转换三大画面组接逻辑关系。

**123**

## 3.2　画面组接的剪接点

剪接点是影视剪辑的专业名词术语。两个镜头画面相连接的点就是剪接点，它的含义就是选取恰到好处的连接地方，把两个不同内容的镜头画面连接起来，构成一个完整的动作或者概念。恰当地选择剪接点，能使一部电视片动作连续、形象逼真、镜头转换自然流畅，使电视片的内容和情节既合乎生活的逻辑，又富于艺术的节奏。剪接点可分为画面剪接点和声音剪接点。

### 3.2.1　画面剪接点

以画面内容的起、承、转、合以及画面内容的内在节奏作为参照因素而选择的剪接点，叫做画面剪接点。根据镜头组接的不同逻辑因素，画面剪接点可分为动作剪接点、情绪剪接点和节奏剪接点。

1. 动作剪接点

动作剪接点主要以"形体动作"为基础，以剧情内容和人物在特定情境中的行为（包括情绪、节奏等内在行为）为依据，结合实际生活中人体活动的规律加以选择剪辑，常选择动作的开始、进行、转折或结束来作剪接点。比如表现人物由站立到坐下，剪辑时要在动作的转折处确定剪接点。虽然在正常生活中，人的"坐下"看上去是一个连续不间断的动作，但通过摄像机的记录，把这个动作一帧一帧地分解开来，就会发现"坐下"这个动作并不是连续的，在连续的中间有 1~2 帧的停顿处，这个瞬间暂停处是"坐下"这个完整动作的上半部与下半部的转折处，就是要确定的剪接点所在之处。但剪接时必须注意，上个镜头一定要把停顿的 1~2 帧画面用足用完，下个镜头从动作停顿以后开始动的第一帧用起，这样组接才能使动作流畅、画面无跳跃感，剪接点的选择才是准确的（如图 3-1 所示）。又如影片《红色恋人》的片尾，佩恩带着明珠去瞻仰她的生父母遗骨，明珠打开生父骨灰盒的镜头连接即是选择了在动作的进行中剪接（如图 3-2 所示），上个镜头是明珠拿下两朵小花将要开启生父的骨灰盒，下个镜头是明珠打开生父的骨灰盒并把手放进其中触摸的手部特写。

图 3 – 1　人物起坐

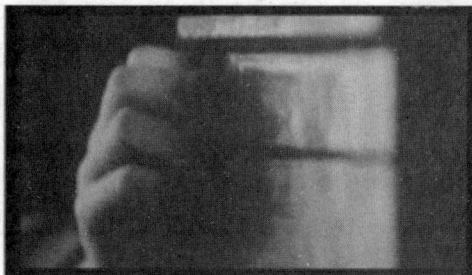

图 3 – 2　《红色恋人》片段

## 2. 情绪剪接点

情绪剪接点以"心理动作"为基础，以人物在不同情境中的喜、怒、哀、乐的表情（即形体活动的姿态、神情）为依据，结合画面造型的特征加以选择。情绪剪接点的选择注重对人物情绪的夸张、渲染，在镜头长度的把握上一般要放长一些，宁长勿短。如王扶林执导的电视剧《红楼梦》，林黛玉出场的镜头就是情绪剪辑（如图 3 – 3 所示）。这场戏描写林黛玉告别父亲、家乡，乘船前往贾府，一路上想起过世的母亲，自己又孤单一人独行，不禁黯然神伤。片中用林黛玉出场的一个近景镜头来展示此时此刻人物的心情。原始素材中这个镜头拍摄得不够理想，人物画面造型不美，镜头长度也不够。为了追求理想的艺术效果，导演将这一镜头重新补拍。剪辑时为了加强人物在特定情境中的情绪渲染，也为了让林黛玉的第一次出场在观众心中留下较深刻的印象，将这一镜头持续了一分多钟，让人物的情绪充分展示。原来这个镜头是有旁白的，但语言不多，如果按照一般的叙述节奏，旁白会很快说完。将镜头放长后，旁白的录制也必须随着画面内人物的情绪进展、动作变化而放慢配音的速度，使声画和谐，具有感染力。

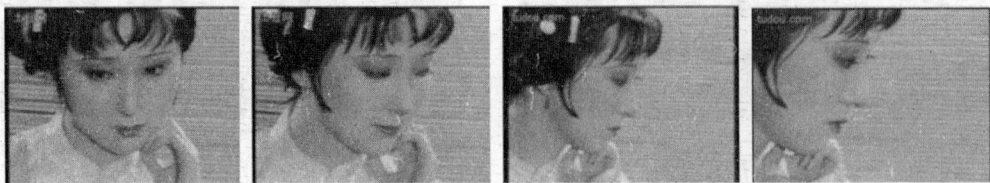

图 3-3 《红楼梦》林黛玉出场片段

情绪剪接点的选择确定不同于动作剪接点，它在画面长度上的取舍余地很大，不受画面人物外部动作的局限，而以描写人物内心活动、渲染情绪、制造气氛为主。动作剪接点的选择只要掌握动作的规律（看得见）就容易把握；而情绪剪接点的确定却全凭剪辑人员对电视片剧情、内容、含义的理解，人物心理的活动是心理感觉，看不见也摸不着，因此说情绪剪接点的选择无规律可循，也很难用概念加以阐述。剪辑人员对电视片的内容和人物在规定情境中的心态理解不同，剪辑的效果也就不同。所以，情绪剪接点最能检验剪辑人员的艺术素养。剪辑人员只有具备一定的功力才能在电视片中充分地展示人物的情感世界。

3. 节奏剪接点

节奏剪接点使用的一般是没有人物对白的镜头，它以故事情节的性质和剧情的节奏线为基础，以人物关系和规定情境中的中心任务为依据，根据语言动作、情节节奏及画面造型的特征来灵活处理镜头剪接的长度。节奏剪接点的作用是运用镜头的不同长度，来创造一种节奏——或舒缓自如，或紧张激烈。节奏剪接点在过场戏、群众场面与战斗场面中起着特别重要的作用。在选择画面节奏剪接点的同时，还要考虑声音的剪接点，要注意将镜头的画面造型特征、镜头长度和解说词、音乐、音响的风格节奏有机地结合起来，以达到"声画合一"和"声画对立"的有机统一。比如在《走近科学》栏目《别让我爆炸》（上集）中，当得知受伤者体内的异物原来是个没有引爆的电雷管时，整个医院从医生护士到住院病人，每个人的心都提到了嗓子眼。这时画面选用了表现人们紧张表情的定格画面，配合强烈的鼓点节奏直接切换，每个镜头大约 2 秒，将当时人们紧张得近乎凝固的气氛渲染得淋漓尽致。又比如电影《苦恼人的笑》中傅彬在工厂给宋书记拍照，观众看到的是节奏明快的四个短镜头：①特写，照相机对焦；②特写，挡住镜头的手，宋的声音："放下，放下"；③特写，放下照相机看见傅彬的脸；④特写，放下手后看见宋书记的脸。这种明快的节奏和傅彬准备给宋书记拍照而被宋"劝阻"的内容是十分协调的。而实际这里原来是两个镜头：①特写，照相机对焦后放下，看见傅彬的脸；②特写，挡住镜头的手放下，看见宋书记的脸。宋的声音："放下，放下。"剪辑师蓝为洁通过分切镜头，加快了节奏，比较符合所要表现的内容。

节奏剪接点有别于"形体动作"、"心理动作"和声音剪接点，选择确定节奏剪接点的基本规律就是必须使画面节奏与电视片本身的旁白、内心独白、解说词的节奏和内容紧密配合，做到声画的有机匹配。

### 3.2.2 声音剪接点

以声音因素为基础，根据画面中声音的出现与终止以及声音的抑、扬、顿、挫来选择的剪接点称为声音剪接点。声音剪接点又可以分为对话剪接点、音乐剪接点和音响剪接点。

1. 对话剪接点

对话剪接点主要以"语言动作"为基础，以画面中人物对话的内容为依据，结合规定情境中人物性格和言语速度、情绪节奏来选择剪接点。人物对话的剪辑点可分为平行剪辑（同位法）和交错剪辑（串位法）两种表现方法。

人物对话的平行剪辑有三种处理形式：①声音与画面同时出现、同时切换，但在剪接点前后上下两个镜头的声音与画面都留有一定的时空。上下两个镜头都要根据人物对话的情绪选择剪接点［见图 3 - 4 (a)］。这种剪辑方法比较适合表现人物之间正常情况下的交流、谈天等，节奏较慢。②声音与画面同时出现、同时切换，上个镜头的声音一结束，声音与画面立即切出，而下个镜头的声音与画面都留有一定的时空。这两个点的选择是上个镜头声音一完即切，下个镜头则应根据人物的表情动作、心理动作，结合剧情的需要恰当地选择剪接点［见图 3 - 4 (b)］。这种剪辑方法在人物对话中最为常见，上个镜头人物话音一落就表现下一镜头中人物的反应，观众是先看到他的面部反应再听到他的语言反应，比较符合人们的日常生活经验。③声音与画面同时出现、同时切换，但在剪接点前后上下两个镜头的声音与画面都不留空，即上个镜头的声音一结束，声音与画面立即切出，下个镜头的声音与画面即刻切入［见图 3 - 4 (c)］。这种剪辑方法在人物正常对话时不常用，只有在表现双方争吵或辩论时采用，因为它有吵架或辩论的气氛和较强的节奏感。人物对话的三种平行剪辑的形式的特点是平稳、严肃、庄重，能具体地表现人物在规定情境中所要完成的中心任务，而不足之处是显得呆板。

**127**

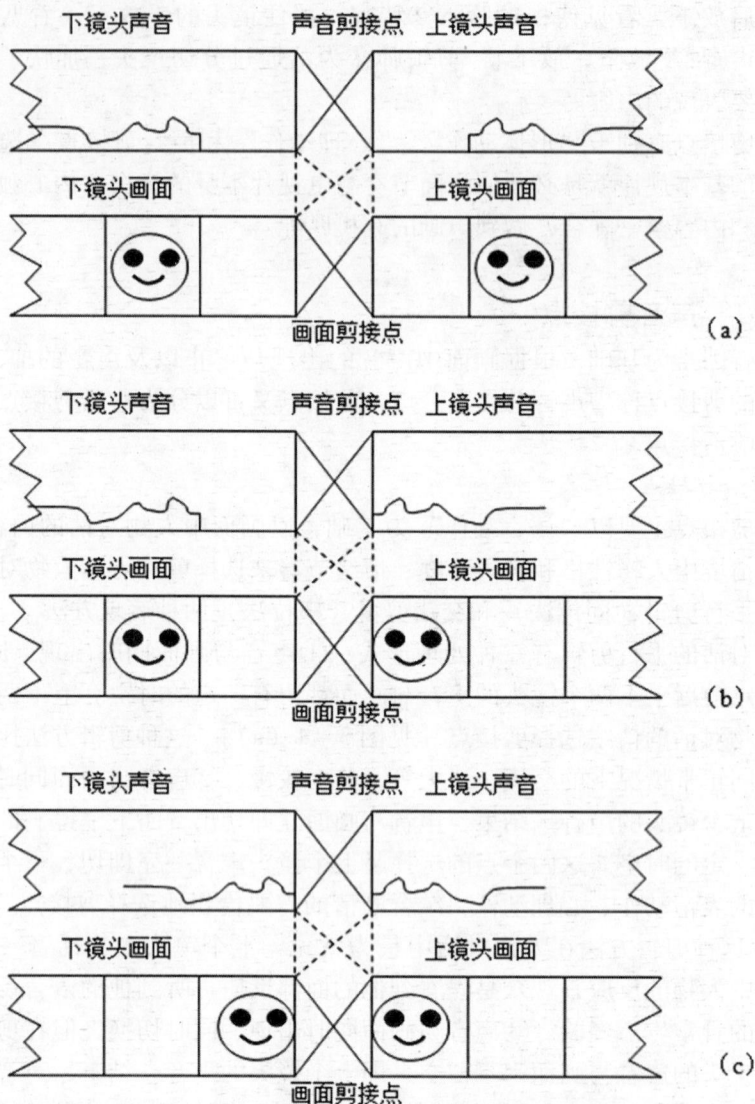

图 3 - 4　人物对话的平行剪辑

　　人物对话的交错剪辑有两种处理形式：①声音与画面不同时切换，而是交错地切出、切入，上个镜头的人物画面切出后，声音拖到下个镜头的人物画面上，而下个镜头的对话声音要与本镜头人物的口型、动作相吻合。这种剪接也被称作拖声法［见图 3 - 5（a）］。②声音与画面不同时切换，也是交错地切出、切入，上个镜头的声音切出后，画面内的人物表情动作仍在继续，而将下个镜头的声音捅到上个镜头的人物表情动作中去。这种剪接也被称作捅声法［见图 3 - 5 (b)］。这两种错位式的剪辑方法在人物对话中比较常见。在选择剪接点时，从剧情内容出发，结合人物的表情及人物对话的内容与画面造型因素相匹配，恰当地选择剪接点。这种声音与画面的交错式剪辑，既能产生人物情绪上的呼应和交流，又能使对话流畅、活泼，具有一定的戏剧效果。

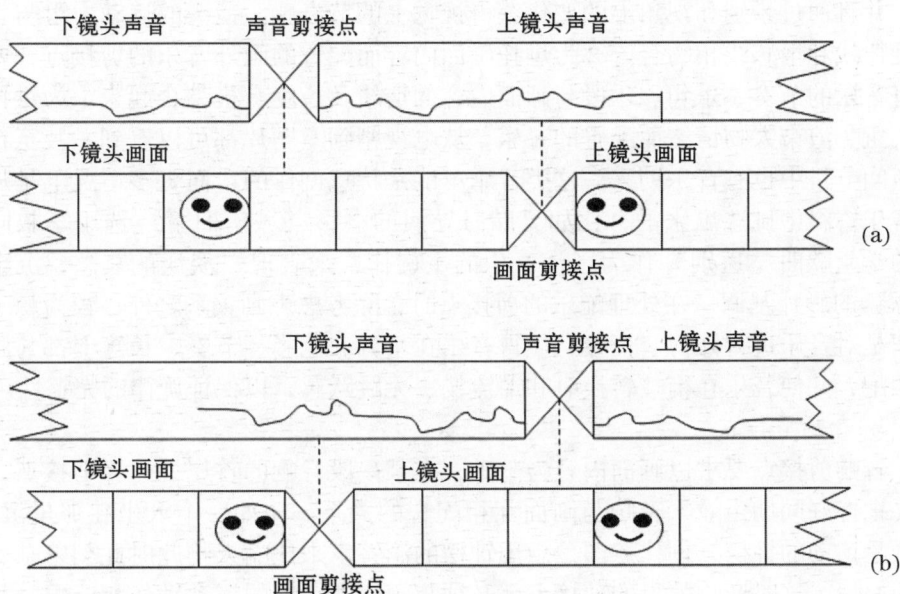

图 3 - 5　人物对话的交错剪辑

对话剪辑方法的选择固然和对话的内容以及对话双方的心理有关，同时也受到作品风格的影响。早期的影视作品，更多地选择对话的平行剪辑，如好莱坞著名的对话剪辑"三镜头法"，也就是通常所说的谁说话镜头给谁；现代作品则更强调作品信息量的丰富，谁说话镜头就给到听话的一方。韩国电视剧的节奏比较舒缓，对话大多采用平行的方式；而香港电视剧和美国电视剧更多地采用对话的交错剪辑。

2. 音乐剪接点

音乐剪接点是以音乐的情绪色彩为基础，以旋律节奏为依据，结合考虑画面造型因素，准确地选择剪辑点。一般来说，音乐剪接点需要解决两个问题：一是音乐和画面的关系；二是音乐的拼接组合问题。根据电视作品中音乐种类的不同，音乐剪接点分为两种：①歌曲、戏曲、器乐曲等音乐类节目的剪接点，以音乐的节奏、乐句、乐段的出现、起伏与终止为主要选择依据。这类节目在选择音乐剪辑点时主要考虑画面如何来表现音乐的主题、基调，如何将音乐节奏视觉化。如中央电视台 2001 年转播世界三大男高音演唱会，尽管现场直播难度大，导演对音乐剪辑点仍然一丝不苟，表现出了良好的音乐素养和剪辑能力。画面内容服从于音乐内容，高潮和华彩部分使用全景，大俯或大仰；中近景表现三位世界级男高音歌唱家的迷人风采和动人歌喉。每个剪接点都选择在音乐的节奏点上，并且通过景别和视角上的变化获得视觉上的节奏感。镜头的运动力求与音乐的旋律线和情感线相吻合。②为烘托画面内容而配置的画外音乐的剪接点，要注意将音乐的节奏、乐句、乐段与画面内容的情绪及长度有机结合起来。为烘托画面气氛、渲染人物情绪而配置的音乐，从电视剧到专题片都可以看到，甚至在一些新闻节目中也有音乐助兴。这类音乐可能是特意创作的，而更多情况下是从现成音乐资料中挑选出来的，比如吴贻弓导演的电影《城南旧事》选用李叔同填词的学堂歌曲《送别》作为影片音乐的主旋律，来表现"淡淡的哀愁，沉重的相思"的影片基调。在处理配乐的剪接点时，除考虑声画关系之外，较为棘手的工作是对音乐进行修剪、衔接，使得音乐在基调、色彩、节奏、长短上都与画面相匹配，并使音乐在衔接转换时和谐流畅、无跳跃感，以保证旋律的完整性。

3. 音响剪接点

音响剪接点要求以画面内容为基础，在某一段音响的首尾处选择剪接点，特别要把握好同期声效果音响与画面互相配合的关系。比如一个人坐在那里沉思，背景是摆动的钟摆，创作意图是想用钟摆的滴答声来比喻人物此时此刻复杂、烦乱的心情，这时音响效果的剪接点就必须与画面内钟摆的摆动动作相匹配、相一致。还有一些描写环境气氛的自然音响效果，如海水冲撞礁石所发出的巨响、潮落的水声，音响效果也必须与画面内海水的起幅、落幅动作一致，否则将会使画面与声音脱节。大多数电视画面在前期拍摄过程中，已经同步录制了同期声效果音响。而有一些画面可能由于拍摄距离太远或者摄像师忘记打开话筒开关而导致没有录下同期声效果音响，这就需要在后期制作过程中根据画面内容的需要，借用现成的音响资料，并选择好音响剪接点，在音响方面做一些"填平补齐"的工作。音响剪接点选择准确可以使屏幕视听效果更加真实，而选择不当则会产生虚假的感觉。

在电视片的编辑过程中，无论选择哪种剪接点，都必须为内容服务，必须结合素材来考虑和判断，进而合理地选择剪接点。剪接点选择得准确与否以什么为标准呢？首先以屏幕所播放出来的画面效果为标准；其次要看画面镜头组接是否符合剧情发展，情节是否贯穿，动作能否连续，语言是否通顺，节奏是否明快流畅等。一般来说，在两个镜头相连接时，只有一个正确的剪接点。但是剪接点往往受到镜头造型因素和戏剧动作的制约，导演、编辑在镜头组接的处理方法上也有自己的艺术情趣和习惯，这些都会影响到剪接点的选择。然而，剪接点选择得准确与否最终还是要看屏幕的效果。

## 3.3 画面组接中的轴线

在电视的镜头中，主体的运动、人物的视线和人物的交流使画面具有方向性。在现实生活中，人们总是能把运动物体放到一个有着各种参照物的环境之中，从而容易分辨物体的运动方向。一辆汽车驶过，道路两边的人对汽车的运动方向不会存在任何异议，但在屏幕上问题就没有那么简单，若把道路两边的人看到的汽车运动方向组接在一起，屏幕上将出现汽车向相反的方向行驶的结果。这是因为拍摄方向决定画面方向，屏幕边框的限制对画面的空间起了分割的作用。朱羽军在《电视画面研究》中有这样的阐述："由于框架界定了人的视觉，失去了四周许多运动的参照物，所以观众对银幕上的运动常常会产生错觉。"在电视屏幕中，边框成了观察物体运动的最稳妥的参照物。如果屏幕上物体的运动是用一个不间断的长镜头连续拍摄的，不管运动路线多么复杂，人们还是很容易地分辨它的运动方向而不会产生混乱，因为此时的摄像机就像是人的眼睛。但事实上影视中的运动经常是通过编辑的方法来实现的，动作被分解并重新组合，因此屏幕上物体的运动在空间上经常会产生不一致甚至矛盾，造成观众视觉上的不流畅并干扰其对作品内容的理解。所以电视创作者必须根据现场中人物所处的位置，处理好相邻两镜头之间的方向关系，熟练地掌握轴线规律，使观众对各个镜头所表现的空间有完整统一的感觉，并可以依据日常生活的经验对屏幕中的运动方向作出符合常理的判断。

### 3.3.1 轴线规律

关于画面方向性的规律有两条：一是拍摄决定画面方向；二是轴线规律。前者是画面方向的形成规律，后者是摄像师在拍摄带有方向性的画面时必须遵守的规则。画面中主体的方向不是由主体本身的方向决定的，而是由摄像师选择的拍摄方向决定的。摄像机的位置、角度，代表着观众的视角，决定着观众从哪个方向去看画面的主体，也决定着主体在画面中的方向。在一系列镜头内，摄像机位置、角度的变位，必然使相连的镜头在方向上产生三种基本关系：相同方向、相反方向和相异方向。在方向性较强的人物或物体拍摄中，往往存在着一条假想的

**131**

轴线。摄像机要在假想轴线的一侧即180度以内设置机位，以保证正确地处理人或物体在画面中的方向。

轴线，又称为关系线、运动线、180度线，是在拍摄中为保证空间统一感而由被摄对象的运动方向、视线方向或对象之间的关系所形成的一条假定的、无形的线条，它直接影响着镜头的调度。假想中的轴线大致分为三类：主体运动轴线、人物方向轴线（人物视线）和人物关系轴线（如图3-6所示）。除此之外，还有两种特殊情况，即双轴线和多轴线。

行动路线
(a) 主体运动轴线

视线
(b) 人物方向轴线

空间位置关系
(c) 人物关系轴线

图3-6　轴线示例图

轴线规律是指在用分切镜头拍摄同一场面的相同主体的时候，摄像机镜头的总方向须限制在同一侧（如果轴线是直线，则各个拍摄点应规定在这条线同一侧的180度以内）。任何越过这条轴线所拍摄的镜头都将破坏空间的统一感，导致画面方向莫名其妙地改变，如驶去的汽车又驶回来了等，这种违反轴线规律的拍摄叫做"越轴"、"跳轴"、"离轴"。

1. 主体运动轴线

处于运动中的人或物体,其运动方向构成主体运动轴线,也称动作轴线。这种轴线不是一成不变的,当主体运动方向转换时,它也自然地随之变化。按照轴线规律的要求,如果要保持运动主体在屏幕上运动方向的总体一致(包括相同方向和相异方向),各个分切镜头的拍摄点必须保持在主体运动轴线的同一侧。

图 3 - 7   主体运动轴线机位设置示意图

如图 3 - 7 所示,机位 1、2、3 都设置在主体运动轴线的同一侧,而机位 4 设置在了轴线的另一侧。在同一组画面的组接中,可以把机位 1、2、3 这三个镜头进行合理编辑而不会产生越轴的错误,这样就可以保证画面方向的一致性。相反,若把机位 4 拍摄的镜头与机位 1、2、3 任选其一拍摄的镜头画面组接,那么 4 号机拍摄的画面中人骑自行车是从右向左行驶的,而 1、2、3 号机拍出的画面中人骑自行车是从左向右行驶的,组接在一起之后,将造成"撞车"的效果,会让观众不知此人究竟是往哪个方向骑自行车,这样就违背了轴线规律。

主体运动轴线只是一条假想线,它可以是一条直线,也可以是一条曲线,不论曲直,都要求拍摄机位、拍摄方向保持在轴线的同一侧(如图 3 - 8 所示)。主体运动速度越快,屏幕边框所起的参照作用越大,主体运动轴线所起的作用越明显,越轴所造成的视觉跳跃也就越强烈。这是因为主体运动的方向和速度都是以屏幕边框为参照物的,而快速运动的事物极易让观众产生视觉惯性。

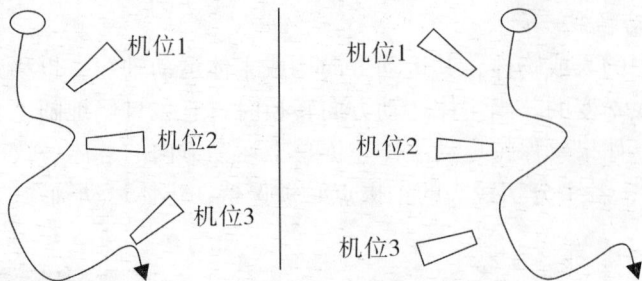

图 3 - 8　不规则轴线机位设置示意图

2. 人物方向轴线

　　人物方向轴线是处于相对静止状态的人物视线与所看到的物体之间构成的轴线。这里所说的"相对静止"，是指人物没有离开所处位置的较大幅度的运动，并不排除人物腰部以上的动作。人物方向轴线不同于动作轴线，它必须是一条直线，要求摄像机的机位处于轴线的同一侧拍摄。只有这样，人物的视线方向才是连贯的（如图 3 -9 所示）。

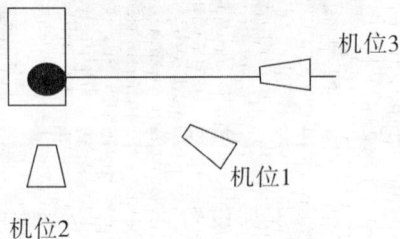

图 3 -9　人物方向轴线机位设置示意图

3. 人物关系轴线

　　人物关系轴线是指两个以上静态主体每两者之间的假想连接线。关系轴线涉及的是"静态屏幕的方向"。所谓静态屏幕的方向是指虽然在动作上没有明确的方向性，但是在上下镜头画面的关系中还是有着逻辑上的方向性，这个方向性主要表现在人物视线的方向上。所以，关系轴线的核心是视线。如果屏幕上出现两个主体，那么只形成一条关系轴线，拍摄各个镜头的总方向必须保持在这条线的同一侧，无论两个人是正面相对还是侧面相对甚或背对背（如图 3 - 10 所示）。如果屏幕上出现三个以上的主体，就会存在多条人物关系轴线，这种情况下，可

**134**

以在多条关系轴线中大致确定一条主导的关系轴线，把其他的关系轴线作为副关系轴线，而依据确定的主导关系轴线来设置拍摄机位。

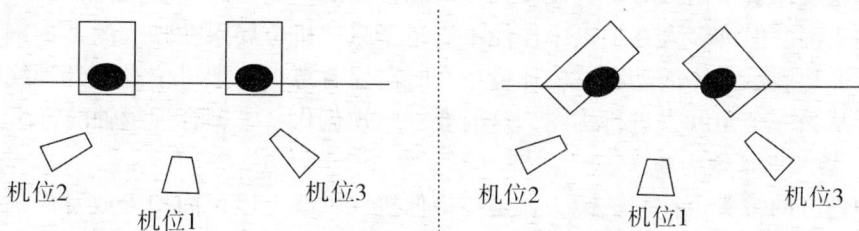

图 3 – 10　人物关系轴线机位设置示意图

另外，在电视片的拍摄中，有时会遇到人物关系轴线和主体运动轴线并存的情况，即"双轴线"问题，例如两个人物边说话边并排往前跑。在这种情况下，通常选择人物关系轴线作为机位设置的主要依据而越过运动轴线设置机位，或者把双轴线当做一条轴线来处理［如图 3 – 11（a）所示］。而规范一些的双轴线处理方式是以人物关系轴线为主导轴线，在其同一侧上运动轴线的左侧、正中和右侧设置三个机位［如图 3 – 11（b）所示］，其中 3 号机位的作用最重要，它承前启后，使 1 号机位的镜头顺利地过渡到 2 号机位的镜头，杜绝了不合理越轴的错误。

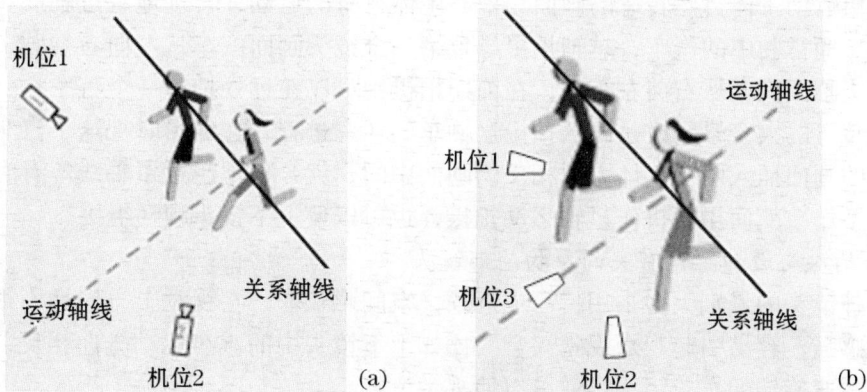

图 3 – 11　双轴线机位设置示意图

### 3.3.2　合理越轴的方法

轴线规律要求拍摄时将机位设置在假想轴线的一侧，保证了主体在画面中方向性的正确。但许多人在拍摄中往往不满足于只把机位局限在轴线的某一侧，为了多侧面地展示主体活动和整体环境，有时需要有意识地把机位设置到轴线的另一侧，从另一个角度去进行构图，这就要求电视创作者掌握合理越轴的方法。

**1. 插入中性方向镜头**

中性方向镜头也称骑轴镜头，是指摄像机在轴线上以正面拍摄或背面拍摄得到的镜头。如果主体是一运动物体，中性方向镜头在屏幕上表现为由上边框向下边框或由下边框向上边框这一总角度内的纵深运动。在前期拍摄中注意拍几个中性方向镜头作为后期组接中的过渡性镜头插在两个越轴镜头中间，是解决编辑中越轴最简单的办法。需要说明的是，中性方向镜头最好是特写、长焦距镜头。这是因为用长焦距镜头拍摄特写，可以利用长焦镜头视角狭窄、包容景物范围小的特点，有意识地将大部分背景排除出画外，削弱主体所处环境的原有特征。作为处理越轴起缓冲作用的中性方向镜头，特写画面比中全景在缓冲效果上会更好一些。使用中性方向镜头有时需要注意使其和上下镜头的运动速度保持一致，因为纵向运动的速度感最弱。

**2. 借助运动的动作变化改变轴线**

拍摄运动主体自然转弯的画面，依靠主体自身的运动，合理地越过轴线。比如拍摄一辆行驶中的汽车，越轴拍摄导致第一个镜头画面汽车从左向右行驶，第二个镜头画面汽车从右向左行驶，在前期拍摄中可以在远处拍摄一个汽车在公路中自然转弯的大全景，或是跟摇拍摄这辆车的转弯过程，在编辑时把这个汽车自然转弯的画面插入两个主体方向相反的画面中间，就合理地越过了轴线。有时主体动作不作改变而摄像机作过轴运动拍摄，也可以使上下镜头顺畅组接。

**3. 插入与运动主体有关的事物局部镜头**

这种镜头的景别大多采用特写或近景，空间感较弱，在视觉上方向性不很明确，动感强，容易引起观众视觉兴奋。比如上下镜头中的汽车运动方向相反，插入一个高速旋转的车轮镜头，就可以使视觉流畅。

**4. 插入运动中人物的主观镜头**

主观镜头是摄像机模拟画中人物主体的视线所看到的物体镜头，可以是上个镜头或下个镜头中人物所看到的物体，它可以起视觉缓冲作用。比如一个人手持电话朝着右画框打电话，接一个秘书小姐拿着文件走进门的主观镜头，再接这个人朝左画框打电话，这样的连接被认为是合理的。

5. 越轴前插入交代环境的全景镜头

当一些速度不是很快的运动物体改变运动轴线时，可以从近景跳到大全景，让观众看明白画面中的主体和其他物体的相应位置关系，等运动方向改变后，再跳到小景别。一般来说，这个运动主体应该是视觉兴趣中心。

6. 插入大动作画面来跳轴

大动作画面就是动作幅度较大的画面，以此来改变观众的视觉注意力，从而使两个原本有明显跳跃的镜头连接在一起。比如警察追逃犯，上一个镜头警察在左逃犯在右，接一个拔枪示警的动作，下一个镜头警察持枪在右逃犯在左，这样组接是流畅的。

轴线是在拍摄方向性较强的人物或物体时客观存在的，如果拍摄的是方向性不强的人物或物体，则有时可以不考虑轴线问题。比如拍摄不存在交流的人物、静止的物体、圆桌会议一类的场面；拍摄四周布满观众观看表演的场面，摄像机在众人圆圈之内设置机位；同一场景只拍一个镜头或拍摄的镜头不组接在一起等情况下就可以不必考虑轴线问题。

总之，轴线规律是前人在创作实践中摸索总结出来的一套规律，在今天已经成为影视创作的一个基本准则。但这并非意味着轴线剪辑必须有一个遵循的固定模式，比如有些作品会利用越轴镜头造成视觉上的不和谐来暗示某些剧情，或以一定的频率重复切换连接一系列的越轴镜头来获得强烈的节奏等。艺术在于创新，对于电视编辑来说也是如此。只有充分地了解了轴线规律，才有可能打破轴线的限制，自由地进行艺术创作。

## 3.4 运动镜头的组接

电视画面中的影像是活动着的，然而这种活动方式与真实生活中的是不同的。一部电视片是由若干个主体动作连接而成的，是人物形体动作、景物动作、镜头动作三种动作构成的电视艺术。从编辑的角度讲，构成屏幕运动的因素有三个：一是主体的运动，即画面中人或物本身处于运动状态之中；二是摄像机的运动，即摄像机的运动造成的画面运动感，如镜头的推、拉、摇、移等，而摄像机的种种运动是一种主观感觉，并不一定与主体的运动在方向上或速度上保持一致；三是剪接率（或叫剪接频率），即在单位时间里镜头变换的多少。总的来说，镜头的运动主要包括主体的运动和镜头的运动，通常把被摄对象运动、摄像机固定的镜头称作主体运动镜头；把摄像机运动、被摄对象相对静止的镜头称作有镜头外部运动的镜头；把被摄对象和摄像机一起运动的镜头称作综合运动镜

**137**

头。镜头的运动状态有运动和静止两种，细分有四种情况（如图 3 - 12 所示）：一是镜头和主体都是静止的；二是镜头运动而主体不动；三是镜头不动而主体动；四是镜头和主体都是运动的。除了第一种情况，其他三种都称为有运动的镜头。在编辑时静止镜头前后连接一般会跳，这是因为每个镜头都有一个视觉中心点，而大多数镜头的视觉中心点都不会处于同一个位置，静止镜头由于没有任何外在形式上的变化使得这种视觉中心点的变化极易被观众感觉到，所以一般静止镜头连接时需要用声音来作过渡或使用特技的方式形成视觉过渡，如果上下两个静止镜头的视觉中心点是重合的，则在编辑时就不需要外在的帮助了。运动镜头因为运动的存在会使上下镜头视觉中心点的改变形成自然过渡，观众会因为画面上剧烈的运动而忽略这种改变，一般只要找到合理的剪接点，就会形成流畅的视觉观感。编辑运动镜头要先分析镜头的运动状态，有哪些镜头运动因素，再选择合适的方式进行编辑。

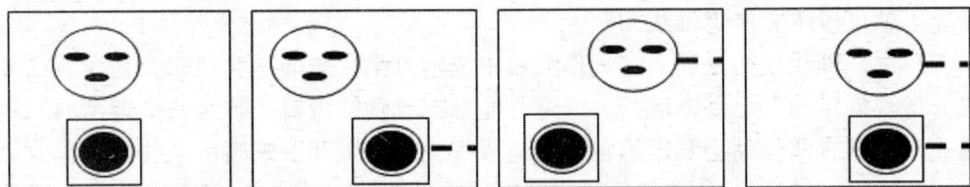

图 3 - 12　镜头的四种运动状态

运动镜头的组接基本规则是"动接动"、"静接静"。这里的动、静指的是剪接点的状态，而不是镜头的状态。比如一个有镜头外部运动的镜头，剪接点如果选择在起幅（运动镜头在运动之前的一部分画面）或落幅（运动镜头在运动之后的一部分画面）的位置，剪接点的状态就是静；剪接点如果选择在运动过程中，剪接点的状态就是动。运动镜头的组接是指在编辑中以画面内主体运动和镜头运动为依据来选择正确的剪接点。运动镜头的组接分为主体运动的组接、镜头外部运动的组接和综合运动镜头的组接三种类型。

### 3.4.1　主体运动的组接

主体运动镜头的组接又称接动作或动作剪辑，主要表现主体动作的连贯。镜头语言中对一个完整动作的描述，通常不是用一个连贯的镜头来完成的，而是采用把动作分解再重新组合的方法来实现的。因此电视中人物一个完整的形体动作是由几个既相互连贯又有瞬间变化的动作片断组成的。这些不同的动作片断是由不同的方向、不同的景别和不同的角度拍摄而成的。要使得一个完整的动作用不同景别、角度的镜头来表现，既不产生视觉跳动又能保持其连贯性，就需要选择好剪接点，并寻找较为理想的镜头转换的依据。通常可以采用以下几种方法：

1. 主体动作的分切剪辑

主体动作连贯性的主要内容是人物形体动作的连贯。在编辑实践中，可以根据每部电视片镜头画面的具体情况选用分解法、增减法、错觉法三种剪接方法进行编辑。

分解法又称常规剪辑，就是将一个完整的动作过程通过一半动作对一半动作的剪辑，用两个不同角度、不同景别的镜头去表现。前期拍摄时上下两个人物镜头都有重复动作，后期编辑时将上个镜头人物的重复动作去掉后半段、下个镜头人物的重复动作去掉前半段，把上个镜头中留下的主体上半部动作和下个镜头中留下的主体下半部动作连接起来，剪接后还原主体的这个完整的动作。如图 3 - 13 所示，人物的起坐、起卧、拥抱、握手、招手、脱帽、穿衣、吸烟、开关门窗、走路、跑步等动作在剪辑过程中都可采用分解法来处理，关键是抓住这些动作的瞬间停顿处。比如用分解法剪接握手这个动作，最合适的位置应在握手动作起幅的顶点和落幅的极限；走路这个动作，左右脚的起幅落幅一定要合理，上个镜头在左脚（或右脚）踩定后右脚（或左脚）抬起的第一帧之前剪，下个镜头从右脚（或左脚）抬起的第一帧起用。这样衔接可以使主体动作连贯流畅，镜头衔接无跳跃感，画面具有动感强、不呆板的艺术效果。一般情况下，如果人物的动作速度均匀、快慢一致，镜头的景别和角度又无特殊变化时，可以采用分解法来组接镜头。

（a）握手

（b）走路

**图 3 - 13　分解法剪辑实例**

　　增减法又称变格剪辑、变景剪辑，就是将一个完整的动作过程通过两个不同角度、不同景别、不同长度的镜头表现出来，即上个镜头也许留用动作的 1/3（或 2/3），下个镜头就留用动作的 2/3（或 1/3），上下两个镜头连接在一起正好构成一个完整的动作。人物的回头、低头、抬头、转身、弯腰、直身等动作都可采用增减法来剪辑处理（如图 3 - 14 所示）。在组合这些镜头时，可以根据人物动作的快慢、镜头景别的大小和片中主题的具体要求，决定留用的上下镜头中的人物形体动作的长度，即上下镜头的时间长度可长可短。其基本原则是大景别（如远景、全景）镜头留用得长一些，小景别（如近景、特写）镜头留用得短一些。和分解法不同，增减法选择在动中剪，动接动，既使人物形体的动作符合了生活的逻辑又体现了戏剧动作的艺术真实性。

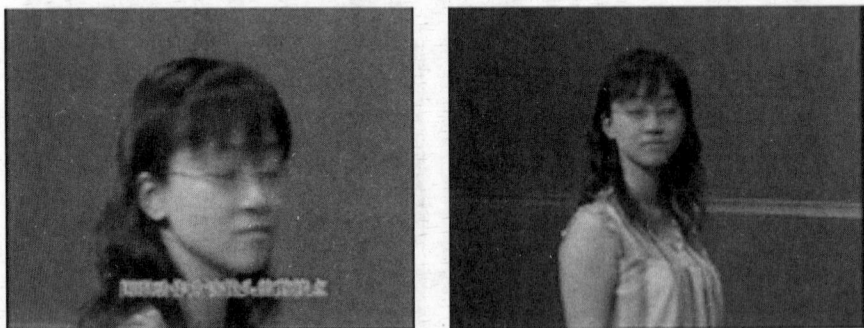

**图 3 - 14　增减法剪辑实例——回头**

　　错觉法是利用人们的视觉暂留现象和上下镜头内主体动作快慢、动作形态的相似以及镜头景别、角度变化与空间大小的相似，合理运用电视特殊表现手段切

**140**

换镜头，造成观众的错觉，产生观众视觉上的动作连续效果。错觉法一般多用于武打片、动作片、惊险片和各类电视片中的武打场面。运用错觉法可以加强戏剧性，增强紧张激烈的气氛，造成强烈的节奏感与悬念。比如在电视剧《马江之战》中林狮在山路上截住徐寿山并教训他的一场戏，前期拍摄的画面两人打斗得不激烈，动作缓慢，没有紧张气氛，而编辑是这样处理的：当徐寿山一跃到石头上就与第一个人打斗（剪去了那个人跑过来的画面），徐寿山一拳打倒第一个人；镜头切入第二个人冲到徐寿山跟前一拳打出去（剪去了这个人从山坡下冲上来的多余画面），徐寿山将第二个人打倒后；切入林狮已跃到徐寿山身后的镜头（剪去了徐寿山打倒第二个人后停顿的过程），林狮一脚踢去，徐寿山顺势跃到另一坡地上（剪去了徐寿山跌倒、爬起再跃的画面）。编辑利用背景（山坡）、造型和速度快慢的相似将这场戏的武打动作用错觉法进行重新剪辑，使武打动作显得惊险、激烈，加强了节奏感，达到了戏剧效果。在前期拍摄中，武打场面要多拍一些不带环境和背景的近景、特写镜头（如腿、脚、手、拳、掌的特写等），方便后期编辑利用这些镜头解决节奏缓慢、时空跳跃的问题，从而加强紧张惊险的气氛和节奏感。

在运用分解法、增减法、错觉法三种剪接方法时，要注意镜头运动与人物形体动作的关系，还要在场面调度、戏剧动作、造型因素的基础上正确掌握主体动作剪接的基本规律，才能达到镜头组接的节奏性和电视片外部结构的连续性。无论选用哪一种剪接方法，都要还原真实生活，符合生活的常理。

2. 在大动作转换的瞬间选择剪接点

在剪接时使镜头的切换点与镜头内主体动作转换的瞬间点保持一致，可以使剪接点隐藏在主体动作之中，使观众的注意力被运动中的主体所吸引而忽视剪辑的存在。比如在观看 NBA 篮球比赛时，常看到一方球员从自己篮板下拿到篮球，通过几次传球，带球突破对方拦防，最后到对方篮板下投球上篮，在这一过程中，切换点一般会选择在拿球、传球、过人或投篮这些大动作发生的瞬间，并且保持篮球一直是画面的视觉中心，这样剪接使观众不易察觉镜头的切换，保证视觉的流畅。

3. 在画面主体的动静转换处选择剪接点

镜头内部主体动作由静转动或由动转静的瞬间是镜头切换的最佳处，这种剪接最忌讳上下两个镜头相同而主体运动状态上的不一致，一般要求上一个镜头的尾部能显示主体运动的未来趋势，由静到动或由动到静。比如表现一个人从站立到行走，上个镜头的出点应选择在人行走动作发生的第一帧，下个镜头接主体行走的镜头，遵循动接动的剪接原则；反之，若表现一个人从行走到站立，上个镜头的出点应选择在人行走动作结束站住后的第一帧，下个镜头接主体站立的镜

**141**

头，遵循静接静的剪接原则。

### 3.4.2 镜头外部运动的组接

有镜头外部运动的镜头中被摄对象是相对静止的，而镜头是运动的，因此镜头外部运动剪接点的选择主要考虑镜头自身的运动特性。固定镜头是指在拍摄时摄像机的镜头画面本身不运动；运动镜头是指在拍摄时摄像机采用推、拉、摇、移、跟、升、降、鸟瞰这八种运动方式拍摄的画面，即通过运动摄影构成的运动性镜头。固定镜头与运动镜头之间的组接可分为以下几个方面：

1. 固定镜头之间的组接

固定镜头是一种特殊的镜头外部运动方式。在影视拍摄中被广泛使用，通常是在三脚架上拍摄的。由于固定镜头的画面本身不运动，组接时应采取画面的主体动作和造型因素相结合的方法进行镜头组接。其剪接点的选择要视具体情况而定。

第一种情况：如果固定镜头内的主体相对静止或基本静止，剪接点的选择只要考虑镜头的长度问题。影响镜头长度的因素通常包括景别、空间造型和节奏等。有时会使用一些同等长度的画面的切换来获得一种节奏感，使静止的画面产生一种运动感。比如有导演在反映一组古董红木家具时，用一组镜头快切，使原来静止的家具顿时活动起来。

第二种情况：如果固定镜头内的主体是运动的，剪接点的选择则根据主体动作或运动的方向、速度等方面的因素而定。

2. 运动镜头之间的组接

由于运动镜头的主体、镜头都在运动，组接时可采取主体动作与镜头动作相结合的方法进行镜头组接。

第一种情况：上下两个镜头的运动方式相同、运动方向相同或相似的组接，可视情况选择剪接点以造成"静接静"或者"动接动"的效果。选择"静接静"就是把出点打在上一个运动镜头落幅的某一处，把入点打在下一个运动镜头起幅的某一处。这样编辑使两个运动镜头中间出现平稳的缓冲和过渡，让人喘口气。使用这种剪接方式可以不必十分留意上下镜头运动的速度是否一致，只要保留足够长度的起幅和落幅，一个快摇镜头接一个慢摇镜头就不会产生明显的画面跳跃感，而这种留起落幅的剪接方式最大的缺点在于无法表达流畅的运动和明快的节奏。"动接动"要求把出点打在上一个运动镜头落幅之前的运动过程中，而把入点打在下一个运动镜头起幅之后的运动过程中。这种去掉起落幅的剪辑一气呵成，视觉上流畅，整体感很强。

第二种情况：上下两个镜头的运动方式相同、运动方向正好相反的组接，一般把剪接点选择在起落幅处。比如一个右摇镜头接一个左摇镜头，或者一个推镜头接一个拉镜头，在连接处上下两个镜头都要保持一定的起幅和落幅，否则画面忽左忽右、忽远忽近，这种粉刷墙壁式的剪接和推拉风箱式的剪接会使观众的视觉极不适应。但如果上下两个镜头在情节上存在对应关系，也可去掉起落幅直接对切，比如表现久别重逢的恋人，上个镜头随女主角从左向右摇，下个镜头随男主角从右向左摇，然后男女主角紧紧相拥在一起，这样组接也是流畅的。也有创作者故意使用这种粉刷墙壁式的或推拉风箱式的剪接以造成观众视觉上的混乱和心理上的不安定感，或者确立一种独特的视觉风格。

第三种情况：几个运动方式相异的镜头，如果运动速度相同或相近，剪接点可以选择去掉第一个镜头的落幅和第二个镜头的起幅；如果运动速度不同，剪接点的选择必须要保留每个镜头的起落幅，起落幅的长度视电视片节奏的需要而定。比如一组运动速度相近的镜头组接，一个摇镜头接一个推镜头再接一个摇镜头再接一个跟镜头，编辑时只要保留第一个摇镜头的起幅和最后一个跟镜头的落幅就可以了，切换处要求镜头运动速度尽可能一致，否则视觉上会产生停顿或跳跃。一组运动速度不同的镜头组接时要保留每个镜头的起落幅，节奏舒缓的，运动的间歇要长一些，上下镜头的起幅落幅的长度相应地留长一些，反之则短一些。

第四种情况：一组快速变焦推拉镜头或甩镜头在组接时一般都要采用"静接静"的方式，即剪接点选择在上下镜头的起幅落幅中。若采用"动接动"，镜头急速的变焦或摇移会造成焦点模糊不清，使得观众看不清每个镜头的实质内容。因此镜头连接处短暂的固定画面是十分必要的。

3. 固定镜头与运动镜头之间的组接（静接动、动接静）

由于既有固定镜头，又有运动镜头，在组接时可根据画面内的主体动作与镜头动作采取不同的处理方法。

第一种情况：如果固定镜头中的主体是相对静止的，那么当它和运动镜头组接时，一般采用"静接静"的剪辑，即运动镜头要保留适当的起幅或落幅。这种组接方法最大的好处是保持视觉的连贯流畅。

第二种情况：如果固定镜头中的主体是运动的，那么当它和运动镜头组接时，可以采用"静接动"或"动接动"的剪辑。采用"静接动"的剪辑，可以将剪接点选择在主体动作结束处。比如在纪录片《故宫》中，第一个固定镜头画面是大门打开直到停止，第二个镜头直接将镜头推向宝座上的朱棣，这种组接方法的优点在于上下镜头过渡平稳，内容连贯。采用"动接动"的剪辑，可以在固定镜头的主体动作完成之前选择一个合适的出点，在运动镜头的运动过程中选择一个合适的入点。比如表现一个人归心似箭，上一个固定镜头是火车呼啸而来，在火车未完全出画之前切出，切入下一个跟移拍摄的高速公路快速后移的隔离栏镜头，这样组接节奏明快、流畅。需要注意的是，采用"动接动"的剪辑方法要求上下镜头的内外部两种运动方向、速度、景别等方面要相匹配；此外，只有移动、升降、跟拍、甩等形式的运动镜头与固定镜头组接时才可以采用这种"动接动"的方法，而推、拉、摇等形式的运动镜头与固定镜头组接时仍必须保留起幅。

第三种情况：如果固定镜头和运动镜头的主体存在某种内在的、显而易见的逻辑关系，那么在选择剪接点时可以不考虑上下镜头动静的过渡问题，也就是说运动镜头一般不留起幅落幅，但是要求固定镜头中主体动作是相对完整的。比如上个镜头是固定的，一个人坐在火车上望着车窗外，下一个镜头是铁路边景物快速后移的运动的镜头。这种剪辑与观众的日常生活经验相符合，镜头组接是流畅的。

### 3.4.3 综合运动镜头的组接

综合运动镜头是用运动的镜头去反映运动的对象。这种运动镜头的组接是把运动镜头中的推、拉、摇、移、跟、升、降、鸟瞰综合性地剪接在一起。如电视剧《马江之站》第八集中百姓祭奠在海战中死去的英灵一场戏，剪辑方法是：从河中船上灯笼的近景拉摇至岸边，接横摇岸边摆的祭品，切入跪着的百姓的全景，推至程英母亲的近景，接从右至左横摇的幡，再接从左至右横摇的百姓。这一组运动镜头的组接都是在动中剪用，运用了拉、推、摇。这种综合运动镜头的组接，既能介绍环境、制造场面气氛、渲染情绪，又有很强的感染力。

## 3.5 画面的分剪、挖剪、拼剪

编辑的一大任务就是对镜头进行裁剪，把原始拍摄到的镜头进行分解并重新组合。镜头的分剪、挖剪、拼剪是针对单个镜头的一些裁剪技巧，可以让镜头的长度更合理。同时通过镜头的分剪、挖剪、拼剪可以使镜头的叙事和表意更加完善，甚至达到镜头本身无法达到的效果，增强电视作品情节的表现力和感染力。

### 3.5.1 画面的分剪

分剪就是将一个镜头分成两个或两个以上的镜头使用，因此，它的屏幕效果应当是多个镜头而不是一个镜头，这在电视片中是常见的。比如电影《罗拉快跑》中有这样两个镜头：一个镜头是罗拉的男友穿过马路准备去抢劫超市；另一个镜头是罗拉在路上跑。电影中把这两个镜头进行分剪并交替剪辑（镜头一：罗拉的男友准备穿过马路；镜头二：罗拉在路上跑；镜头三：罗拉的男友已经穿过马路；镜头四：罗拉在路上跑）。这种分剪的方式明确地表明两个人物动作镜头之间是有联系的，即使没有前后镜头的情节交代，观众仍会产生期待，想知道罗拉是否能及时赶到并阻止男友的抢劫。分剪通过镜头的交叉，营造了很强的戏剧效果，产生了戏剧张力，让观众不由自主地为剧中人感到紧张。而如果不分剪，用罗拉男友完整穿过马路的镜头接罗拉在路上跑，除非是在前后镜头的语境中看，否则观众很可能不会意识到两者是有联系的。分剪插接的作用主要体现在以下几方面：

1. 加强戏剧性和呼应关系

观众在观赏电视片时，很容易对前后交替出现的镜头产生联想，默认它们之间是有特殊联系的。正是观众的这种观看心理，使分剪插接镜头的加强戏剧性和呼应关系的作用显得十分明显。比如电影《上海姑娘》中一场戏的分剪插接，这场戏原始素材共有三个镜头：①全景，男女主人公在汽车里相对而坐；②近景，男主人公深情地看着对方；③近景，女主人公深情地看着对方。如果不分剪直接把这三个素材镜头进行组接，则镜头单一、节奏缓慢，男女主人公的相互交流不够，形成不了必要的心理活动。而采用分剪进行处理，把后面两个镜头一剪二用，形成：①全景，男女主人公在汽车里相对而坐；②近景，男主人公深情地看着对方（一剪二用）；③近景，女主人公深情地看着对方（一剪二用）；④近景，男主人公深情地看着对方（一剪二用）；⑤近景，女主人公深情地看着对方（一剪二用）。这样组接，使原来的三个镜头变成了五个镜头，而后四个镜头对人物内心活动进行了深入细致的刻画，比原来单一、没有呼应的镜头的感染力大大增加了，观众的情绪也随着男女主人公情绪的进展而变化。这场戏通过分剪，使得节奏变得明快，又增强了表现力，同时在情节的进展上也增强了一定的戏剧性，分剪的效果十分明显。

2. 制造紧张气氛和悬念

很多时候镜头的表述是一览无余的，毫无悬念可言，而采用分剪的方式就不一样了，中间穿插的镜头打断了叙事的进程，给观众留下了悬念，让观众不由自主地紧张起来，关注后面情节的发展变化。

3. 调整不合理的时空关系

用依次剪辑的方式组接两个同时发生的事件的镜头，会让观众感觉两个事件的发生是有先后的，但剧情又表明两个事件是同时发生的，这样就会让观众感觉到时间上的混乱。而且，假设同时发生的事件是在一分钟内完成的，两个镜头直

**145**

接组接的话事件时间将被延长到两分钟，观众的时间感就非常不对了。但如果用分剪，即使把镜头交叉组接后的时间超过一分钟，只要超得不多，观众是意识不到的。因此通过分剪还可以起到调整不合理的时空关系的作用。

### 4. 增强节奏感

分剪后，一个镜头被分为两个以上的镜头使用，单位时间内镜头个数增加，剪接率提高，作品的外部节奏自然就增强了。同时，由于运用分剪加强了戏剧性和呼应关系，制造了紧张的气氛，作品的内在节奏也增强了。

分剪其实就是把一个完整的事件分成几个部分，在分剪时要注意恰当选择剪接点。剪接点要选择在镜头内部的停顿点上，比如动作的瞬间停顿处或情节的段落点。如果是静态镜头一剪二用或三用，那么还需要考虑分切后的镜头各自有多长的问题。剪接点的选择决定了镜头的长度，要根据剧情的需要合理地选择。另外，用于分剪的两组镜头其实是反映同时发生的两个事件的，当一个镜头在时间层面上延续的同时，另一个镜头的时间也在流逝，所以镜头分剪后插接时，第二个镜头要扣去插入镜头的时长，以保证时空关系的合理性。

## 3.5.2 画面的挖剪

挖剪就是将一个完整镜头中的动作、人和物或运动镜头在运动中的某一部位多余的部分挖去。这多余的部分可以是几十秒的长度，也可以是几帧画面的长度。挖剪成立的基础是依据完形心理学理论：间歇运动可以形成连续的动作感觉，而视觉暂留的特点使镜头能保持流畅。因此，即使一个完整的镜头中间挖去一部分，给人的感觉仍然是连贯的。挖剪在影视作品中不常用，只有在弥补拍摄时的失误或剧情有特殊需要的情况下才会运用。挖剪是为了使电视片获得动作的连续性和鲜明的节奏感，可以使影视作品在内部结构和外部结构上达到较为理想的效果。

### 1. 固定性镜头的挖剪

例如电影《幽灵》外景的一个全景镜头是远处公路上一辆汽车停在那里，剧中人（两人）向汽车走去，第一个人先进了驾驶室，当第二个人进入车内关门后汽车立即开动。在拍摄时，由于演员不会开车，人物进车后车子一直未动，停在原地长达 20 秒之多，造成情节失真。因为素材只有一条，也无法补拍，剪辑在反复地审看素材之后，决定用挖剪的方法进行弥补。具体的处理方法是，从第二个剧中人进入车内关上门后剪，再从车开动时用起，将这中间汽车停在原地的 20 秒的部分全部挖剪掉，同时在听觉上加以强调，将汽车关门声与汽车启动时发动机的声音有机结合，转移观众的注意力，使车顺利开走，达到剪辑的流畅。固定镜头的挖剪，中间挖掉一部分后，仍然是本主体接本主体，镜头固定，主体也是固定的，两点相接处不应有破绽。在剪接这种镜头时，必须做到一帧不能多、一帧不能少，才能达到预期的效果。

2. 运动镜头的挖剪

运动镜头的挖剪是把一个运动着的镜头中间不需要的部分挖剪掉。它不同于固定镜头的挖剪，在剪辑中比较难以把握。因为，固定镜头的挖剪只要主体不动、镜头不动，挖剪出来的画面效果就不会有跳动感；而运动镜头本身一直是在运动着的，背景在不断变化，剪接点选择不当就会让观众感到画面有跳跃感。运动镜头的挖剪一定要注意画面造型因素的匹配，以及运动速度、韵律的一致。

3. 等距离挖剪

等距离挖剪就是挖掉的画面和保留的画面各自的长度相等。例如电影《劫持》中的一个镜头的等距离挖剪。镜头内容是特务拿桨打公安人员，实拍时由于道具假桨未准备好而使用了真桨拍摄，为了不打伤演公安人员的演员，演特务的演员在桨快落到公安人员头上时，放慢了速度，结果镜头的效果是抢桨的速度快而猛烈，而落在公安人员头上的桨的速度又极为缓慢、失真，如同小孩闹着玩一样。在不能重拍的情况下，只好通过后期剪辑来解决难题。剪辑看完素材后，决定采取等距离挖剪的办法来弥补这一动作的失真，具体剪法为：从特务抢起桨往下打的第一个画面算起到桨落在公安人员头上的第一个画面为止，计算出这一段画面的长度，结合这个动作的上半部动作的速度和剧情的需要，利用间隔式等距离的挖剪技巧进行处理，至于是隔一格（帧）剪一格（帧）还是隔两格（帧）剪两格（帧），则视实际情况处理。用这种方式对镜头进行处理，可以从任意一个点开始加快镜头内主体运动的速度，而且在视觉感受上十分流畅。等距离挖剪的特殊作用在于能使不真实的动作达到真实的效果。

4. 固定镜头内主体动作的挖剪

这种挖剪方式不同于前面几种镜头的挖剪。固定镜头内主体动作的挖剪因为镜头不动，主体运动时，主体动作不会有重复的画面出现，每一帧画面都是不一样的，挖剪起来就容易产生视觉跳动感。如果一定要对这样的镜头进行挖剪，剪接点必须选择在动作最相似的部位。虽然衔接起来还会有细微的跳动，但只要动作幅度比较大，一般会转移观众的注意力，而在节奏方面会起到比较好的效果，使人感觉紧凑、明快，可以解决剧情拖沓的问题。

### 3.5.3　画面的拼剪

拼剪就是将一个镜头重复拼接。它是在镜头不够长，补拍又不可能的情况下而运用的一种剪辑手段。为了满足观众观看的需要和剧情的需求，通过镜头的反复拼接，达到延长镜头的目的。固定镜头内主体不动而镜头不够长时，可以采用拼接也可以采用特技定格的方式达到延长镜头的目的。固定镜头内主体运动而镜头不够长时，只能用拼接的方式来延长镜头。因为用定格的无法体现运动，而用拼剪一方面可以延长镜头的长度，另一方面也可以改变镜头中主体运动的速度。如果说用等距离挖剪可以加快速度，那么用等距离拼剪则可以放慢主体运动的速度。每一帧画面根据需要重复一次或两次甚或更多次，速度相应地放慢了一倍、两倍或更多。拼剪和挖剪一样可以起到调节节奏、改变运动速度的效果，只是两者的实际效果正好相反。

总之，分剪、挖剪和拼剪这三种剪辑技巧是影视剪辑手法中具有实用价值的剪辑技法。它们通过技术手段为艺术服务，是技术和艺术相结合的体现。分剪、挖剪和拼剪的作用是弥补导演、摄影（像）、演员在前期拍摄时的失误和不足，又是剪辑利用这些技法对电视片的内容、情节、人物进行的艺术再创作，使电视片在艺术质量上达到既让专家认可，又让观众喜爱的一种雅俗共赏的艺术效果。

# 3.6 画面转场的方法

电视片场面的转换是内容发展到一定程度的要求。转场首先指的是蒙太奇镜头段落的转换，还可以指叙事结构中一段相对完整的情节发展的阶段性转换。如果说蒙太奇镜头段落组成的是一句话的话，那么情节段落就是一个自然段。情节段落是由若干组蒙太奇镜头段落组成的场面。就像写文章一样，一句话写完自然要有句号，一段内容结束自然要另起一行来分隔表现，段落与段落之间既要层次分明，又要有内容上的逻辑关系，有起承转合。电视片的段落之间则要依赖于场面转换的技巧，使其既分隔又连贯。根据画面的过渡是否通过特技机或画面技巧来实现，转场的方式包括无技巧转场和技巧转场两大类型。

## 3.6.1 场面划分的依据

场面的转换要符合观众的视觉心理要求，又要按照时间、空间和情节等进行合理划分。

### 1. 场面转换的视觉心理要求

对观众来说，场面的转换是视觉心理的要求，是心理的隔断性和视觉的连续性。所谓心理的隔断性，就是要使观众有较明确的段落感，知道上一段内容到这里告一段落了，下面该开始另一段内容了，这样才不至于使观众看不出头绪。所谓视觉的连续性，就是利用造型因素和转场手法，使观众在视觉上感到场面与场面之间、段落与段落之间的过渡自然、顺畅。

在进行场面转换的处理时，这种心理的隔断性和视觉的连续性要受到内容要求的制约。在蒙太奇镜头段落间转换时，要强调视觉的连续性而缩小心理的隔断性；而在叙事段落间的转换或者有较明显的意义差别的蒙太奇镜头段落的转换时，则应加强心理的隔断性而减弱视觉的连续性。这是因为前者上下内容之间有较直接的联系，就像文章中的"句号"，虽然上下两组镜头的内容有差别，但没有明显的意义上的隔离，这时就应利用画面的相似性、内容的逻辑性、动作的连贯性来减弱内容的断裂感。而后者上下内容之间有明显的意义上的隔离，就像文章中的"另起一段"，这时就可以利用定格、突变、两极镜头等方法来造成明显的段落感。

2. 时间的转换

电视节目中的拍摄场面，如果在时间上发生转移，有明显的省略或中断，编辑就可以依据时间的中断来划分场面。蒙太奇组接中的时间往往是对真实时间的一种压缩，屏幕上的时间有限，而生活中的时间很冗长，因此必须省略。在镜头语言的叙述中，时间的转换一般是很快的，这其间转换的时间中断处，就可以是场面的转换处。人们经常可以看到分镜头稿本中每个场景中关于时间的因素，如日景、夜景、几月几日、春天、冬天等。

3. 空间的转换

叙事的场景中，经常要作空间转换，一般每组镜头段落都是在不同的空间里拍摄的，如稿本里的内景、外景、足球场、沙滩等，故事片的布景也随场面的不同而随时更换。因此空间的变更就可以作为场面的划分处。如果空间变了而不作场面的划分，又不用某种方式暗示观众，则会引起混乱。

4. 情节的转换

一部电视片的情节结构是由内在线索发展而成的，一般来说都有开始、发展、转折、高潮、结束的过程。这些情节的每一个阶段，都形成一个个情节的段落，无论是倒叙、顺叙、插叙、闪回、联想，都少不了有一个情节发展中的阶段性转折，这个转折处就是情节段落的划分处。

### 3.6.2　无技巧转场

无技巧转场，即不通过技巧手段来"承上启下"，而是利用画面内在的关联或相似等内在因素，将镜头、句子、段落自然合理地连接起来。无技巧转场属于两个画面之间的直接切换，这在一定程度上加快了电视片的节奏进程。现在国际上绝大部分电视片都采用无技巧转场的方法。运用无技巧的结构形式和剪辑方法，对电视节目的编导、摄像提出了更高的要求，就是要求在前期分镜头设计、画面拍摄过程中，要尽量发现每一场景的画面与前后两个其他场景在外在形态和内部逻辑上的联系性因素，尽量去抓取一些能够承担场景转换的画面，以满足后期画面编辑对承担转换时空任务的转场画面的需要。利用语言、动作转场是常用的无技巧转场方法，还有景物转场、特写转场、情绪转场、音乐转场、音响转场等。

1. 利用出画入画转场

出画入画是指主体运动离开画框或者进入画框。电视屏幕的画框就相当于舞台的画框，出画表示主体离开了原来的时空进入了一个自由的时空，而入画则意味着主体进入一个观众看得到的特定时空中。因此，电视创作者常用出画入画来实现电视时空的自由转换和压缩。利用出画入画的方式进行运动镜头的剪辑要注意上下镜头方向上的连续性，即主体如果是从画框左侧入画的，则要从画框右侧出画，否则就会造成运动方向上的混乱，让观众以为主体又回来了。出画入画为后期编辑带来了很大的方便，因此在前期拍摄中要注意多拍一些主体出画入画的镜头。在编辑中要根据电视片节奏和情节的需要，在主体完全离开画框后或者尚未进入画框之前确定剪接点。

2. 利用主体在画面中消失转场

主体在画面中可能由于自身的运动或陪体的运动而从观众的视线中消失，或者由于镜头被主体挡死或画面失去光源而出现黑屏，这些也是理想的画面切换点。画面中运动的主体完全被遮住的时候最适宜切换画面，比如站在路边的人常被行驶中的汽车挡住，奔跑中的人时不时被树木、电线杆、房子等遮挡。

3. 利用挡黑镜头转场

挡黑镜头转场是指在前一个场景中被摄主体走近直至挡黑摄像机镜头，后一个场景中被摄主体从把镜头全部挡黑开始逐渐移开。在这种方法中，前后两个镜头中可以是同一被摄主体，也可以是不同的主体，但必须是用来转换时间、地点，而不宜用作一般的镜头转换技巧。上下两个镜头中间的黑屏也称黑场或黑画面，常用来分割画面段落，有较强的终止感，比如迈克尔·杰克逊的 MTV《Earth Song》第一个镜头结束处是宁静的丛林里，一辆推土机慢慢开向镜头直至把镜头完全挡黑，随后镜头切换，悲凉的主旋律随之响起，极富感染力。

4. 利用运动镜头转场

利用摄像机机位的移动或镜头方向的移动所造成的变化来进行场景转换，就是运动镜头转场。在推、拉、摇、移、跟等各种运动摄像手法中，运动镜头转场以跟镜头或移动镜头较为常见，它可以连续地展示一个又一个的空间场景，从而顺畅自然地完成场景的转换。在运动镜头转场的过程中，多个人物出场时需要做精心的调度设计，要使得人物主次分明而又恰当体现人物之间的关系。

5. 利用同一主体转场

同一主体转场是指前后两个场景中用同一个人物或物体来衔接。同一主体转场可以使转场自然流畅，好像是同一主体的一个故事紧连着下一个故事。同一主体转场，在景别上大都是这个主体的近景或特写，这是因为采用小景别可以排除画面环境中次要构图要素的干扰，较好地引导观众的注意力随画面趣味中心的转移而转移。

6. 利用相似体转场

如果上下镜头中有同类物体或外形上相似的物体，利用这种相似因素来转场，可以使转场顺畅、巧妙。学会利用相似体转场的技巧，要善于把握众多画面形象之间的外部相似因素和内在逻辑上的联系，一旦在拍摄和编辑工作中遇到转场不顺利，就可以在相似体上做文章。

7. 利用特写转场

特写转场就是用特写画面来结束一场戏或从特写画面展开另一场戏的组接手法。前者指一场戏的最后一个镜头结束在某一人物的某一局部（如眼睛或拳头）或某个物体的特写画面上；后者是指从特写画面开始，逐渐扩大视野，以展现另一场戏的环境、人物和故事情节的处理手法。特写镜头往往能调动观众的情绪，从而自然地把观众的注意力引导到下一个场面。

8. 利用主观镜头转场

主观镜头是摄像机处于画面中人物眼睛的位置所拍摄的镜头。主观镜头中的景物是画面中人物视线所看到的景物。用主观镜头转场是按照前后两个镜头之间的逻辑关系来处理转场的手法之一。前一个镜头是片中人物在看，后一个镜头是介绍这个人物所看到的景象，下一场戏就由此开始。

9. 利用空镜头转场

空镜头是指没有人物，只有一些以刻画人物情绪、心态为目的的景物镜头。运用空镜头转场，往往会使段落之间有一种明显的间隔效果。比如电视剧中可以看到这样的空镜头转场：上一组镜头的地点在村外河边，一群农村妇女边洗衣服边说说笑笑；下一组镜头的地点在村外小树林，一对青年男女在谈恋爱。后一组镜头经常不是从第一个画面就开始直接表现青年男女谈恋爱的情景，而是先仰拍空中的树梢，用树梢这个空镜头来承担场景转换的任务，然后再接青年男女谈恋爱的画面。

10. 利用两极镜头转场

两极镜头转场是指前一个镜头的景别与后一个镜头的景别恰恰是两个极端。

**151**

如果前者是特写，则后者是全景或远景；如果前者是全景或远景，则后者是特写。两极镜头转场本身就有强调意味，往往产生一种前后对比的效果，使前后两个场景之间的段落感比较明显，节奏力度增强。因为两极镜头转场具有强烈的心理隔断性，适用于大段落的场景转换，但小段落的转场不宜过多使用，否则会造成画面凌乱、不流畅的感觉。

11. 利用声音转场

声音转场是指利用声音与画面的结合达到转场的目的，有的用人物对白、台词转场，有的用解说词、歌词转场，还有的用音乐、音响转场。较有代表性的声音转场，是在电视节目中，前一个镜头的人物说到另一个人物的名字来引出另一个人物，从而巧妙地完成场景的转换。电视剧《净魂》中有个两场戏之间的音乐转场：上个镜头是1948年解放战争时期的四平火车站站台，邓华将军送方荣翔一行去前线演出；下个镜头是1953年的朝鲜战场，方荣翔一行正在准备为祖国慰问团演出。两场戏之间的时空跳跃很大，即使运用火车奔驰的镜头转换场景也很难让观众一下子明白这是两个历史时期。《净魂》运用了音乐《志愿军进行曲》来转换时空，这首歌家喻户晓，又是反映当时历史时期的典型作品，所以利用这首音乐转场是恰当的。利用音响转场的例子很多，比如汽笛声转场、雷电声转场、叫喊声转场等。

12. 利用情绪转场

利用情绪转场，注重对上一镜头中人物情绪的夸张、渲染，当上一镜头中人物的情绪达到饱和时，利用人物情绪的感染力自然地转入下一场戏的镜头。比如电视剧《马江之战》中，徐寿山接到钦差大人的手谕，让他立刻停止堵港塞河，徐寿山抬起头来看着前方，在充分展现人物情绪，使人物内心的活动完全表现出来后，接他在另一个环境中写折子的镜头，使人物的情绪与下场戏的内容融在一起，场景转换自然流畅。

### 3.6.3　技巧转场

技巧转场，又叫分割转场，是借助一定的拍摄技巧和制作技巧实现的转场。技巧转场运用恰当，可以把两个镜头画面之间的内在联系自然地表现出来，使两个画面平滑过渡，同时具有明显的人工处理的痕迹，容易使观众感觉到情节段落之间的转换。经常采用的技巧转场的方式有淡出淡入、叠化、划像、虚化、静帧、慢动作等。

1. 淡出淡入

淡出淡入又称渐隐和渐显。淡出是指上一段落最后一个镜头的画面逐渐隐去直至黑场，常用于段落或全片的最后一个镜头，激发观众回味；淡入是指下一段落第一个镜头的画面逐渐显现直至正常的亮度，一般用于段落或全片开始的第一个镜头，引领观众逐渐入戏。淡出与淡入画面的长度，一般各为 2 秒，但实际编辑时还应根据电视片的情节、情绪、节奏的要求来决定。有些影片中淡出和淡入之间还有一段黑场，给人一种间歇感，适用于自然段落的转换。通常淡出和淡入连在一起使用，如同戏剧舞台上的幕落与幕起一样，在电视片中应用率最高。有时，电视片中还用"淡出、切入"或"切出、淡入"的方法来连接镜头、转换场景、间隔时空。运用"淡出、切入"，即先慢后快，节奏转换较强烈；运用"切出、淡入"，即先快后慢，节奏转换较舒缓。不论是"淡出、淡入"，还是"淡出、切入"，或者"切出、淡入"，在电视片中的作用都是为了实现场景段落的转换、时空的压缩变化以及情绪的延伸和节奏的调整。

2. 叠化

叠化，也称溶解，是指前一个镜头的画面与后一个镜头的画面相叠加，前一个镜头的画面逐渐隐去，后一个镜头的画面逐渐显现的过程。它的作用是在同一场戏、同一段落中或不同时空、不同场景中分隔时间和空间。由于它在前后画面相叠加的过程中具有"柔和性"，所以适用于比较缓慢或柔和的节奏。电视中所用的叠加画面的长度一般为 3 ~ 4 秒。叠化多用于表现回忆过去的时空转换、环境变迁和历史的连续，也可以用来表达情绪的延伸。

3. 划像

划像，又称为分画面特技，是指一幅画面逐渐被划动分割出另外一幅画面直至被取代的过程。在文艺、体育节目中被大量使用，常用于描述平行发展的时间，制造视觉流动感；用于表现不同的转换节奏；用于表现时空转换和段落起伏。

4. 虚化

虚化转场是在两镜头衔接处作虚焦或甩焦处理。前一个镜头的画面以全虚或模糊结尾，由实到虚，其后可以接任何景别的镜头；后一个镜头的画面则由虚到实，其前面同样可以接任何景别的镜头。虚焦类似技巧转场组接的叠化，在电视片中也经常见到。甩焦常被用于表现同一时间不同地点发生的事件。

5. 静帧

静帧，又称定格。前一段落的结尾画面作静态处理，使人产生视觉的停顿，接着出现下一个画面，这比较适合于不同主题段落间的转换。有时还可以利用定格画面弥补由于镜头表现不足而造成后期编辑的困难，比如当固定性镜头内主体不动而镜头不够长时，可以采用定格的方式达到延长镜头的目的。

6. 慢动作

慢动作与快动作一样，从本质上说都是改变现实运动形态的技术方法。在特技作用下，屏幕上的运动可以随心所欲地变慢或加快，从而导致特殊的观看效果，并且影响观众的心理感受。慢动作的根本作用是延长实际运动过程，瞬间变化被延缓放大，主体动作因此得到格外的强调突出，所以慢动作被认为是"时间上的特写"。慢动作以其在表现韵律感、情绪性方面的独特魅力，已成为影视艺术中常用的表现技巧。

## 3.7  在 Premiere Pro CS5 中创建仅有硬切效果的视频编辑技巧

影视节目的制作就是用镜头组接的方式方法来表达创作人员的思想。在编辑过程中要对拍摄好的大量素材根据节目主题进行选择和组接，最终构成连贯、流畅、有内涵而且有艺术感染力的作品。一般情况下一部电视片的画面编辑效果是描述场景、表现主题、渲染气氛等最直观、最重要的形式，电视创作人员要遵循画面组接的逻辑性及轴线规律合理确定剪接点，将画面进行合理的编辑组接，表达创作人员的创作意图，并给观众优美的视听享受。进行画面编辑时，我们首先要做的是创建仅有硬切效果的版本，然后可以应用转场特效、视频特效、字幕运动特效以及使用合成功能等。不管是否使用这些额外的特效，都要先创建遵循画面组接的逻辑性及轴线规律的硬切效果的视频编辑版本。观看任何新闻节目可以发现，实际上每个镜头组接都是硬切（即直接切换），没有任何过渡效果。本小节简要介绍在 Premiere Pro CS5 中创建仅有硬切效果的视频编辑技巧，Premiere Pro CS5 中提供了创建硬切编辑所需的整套工具和方法。

### 3.7.1  设置标记

标记（Marker）是用来指明重要的时间位置的记号，设置标记的目的是为了帮助用户快速定位和切换素材或节目的时间点，以及对齐素材时间点等。可以设置标记的对象有素材、节目序列和 Encore 章节。设置标记可以在监视器窗口和时间线窗口中进行。

1. 设置素材标记

通常在使用中，素材标记仅仅用来定义素材本身的某些重要位置，比如特定含义的动作或音响等。当创建关联素材或复制源素材时，仍然会保持着这些标记。但是如果关联素材已经存在于时间线窗口，则不会因源素材标记改变而变化。信号源监视器窗口的标记工具用于设置素材的时间标记。在信号源监视器窗口给素材添加标记点时，标记会保存在源素材上。设置素材标记的操作步骤为：

第一步，在项目窗口中双击素材或将素材拖曳到信号源监视器窗口中，使素材显示在信号源监视器窗口中。

第二步，在信号源监视器窗口中使用各种搜索工具定位到要设置标记的时间点，单击无编号标记按钮 ，或按数字键盘上的"＊"键，或使用菜单命令"Marker（标记）> Set Clip Marker（设置素材标记）> Unnumbered（无编号）"，能够为该处设置一个无编号标记。

第三步，若想设置有编号标记，可以在信号源监视器窗口中使用各种搜索工具定位到要设置标记的时间点，然后使用菜单命令"Marker（标记）> Set Clip Marker（设置素材标记）> Next Available Numbered（下一个有效编号）"，为该处设置一个在现有编号标记的基础上序号递增的素材标记。或者使用菜单命令"Marker（标记）> Set Clip Marker（设置素材标记）> Other Numbered（其他编号）"，弹出"Set Numbered Marker（设置编号标记）"对话框（如图 3 – 15 所示），在文本框中输入素材标记的编号，单击"OK"按钮即可，效果如图 3 – 16 所示。

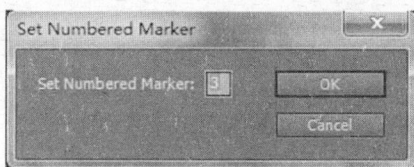

图 3 – 15　"设置编号标记"对话框

图 3 – 16　设置标记后的信号源监视器窗口

**155**

2. 设置节目序列标记

通常在使用中，节目序列标记用来定义整个序列中的重要位置，与单个素材位置无关，它可以辅助视频与音频素材的同步对位编辑。节目序列标记在节目监视器窗口中以小图标的形式出现在预览区域的时间标尺之上。节目序列标记必须在节目序列对应的时间线窗口或节目监视器窗口中设置，设置节目序列标记的操作步骤为：

第一步，确定节目时间线窗口序列中有素材，如果没有，则要为节目添加素材，将素材从项目窗口或信号源监视器窗口中拖放到时间线序列上。

第二步，在时间线窗口或者在节目监视器窗口中将编辑线定位到需要标记的时间点，单击时间线窗口的无编号标记按钮█，或者单击节目监视器窗口中的无编号标记按钮█，或者按数字键盘上的"＊"键，或者使用菜单命令"Marker（标记）＞Set Sequence Marker（设置序列标记）＞Unnumbered（无编号）"，能够为该处设置一个无编号序列标记。

第三步，与设置有编号素材标记相似，若想设置有编号序列标记，可以在时间线窗口或节目监视器窗口中使用各种搜索工具定位到要设置标记的时间点，然后使用菜单命令"Marker（标记）＞Set Sequence Marker（设置序列标记）＞Next Available Numbered（下一个有效编号）"，或者使用菜单命令"Marker（标记）＞Set Sequence Marker（设置序列标记）＞Other Numbered（其他编号）"，为节目序列添加有编号序列标记。图 3 - 17 所示的是设置序列标记后的时间线窗口，图 3 - 18 所示的是设置序列标记后的节目监视器窗口。

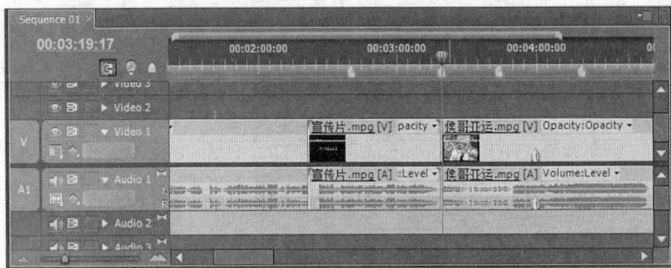

图 3 - 17 　设置序列标记后的时间线窗口

图 3 - 18 　设置序列标记后的节目监视器窗口

第四步，如果想标记序列上某一段素材片段的起点（入点）和终点（出点）作为序列的入点和出点，标记的方法有两种：一是在时间线窗口中将编辑线定位到需要标记的素材片段上，使用菜单命令"Marker（标记）> Set Sequence Marker（设置序列标记）> In and Out Around Clip（当前素材的入点和出点）"，设定序列上当前编辑线位置所在的素材的入点和出点为序列标记的入点和出点，如图 3 – 19 所示；二是在时间线窗口中选中需要标记的素材片段，使用菜单命令"Marker（标记）> Set Sequence Marker（设置序列标记）> In and Out Around Selection（所选择素材的入点和出点）"或者菜单命令"Marker（标记）> Set Sequence Marker（设置序列标记）> In and Out Around Clip（当前素材的入点和出点）"，设定序列上所选择素材片段的入点和出点为序列标记的入点和出点，如图 3 – 20 所示。图 3 – 21 所示的是设置序列素材入点和出点标记后的节目监视器窗口。

图 3 – 19　设置素材入点、出点标记

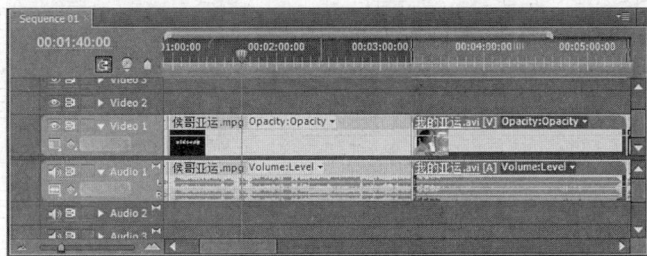

图 3 – 20　设置选中素材入点、出点标记

图 3 – 21　设置素材入点、出点标记后的节目监视器窗口

**157**

### 3. 设置 Encore 章节标记和 Flash Cue 标记

除了设置素材标记和序列标记之外，在时间线窗口或节目监视器窗口中还可以设置 Encore 章节标记或 Flash Cue 标记，为素材添加标记名称、注释、章节链接、网页链接、Flash 线索点等信息，这些设置将在输出影片后播放影片时生效。

使用菜单命令"Marker（标记）> Set Encore Chap-ter Marker（设置 Encore 章节标记）或 Set Flash Cue Marker（设置 Flash Cue 标记）"，弹出如图 3 - 22 所示的"标记注释"对话框。可以在"Name（名称）"文本框中输入标记的名称；在"Comments（注释）"文本框中输入标记注释的内容；勾选"Encore Chapter Mark-er（Encore 章节标记）"设置当前编辑的标记为 Encore 章节段落标记以备 Encore 创作光盘或输出交互式 SWF 文件；勾选"Web Links（网页链接）"，在"URL（统一资源定位符）"文本框中输入标记链接的网页网址，在"Frame Target（帧目标）"文本框中输入标记帧的链

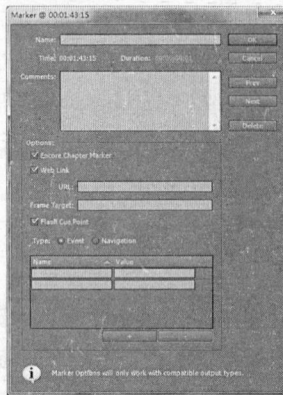

图 3 - 22　"标记注释"对话框

接目标对象名称；勾选"Flash Cue Marke（Flash Cue 标记）"设置 Flash Cue 标记，可以选择 Flash Cue 标记类型"Event（事件）"或"Navigation（浏览）"，并单击右下角的　＋　或　－　按钮添加或删除 Flash Cue Event（或 Navigation）标记，并对标记的名称和值进行设置。

### 4. 定位标记点

使用菜单命令"Marker（标记）> Go to Clip Marker（转到素材标记）"，可以快速将游标定位到素材标记上；使用菜单命令"Marker（标记）> Go to Sequence Marker（转到序列标记）"可以将游标定位到序列标记上。如果要单独定位已编号标记，使用菜单命令"Marker（标记）> Go to Clip Marker（转到素材标记）> Numbered（编号）"或菜单命令"Marker（标记）> Go to Sequence Marker（转到序列标记）>

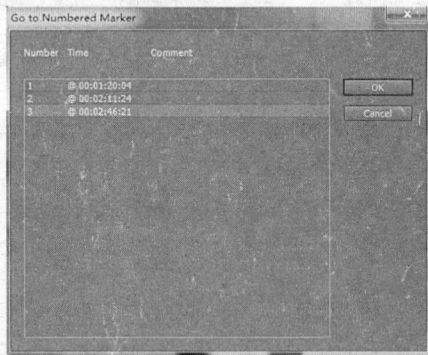

图 3 - 23　"转到已编号标记"对话框

Numbered（编号）"，弹出"Go to Numbered Marker（转到已编号标记）"对话框，如图 3 - 23 所示，在列表中显示了所有已编号的标记，单击选中某个标记，再单击"OK"按钮即可自动定位到该标记处。

　　将素材标记和序列标记的定位菜单进行比较，会发现两者很相似。通过键盘
快捷键也可实现剪辑线在标记之间的快速移动。快速向前定位到下一个素材标记
的快捷键为"Ctrl + Shift + →（向右方向键）"；快速向后定位到前一个素材标记
的快捷键为"Ctrl + Shift + ←（向左方向键）"；快速向前定位到下一个序列标记
的快捷键为"Ctrl + →（向右方向键）"；快速向后定位到前一个序列标记的快捷
键为"Ctrl + ←（向左方向键）"。

　　可以将标记对齐到编辑线或素材。在时间线窗口中拖动标记到编辑线附近
时，会出现一条黑色的竖向参考线，松开鼠标后标记将自动对齐到编辑线时间点
处，如图 3 - 24 所示。要想将标记对齐素材的入点（或出点），则可以在时间线窗
口中拖动标记到素材的入点（或出点）附近，这时会出现一条黑色的竖向参考线，
松开鼠标后标记将自动对齐到素材的入点（或出点）处，如图 3 - 25 所示。

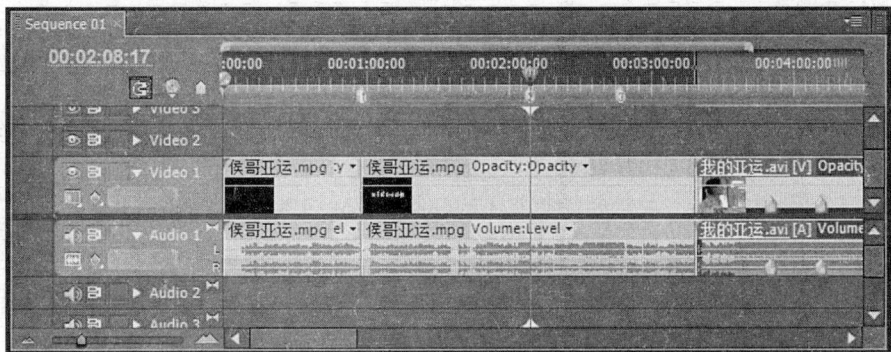

图 3 - 24　标记对齐到编辑线

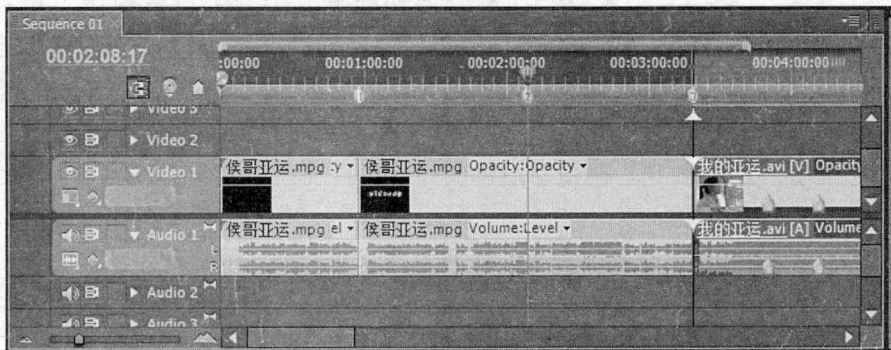

图 3 - 25　标记对齐到素材入点（或出点）

5. 删除标记点

设置标记后可以根据需要删除标记。操作方式有两种：一是使用鼠标操作，在目标标记上按住鼠标在水平方向向左或向右将目标标记拖出时间标尺即可。二是使用菜单命令"Marker（标记）＞Clear Clip Marker（清除素材标记）或 Clear Sequence Marker（清除序列标记）"。如果要删除某个标记或全部标记，需要将编辑线移动到该标记处，选择"Clear Clip Marker（清除素材标记）"或"Clear Sequence Marker（清除序列标记）"命令下的"Current Marker（当前标记）"或"All Markers（全部标记）"命令。如果要删除某个已编号标记，可以选择"Clear Clip Marker（清除素材标记）"或"Clear Sequence Marker（清除序列标记）"命令下的"Numbered（编号）"命令，从弹出的"Clear Numbered Marker（清除已编号标记）"对话框的列表中选中要删除的标记，再单击"OK"按钮即可删除该标记。

### 3.7.2 剪切素材

剪切素材是指增加或删减素材的帧以改变素材的长度，从而使素材符合编辑的需要。用户可以在信号源监视器窗口、节目监视器窗口、修整监视器窗口和时间线窗口中剪切素材。素材开始帧的位置即为素材的入点，结束帧的位置即为素材的出点。用户对素材入点和出点所做的改变不会影响磁盘上的源素材本身，用户不能使影片或音频素材比其源素材更长，除非使用速度命令减慢素材的播放速度来延长其长度。任何素材的最短长度为1帧。

1. 使用信号源监视器窗口剪切素材

信号源监视器窗口一次只能显示一个素材，如果重复将多个素材加载到该窗口中，只能显示最后一个素材。如果需要切换显示素材，可以使用菜单命令"Window（窗口）＞Source Monitor（信号源监视器窗口）"的下一级菜单命令或直接通过信号源监视器窗口的下拉菜单命令，可以看到所有在信号源监视器窗口中打开过的素材均以列表方式显示，从中选择需要编辑的素材即可将其显示在信号源监视器窗口中。如果时间线窗口中的影片被打开在信号源监视器窗口中，其名称前会显示序列名称。

大部分情况下，导入项目的素材都不会完全适合最终节目的需要，往往只需要其中的一部分，这就需要去掉那些影片中不需要的部分，可以通过设置入点和出点的方法来剪切素材，只把入点和出点之间的素材部分应用到节目中。

（1）同时设置素材视频和音频的入点、出点。

在信号源监视器窗口中改变素材入点和出点的步骤如下：

第一步，加载素材到信号源监视器窗口中，用鼠标拖动滑块或使用快速搜索滑块███████████████或者按空格键，找到要使用的素材片段的开始时间点，单击入点按钮█或按键盘上的"I"键，设置当前位置为素材的入点。信号源监视器窗口中显示的是当前素材的入点画面，时间标尺上显示入点标记。

第二步，继续播放影片，或搜索定位到需要的素材片段的结束时间点，单击出点按钮█或按键盘上的"O"键，设置当前位置为素材的出点。信号源监视器窗口中显示的是当前素材的出点画面，时间标尺上以深色显示的入点和出点之间的部分即为有效的素材片段，如图 3－26 所示。

第三步，设置了入点、出点后，按跳转到入点按钮█就可自动找到素材的入点位置，按跳转到出点按钮█就可自动找到素材的出点位置。移动鼠标到时间标尺上的入点或出点上，鼠标变为█或█时，按住拖动就可以修改入点和出点。还可以将游标定位到新的时间点，单击入点或出点按钮，就可以修改入点、出点为新的时间点。

当声音同步要求非常严格时，用户可以为音频素材设置高精度的入点。音频素材的入点可以用高达 1/600 秒的精度来调节。可以在信号源监视器菜单中选择"Audio Waveform（音频波形）"命令，使素材以音频单位显示。对于音频素材，入点和出点指示器出现在音频波形图相应的时间点处，如图 3－27 所示。

图 3－26　素材的入点和出点设置　　　　图 3－27　剪切音频素材

（2）单独设置素材视频和音频的入点、出点。

当用户将一个同时含有影像和声音的素材拖入时间线窗口中时，该素材的视频和音频被分别放置到相应的轨道中。用户在为素材设置入点和出点时，对素材的视频和音频部分同时有效，也可以为素材的视频或音频部分单独设置入点和出点。具体的操作步骤如下：

第一步，在信号源监视器窗口中加载素材使之显示，定位游标到视频入点或出点时间点。

第二步，使用菜单命令"Marker（标记）> Set Clip Marker（设置素材标记）> Video In（视频入点）或 Video Out（视频出点）"，设置视频的入点或出点。

第三步，同设置视频的入点或出点相似，在信号源监视器窗口中定位游标到音频入点或出点时间点，使用菜单命令"Marker（标记）> Set Clip Marker（设置素材标记）> Audio In（音频入点）或 Audio Out（音频出点）"，设置音频的入点或出点。

第四步，分别设置好视频与音频的入点和出点后的素材在信号源监视器窗口和时间线窗口中的显示状态如图 3-28 所示。

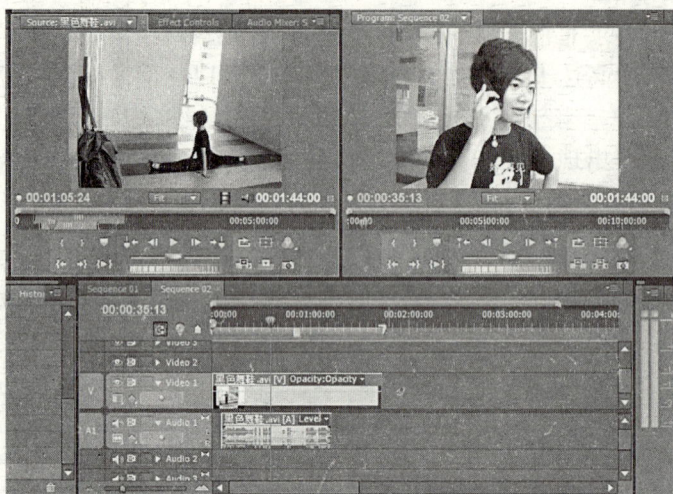

图 3-28　单独设置素材视频和音频的入点与出点

### 2. 使用时间线窗口剪切素材

Premiere Pro CS5 在时间线窗口中提供了多种方式来剪切素材，用户可以使用入点和出点工具或工具面板提供的各种编辑工具对素材进行简单或复杂的剪切。为了更精细地剪切素材，可以在时间线窗口中选择一个较小的时间单位。

（1）使用选择工具剪切素材。

系统默认选择的是工具面板中的选择工具　按钮。在第 2 章 Premiere Pro

CS5 的窗口与面板小节介绍工具面板的选择工具 �、 时，我们就了解到该工具能够调整素材的入点、出点。

使用选择工具剪切素材的方法为：单击选择工具 ▕▕ 按钮选中选择工具，在时间线窗口中移动鼠标到素材的两端边缘，当变为 ➕ 或 ➕ 时，拖动鼠标可以缩短或增加序列中该素材的有效长度。当拖动鼠标时，素材被调节的入点或出点画面显示在节目监视器窗口中，同时时间码会显示当前的时间点以及素材的总长度，素材的开始和结束的时间码地址会同时显示在信息面板中。当素材达到预定长度时，松开鼠标即可。

（2）使用波纹编辑工具剪切素材。

使用 ▐▐ 波纹编辑工具，可以在时间线上拖动要调整的素材片段的出点或入点，改变当前素材的长度，使这段素材的出点或入点发生变化，而不影响轨道上其他素材的长度，仅仅影响到被调整素材右侧或左侧相邻素材在时间线上的位置，该轨道上后面的其他素材会自动随用户的调整而跟进或后退，相邻素材的长度不变，节目总时间改变。波纹编辑通常被称为"胶片风格"编辑。

使用波纹编辑工具剪切素材的方法为：单击工具面板中的波纹编辑工具按钮 ▐▐ 选中波纹编辑工具，在时间线窗口中将鼠标光标放在两个素材的连接处并左右拖动鼠标以调节预定素材的长度，此时在节目监视器窗口中将显示相邻两段素材的相邻两帧的画面，如图 3 - 29 所示，即所调整素材的出点（或入点）帧和相邻素材的入点（或出点）帧。当左右拖动鼠标时，可以观察到只有被拖动素材的出点（或入点）帧画面有变化，而其相邻素材的入点（或出点）帧画面保持不变，但相邻素材在时间线上的位置随之改变。

（3）使用滚动编辑工具剪切素材。

滚动编辑工具 ▐▐ 可以调节时间线上相邻两段剪辑素材间编辑点的位置，但两段剪辑素材的总长度不变，保持序列的总长度不变。例如向左拖动编辑点时，左侧剪辑素材的出点向左（前）移，右侧剪辑素材的入点也自动向左（前）移。滚动编辑通常被称为"视频风格"编辑。当选择滚动编辑时，用户可以使用边缘预览命令在节目监视器窗口中观看该素材和相邻素材的边缘。

使用滚动编辑工具剪切素材的方法为：单击工具面板中的滚动编辑工具按钮 ▐▐ 选中滚动编辑工具，在时间线窗口中将鼠标光标放在两个素材的连接处并左右拖动鼠标剪切素材，此时在节目监视器窗口中将显示相邻两段素材的相邻两帧的画面，如图 3 - 30 所示。当左右拖动鼠标时，可以观察到被拖动素材的出点（或入点）帧画面与相邻素材的入点（或出点）帧画面一起变化，但两段素材在时间线上的总长度不发生改变。

图 3-29　波纹编辑效果图

图 3-30　滚动编辑效果图

（4）使用滑行工具剪切素材。

滑行工具 ⬅ 可以改变剪辑素材的起始帧和结束帧，而不改变它的长度或影响邻近的剪辑素材。使用滑行编辑工具剪切素材的方法为：单击工具面板中的滑行工具按钮 ⬅ 选中滑行工具，在时间线窗口单击选中需要编辑的素材片段并按住鼠标拖动，注意观察节目监视器窗口中发生的变化，如图 3-31 左图所示，左上图像为当前对象左边相邻片段的出点画面，右上图像为当前对象右边相邻片段的入点画面，左下图像为当前对象的入点画面，右下图像为当前对象的出点画面，窗口左下方标识数字为当前对象的改变帧数（正值表示当前对象的入点和出点向后面的时间改变，负值表示当前对象的入点和出点向前面的时间改变）。按住鼠标并在当前对象中拖动，当前对象的入点和出点以相同帧数改变，但其总时间不变，且不影响相邻片段，如图 3-31 右图所示。

图 3-31　滑行编辑效果图

（5）使用滑动工具剪切素材。

滑动工具  可以保持剪辑素材片段的入点与出点不变，通过改变其相邻素材的入点和出点而改变其在时间线上的位置，并保持节目总长度不变。例如，使用滑动工具向左拖动一段素材时，其前面相邻的素材的出点会向左（前）移，其后面相邻的素材的入点也会自动向左（前）移，三段素材的总长度保持不变。使用滑动编辑工具剪切素材的方法为：单击工具面板中的滑动工具按钮  选中滑动工具，在时间线窗口单击选中需要编辑的素材片段并按住鼠标拖动，注意观察节目监视器窗口中发生的变化，如图 3－32 左图所示，左上图像为当前对象的入点画面，右上图像为当前对象的出点画面，左下图像为当前对象左边相邻片段的出点画面，右下图像为当前对象右边相邻片段的入点画面，窗口左下方标识数字为当前对象相邻素材的改变帧数。按住鼠标并在当前对象中拖动，当前对象左边相邻素材的出点和右边相邻素材的入点随当前对象的移动以相同帧数改变（左边相邻素材的出点和右边相邻素材的入点画面中的数值显示改变的帧数，0 表示相邻素材片段的出点和入点未发生改变；正值表示左边相邻素材的出点和右边相邻素材的入点向后面的时间改变；负值表示左边相邻素材的出点和右边相邻素材的入点向前面的时间改变），如图 3－32 右图所示。当前对象在序列中的位置发生变化，但其入点与出点保持不变，节目总时间也保持不变。

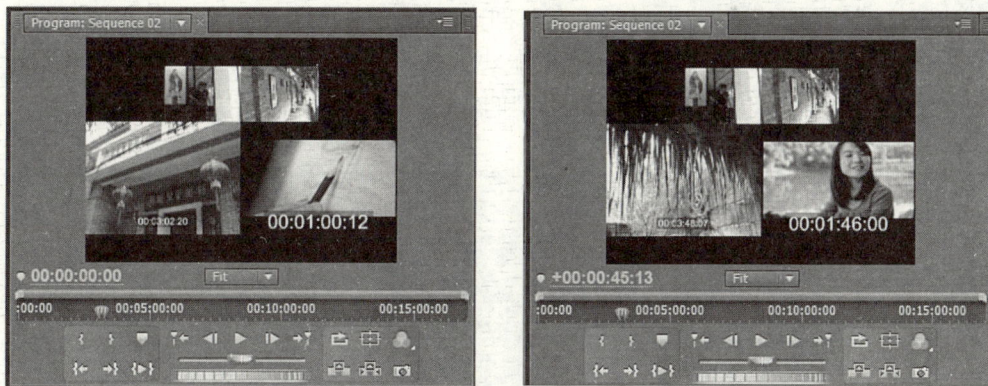

图 3－32　滑动编辑效果图

（6）使用剃刀工具分割素材。

如果需要对一个素材片段进行不同的操作或施加不同的效果，可以先将素材片段进行分割。使用工具面板中的剃刀工具  单击素材片段上需要进行分割的

**165**

点，可以从此点将素材片段一分为二。也可以使用菜单命令"Sequence（序列）> Razor Tracks（剪断轨道）"或按快捷组合键"Ctrl + K"，可以以编辑线所在位置为分割点将素材片段一分为二。按住"Alt"键，使用工具面板中的剃刀工具 ✂ 单击视音频链接的素材片段上的某一点，则仅对单击的视频或音频部分进行分割。按住"Shift"键，单击素材片段上需要进行分割的点，可以以此点同时分割所有未锁定轨道上的素材片段。使用菜单命令"Sequence（序列）> Razor All Tracks（剪断全部轨道）"或按快捷组合键"Ctrl + Shift + K"，可以以编辑线所在位置为分割点，将未锁定轨道上穿过此位置的所有素材片段进行分割。

3. 使用修整监视器窗口剪切素材

使用信号源监视器窗口和时间线窗口对素材进行剪切虽然方便，但有时不能满足精确编辑的需要。如果希望在剪切素材时尽可能精确，可以使用修整监视器窗口。在修整模式下剪辑素材，修整监视器窗口显示一个编辑点上的素材片段的入点和出点，从而使用户精确地观察编辑点上的帧，以便沿着时间线窗口中的编辑点从素材中增加或减少帧。用户可以对序列中目标轨道上的任意一个编辑点进行波纹编辑和滚动编辑。使用修整监视器窗口剪切素材的操作步骤如下：

第一步，确定时间线序列上存在素材，使用菜单命令"Window（窗口）> Trim Monitor（修整监视器）"或按下键盘上的"T"键可打开修整监视器窗口。

第二步，当时间线窗口中存在多段素材，打开修整监视器窗口时，编辑线会自动定位到序列上最近的入点、出点时间点。当编辑线处于剪辑的两个素材片段的交接时间点时，修整监视器窗口显示处于编辑线前面（左方）素材的出点和处于编辑线后面（右方）素材的入点画面，如图 3 – 33 所示。

图 3 – 33　"修整监视器"窗口

第三步，在修整监视器窗口中单击要进行剪辑的素材片段窗口，鼠标会显示为波纹编辑工具 ，拖动微调或在窗口中拖动，会改变左边素材片段的出点或右边素材片段的入点。如图 3 - 34 所示，用户可将鼠标置于左侧窗口中调整编辑点前的素材的出点位置；将鼠标置于右侧窗口中调整编辑点后的素材的入点位置。而若将鼠标置于左右两侧窗口的中间，鼠标会显示为滚动编辑工具 ，以相同的帧数同时调整编辑点前后两段素材的出点、入点位置。如果要精细至帧编辑，可以直接在下方的时间码选项组中输入新的时间，或者在下方的 -5 -1 0 +1 +5 栏中输入偏移时间，单击数值栏可以向前或向后 1 帧或 5 帧移动。单击播放编辑按钮 ，能够连续预览左侧窗口素材出点附近和右侧窗口素材入点附近的帧，确定时间点帧后再次单击该按钮停止播放，然后设置入点、出点即可。

第四步，可以用编辑工具栏中的"跳转到前一编辑点"按钮 和"跳转到后一编辑点"按钮 切换编辑点。然后对所定位编辑点前后素材的入点和出点进行调整。

当编辑点移动到某段素材的出点或入点，而不是两段素材的交接处时，窗口只显示一个部分。如果编辑点处于出点，显示左侧窗口，如图 3 - 34 左图所示，此时只能调整窗口所显示素材的出点；如果编辑点处于入点，显示右侧窗口，如图 3 - 34 右图所示，此时只能调整窗口所显示素材的入点。

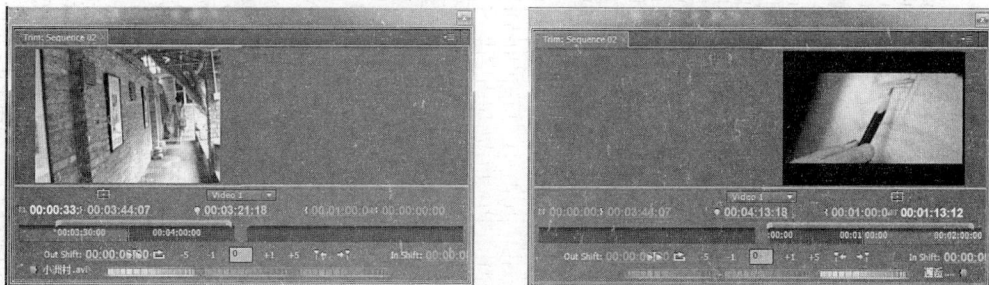

图 3 - 34　修整监视器窗口调整入点、出点

#### 4. 改变素材的速率

对于电视节目的制作过程来说，时常需要改变素材的速率，以在画面中产生"快慢镜头"的效果。在电视录像中，当以正常速率（25 帧/秒）摄录的动作以高速率放映时，屏幕上会出现被摄动作比实际动作快的效果，快动作常用于夸张某些运动或制造滑稽的动态效果；当以正常速率（25 帧/秒）摄录的动作以低速

**167**

率放映时，屏幕上会出现被摄动作比实际动作慢的效果，慢动作常用于展示各种瞬间动作或制造某种神秘虚幻的气氛。在 Premiere Pro CS5 中，可以通过调整素材的时间长度和速率来模仿传统快、慢镜头的运动。

素材的速率是指素材在单位时间（秒）内播放的帧数。对于视频和音频素材，其默认的速率数值为 100%，即正常速率。用户可以为素材指定一个新的百分比或长度来改变素材的速率。用户可以设置素材的速率范围为 - 10 000% ~ 10 000%，当数值高于 100% 时，素材播放速率将比正常速率快，画面表现为快运动；当数值低于 100% 时，素材播放速率将比正常速率慢，画面表现为慢运动；负的百分比使素材反向播放。当用户改变了一个素材的速率，节目监视器窗口和信息面板会反映出新的设置，用户可以设置时间线窗口中的素材（视音频素材、静止图像或转场）长度。如果同时改变了素材的方向，则要确保在 "Field Options（场选项）" 对话框中选择 "Reverse Field Dominance（交换场序）" 复选框，如图 3 - 35 所示，设置这些场选项会消除可能产生的不平稳运动。关于场设置的更多内容请参看本节后面相关内容。改变素材速率的具体操作步骤如下：

第一步，右键单击要改变速率的素材，在弹出的快捷菜单中选择 "Speed/Duration（速度/持续时间）" 命令，弹出 "Clip Speed/Duration（素材速度/持续时间）" 对话框，如图 3 - 36 所示。

图 3 - 35　"场选项" 对话框　　　图 3 - 36　"素材速度/持续时间" 对话框

第二步，在 "素材速度/持续时间" 对话框中，"Speed（速度）" 选项用于控制素材的速率，100% 为原始速率，低于 100% 则速率变慢，高于 100% 则速率变快；在 "Duration（持续时间）" 文本框中输入新时间，会改变素材的出点，如果该选项与 "Speed（速度）" 选项链接■，则可改变素材的速度；选择 "Reverse Speed（倒放速度）"复选框，可以使素材反向播放，即倒播素材；选择"Maintain Audio Pitch（保持音频不变）"复选框，可以锁定音频。设置完毕后，单击"OK"按钮退出。

使用工具面板中的比例缩放工具按钮，也可以调整剪辑素材的播放速度，使剪辑素材变为慢动作或快动作。单击该工具按钮，然后拖动素材片段边缘，对象速率被改变，但入点和出点不变。需要注意的是，对素材

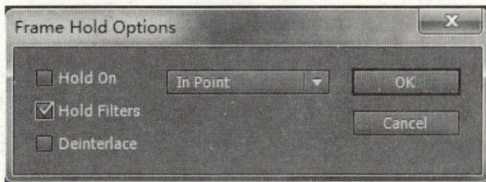

图 3 – 37　设置帧融合

进行变速后，有可能导致播放质量下降，出现跳帧现象，即运动图像可能会出现抖动，这时可以使用帧融合技术使素材播放得更加平滑。在时间线窗口中右击素材，在弹出的快捷菜单中选择"Frame Hold（帧定格）"命令，弹出"Frame Hold Options（帧定格选项）"对话框，选择"Hold Filters（定格滤镜）"复选框即可应用帧融合技术，如图 3 – 37 所示。关于帧定格的更多内容请参看本节后面相关内容。

设置静止图像默认长度的方法在前面 2.3.7 导入素材部分已经介绍过，使用菜单命令"Edit（编辑）> Preferences（参数）> General（常规）"，弹出"Preferences（参数）"对话框，选择"General（常规）"选项组，在"Still Image Default Duration（静帧图像默认持续时间）"文本框中以帧为单位输入静止图像的新长度即可，如图 3 – 38 所示，设置完毕单击"OK"按钮。

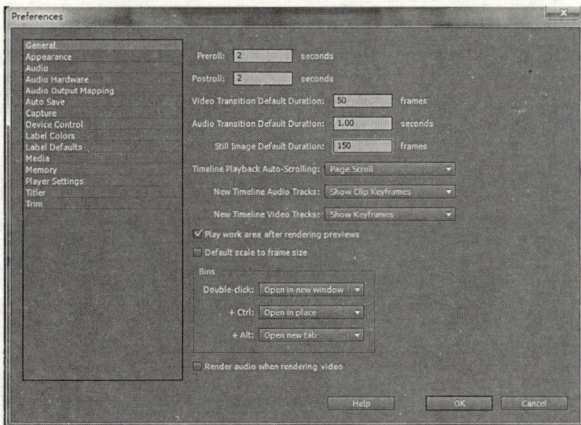

图 3 – 38　设置静止图像默认长度

5. 创建静止帧

在视频素材中创建静止帧，也称帧定格、画面帧冻结，本身属于一种电视数字特效效果。在专业录像机上重放活动图像时，如果让磁带停止而让磁头反复拾取某一帧的图像磁迹，监视器屏幕上就会显现出相应画面的静止图像。通过这种操作实现的效果也被称作"定格"或"静帧"。在数字特效中，图像信号转换成

数字信号存储在存储器中，并把已经存入的一帧图像信号反复读出，这样就可以从连续活动的图像中得到一帧静止图像，就像是把活动画面冻结了一样。这种做法通常用来强调某种特殊意义，突出某些重要的场景。

Premiere Pro CS5 使用"Frame Hold（帧定格）"命令使素材视频中的某一帧画面保持下去，也可以将素材视频中的某一帧画面作为静态背景来使用。用户可以在素材的入点、出点和带有编号为"0"的标记点处冻结帧。产生一个静止帧的具体操作步骤如下：

第一步，在时间线窗口中选择视频素材，编辑线放在需要定格的帧的位置。如果需要定格除了入点和出点之外的任何一帧，可以使用菜单命令"Marker（标记）> Set Clip Marker（设置素材标记）> Other Numbered（其他编号）"，在弹出的"Set Numbered Marker（设置编号标记）"对话框的文本框中输入素材标记的编号为"0"，单击"OK"按钮即可为当前素材设置一个编号为"0"的标记。

第二步，在素材上右击鼠标，在弹出的快捷菜单中选择"Frame Hold（帧定格）"命令，弹出"Frame Hold Options（帧定格选项）"对话框。

第三步，在"Frame Hold Options（帧定格选项）"对话框中，选择"Hold On（定格在）"复选框，即可选择一个需要冻结的帧，在其下拉列表框中，"In Point（入点）"表示静止帧保持在入点位置，"Out Point（出点）"表示静止帧保持在出点位置，"Marker 0（标记点 0）"表示静止帧保持在标记点 0 的位置，如图 3–39 所示。

第四步，在"Frame Hold Options（帧定格选项）"对话框中，选择"Hold Filters（定格滤镜）"复选框，可以将应用于素材片段的滤镜效果静止。

第五步，在"Frame Hold Options（帧定格选项）"对话框中，选择"Deinterlace（反交错）"复选框，可以为素材片段进行交错场处理，可以消除一些场方面带来的画面闪烁。

第六步，设置完毕，单击"OK"按钮关闭"Frame Hold Options（帧定格选项）"对话框。

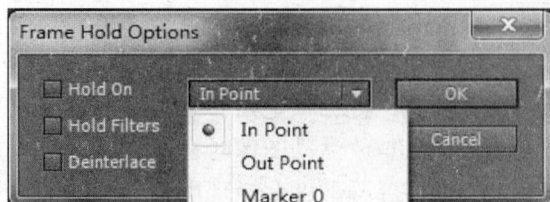

图 3–39　"帧定格选项"对话框

6. 场设置

视频素材按场序排列可以分为两种：交错和非交错。大多数广播级视频素材属于交错视频素材，而目前的高清视频标准包含交错和非交错两种。交错视频素材的每一帧都包含两个场，每一场都包含半数的水平扫描线。上场包含所有的奇数线，下场包含所有的偶数线。交错视频监视器在显示视频帧时，先通过扫描显示其中的一个场，再显示另外一个场，从而合为一帧画面。场顺序用以描述显示上下两场的先后顺序。而非交错视频采用逐行扫描的方式依次显示每一帧画面。

在使用视频素材时，会遇到交错视频场的问题，它严重影响影片最后的合成质量。由于视频格式、采集和回放设备的不同，场的优先顺序也不同。如果场顺序反转，运动会变得僵持和闪烁。在编辑中，改变素材片段的速率、输出胶片带、反向播放素材或冻结视频帧，都有可能遇到场处理问题。所以，正确的场设置在视频编辑中是非常重要的。在选择了场顺序后，应该播放影片以观察影片是否能够平滑地进行播放。如果出现了跳动的现象，则说明场的顺序是错误的，需要重新进行场设置。

一般情况下，在新建项目时就要指定正确的场顺序，这里的顺序一般要按照影片的输出设备来设置。在"New Sequence（新建序列）"对话框的"General（常规）"选项卡下，在"Video（视频）"选项组的"Field（场）"下拉列表框中指定编辑影片所使用的场方式，如图 3 - 40 所示。"No Field（Progressive Scanner）[无场（逐行扫描）]"选项应用于非交错场影片；在编辑交错场影片时，要根据相关视频硬件显示奇偶场的顺序，选择"Upper Field First（上场优先）"或者"Lower Field First（下场优先）"选项。在输出影片时，也有类似的选项设置。

如果在编辑过程中，得到的素材场顺序都有所不同，则必须使其统一并符合编辑输出的场设置。在时间线窗口中选中一个素材片段，使用菜单命令"Clip（素材）> Video Options（视频选项）> Field Options（场选项）"，弹出"Field Options（场选项）"对话框，如图 3 - 41 所示。选择"Reverse Field Dominance（交换场序）"复选框，可以改变素材片段的场顺序。在"Processing Options（处理选项）"栏中根据需要选择一种处理场的方式："None（无）"表示不处理场；"Interlace Consecutive Frames（交错相邻场）"表示将一对连续的逐行扫描帧转换为交错场，此项可以将 60 帧/秒的逐行扫描动画转换为 60 帧/秒的交错视频素材；"Always Deinterlace（总是反交错）"表示将交错视频场转换为完整的逐行扫描帧；"Flicker Removal（消除闪烁）"用于消除交错场细水平线的闪烁，在 Premere Pro CS5 中播出字幕时，一般都要选择该单选按钮。

**171**

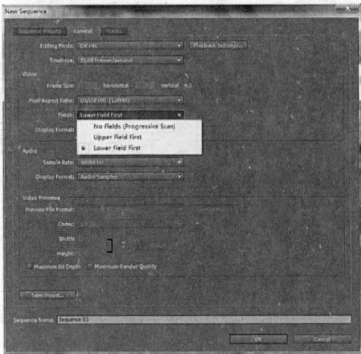

图 3-40　设置场顺序

图 3-41　"场选项"对话框

### 7. 在时间线窗口粘贴素材或素材属性

在影视作品的创作过程中，会经常对素材片段进行剪切、复制以及粘贴的操作，能够熟练运用这些方法就意味着可以更加灵活地运用多种剪辑技巧，对作品的主题就有了更多的选择。Premiere Pro CS5 提供了标准的 Windows 编辑命令，用于剪切、复制以及粘贴素材，这些命令都在"Edit（编辑）"菜单下，可参看本书 2.3.6 相关内容。选择素材，再使用菜单命令"Edit（编辑）> Cut（剪切）"，将对选中的素材执行剪切操作，并存入剪贴板中以供粘贴。选择素材，再使用菜单命令"Edit（编辑）> Copy（复制）"，将复制选中的素材存入剪贴板中，对原有的素材不进行任何修改。先剪切或复制某素材，在时间线窗口轨道上选择要粘贴的位置，再使用菜单命令"Edit（编辑）> Paste（粘贴）"执行粘贴操作，将剪贴板中保存的内容粘贴到指定的区域中，还可以进行多次粘贴。

Premiere Pro CS5 还提供了两个独特的粘贴命令："Paste Insert（粘贴插入）"和"Paste Attributes（粘贴属性）"。"Paste Insert（粘贴插入）"是将复制或剪切的素材粘贴到时间线窗口当前的编辑位置，处于其后的素材会等距离后退，其具体使用方法为：首先选中素材，再使用菜单命令"Edit（编辑）> Copy（复制）或 Cut（剪切）"复制或剪切选中的素材，然后在时间线窗口轨道上将编辑线移动到需要粘贴的位置，最后使用菜单命令"Edit（编辑）> Paste Insert（粘贴插入）"将复制或剪切的素材粘贴到时间线窗口当前的编辑位置，可以观察到在时间线上位于其后的素材会等距离后退。"Paste Attributes（粘贴属性）"将所复制素材的属性设置（如滤镜效果、运动设定及不透明设定等）粘贴到序列中的目标上，其具体使用方法为：首先选中素材，再使用菜单命令"Edit（编辑）> Copy（复制）或 Cut（剪切）"复制或剪切选中的素材，然后在时间线窗口轨道上选中需要粘贴属性的目标素材，最后使用菜单命令"Edit（编辑）> Paste

Attributes（粘贴属性）"将所复制素材的属性复制粘贴给时间线窗口中的当前素材。

8. 删除素材

插入到时间线中的素材，如果不符合用户要求，则可以在时间线窗口中将其删除。从时间线窗口中删除一个素材不会将其在项目窗口中删除。当用户删除一个素材后，可以在轨道上该素材的位置处留下空位，也可以选择"Ripple Delete（波纹删除）"命令将其他所有轨道上的内容向左移动，覆盖被删除素材留下的空位。

删除素材的操作步骤为：第一步，在时间线窗口中单击鼠标选中一个素材，或者按住"Shift"键选中多个素材（如果想取消对某一素材的选择，可以按住"Shift"键单击已选中的素材取消对其的选择）。第二步，按"Delete"键或使用菜单命令"Edit（编辑）> Clear（清除）"，删除时间线窗口中选中的素材并保留素材原先占用的位置。可以观察到删除素材后其原位置成为空白，时间线窗口轨道上其他素材不受影响，节目长度不变。

波纹删除素材的操作步骤为：第一步，在时间线窗口中单击鼠标选中一个素材，或者按住"Shift"键选中多个素材（如果想取消对某一素材的选择，可以按住"Shift"键单击已选中的素材取消对其的选择）。第二步，如果不希望其他轨道的素材移动，可以锁定相应的轨道。第三步，使用菜单命令"Edit（编辑）> Ripple Delete（波纹删除）"或者右击鼠标在弹出的快捷菜单里选择"Ripple Delete（波纹删除）"命令，删除时间线窗口中选中的素材并且不保留素材原先占用的位置。可以观察到删除素材后，时间线窗口轨道上素材右侧的其他素材向左移动覆盖删除素材后的空白，节目长度变小。

### 3.7.3 常用的编辑技巧

在影视节目的创作过程中常常会运用许多编辑技巧，前面介绍了在 Premiere Pro CS5 中使用信号源监视器、时间线和修整监视器剪切素材的基本方法，在本节中，将对 Premiere Pro CS5 提供的常用的编辑技巧展开介绍与论述。

1. 插入与覆盖

当时间线窗口序列轨道上没有素材时，用户可以直接从信号源监视器或者项目窗口中将素材插入时间线中；当时间线窗口序列轨道上已经存在多段素材时，用户再将素材插入时间线中时就可能发生素材之间的替换或覆盖情况，这时需要使用信号源监视器窗口中的"Insert（插入）"按钮 和"Overlay（覆盖）"按钮 ，进行精细的插入或覆盖操作。在插入素材时，可以锁定其他轨道上的素材，以避免引起不必要的变动。

（1）插入编辑。

插入素材的方法大致有三种：

第一种方法，使用信号源监视器的"Insert（插入）"按钮 ▢。操作步骤为：第一步，在信号源监视器窗口中选中要插入时间线窗口中的素材，并为其设置入点和出点。第二步，在时间线窗口中单击选中要插入素材的轨道，然后将编辑线移动到需要插入素材的时间点。第三步，单击信号源监视器窗口的"Insert（插入）"按钮 ▢，将入点到出点间的素材插入选中的轨道中，插入点是编辑线的位置。如果该处原来没有素材，则直接插入；若已经存在素材，则直接插入并将原素材截断为两部分，原素材后面部分向右移动，接在新素材出点处，从而使节目长度变长，如图3－42左图和右图所示分别为插入素材前和插入素材后的Video 2（视频2）目标轨道。

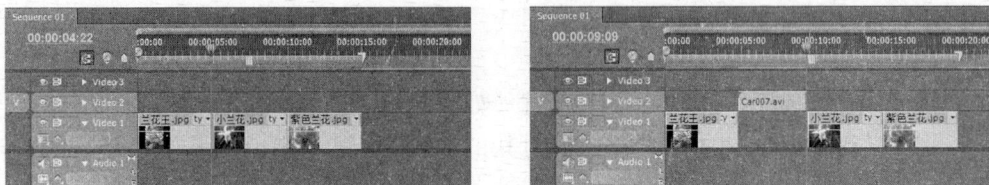

图3－42　插入素材

第二种方法，使用菜单命令。操作步骤为：第一步，在项目窗口中选中素材，或者将素材显示到信号源监视器窗口中。第二步，使用菜单命令"Clip（素材）＞Insert（插入）"，即可将素材插入时间线中，插入时的处理方法同第一种方法。

第三种方法，使用鼠标拖曳。操作方法为：在项目窗口中选中素材的同时，按住鼠标并同时按住"Ctrl"键，拖曳素材到时间线窗口的编辑轨道上即可实现插入。同样，还可以将素材显示到信号源监视器窗口中，使用鼠标从信号源监视器窗口中拖曳素材到时间线轨道上。

（2）覆盖编辑。

覆盖编辑与插入编辑的操作类似，也有三种方法：

第一种方法，使用信号源监视器的"Overlay（覆盖）"按钮 ▢，操作步骤为：第一步，在信号源监视器窗口中选中要插入时间线窗口中的素材，并为其设置入点和出点。第二步，在时间线窗口中单击选中要插入素材的轨道，然后将编辑线移动到需要插入素材的时间点。第三步，单击信号源监视器窗口的"Overlay

（覆盖）"按钮 ▣，将入点到出点间的素材插入选中的轨道中，插入点是编辑线的位置。如果该处原来没有素材，则直接插入；若已经存在素材，则覆盖原素材，整个节目长度不变，如图 3 – 43 左图和右图所示分别为覆盖素材前和覆盖素材后的 Video 2（视频 2）目标轨道。

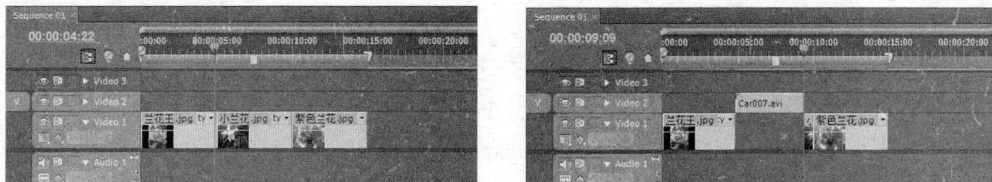

图 3 – 43　覆盖素材

第二种方法，使用菜单命令。操作步骤为：第一步，在项目窗口中选中素材，或者将素材显示到信号源监视器窗口中。第二步，使用菜单命令"Clip（素材）＞Overlay（覆盖）"，即可将素材以覆盖编辑方式添加到时间线窗口当前位置。

第三种方法，使用鼠标拖曳。操作方法为：在项目窗口中选中素材，按住鼠标直接拖曳素材到时间线窗口的编辑轨道上即可实现覆盖。与插入操作不同，覆盖操作时在按住鼠标拖曳素材的过程中不需要按住其他任何键。

2. 提升与提取

插入到时间线中的素材，如果不符合要求，可以将其删除，这里所说的删除是指部分删除而不是整段删除。使用"Lift（提升）" ▣ 和"Extract（提取）"按钮 ▣，可以在时间线窗口的指定轨道上删除指定的一段节目素材。

（1）提升编辑。

使用提升编辑的操作步骤为：第一步，在时间线窗口中选中需要删除素材的轨道。第二步，在节目监视器窗口为素材需要提升的部分设置入点和出点，如图 3 – 44 所示。设置的入点和出点会同时显示在时间线窗口的时间标尺上，如图 3 – 45 所示。第三步，在节目监视器窗口中单击"Lift（提升）"按钮 ▣，或使用菜单命令"Sequence（序列）＞Lift（提升）"，将选定的入点和

图 3 – 44　在节目监视器窗口设置入点和出点

出点之间的素材片段删除但保留片段原先占用的位置，删除后的区域留下空白，其他部分不动，节目长度不变，如图 3 - 46 所示。

（2）提取编辑。

使用提取编辑的操作步骤为：第一步，在时间线窗口中选中需要删除素材的轨道。第二步，在节目监视器窗口为素材需要删除的部分设置入点和出点（如图 3 - 44 所示），设置的入点和出点也同时显示在时间线窗口的时间标尺上（如图 3 - 45 所示）。第三步，在节目监视器窗口中单击"Extract（提取）"按钮，或使用菜单命令"Sequence（序列） > Extract（提取）"，将选定的入点和出点之间的素材片段删除，其后面的素材自动前移，将删除后的空白自动补上，节目长度变短，如图 3 - 47 所示。

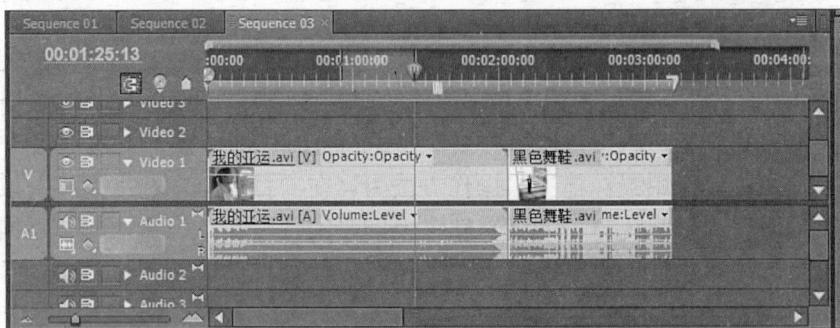

图 3 - 45　时间线窗口显示设置的入点和出点

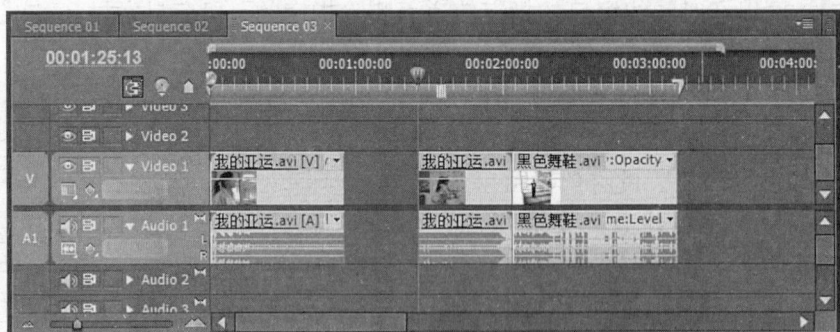

图 3 - 46　提升编辑效果

**176**

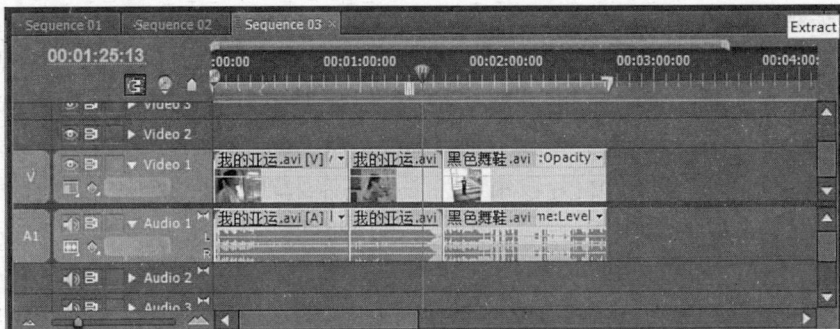

图 3 - 47    提取编辑效果

3. 链接与分离

编辑的素材包括独立的视频素材、独立的音频素材和视音频混合素材。在 Premiere Pro CS5 中，视音频混合素材就是视频和音频相链接的素材。在编辑工作中，经常需要将时间线窗口中的视音频链接素材的视频和音频部分分离，用户可以完全打断或者暂时释放链接素材的链接关系并重新放置其各个部分。很多时候又需要将各自独立的视频素材和音频素材链接在一起，作为一个整体进行调整。

链接视音频素材的操作步骤为：第一步，在时间线窗口中选中要进行链接的视频和音频素材片段。第二步，使用菜单命令"Clip（素材）> Link（链接）"，或右击鼠标在弹出的快捷菜单中选择"Link（链接）"命令，即可将视频和音频素材链接到一起，链接后视频和音频素材的名称后面分别添加［V］和［A］标记，如图 3 - 48 右图所示。

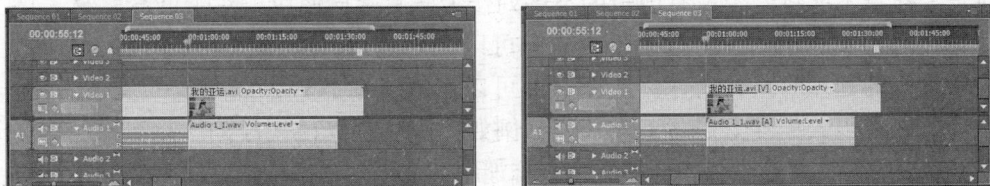

图 3 - 48    链接视音频素材前后效果图

分离视音频素材即解除视音频的链接。其操作步骤为：第一步，在时间线窗口中选中要解除视音频链接的视音频混合素材。第二步，使用菜单命令"Clip（素材）> Unlink（解除链接）"，或右击鼠标在弹出的快捷菜单中选择"Unlink（解除链接）"命令，即可分离素材的视频和音频部分。

**177**

4. 编组与嵌套

在编辑工作中，经常需要对多个素材整体进行操作。前面讲到的链接视音频素材必须是一段音频素材和一段视频素材，但如果想对多个素材整体进行操作时，在 Premiere Pro CS5 中需要用到"Group（编组）"命令。使用"Group（编组）"命令，可以将多个素材片段组合为一个整体来进行移动、复制和编辑等操作。建立编组素材的操作步骤为：第一步，在时间线窗口选中要编组的多段素材，按住"Shift"键的同时可以加选素材。第二步，使用菜单命令"Clip（素材）> Group（编组）"，或者在选定的素材上右击鼠标在弹出的快捷菜单中选择"Group（编组）"命令，选中的素材被编组为一个整体的素材，以方便拖动和编辑。解除编组的操作步骤是：选中已经被编组的素材，然后使用菜单命令"Clip（素材）> Ungroup（解组）"，或者在选定的素材上右击鼠标在弹出的快捷菜单中选择"Ungroup（解组）"命令，即可将群组中的素材分成各自独立的素材。

Premiere Pro CS5 在非线性编辑软件中引入了合成的嵌套概念，可以将一个序列嵌套到另外一个序列中作为一整段素材使用。无论嵌套的子序列中含有多少视频和音频轨道，嵌套子序列在其母序列中都会以一个单独的素材片段的形式出现。在序列嵌套时，被嵌套的子序列和母序列一般拥有一致的制式和规格。可以像操作其他素材一样，对嵌套序列素材片段进行选择、移动、剪辑并施加效果。对于源序列进行的任何修改都会实时反映到其嵌套素材片段上，而对嵌套素材的修改不会影响到其源序列。建立嵌套素材的操作步骤为：第一步，项目中必须至少有两个序列存在，在时间线窗口中切换到要加入嵌套的目标序列。第二步，在项目窗口中选择产生嵌套的序列，如 Sequence 01（序列 01），然后按住鼠标将 Sequence 01（序列 01）拖入 Sequence 02（序列 02）的轨道上即可，如图 3 – 49 所示。注意不能将一个没有剪辑的空序列作为嵌套素材使用。双击嵌套素材，可以直接回到其源序列中进行编辑。嵌套可以反复进行，在处理多级嵌套素材时，需要大量的处理时间和内存。使用嵌套可以完成普通剪辑无法完成的复杂工作，并且可以在很大程度上提高工作效率，例如，可以重复使用序列，只需要创建序列一次就可以像普通素材一样多次将其添加到其他序列中；可以为序列复制施加不同的设置，预览不同的效果；可以通过分别创建复杂的多层序列，并将它们作为单独的素材片段添加到项目的主序列中，使编辑的空间更加紧凑，流程更加顺畅；可以创建复杂的编组和嵌套效果，实现对多个素材的重复切换和特效混用。

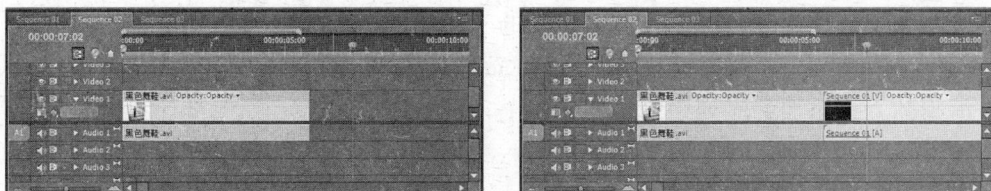

图 3 - 49　嵌套素材前后效果图

**5. 三点与四点编辑**

三点编辑和四点编辑是传统视频编辑中的基本技巧，是在素材之间进行插入与覆盖编辑操作的两种较为复杂的方式。"三点"和"四点"指入点和出点的个数。

（1）三点编辑。

三点编辑就是通过设置两个入点和一个出点或一个入点和两个出点对素材在序列中进行定位，第四个点会自动被计算出来。例如，一种典型的三点编辑方式是设置素材的入点和出点以及素材的入点在序列中的位置（即序列的入点），素材的出点在序列中的位置（即序列的出点）会通过其他三个点被自动计算出来。任意三个点的组合都可以完成三点编辑操作。三点编辑的操作步骤为：

第一步，使用信号源监视器窗口中的设置入点按钮 █ （或快捷键"I"）和设置出点按钮 █ （或快捷键"O"），在要插入的素材片段上设置入点和出点。使用节目监视器窗口中的设置入点按钮 █ （或快捷键"I"）或设置出点按钮 █ （或快捷键"O"）在被插入的节目片段上设置入点或出点，这样就为素材和序列设置了所需的三个点，就是所谓的三点，如图 3 - 50 所示。

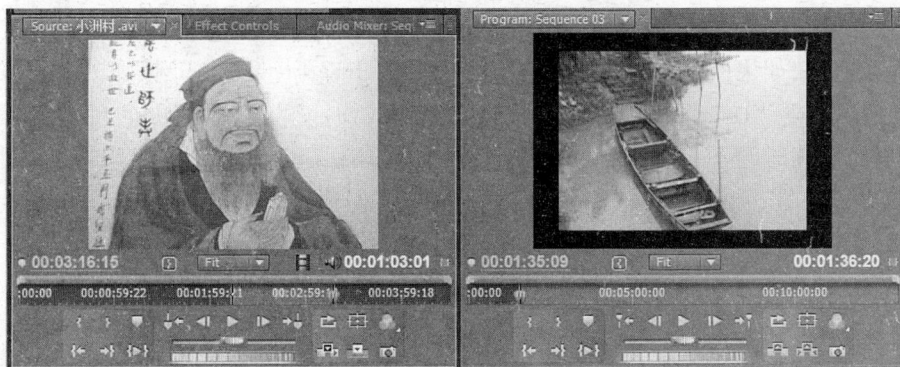

图 3 - 50　三点编辑编辑点设置示例图

**179**

第二步，使用信号源监视器窗口中的"Insert（插入）"按钮 （或快捷键 "，"）或"Overlay（覆盖）"按钮 （或快捷键"."）将素材以插入编辑或覆盖编辑的方式添加到序列中的指定轨道上，完成三点编辑。

（2）四点编辑。

四点编辑需要设置素材的入点和出点以及序列的入点和出点，通过匹配对齐将素材添加到序列中，方法与三点编辑相似。四点编辑的操作步骤为：

第一步，使用信号源监视器窗口中的设置入点按钮 （或快捷键"I"）和设置出点按钮 （或快捷键"O"）在要插入的素材片段上设置入点和出点。使用节目监视器窗口中的设置入点按钮 （或快捷键"I"）和设置出点按钮 （或快捷键"O"）在被插入的节目片段上设置入点和出点，这样就为素材和序列设置了所需的四个点，就是所谓的四点，如图3－51所示。

**图3－51　四点编辑编辑点设置示例图**

第二步，如果使用信号源监视器窗口中的"Insert（插入）"按钮 （或快捷键"，"）或"Overlay（覆盖）"按钮 （或快捷键"."），并且标记的素材和序列的持续时间不相同时，在添加素材时会弹出"Fit Clip（匹配素材）"对话框，如图3－52所示。

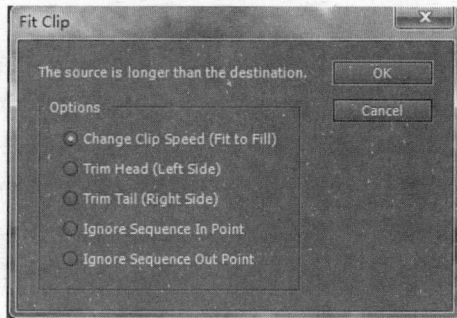

图 3 - 52　"匹配素材"对话框

　　第三步，在"Fit Clip（匹配素材）"对话框中，可以选择"Change Clip Speed（改变素材速率）"自动改变素材片段的速率，在不减少素材片段帧数的情况下缩短时间，插入序列入点和出点间限定的时间空挡中。当标记的素材长于序列时，可以选择"Trim Head（修剪素材的开头）"或"Trim Tail（修剪素材的结尾）"，剪切掉素材片段的开头或结尾的多余帧，这样可以在不改变素材速率的情况下插入序列入点和出点间限定的时间空挡中；当标记的素材短于序列时，可以选择"Ignore Sequence In Point（忽略序列的入点）"或"Ignore Sequence Out Point（忽略序列的出点）"忽略序列限定的入点位置或出点位置，而以另一点为基准（相当于三点编辑），在保持素材片段的帧数和速率都不变的情况下插入序列中，序列的帧数并没有改变。

　　第四步，设置完毕，单击"OK"按钮，将素材以插入编辑或覆盖编辑的方式添加到序列中的指定轨道上，完成四点编辑。

　　6. 多机位编辑

　　使用多机位监视器（Multi - Camera Monitor）可以同时编辑 2 台、3 台或最多 4 台摄像机拍摄的素材，以便模拟摄像机的切换。在时间线窗口中选择多摄像机目标编辑序列，使用菜单命令"Window（窗口）> Multi - Camera Monitor（多机位监视器）"，可以调出目标序列的多机位监视器窗口。多机位监视器窗口可以从每台摄像机中播放素材，并预览最终编辑好的序列。当记录最终序列的时候，单击一个摄像机预览，将其激活，并从此摄像机中进行录入。当前摄像机内容在播放状态时，显示黄色边框；在记录状态时，则显示红色边框，如图 3 - 53 所示。

**181**

图 3 - 53    多机位监视器播放与记录模式

在多机位编辑中，可以使用任何形式的素材，包括各种摄像机中录制的素材和静止图片等，可以最多整合 4 个视频轨道和 4 个音频轨道。可以在每个轨道中添加来自于不同磁带的不止一个素材的片段。整合完毕，还需要将素材进行同步化，并创建目标序列。具体操作步骤为：

第一步，将所需素材片段添加到至多 4 个视频轨道和音频轨道，如图 3 - 54 所示。

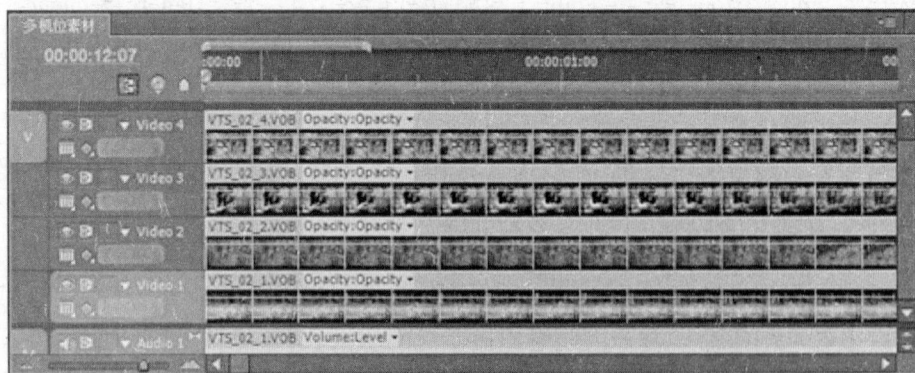

图 3 - 54    添加多机位素材到时间线轨道

第二步，在尝试进行素材同步化之前，必须为每个摄像机素材标记同步点。可以通过设置相同序号的标记或通过每个素材片段的时间码来为每个素材片段设置同步点。选中要进行同步的多个轨道上的素材片段，使用菜单命令"Clip（素材）>Synchronize（同步）"，在弹出的"Synchronize Clips（同步素材片段）"对话框中选择一种同步的方式。如图 3 - 55 所示，其中"Clip Start（素材起点）"

是以素材片段的入点为基准进行同步；"Clip End（素材终点）"是以素材片段的出点为基准进行同步；"Timecode（时间码）"是以设定的时间码为基准进行同步；"Numbered Clip Marker（编号素材标记）"是以选中的带序号的标记进行同步。设置完毕，单击"OK"按钮，则按照用户的设置对选中的素材片段进行同步。

第三步，新建一个目标序列，将刚刚设置完同步的包含多摄像机素材的序列作为嵌套序列素材添加到此序列中，如图 3–56 所示。

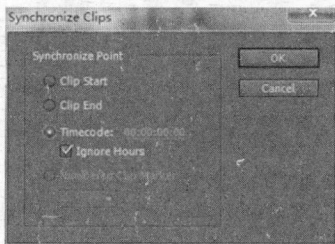

图 3–55　"同步素材片段"对话框

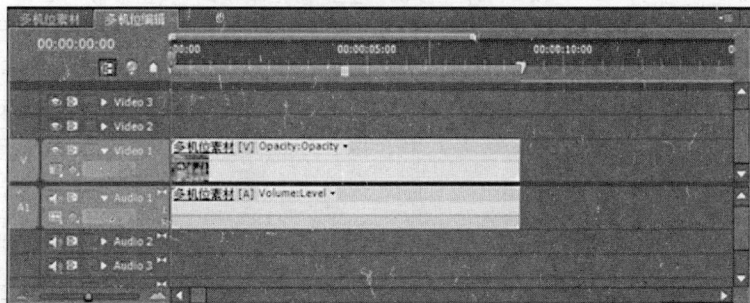

图 3–56　嵌套多机位素材序列

第四步，选中嵌套序列素材片段，使用菜单命令"Clip（素材）> Multi–Camera（多摄像机）> Enable（启用）"，激活多机位编辑功能，并使用菜单命令"Window（窗口）> Multi–Camera Monitor（多机位监视器）"，调出目标序列的多机位监视器窗口。进行录制之前，可以在多机位监视器窗口中单击播放按钮▶进行多摄像机的预览。单击记录按钮◉，再单击播放按钮▶开始进行录制。在录制的过程中，通过单击各个摄像机视频缩略图，可以在各个摄像机素材之间进行切换。录制完毕，单击停止按钮■结束录制，如图 3–57 所示。除了使用

**183**

录制的方式外，还可以手动拖曳当前时间指针  并切换镜头，这样可以精确定位。

图3-57　多机位监视器记录模式

第五步，再次播放预览序列，序列已经按照录制时的操作在不同的区域显示不同的摄像机素材片段，并且以［MC1］、［MC2］的方式标记素材的摄像机来源，如图3-58所示。

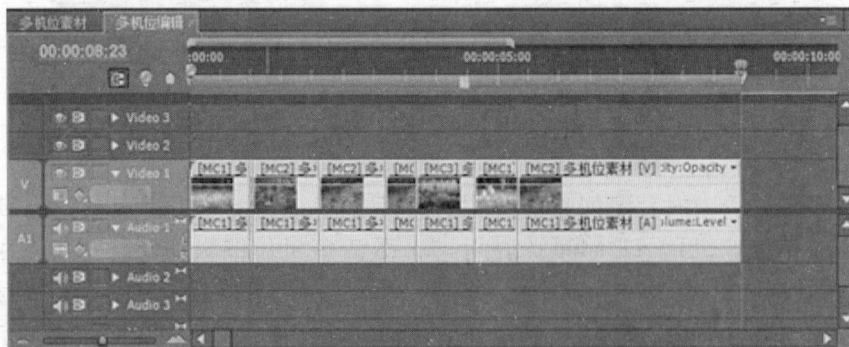

图3-58　时间线窗口中显示的多机位编辑结果

录制完毕后，在时间线窗口中双击多机位素材片段，可以在信号源监视器窗口中重新设置镜头，还可以使用一些基本的编辑方式对录制的序列结果进行修改和编辑。

## 3.8　创作实训

综合利用本章介绍的方法与技巧，完成自己作品的粗剪，并有选择地完成下列实训内容。用到 Premiere Pro CS5 非线性编辑软件的创建项目、素材采集和导入、设置出入点、向时间线窗口添加素材、在时间线窗口编辑素材、保存项目、输出影片等功能。

### 3.8.1　在编辑中解决越轴问题

第一步，拍摄用于合理越过轴线的镜头：①两人对话的同轴镜头、越轴镜头、骑轴镜头、双人镜头；②一个人左手拿着手机脸朝着右画框打电话的镜头，这个人的主观镜头，有人进门的镜头，这个人朝左画框打电话的镜头；③一个汽车从左向右行驶的镜头，一个汽车从右向左行驶的镜头，一个汽车转弯的镜头，一个高速旋转的车轮镜头。

第二步，根据合理越轴的策略，利用素材镜头完成越轴镜头的剪辑：①在两个构成越轴关系的镜头之间插入骑轴镜头越轴；②在两个构成越轴关系的镜头之间插入运动主体转弯等自然改变方向的镜头越轴；③在两个构成越轴关系的镜头之间插入与运动主体有关的事物的局部特写镜头越轴；④在两个构成越轴关系的镜头之间插入交代环境的全景镜头越轴；⑤在两个构成越轴关系的镜头之间插入主观镜头越轴。

### 3.8.2　验证运动主体剪接的规则

第一步，观摩影视素材，分别找到剪接点选择在大动作转换的瞬间、画面主体的动静转换处、动作的间歇点或者完成点、出画之后入画之前的四组运动主体剪接镜头作为素材。

第二步，分别改变这四组镜头的剪接点，使它们不再符合运动主体剪接的规则，然后和原始镜头进行比较。验证运动主体剪接规则的合理性。

### 3.8.3　验证动接动、静接静的剪接规则

第一步，把原来满足动接动条件的两个镜头，通过编辑变成动接静、静接动，然后和原始镜头进行比对。

**185**

第二步，选择两个有起幅、落幅的运动镜头，做剪接练习：①前后两个镜头的剪接点都落在起幅、落幅上；②前后两个镜头的剪接点都不落在起幅、落幅上；③前一个镜头的剪接点在落幅上，后一个镜头的剪接点不在起幅上；④前一个镜头的剪接点不在落幅上，后一个镜头的剪接点在起幅上。

### 3.8.4 练习分解法、增减法的剪接

首先，拍摄一组主体动作镜头（如起坐、起卧、拥抱、握手、招手、脱帽、穿衣、吸烟、开关门窗、走路、跑步、回头、低头、抬头、转身、弯腰、直身等动作）。一个动作用 3 个以上机位进行拍摄，要求从不同角度，运用不同景别（包括一个特写、一个全景、一个中景、一个近景）进行拍摄，再从不同角度，运用相同景别进行拍摄。

然后，选择同景别、不同角度拍摄所得到的素材镜头，运用分解法进行剪接。

最后，选择不同景别、不同角度拍摄所得到的素材镜头，运用增减法进行剪接。分别用特写接全景、近景接近景、中景接全景，试验不同景别情况下，上下镜头的长短有什么不同。

### 3.8.5 练习镜头的分剪、挖剪和拼剪

1. 镜头的分剪

拍摄两个有关联的长镜头。比如以朋友约会为主题，两个镜头分别表现约会的双方如何出发赶往约会的地点。第一步，用分剪的方式对这两个镜头进行剪接，在剪接过程中遵守分剪的规则，合理处理好两个镜头的长度以及时空关系；第二步，不分剪，用直接组接的方式把两个镜头依次进行组接。比较镜头分剪与直接组接的效果差异。

2. 镜头的挖剪

拍摄一个母亲打儿子的镜头。用挖剪的方法对镜头进行处理，表现母亲一开始不舍得打儿子，后来越来越气愤，最后飞快地打了儿子一记耳光的效果。尝试直接从镜头中间挖剪以及等距离挖剪两种挖剪方法，并比较两者的效果差异。

3. 镜头的拼剪

拍摄一个睁眼的特写镜头，用拼剪方式使睁眼的动作放慢一倍。

### 3.8.6 体验无技巧转场

观摩影视作品，注意分析影片中的无技巧转场方式，体验利用声音、动作、

景物、特写、情绪等无技巧转场的妙处。至少寻找 3 个无技巧转场的实例，并用 Premiere Pro CS5 编辑成一段影片，可以用字幕注明无技巧转场的类型，也可配上解说词说明实例所用的无技巧转场方法。

【思考题】

1. 画面组接的三大逻辑关系是什么？
2. 剪接点选择得准确与否以什么为标准？
3. 轴线是什么？有哪些合理越轴的方法？
4. 运动镜头组接的基本规则是什么？
5. 什么是分解法？什么是增减法？什么是错觉法？
6. 什么是画面的分剪、挖剪和拼剪？它们的作用是什么？
7. 结合具体实例，谈谈无技巧转场的方式。

# THE TECHNOLOGY AND CREATION OF TV EDITING

## Application of
## Transition, Motion
## and Video Effects

### 第 4 章

# 视频转场、运动特效及视频特效的应用

本章主要介绍了 Premiere Pro CS5 中视频转场、运动特
效以及视频特效的应用方法与技巧，并提出了相应的
创作实训任务。

【**本章学习要点**】

通过本章的学习，读者应了解 Premiere Pro CS5 提供的各类视频特效的作用与效果，掌握在 Premiere Pro CS5 中应用视频转场、运动特效以及视频特效的方法与技巧。

【**本章内容结构**】

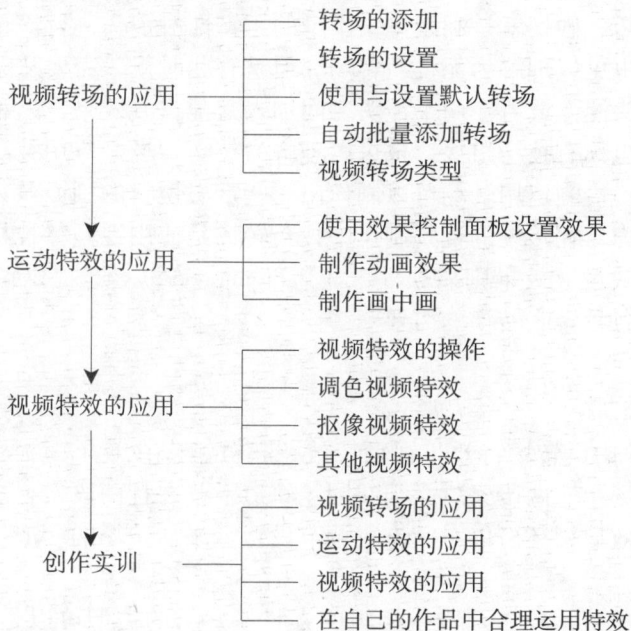

```
                          ┌── 转场的添加
                          ├── 转场的设置
视频转场的应用 ───────────┼── 使用与设置默认转场
                          ├── 自动批量添加转场
                          └── 视频转场类型

                          ┌── 使用效果控制面板设置效果
运动特效的应用 ───────────┼── 制作动画效果
                          └── 制作画中画

                          ┌── 视频特效的操作
                          ├── 调色视频特效
视频特效的应用 ───────────┼── 抠像视频特效
                          └── 其他视频特效

                          ┌── 视频转场的应用
                          ├── 运动特效的应用
创作实训 ─────────────────┼── 视频特效的应用
                          └── 在自己的作品中合理运用特效
```

Premiere Pro CS5 中提供了大量的视频转场、运动特效和视频特效，可以创造丰富多彩的视频过渡及变化效果。本章将介绍这些效果的应用方法与技巧。

# 4.1 视频转场的应用

镜头是构成影片的基本要素，在影片中镜头的切换就是转场（Video Transitions，也译作切换、转换、过渡）。在 3.7 小节介绍了利用 Premiere Pro CS5 创建硬切效果的视频编辑技巧，硬切就是利用镜头本身的逻辑性对镜头进行简单的衔接，也称无技巧组接，也可以理解为无技巧转场。但是有些时候，需要从第一个镜头淡出并向第二个镜头淡入或者在两个镜头之间加入其他过渡效果，这种镜头切换的方式称为软切，也称有技巧组接，也可以理解为技巧转场。应用技巧转场后可以使画面过渡自然，恰当运用转场可以制作出一些赏心悦目的画面效果，大大增加影片的艺术感染力。在传统的视频制作中技巧转场是使用视频特技机实现的，在计算机中制作特效过渡效果则靠软件生成。Premiere Pro CS5 提供了近 80种转场方式，可以满足各种镜头转换的需要。

## 4.1.1 转场的添加

在 Premiere Pro CS5 中，转场特效与视频特效一起被镶嵌在效果面板中。要在两段素材之间添加转场，这两段素材必须在同一轨道上，并且两段素材之间没有间隙。当施加转场特效后，还可以对其进行调节设置。添加转场的一般操作流程包含如下步骤：

第一步，新建一个项目，导入两段待编辑的素材。素材的类型可以是图片、视频、动画或者序列等，本例以图片"兰花1. JPG"和"兰花2. JPG"为例。

第二步，使用菜单命令"Window（窗口）> Effects（效果）"，调出效果面板，单击"Video Transition（视频转场）"前的小三角按钮展开该文件夹，找出所需要的转场，也可以在效果面板上方的搜索栏中输入转场名称中的关键字进行搜索。本例以"Dissolve（溶解）> Cross Dissolve（交叉溶解）"为例，用鼠标按住"Cross Dissolve（交叉溶解）"前的图标□将其拖放到时间线窗口"兰花1. JPG"和"兰花2. JPG"两段素材之间的编辑点上，如图4-1所示。当出现图标 ↳（表示转场与两素材间的切线居中对齐）时，松开鼠标，即在两段素材中间添加了转场。添加转场后的编辑点处会显示转场的名称，将鼠标放在转场处会显示该转场相关信息，如图4-2所示。

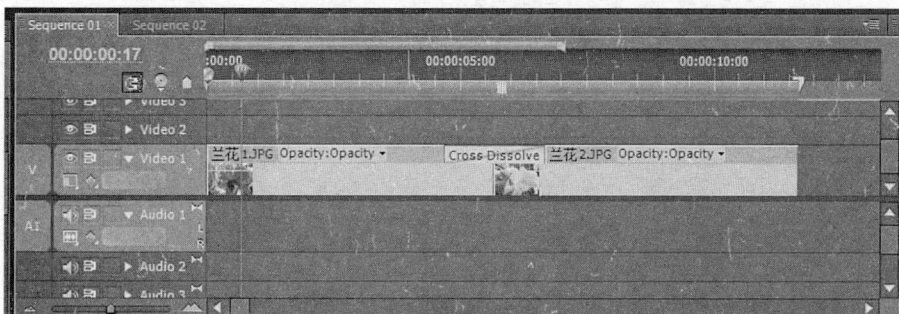

图 4 - 1　拖放添加转场

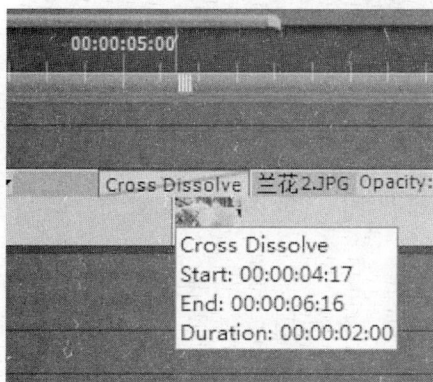

图 4 - 2　交叉溶解转场图标

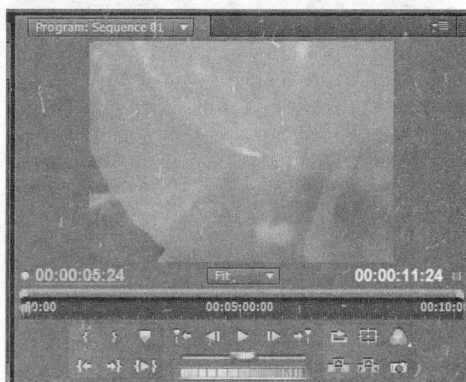

图 4 - 3　交叉溶解转场效果

　　第三步，按下空格键或单击节目监视器窗口下的播放按钮▶，可以预览该转场效果，如图 4 - 3 所示。也可以直接拖动时间线标尺上的播放头预览所添加的转场效果。

　　Premiere Pro CS5 支持单轨转场，即可以将转场添加在一段独立的素材的入点或出点，不一定是在相邻两段素材的编辑点上。将转场图标从效果面板拖曳到时间线窗口中两段素材之间时，若出现图标，则表示转场与两素材间的切线居中对齐；若出现图标，则表示转场的起始点与后一个素材片段的入点对齐；若出现图标，则表示转场的结束点与前一个素材片段的出点对齐。如果仅为相邻素材之中的一个素材施加转场，应该在按住"Ctrl"键的同时，拖曳转场到时间线窗口中，当出现图标或者图标时，释放鼠标即可。如果素材片段不与其他的素材相邻的话，则不需要按住"Ctrl"键，直接拖曳转场到时间线窗口的目标素材上即可。如图 4 - 4 所示的两段素材的入点与出点处的转场，它可以

**191**

实现该段素材的动态入屏和出屏动画效果。在制作字幕时，可以用单轨转场灵活地为字幕添加动态入屏与出屏动画效果。

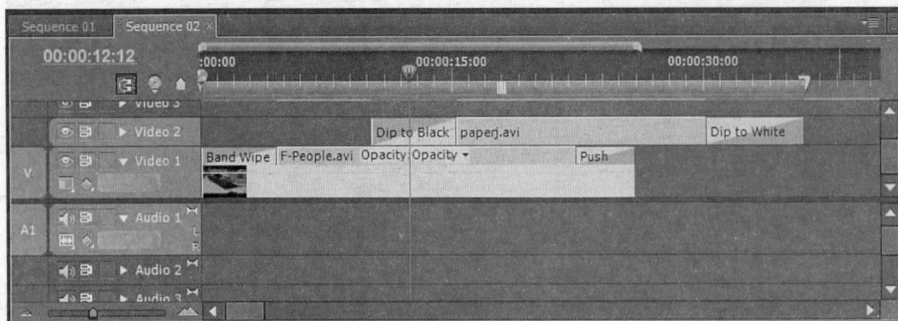

图4-4　单轨转场

## 4.1.2　转场的设置

在 Premiere Pro CS5 中，既可以在时间线窗口中对转场进行设置，还可以在效果控制面板中对转场的各项参数进行调节。

1. 设置转场参数

大多数 Premiere Pro CS5 自带的视频转场特效允许用户进行一定的个性化设置，尽管不同转场间的参数有所不同，但其操作基本相似，用户只要熟练掌握一种转场效果的参数设置基本上就可以容易地设置其他转场效果的参数。

设置转场参数，要调出效果控制面板。效果控制面板最主要的作用是通过设置选项参数，对转场的各种属性进行精确的控制。在时间线窗口中双击已添加的"Band Wipe（条形划像）"转场，可以打开效果控制面板，如图4-5所示。单击效果控制面板上方的 ⟨⟨ 按钮可以展开或收起效果控制面板中右侧的时间线部分。一般转场的基本设置选项有"Duration（持续时间）"、"Alignment（对齐方式）"和"Show Actual Sources（显示实际素材）"几项，有的转场则具有更多可设置的选项，如图4-5所示的"Band Wipe（条形划像）"即包含多种设置选项。

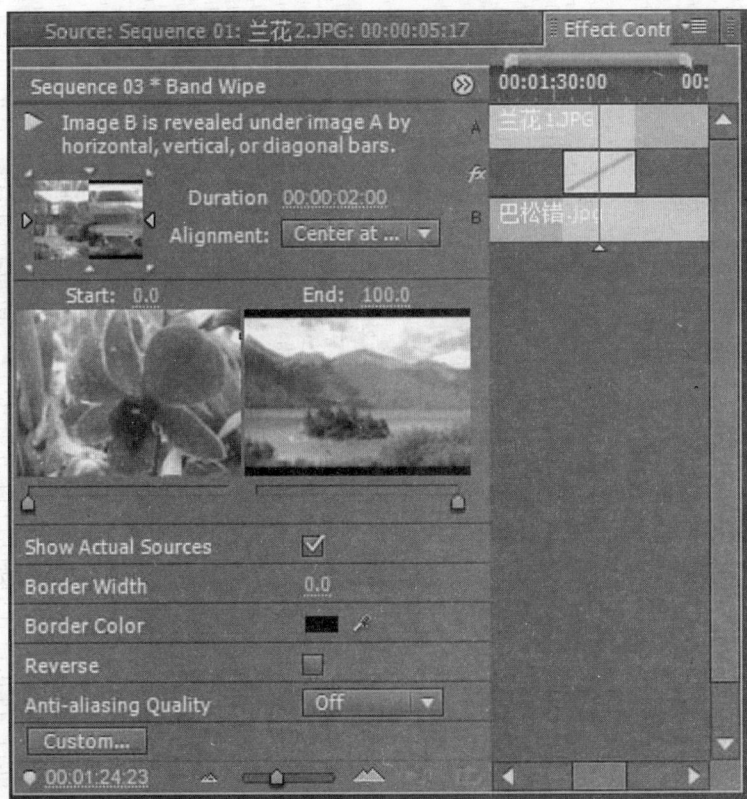

**图 4 – 5　在效果控制面板中设置转场参数**

（1）改变转场的方向。单击转场预览缩略图周边上的箭头，可以改变默认的转场变化方向。如图 4 – 6 中各图所示，转场变化方向为深色显示的一对箭头所指示的方向。

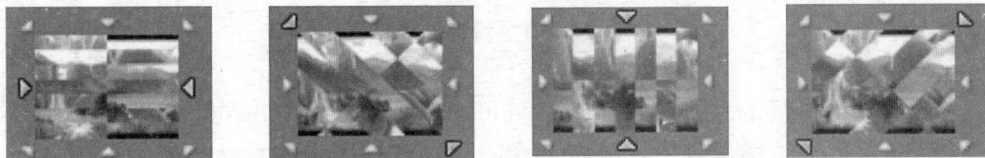

**图 4 – 6　更改 Band Wipe（条形划像）转场方向**

（2）设置转场始末位置的进程百分比。用鼠标拖动素材预览框下面的开始

**193**

和结束滑块，可以对转场开始和结束的位置进行移动，如图 4-7 所示。若按住"Shift"键拖曳滑块，可以对转场的始末位置进行同步移动。

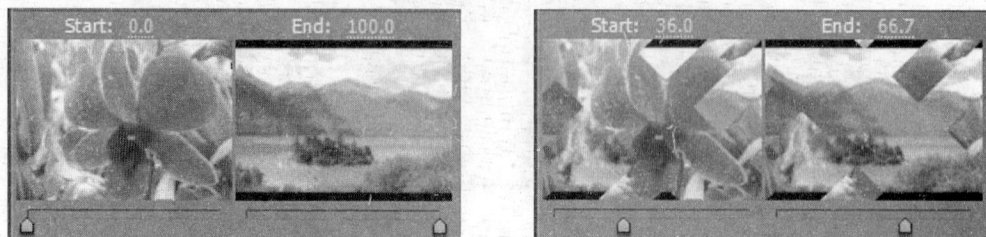

图 4-7　设置转场始末位置的进程百分比

（3）显示转场始末位置的帧画面。勾选"Show Actual Sources（显示实际素材）"，可以预览实际素材的转场效果；若不勾选，则以"A"和"B"来指代第一个画面和第二个画面，预览的转场效果即从 A 变化到 B 的效果，如图 4-8 所示。

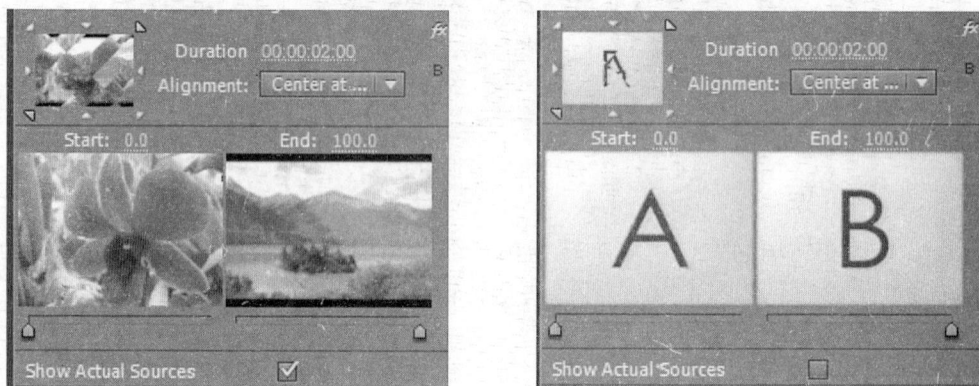

图 4-8　显示转场始末位置的帧画面

（4）设置转场的边框。"Border Width（边宽）"和"Border Color（边色）"两个选项可以为转场设置边框的宽度和颜色。转场边缘的默认宽度为"0"，此处将边宽参数设置为"30"，如图 4-9 所示。单击边色右侧的色块按钮 ■，弹出的调色板如图 4-10 所示，此处选择白色，单击"OK"退出。也可单击边色右侧的吸管按钮 ✎，从屏幕上拾取边框需要的颜色。

**194**

图 4-9　设置转场的边框

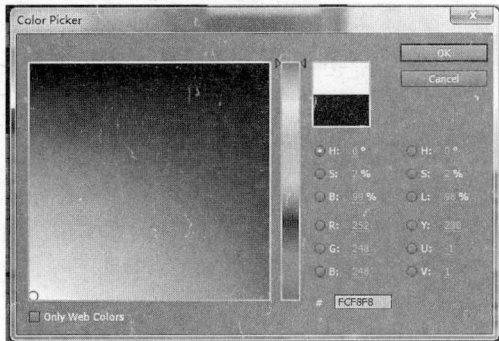

图 4-10　用调色板设置边框颜色

（5）对转场进行翻转。勾选"Reverse（反向）"可以对转场进行翻转。例如"Clock Wipe（时钟划像）"转场翻转后，转动方向由默认的顺时针变为逆时针。

（6）设置抗锯齿品质。使用"Anti-aliasing Quality（抗锯齿品质）"选项可以调节转场边缘的平滑程度，有"Off/Low/Medium/High（关/低/中/高）"四个选项可选。当设置为"High（高）"时，可以减少画面中的两素材斜线分界处的锯齿现象，但分界处的清晰度会受影响，用户可视具体情况按需选择。

（7）自定义设置转场。使用"Custom（自定义）"设置转场的一些具体设置。单击"Custom（自定义）"按钮，弹出转场特效设置对话框，因此例是"Band Wipe（条形划像）"转场，所以弹出的是"Band Wipe Settings（条形划像设置）"对话框，如图 4-11 左图所示。用户可以设置该特效中条带的数量，此处设置"15"，设置条带数为 15 后的效果如图 4-11 右图所示。大多数转场不支持自定义设置。

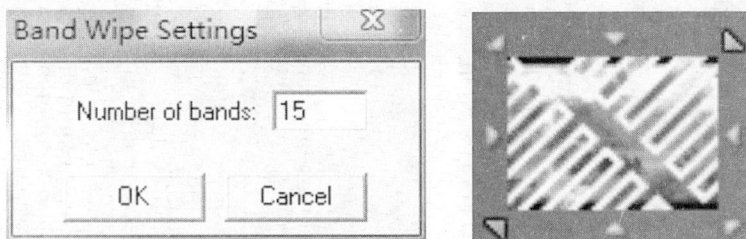

图 4-11　设置"Band Wipe（条形划像）"条带数及效果

**195**

2. 改变转场长度

改变转场长度即改变转场的持续时间。转场持续时间长，画面变化就较慢，反之则快。增长转场需要素材具备更多的额外帧。一般情况下有三种常用的方式来改变转场的长度。

（1）在时间线窗口中改变转场长度。将时间线窗口放大至合适比例，将鼠标移至转场图标的两端，当鼠标形状变为 ⤶（入点图标）或 ⤸（出点图标）时，直接向左右拖动转场图标的长度，就可以调整转场持续时间的长短，如图 4 – 12 所示。

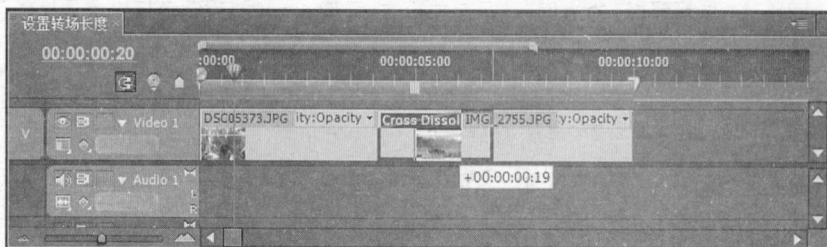

图 4 – 12　在时间线窗口中改变转场长度

（2）在效果控制面板中改变转场长度。在时间线窗口中双击选中需要调整的转场图标，打开效果控制面板，将鼠标移至"Duration（持续时间）"右侧的时间码 Duration 00:00:02:00 上左右拖动可以调整转场持续时间的长短，也可以单击时间码 Duration 00:00:05:00 ，输入所需要的转场持续时间即可，其最小长度单位为帧。

（3）在效果控制面板右侧的时间线视图中改变转场长度。在效果控制面板中，将鼠标指针放在右侧的时间线视图转场的两端，也会出现剪辑入点图标 ⤶ 或剪辑出点图标 ⤸，对其进行拖曳也可以改变转场的长度，如图 4 – 13 所示。

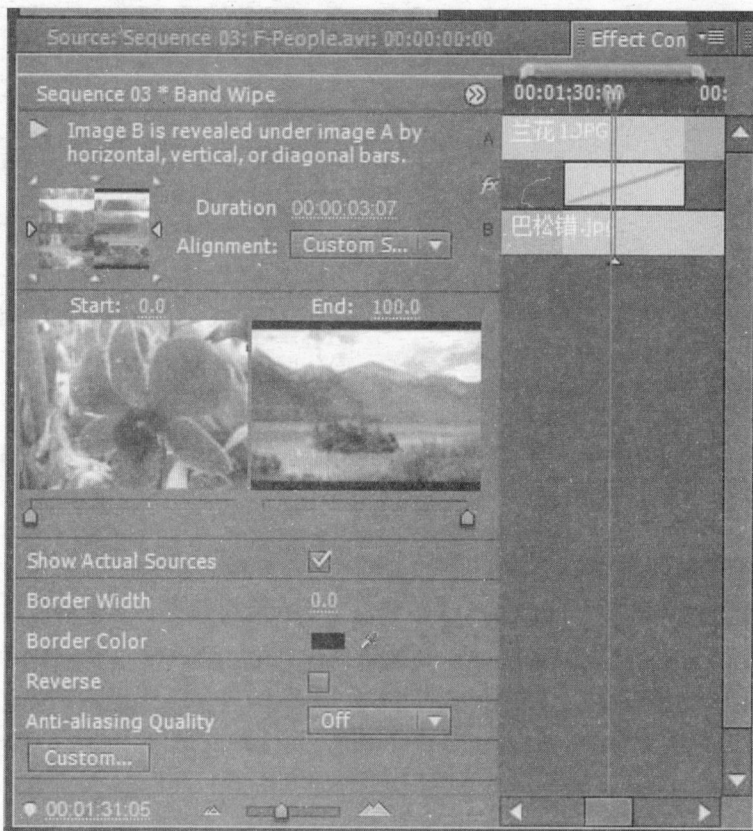

图 4 - 13　在效果控制面板时间线视图中改变转场长度

3. 设置转场对齐

转场对齐有编辑点居中对齐、编辑点起始对齐、编辑点结束对齐和自定义对齐四种对齐方式。默认情况下，转场是编辑点居中对齐，但有时未必需要转场与编辑点切线对齐，调整转场对齐方式也有三种方式。

（1）在时间线窗口中对素材片段之间的转场对齐方式进行设置。在时间线窗口中，直接对转场进行拖曳，将其拖放到一个新的位置，即可完成转场的对齐。如图 4 - 14 所示，将转场编辑点居中对齐变为编辑点结束对齐。

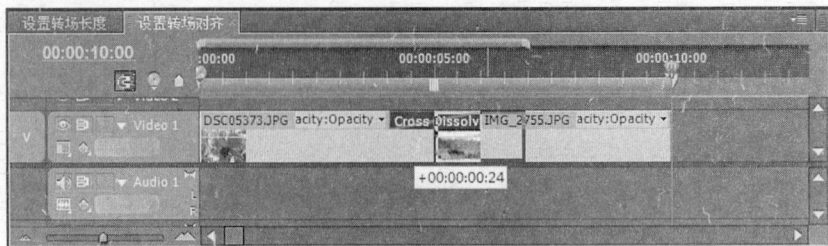

图 4 - 14　设置转场对齐

（2）在效果控制面板中改变转场的对齐方式。在时间线窗口中双击选中需要调整的转场图标，打开效果控制面板，单击"Alignment（对齐方式）"旁边的小三角，在弹出的下拉菜单中选择一种需要的对齐方式即可，如图 4 - 15 所示。

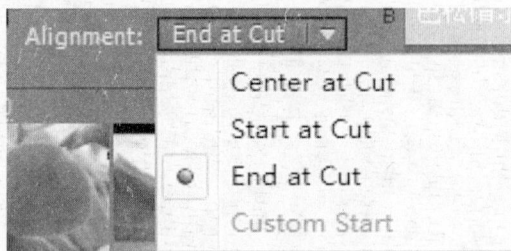

图 4 - 15　"Alignment（对齐方式）"下拉菜单

（3）在效果控制面板右侧的时间线视图中改变转场的对齐方式。在效果控制面板中，将鼠标指针放在右侧的时间线视图转场图标上，出现转场滑动图标，按需要拖曳即可对转场对齐方式进行调整。

4. 同时移动编辑点和转场

在效果控制面板中，不但可以移动转场的位置，还可以在移动转场位置的同时相应地移动编辑点的位置。在效果控制面板中，将鼠标指针放在右侧的时间线视图转场上编辑点的细垂直线上，转场滑动图标会变为滚动编辑图标，按需拖动鼠标即可同时移动编辑点和转场。

### 4.1.3　使用与设置默认转场

为了提高编辑效率，可以将使用频率最高的视频转场和音频转场设置为默认转场。默认转场在效果面板中的图标具有红色外框。默认状态下，"Cross Dissolve

（交叉溶解）"和"Constant Power（恒定功率）"为系统默认的视频转场和音频转场。可以通过菜单命令或其他方式使用默认转场。

1. 使用默认转场

系统默认的视频转场是效果面板中的"Video Transition（视频转场）> Dissolve（溶解）> Cross Dissolve（交叉溶解）"，用户可以通过快捷键"Ctrl + D"来方便调用。施加默认转场的操作步骤如下：

第一步，在时间线窗口中单击轨道标签，选中要施加转场的目标轨道。

第二步，将时间游标定位到素材之间的编辑点上。可以使用节目监视器窗口跳转到上一个编辑点按钮 或跳转到下一个编辑点按钮 来实现。也可以按下键盘上的"PageUp（上页）"或"PageDown（下页）"键，在时间线窗口上快速实现跳转到上一个编辑点或跳转到下一个编辑点。

第三步，按下快捷键"Ctrl + D"或使用菜单命令"Sequence（序列）> Apply Video Transition（应用视频转场）或 Apply Default Transition to Selection（对目标应用默认转场）"，对指定的目标素材施加默认的视频转场效果。

如果选择的目标轨道为音频轨道，在将时间游标放置到音频素材之间的编辑点上后，按下快捷键"Ctrl + Shift + D"或使用菜单命令"Sequence（序列）> Apply Audio Transition（应用音频转场）或 Apply Default Transition to Selection（对目标应用默认转场）"，对指定的目标素材施加默认的音频转场效果。

2. 设置默认转场

如果"Cross Dissolve（交叉溶解）"和"Constant Power（恒定功率）"这两个系统默认的转场并非使用最频繁的转场，可以将其他转场设置为默认转场。自定义默认转场的操作步骤如下：在效果面板中，展开 Video Transition（视频转场）或 Audio Transition（音频转场）文件夹及其子文件夹，选中欲设置为默认转场的转场，在效果面板的名称按钮上单击鼠标右键，在弹出式菜单中选择"Set Selected as Default Transition（设置所选为默认转场）"命令即可。更简便的设置方法如下：找到欲设置为默认转场的转场，在该转场上单击鼠标右键选择弹出的"Set Selected as Default Transition（设置所选为默认转场）"命令即可。

3. 设置默认转场长度

用户还可以根据需要自定义设置默认转场的长度，方法如下：使用菜单命令"Edit（编辑）> Preferences（参数）> General（常规）"或在效果面板的名称按钮上单击鼠标右键，在弹出式菜单中选择"Set Default Transition Duration（设置默认转场的持续时间）"命令，打开"Preferences（参数）"对话框，将"Video Default Transition Duration（视频转场默认持续时间）"和"Audio Default Transi-

**199**

tion Duration（音频转场默认持续时间）"后的数值更改即可，时间单位为帧，如图 4 - 16 所示。

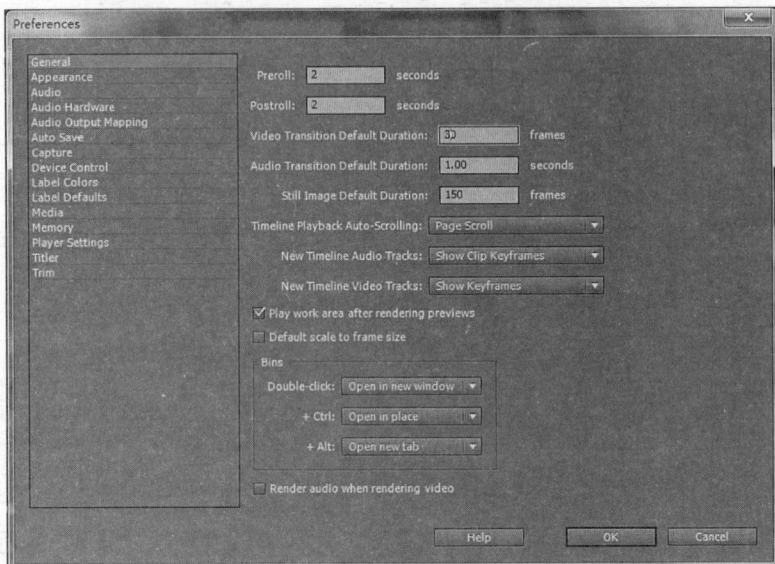

图 4 - 16　设置默认转场持续时间

### 4.1.4　自动批量添加转场

　　在 Premiere Pro CS5 中可以一次将多个图片或音视频素材添加到时间线窗口的序列上，并自动为相邻素材添加默认视频转场效果。在项目窗口中按住"Shift"键（或框选）选中多个素材，单击项目窗口左下方的"Automate to Se-quence（自动匹配到序列）"或使用菜单命令"Project（项目）> Automate to Sequence（自动匹配到序列）"，弹出"Automate to Sequence（自动匹配到序列）"对话框，如图 4 - 17 所示。根据需要勾选"Apply Default Audio Transition（应用默认音频转场）"和"Apply Default Video Transition（应用默认视频转场）"前的复选框。单击"OK"按钮完成自动添加素材和默认转场到时间线窗口上。用户可以看到时间线窗口上当前序列的素材之间均会自动添加一个具有默认持续时间的默认视频转场或音频转场。在使用"Automate to Sequence（自动匹配到序列）"功能前，应确保已经设置好默认的视频转场和音频转场类型以及持续时间。

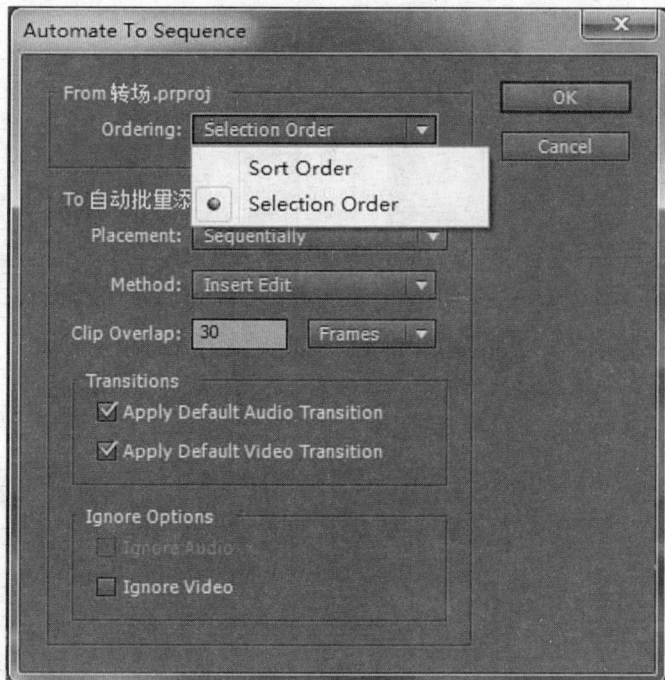

图 4 - 17    "自动匹配到序列"对话框

## 4.1.5    视频转场类型

Premiere Pro CS5 提供了多种视频转场方式,可以满足各种镜头转换的需要。需要用户注意的是,尽管转场可以增强画面效果,但并不适合在所有情况下使用。视频转场可以大大增加抒情、写意段落的效果,不适合于叙事的段落或其他节目类型。比较一下视频转场在电影、电视剧、MTV、电视广告、电视纪录片及影视预告片等几种不同剪辑风格的节目类型中的应用就可以理解这一点。所以在实际使用中,使用转场的原则应是"锦上添花",而不是"画蛇添足"。不过在本小节中,鼓励有兴趣的读者尝试所有转场效果。Premiere Pro CS5 中的转场按照分类不同被分别放置在不同的文件夹中,本小节将以相邻排列在时间线上需要添加过渡效果 A、B 两段素材为例(如图 4 - 18 所示),对转场效果按照不同的分类进行介绍。

**201**

图 4 - 18　转场示例原素材 A 和 B

1. 3D Motion（三维运动）转场

此类转场主要是通过三维空间的转化达到转场过渡的效果。如图 4 - 19 所示，三维运动转场包含 10 种不同的转场。

（1）Cube Spin（立体旋转），类似于立方体旋转，可以使前、后两段素材分别相当于立方体的两个相邻的面进行过渡转换，效果如图 4 - 20 所示。

（2）Curtain（窗帘），类似于掀窗帘，默认状态下，前一段素材相当于窗帘被掀起后，显示出后一段素材的画面，效果如图 4 - 21 所示。

（3）Doors（门），类似于开关门，默认状态下，后一段素材像关门一样覆盖前一段素材后显示出来，效果如图 4 - 22 所示。

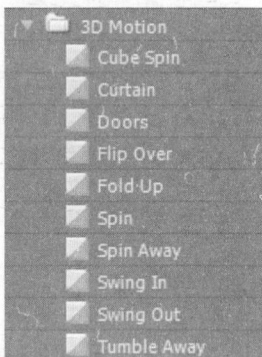

图 4 - 19　3D Motion 转场类型

图 4 - 20　Cube Spin 效果　　　图 4 - 21　Curtain 效果　　　图 4 - 22　Doors 效果

（4）Flip Over（翻页），使前一段素材和后一段素材背靠背叠加在一起，通

过翻转进行过渡，并使用自定义色彩填充空白区域作为转场背景色，效果如图
4 – 23 所示。

（5）Fold Up（折叠），将前一段素材进行折叠，以露出后一段素材画面，从
而进行过渡，效果如图 4 – 24 所示。

（6）Spin（旋转），后一段素材从屏幕中心逐渐展开并将前一段素材画面覆
盖，从而显示出来，效果如图 4 – 25 所示。

（7）Spin Away（旋转离开），后一段素材从屏幕中心以透视视角旋转出现逐
渐将前一段素材画面覆盖，从而显示出来，效果如图 4 – 26 所示。

图 4 – 23　Flip Over 效果　　图 4 – 24　Fold Up 效果　　图 4 – 25　Spin 效果　　图 4 – 26　Spin Away 效果

（8）Swing In（摆入），后一段素材以屏幕画面的某一边缘为轴，透视旋转
显示出来，效果如图 4 – 27 所示。

（9）Swing Out（摆出），后一段素材以屏幕画面的某一边缘为轴，水平旋转
显示出来，效果如图 4 – 28 所示。

（10）Tumble Away（翻转离开），前一段素材画面旋转的同时缩小消失，逐
渐将后一段素材画面显示出来，效果如图 4 – 29 所示。

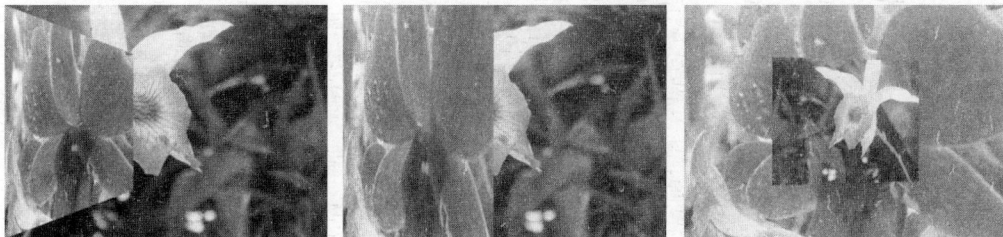

图 4 – 27　Swing In 效果　　　图 4 – 28　Swing Out 效果　　　图 4 – 29　Tumble Away 效果

**203**

## 2. Dissolve（溶解）转场

此类转场主要是通过画面的溶解消失达到转场过渡的效果。如图4-30所示，溶解转场包含7种不同的转场。前面介绍过，交叉溶解为系统默认转场。

图4-30　Dissolve 转场类型

（1）Additive Dissolve（附加溶解），通过附加溶解的方式进行过渡，溶解时产生较高亮度，效果如图4-31所示。

（2）Cross Dissolve（交叉溶解），标准的溶解叠化转场，以前后素材画面透明度变化的方式进行过渡，效果如图4-32所示。

图4-31　Additive Dissolve 效果

图4-32　Cross Dissolve 效果

（3）Dip to Black（黑场过渡），前一段素材先通过淡出变为黑场，然后再由黑场通过淡入以后变为后一段素材，效果如图4-33所示。

图4-33　Dip to Black 效果

（4）Dip to White（白场过渡），前一段素材先通过淡出变为白场，然后再由白场通过淡入以后变为后一段素材，效果如图4-34所示。

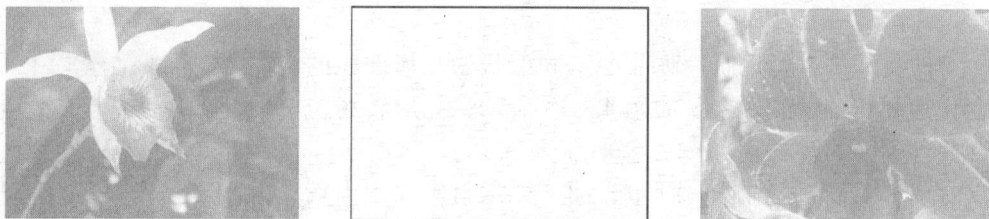

图 4 – 34　Dip to White 效果

（5）Dither Dissolve（抖动溶解），前后两段素材画面以一种细小的网格纹路的方式叠加后逐渐显示后一段素材画面，效果如图 4 – 35 所示。

（6）Non – Additive Dissolve（非附加溶解），对比前后两段素材画面的亮度信息，前一段素材会按照由暗到明的顺序进行转场过渡，而后一段素材画面会按照由明到暗的顺序替代前一段素材的画面内容，即以前后两段素材画面的亮度叠加消融的方式进行过渡，效果如图 4 – 36 所示。

图 4 – 35　Dither Dissolve 效果

图 4 – 36　Non – Additive Dissolve 效果

（7）Random Invert（随机反转），将画面分割为许多矩形小块，并通过随机反转先将前一段素材进行反相（反色显示），然后继续随机反转出后一段素材的画面，效果如图 4 – 37 所示。

图 4 – 37　Random Invert 效果

**205**

3. Iris（孔形）转场

此类转场主要是通过画面中不同形状的孔形面积的变化达到转场过渡效果。如图 4 - 38 所示，孔形转场包含 7 种不同的转场。

（1）Iris Box（盒子孔形），前一段素材画面中出现一个矩形的孔，逐渐放大，直至完全显示出后一段素材画面，效果如图 4 - 39 所示。

（2）Iris Cross（十字孔形），前一段素材画面中出现一个十字形的孔，逐渐放大，直至完全显示出后一段素材画面，效果如图 4 - 40 所示。

图 4 - 38　Iris 转场类型

（3）Iris Diamond（菱形孔形），前一段素材画面中出现一个菱形的孔，逐渐放大，直至完全显示出后一段素材画面，效果如图 4 - 41 所示。

（4）Iris Points（多点孔形），前一段素材画面的四边同时出现一个三角形的孔，逐渐放大，直至完全显示出后一段素材画面，效果如图 4 - 42 所示。

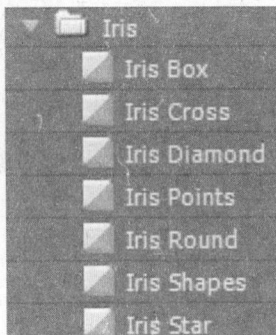

图 4 - 39　Iris Box 效果　　图 4 - 40　Iris Cross 效果　　图 4 - 41　Iris Diamond 效果　　图 4 - 42　Iris Points 效果

（5）Iris Round（圆形孔形），前一段素材画面中出现一个圆形的孔，逐渐放大，直至完全显示出后一段素材画面，效果如图 4 - 43 所示。

（6）Iris Shapes（形状孔形），前一段素材画面中水平并排出现多个菱形的孔，逐渐放大，直至完全显示出后一段素材画面。用户可以自定义菱形的个数，效果如图 4 - 44 所示。

（7）Iris Star（星状孔形），前一段素材画面中出现一个星形的孔，逐渐放大，直至完全显示出后一段素材画面，效果如图 4 - 45 所示。

图 4 – 43　Iris Round 效果　　　　图 4 – 44　Iris Shapes 效果　　　　图 4 – 45　Iris Star 效果

**4. Map（映射）转场**

此类转场主要是通过对素材画面的某些通道或亮度信息的映射达到转场过渡效果。如图 4 – 46 所示，映射转场包含 Channel Map（通道映射）和 Luminance Map（亮度映射）2 种不同的转场。

图 4 – 46　Map 转场

（1）Channel Map（通道映射），从前一段素材或后一段素材画面的某种通道映射输出到转场图像。在素材 A 与素材 B 之间添加 Channel Map（通道映射）转场效果后，双击时间线窗口中 Channel Map（通道映射）图标，打开效果控制面板，单击效果控制面板中的"Custom（自定义）"按钮，弹出"Channel Map Settings（通道映射设置）"对话框供用户选择通道源，如图 4 – 47 所示，系统默认将素材 A 的 Alpha 通道映射输出到转场图像的 Alpha 通道、将素材 A 的 Red（红色）通道映射输出到转场图像的红色通道、将素材 A 的 Green（绿色）通道映射输出到转场图像的绿色通道、将素材 A 的 Blue（蓝色）通道映射输出到转场图像的蓝色通道。此例改变第一个通道源，选择素材 B 的红色通道映射输出到转场图像的 Alpha 通道，其他三个通道源不变，如图 4 – 48 所示，选择完毕，单击"OK"按钮，即可将所选通道应用到转场，效果如图 4 – 49 所示。

（2）Luminance Map（亮度映射），与 Channel Map（通道映射）原理相似，但其使用的是素材片段的亮度信息进行映射，效果如图 4 – 50 所示。

**207**

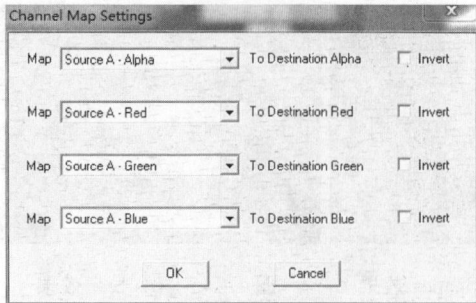

图 4 - 47　"通道映射设置"对话框

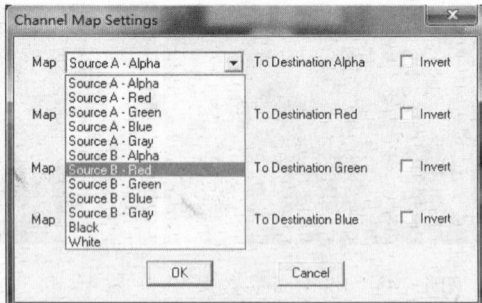

图 4 - 48　在"通道映射设置"对话框中设置通道源

图 4 - 49　Channel Map 效果

图 4 - 50　Luminance Map 效果

5. Page Peel（翻页）转场

此类转场模拟看书翻页的效果，将前一段素材画面像看书翻页一样翻过去后便露出新的一页，即后一段素材的画面，从而达到转场过渡效果。如图 4 - 51 所示，翻页转场包含 5 种不同的转场。

（1）Center Peel（中心翻页），从屏幕中心点将素材画面分为四部分，分别从中心点对前一段素材画面进行翻页，效果如图 4 - 52 所示。

图 4 - 51　Page Peel 转场类型

（2）Page Peel（翻页），从屏幕的某一角对前一段素材画面进行翻页，以显示后一段素材画面，效果如图 4 - 53 所示。

（3）Page Turn（翻转翻页），从屏幕的某一角对前一段素材画面进行翻页，以显示后一段素材画面，但被翻折的部分是透明的，效果如图 4 - 54 所示。

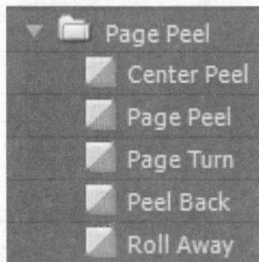

图 4 - 52　Center Peel 效果

图 4 - 53　Page Peel 效果

图 4 - 54　Page Turn 效果

（4）Peel Back（背面翻页），从屏幕中心点将素材画面分为四部分，按照顺时针方向分别从中心点对前一段素材画面进行翻页，效果如图 4 - 55 所示。

（5）Roll Away（滚离），将前一段素材画面从左至右进行翻页，以显示后一段素材画面，效果如图 4 - 56 所示。

图 4 - 55　Peel Back 效果

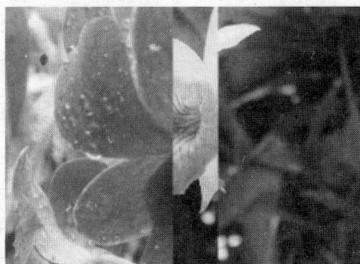

图 4 - 56　Roll Away 效果

6. Slide（滑动）转场

此类转场主要以条或块滑动的方式达到转场过渡效果。如图 4 - 57 所示，滑动转场包含 12 种不同的转场。

（1）Band Slide（条形滑动），后一段素材画面以交错条形从屏幕两侧进入，掩盖前一段素材画面，完成转场，效果如图 4 - 58 所示。在效果控制面板中单击"Custom（自定义）"按钮，可以在弹出的"Band Slide Settings（条形滑动设置）"对话框中设置条形的数量。

（2）Center Merge（中心聚合），从屏幕画面的中心将前一段素材画面分为四部分，向中央合并并消失在画面的中心点，显示出后一段素材画面，效果如图 4 - 59 所示。

（3）Center Split（中心分割），从屏幕画面的中心将前一

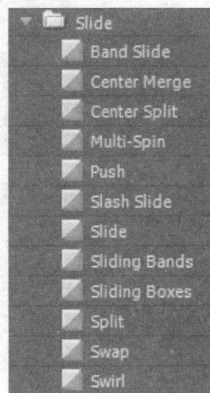

图 4 - 57　Slide
转场类型

**209**

段素材画面分为四部分，并分别沿对角线方向向外扩展直至消失，显示出后一段素材画面，效果如图 4－60 所示。

图 4－58　Band Slide 效果　　图 4－59　Center Merge 效果　　图 4－60　Center Split 效果

（4）Multi－Spin（多重旋转），后一段素材画面被等分成多个矩形，旋转出来，覆盖住前一段素材画面，效果如图 4－61 所示。

（5）Push（推），后一段素材画面将前一段素材画面推出屏幕，效果如图 4－62 所示。

（6）Slash Slide（斜叉滑动），后一段素材画面以斜叉条形滑动进入屏幕，掩盖前一段素材画面，完成转场，效果如图 4－63 所示。在效果控制面板中单击"Custom（自定义）"按钮，可以在弹出的"Slash Slide Settings（斜叉滑动设置）"对话框中设置斜叉条形的数量。

图 4－61　Multi－Spin 效果　　图 4－62　Push 效果　　图 4－63　Slash Slide 效果

（7）Slide（滑动），后一段素材画面滑动进入屏幕，覆盖前一段素材画面，完成转场，效果如图 4－64 所示。

（8）Sliding Bands（滑动条带），类似于百叶窗的翻转，后一段素材画面从屏幕一侧以条形渐变进入，逐渐掩盖前一段素材画面，完成转场，效果如图 4－65 所示。

图 4 - 64　Slide 效果

图 4 - 65　Sliding Bands 效果

（9）Sliding Boxes（滑动盒），后一段素材画面被等分成带状，从屏幕一侧顺序滑动进入屏幕，在屏幕另一侧逐渐累积显示，最终完全掩盖住前一段素材画面，完成转场，效果如图 4 - 66 所示。在效果控制面板中单击"Custom（自定义）"按钮，可以在弹出的"Sliding Boxes Settings（滑动盒设置）"对话框中设置带状的数量。

（10）Split（分裂），从画面的中轴线将前一段素材画面一分为二，并分别沿垂直于中轴线的方向向两侧移动，直至消失，显示出后一段素材画面，完成转场，效果如图 4 - 67 所示。

图 4 - 66　Sliding Boxes 效果

图 4 - 67　Split 效果

（11）Swap（交替），后一段素材画面和前一段素材画面交叉互换位置，完成转场，效果如图 4 - 68 所示。

图 4 - 68   Swap 效果

（12）Swirl（旋涡），后一段素材画面被等分成多个矩形块，从画面中心旋转出来，覆盖住前一段素材画面，完成转场，效果如图 4 - 69 所示。在效果控制面板中单击"Custom（自定义）"按钮，可以在弹出的"Swirl Settings（旋涡设置）"对话框中设置矩形块的数量和旋转的速率。

7. Special Effect（特殊效果）转场

此类转场收录了一些未被分类的特殊效果的转场。如图 4 - 70 所示，特殊效果转场包含 3 种不同的转场。

图 4 - 69   Swirl 效果

（1）Displace（置换），使用前一段素材画面的通道中的信息替换后一段素材中的信息，效果如图 4 - 71 所示。在效果控制面板中单击"Custom（自定义）"按钮，可以在弹出的"Displace Settings（置换设置）"对话框中设置变化的量和方式等属性。

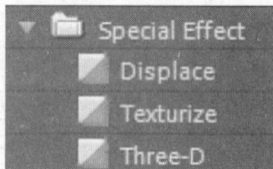

（2）Texturize（纹理材质），使用前一段素材画面的色彩作为纹理进行过渡转场，效果如图 4 - 72 所示。

（3）Three - D（三次元），将前一段素材画面的红色通道和蓝色通道映射混合到后一段素材，进行转场，效果如图 4 - 73 所示

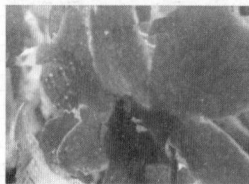

图 4 - 70   Special Effect 转场类型

图 4 - 71   Displace 效果

图 4 - 72   Texturize 效果

图 4 - 73   Three - D 效果

8. Stretch （拉伸）转场

此类转场主要通过使素材片段进行伸缩以达到转场过渡效果。如图4-74所示，拉伸转场包含4种不同的转场。

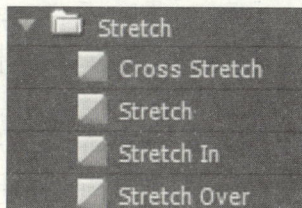
图4-74　Stretch转场类型

（1）Cross Stretch（交叉伸展），后一段素材画面通过伸展挤压前一段素材画面，直至前一段素材画面消失，后一段素材画面完全显示出来，完成转场，效果如图4-75所示。

（2）Stretch（拉伸），后一段素材画面通过伸展覆盖前一段素材画面而完全显示出来，完成转场，效果如图4-76所示。

图4-75　Cross Stretch效果

图4-76　Stretch效果

（3）Stretch In（伸展入），前一段素材淡出，同时后一段素材画面从屏幕外由放大变缩小进入屏幕，并通过其不透明度的变化产生淡入效果，直至完全显示出来，完成转场，效果如图4-77所示。

（4）Stretch Over（伸展覆盖），后一段素材画面从画面中线垂直放大，直至完全覆盖前一段素材画面，完成转场，效果如图4-78所示。

图4-77　Stretch In效果

图4-78　Stretch Over效果

**213**

9. Wipe（划像）转场

此类转场主要通过各种形状和方式的划像渐隐达到转场过渡效果。如图 4 - 79 所示，划像转场包含 17 种不同的转场。

（1）Band Wipe（条形划像），后一段素材画面以交错条形从屏幕两侧开始显示，直至完全掩盖前一段素材画面，完成转场，效果如图 4 - 80 所示。在效果控制面板中单击"Custom（自定义）"按钮，可以在弹出的"Band Wipe Settings（条形划像设置）"对话框中设置条形的数量。

（2）Barn Doors（仓门），类似于开门的效果，前一段素材画面从屏幕中线分裂，逐渐消失，直至完全露出后一段素材画面，完成转场，效果如图 4 - 81 所示。

（3）Checker Wipe（划格划像），后一段素材画面以棋盘格擦拭的方式和顺序进行划像，直至完全覆盖前一段素材画面，完成转场，效果如图 4 - 82 所示。在效果控制面板中单击"Custom（自定义）"按钮，可以在弹出的"Checker Wipe Settings（划格划像设置）"对话框中设置方格的数量。

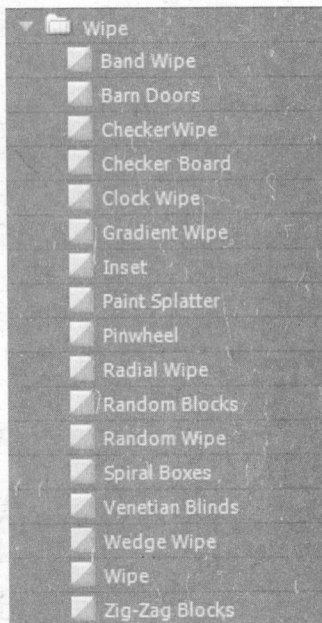

图 4 - 79　Wipe 转场类型

图 4 - 80　Band Wipe 效果　　图 4 - 81　Barn Doors 效果　　图 4 - 82　Checker Wipe 效果

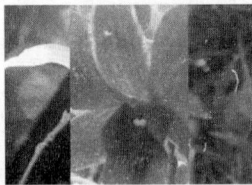

（4）Checker Board（棋盘），后一段素材画面以棋盘格逐行淡入的方式和顺序进行划像，直至完全覆盖前一段素材画面，完成转场，效果如图 4 - 83 所示。在效果控制面板中单击"Custom（自定义）"按钮，可以在弹出的"Checker Board Settings（棋盘设置）"对话框中设置方格的数量。

（5）Clock Wipe（时钟划像），后一段素材画面以时钟表针顺时针旋转的方式进行划像，直至完全覆盖前一段素材画面，完成转场，效果如图 4 - 84 所示。

图 4 - 83　Checker Board 效果

图 4 - 84　Clock Wipe 效果

（6）Gradient Wipe（梯度划像），类似于一种动态蒙版，使用一张图片作为辅助，通过计算图片的色阶自动生成渐变划像的动态转场效果，效果如图 4 - 85 左图所示。在效果控制面板中单击"Custom（自定义）"按钮，可以在弹出的"Gradient Wipe Settings（梯度划像设置）"对话框中选择辅助图片并设置其锐利参数，如图 4 - 85 所示。

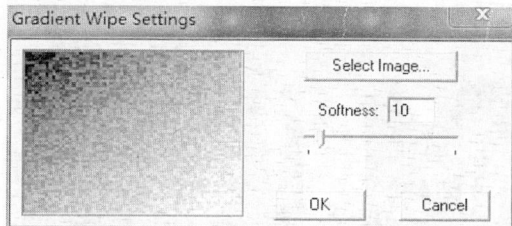

图 4 - 85　Gradient Wipe 效果

（7）Inset（嵌入），后一段素材画面从屏幕的一角以矩形方式逐渐显现，直至完全覆盖前一段素材画面，完成转场，效果如图 4 - 86 所示。

（8）Paint Splatter（涂料飞溅），后一段素材画面以画笔涂鸦的方式逐渐显现，直至完全覆盖前一段素材画面，完成转场，效果如图 4 - 87 所示。

（9）Pinwheel（风车），类似风车旋转，后一段素材画面被从画面中心发出的射线分割并旋转出现，直至完全覆盖前一段素材画面，完成转场，效果如图 4 - 88 所示。在效果控制面板中单击"Custom（自定义）"按钮，可以在弹出的"Pinwheel Settings（风车设置）"对话框中设置分割角的数量。

**215**

图 4 - 86　Inset 效果　　　图 4 - 87　Paint Splatter 效果　　　图 4 - 88　Pinwheel 效果

（10）Radial Wipe（径向划像），后一段素材画面以径向扫描的方式从画面一角逐渐出现，直至完全覆盖前一段素材画面，完成转场，效果如图 4 - 89 所示。

（11）Random Blocks（随机块），后一段素材画面以矩形块的方式随机出现，直至完全覆盖前一段素材画面，完成转场，效果如图 4 - 90 所示。在效果控制面板中单击"Custom（自定义）"按钮，可以在弹出的"Random Blocks Settings（随机块设置）"对话框中设置方格的数量。

（12）Random Wipe（随机划像），后一段素材画面从屏幕的一端开始划像，划像边缘会出现随机矩形方块，直至完全覆盖前一段素材画面，完成转场，效果如图 4 - 91 所示。

图 4 - 89　Radial Wipe 效果　　　图 4 - 90　Random Blocks 效果　　　图 4 - 91　Random Wipe 效果

（13）Spiral Boxes（螺旋盒），后一段素材画面以条形螺旋状从屏幕外侧旋转出现，直至完全覆盖前一段素材画面，完成转场，效果如图 4 - 92 所示。在效果控制面板中单击"Custom（自定义）"按钮，可以在弹出的"Spiral Boxes Settings（螺旋盒设置）"对话框中设置水平和垂直方向螺旋盒的数量。

（14）Venetian Blinds（百叶窗），后一段素材画面以百叶窗的形式划像，直至完全覆盖前一段素材画面，完成转场，效果如图 4 - 93 所示。在效果控制面板中单击"Custom（自定义）"按钮，可以在弹出的"Venetian Blinds Settings（百叶窗设置）"对话框中设置叶片的数量。

（15）Wedge Wipe（楔形划像），后一段素材画面以扇形打开的方式从前一

段素材画面中出现，直至完全覆盖前一段素材画面，完成转场，效果如图 4 – 94
所示。

图 4 – 92　Spiral Boxes 效果　　图 4 – 93　Venetian Blinds 效果　　图 4 – 94　Wedge Wipe 效果

　（16）Wipe（划像），后一段素材画面以水平、垂直或对角线的方向从屏幕
一边进行划像，直至完全覆盖前一段素材画面，完成转场，效果如图 4 – 95
所示。

　（17）Zig-Zag Blocks（Z 形块），后一段素材画面以条形按照 Z 形路线从画面
上方逐渐出现，直至完全覆盖前一段素材画面，完成转场，效果如图 4 – 96 所
示。在效果控制面板中单击"Custom（自定义）"按钮，可以在弹出的"Zig –
Zag Blocks Settings（Z 形块设置）"对话框中设置水平和垂直方向 Z 形块的数量。

图 4 – 95　Wipe 效果　　　　　　　　　图 4 – 96　Zig-Zag Blocks 效果

　10. Zoom（缩放）转场
　此类转场主要通过对素材画面进行各种形式的缩
放达到转场过渡效果。如图 4 – 97 所示，缩放转场包
含 4 种不同的转场。

　（1）Cross Zoom（交叉缩放），前一段素材画面
逐渐放大虚化，而后一段素材画面逐渐由大变小直至
适合屏幕，完成转场，效果如图 4 – 98 所示。

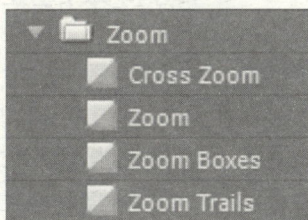

图 4 – 97　Zoom 转场类型

**217**

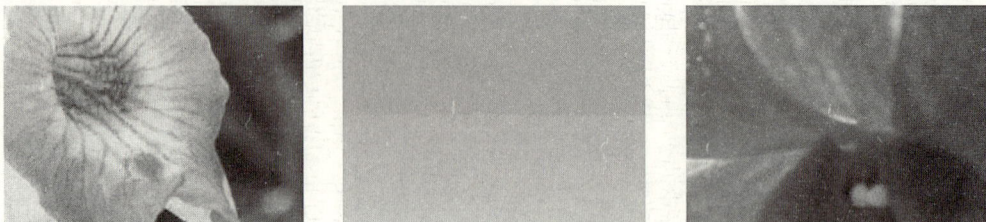

图 4 – 98　Cross Zoom 效果

（2）Zoom（缩放），后一段素材画面从屏幕中心出现，并且逐渐放大，直至完全覆盖前一段素材画面，完成转场，效果如图 4 – 99 所示。

（3）Zoom Boxes（缩放盒），后一段素材画面被等分成多个矩形块，从屏幕中分别出现，并且逐渐放大，直至完全覆盖前一段素材画面，完成转场，效果如图 4 – 100 所示。在效果控制面板中单击"Custom（自定义）"按钮，可以在弹出的"Zoom Boxes Settings（缩放盒设置）"对话框中设置矩形块的数量。

（4）Zoom Trails（缩放拖尾），前一段素材画面逐渐缩小并带有拖尾消失，逐渐显示后一段素材画面以完成转场，效果如图 4 – 101 所示。在效果控制面板中单击"Custom（自定义）"按钮，可以在弹出的"Zoom Trails Settings（缩放拖尾设置）"对话框中设置拖尾的数量。

图 4 – 99　Zoom 效果　　　图 4 – 100　Zoom Boxes 效果　　　图 4 – 101　Zoom Trails 效果

## 4.2　运动特效的应用

给视频创建运动效果，指的是让图片素材或者视频素材在最终的节目中产生运动、缩放、旋转和变形等特殊效果。在 Premiere Pro CS5 中时间线窗口上所有可显示的素材均具有运动、透明度和时间重映射三个属性参数，这三个参数是系统内置的，用户只能修改其参数值，而不能像其他视频特效那样删除它们。利用运动属性中的各项参数，可以实现形式多样的画中画效果，结合关键帧设置可以实现复杂的动画效果。利用透明度属性，可以实现画面的半透明合成（叠化），结合关键帧设置可以实现素材的淡入、淡出效果；利用时间重映射属性结合关键帧设置可以实现素材的变速播放效果。

## 4.2.1　使用效果控制面板设置效果

在本书 2.3.4 Premiere Pro CS5 的窗口与面板小节中简要介绍过效果控制面板。效果控制面板是用户调整、设定视音频素材的属性、特效等参数的重要面板。使用菜单命令"Window（窗口）> Effect Controls（效果控制）"，就可调出效果控制面板。单击时间线上任意一个剪辑素材，在效果控制面板中就会显示出该素材相应的效果参数。如果不选中时间线窗口上的素材，则效果控制面板中不会出现相应的效果参数。每一段视频、静态图像或图形素材，通常都会有三种属性：Motion（运动）、Opacity（透明度）和 Time Remapping（时间重映射）。下面逐一作详细介绍。

1. Motion（运动）属性设置

一段视频素材的运动属性包括 Position（位置）、Scale（比例）、Rotation（旋转）、Anchor Point（定位点）和 Anti – Flicker Filter（抗闪烁滤镜）等参数，用户可以在如图 4 – 102 所示的效果控制面板中调整各参数，也可以在如图 4 – 103 所示的节目监视器窗口中直接用鼠标拖动调整各参数。在节目监视器窗口中用鼠标单击素材画面时，其周围会出现 8 个控制点（也称按钮句柄），用鼠标拖动控制点可以调整该素材的比例（大小）及旋转角度；拖动控制点外的画面部分则可以调整其在节目窗口中的位置；素材画面中心显示的圆形图标 ⊕ 称为定位点，是视频画面的旋转中心，是位置参数的参考点。

图 4 – 102　在效果控制面板中设置运动属性

图 4-103　在节目监视器窗口中设置运动属性

（1）调整素材位置。

用户可以在节目监视器窗口中直接用鼠标拖动素材画面，实现对其位置的调整，也可以利用效果控制面板中"Position（位置）"右侧的坐标参数进行精确的位置控制，如图 4-104 所示。Position（位置）的坐标单位是像素，坐标原点是"0，0"，即输出画面的左上角，水平向右为 $X$ 轴正向，垂直向下为 $Y$ 轴正向。位置坐标指的是被调整素材画面的定位点在节目监视器窗口中的坐标位置，默认状态下，定位点在被调整画面的中心处。对于 DV 画面，输出画面的右下角的位置坐标值为"720，576"。

图 4-104　调整素材位置

（2）调整素材比例。

默认状态下，素材在节目监视器窗口中显示的画面大小是其原始大小。当使用 PAL 制式 DV 素材时，由于其画面尺寸为 720×576 像素，与 DV 输出画面尺寸

相同，故其刚好充满整个输出画面，如图 4 - 102 所示。如果用户使用画面尺寸
较大或较小的照片时，输出画面只能显示其一部分或四周留有空白，如图 4 - 105
和 4 - 106 上图所示。要想使画面铺满整个输出窗口并显示完整，必须调整画面
的比例。用户利用效果控制面板中的"Scale（比例）"参数，可以方便地控制当
前素材画面在节目监视器窗口中的大小。该参数是以素材原始大小的百分比控制
的，如图 4 - 105 下图所示的比例参数是"30"，是指右侧输出窗口中该素材的大
小仅是其原始大小的 30 %，这是由于该照片素材的原始大小为 2 592 × 1 944 像
素，在 720 × 576 像素大小的输出画面上不能完全显示出来，故缩小其比例以适
应监视器窗口；如图 4 - 106 下图所示的比例参数是"121"，是指右侧输出窗口
中该素材的大小是其原始大小的 121%，比例大于 100% 表示画面被放大，这是
由于该照片素材的原始大小为 640 × 480 像素，在 720 × 576 像素大小的输出画面
上不能充满整个画面，故放大其比例以适应监视器窗口。

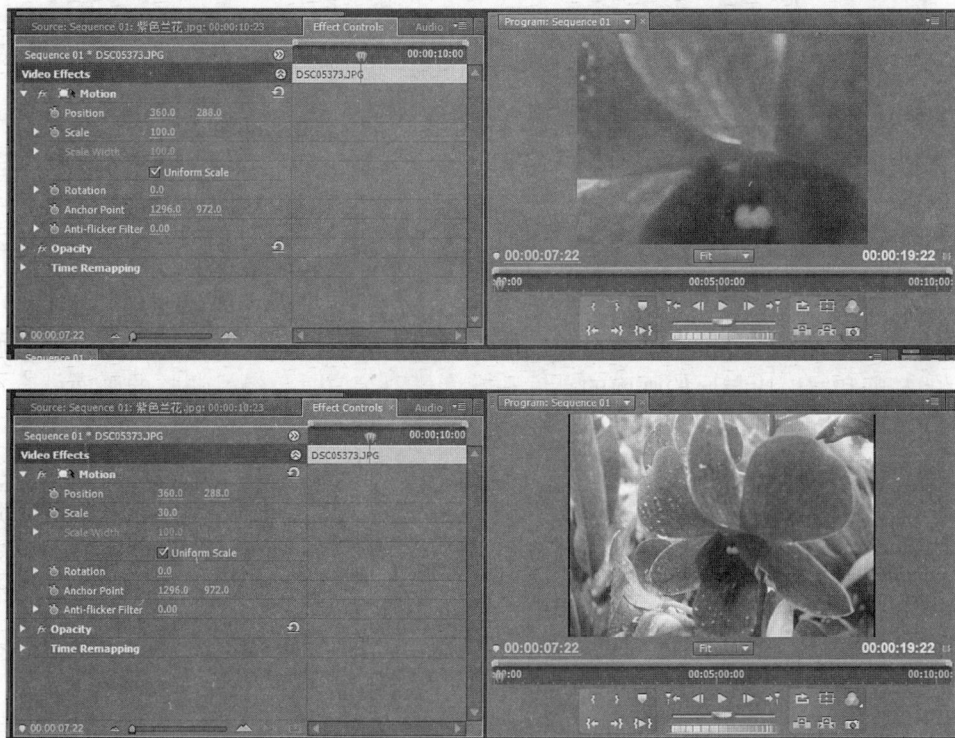

图 4 - 105　缩小素材比例

图4-106　放大素材比例

　　默认状态下，用户调整素材画面比例时，画面会保持原始的宽高比，即画面仅仅是缩小或放大而不会产生变形。当用户不勾选"Uniform Scale（等比缩放）"的复选框时，可以分别调整素材画面的高度和宽度。需要注意的是，若调整后画面的高度和宽度比与原始画面的高度和宽度比不等值时，经过调整的画面就会产生变形，这在处理一些高度和宽度比要求严格的画面时需要留意。

　　（3）设置旋转。

　　通过"Rotation（旋转）"参数可以控制素材在节目监视器窗口中的旋转角度。素材画面旋转的参考点是素材画面的定位点所在的位置。用户可以在"Rotation（旋转）"参数右侧的文本框中单击输入需要旋转的角度，如图4-107所示，也可以直接用鼠标左右拖动旋转角度的数值进行调整。旋转角度的单位为度，正数表示顺时针旋转，负数表示逆时针旋转。

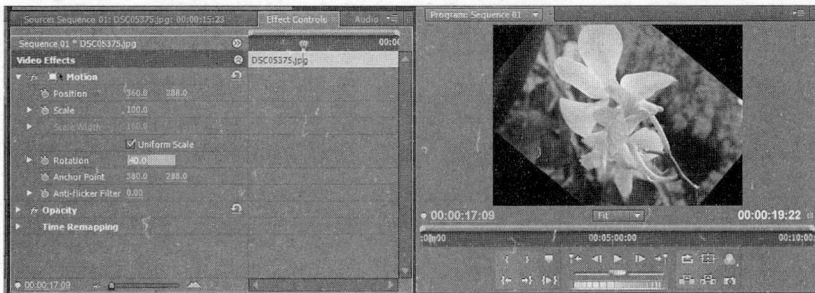

图 4 – 107   设置旋转角度

（4）调整定位点位置。

默认状态下，用户调整素材画面的位置、旋转等参数时，参考点位于素材画面的几何中心，如图 4 – 102 所示。用户可以调整"Anchor Point（定位点）"参数对定位点的位置进行调整从而可以对素材画面进行更复杂的控制。用户可以直接修改定位点参数右侧的文本框中的坐标数值来更改定位点的位置（如图 4 – 108 所示），也可以直接用鼠标左右拖动坐标的数值进行调整。定位点的坐标数值表示方法与节目监视器窗口中坐标的表示方法类似，只不过参考点是该素材画面的左上角，中心坐标的数值会随素材的尺寸不同而不同。在如图 4 – 109 所示中，素材画面的原始尺寸为 640×480 像素，以此为参数，其中心坐标数值为"320×240"。使用鼠标左键单击效果控制面板中的"Motion（运动）"选项使其变为灰色，这样就会在右边的节目监视器窗口中出现运动属性的控制窗口，如图 4 – 109 所示。定位点图标⊕所在位置标明视频的旋转中心，调节该参数可以使定位点偏离视频中心，如图 4 – 110 所示。调整定位点位置最常见的目的是指定画面的旋转中心。

图 4 – 108   定位点位置

223

图4-109　调整定位点位置1

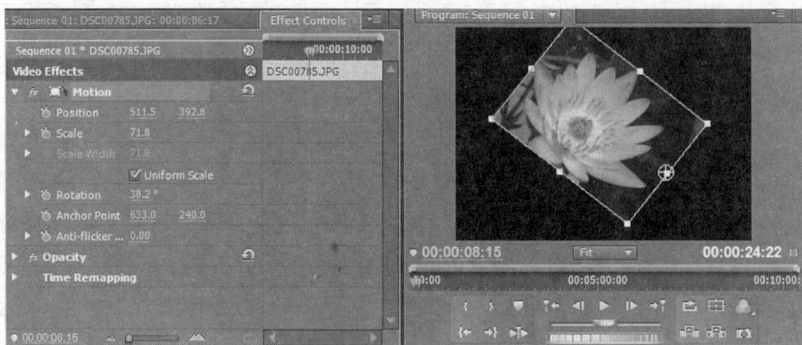

图4-110　调整定位点位置2

（5）设置抗闪烁滤镜功能。

用户通过调整"Anti-Flicker Filter（抗闪烁滤镜）"右侧的参数，可以减弱或消除画面边缘因旋转或其他原因而产生的闪烁。这个功能对具有丰富高频细节（如很细的线、锐利的边缘、平行线或旋转）的图像特别有用，这些细节会导致画面在运动时出现闪烁现象。"Anti-Flicker Filter（抗闪烁滤镜）"右侧的参数默认设置为"0.00"不添加模糊，对闪烁没有任何影响。要给画面添加一些模糊效果，消除闪烁，可把参数设置为"1.00"。

2. Opacity（透明度）属性设置

通过调整透明度属性选项，用户可以控制当前素材在节目监视器窗口中的透明度，可以使其与下层轨道上的画面进行叠加。透明度调整参数的单位为百分比。默认状态下，素材片段的透明度数值为100%，表示画面完全显示。可以通过调节透明度数值，将其调到100%以下，透出下层轨道上的素材片段。如果所调整的素材片段下面没有轨道或轨道的相应位置没有其他素材片段，则透出黑色背景。当透明度数值为 0% 时，素材画面完全透明而不再显示。在效果控制面板中，展开 Opacity（透明度）属性设置，可以通过输入新的数值或拖动滑块的方法更改透明度，如图 4 - 111 左图所示。也可以在时间线窗口中单击轨道控制区域的关键帧与透明度选择开关 ，并在弹出的菜单中选择 "Show Opacity Handles（显示透明度控制柄）" 命令，在轨道的素材片段上显示透明度控制柄。使用钢笔工具 拖曳数值线，更改素材片段的透明度，如图 4 - 111 右图所示。默认情况下，用户在调整透明度参数时，系统会自动产生一个关键帧，用户需要视情况而定是否保留以避免不必要的麻烦。

图 4 - 111 调整透明度

3. Time Remapping（时间重映射）属性设置

时间重映射同运动、透明度等一样为 Premiere Pro CS5 的内置特效。利用时间重映射功能对活动视频素材的速度进行控制，可以方便地实现快动作、慢动作、倒放、静帧等效果。与普通的 "Speed/Duration（速度/持续时间）" 功能对整段素材速度的统一调整不同，时间重映射可以通过关键帧的设置实现同一段素材中速度的平滑变化，速度的变化可以使用该参数下的 "Speed（速度）" 曲线进行控制。

（1）使用时间重映射控制速度过渡。

时间重映射是通过使用关键帧来改变素材片段的速度。这意味着同一段素材可以一部分是慢动作，而另一部分是快动作。除了这种灵活性以外，时间重映射能够从一种速度平滑过渡到另一种速度，比如由快变慢或者从正向运动变为反向运动。操作步骤如下：

第一步，在时间线窗口中选中要改变速度的素材片段，单击鼠标右键，在弹

**225**

出的菜单中选择"Show Clip Keyframes（显示素材关键帧） > Time Remapping
（时间重映射） > Speed（速度）"命令，可以看到一条黄色线横穿素材片段，它
表示"Speed（速度）"曲线，如图 4 - 112 所示。

图 4 - 112　速度曲线

　　第二步，在时间线窗口中将游标拖动到要变速的时间点上（大约为 00：00：
01：00），按住"Ctrl"键，鼠标指针将变为小十字形，然后单击黄色"Speed
（速度）"线，创建关键帧。或者在效果控制面板中使用"添加关键帧"按钮▣，
在要改变素材片段速度的时间点添加关键帧。在该素材片段的顶部可以看到这个
速度关键帧是紧靠在一起的一对关键帧▮。
　　第三步，使用同样的方法，在素材片段 00：00：03：00 处添加另一个速度
关键帧。注意，添加两个速度关键帧后，该素材片段现在分为三个"速度部
分"，如图 4 - 113 所示。可以在速度关键帧之间设置不同的速度。

图 4 - 113　添加速度关键帧

　　第四步，保持素材片段的第一个和第三个速度部分（从素材片段入点到第一
个速度关键帧之间和第二个速度关键帧到素材片段的出点之间）不变［Speed
（速度）设置是 100%］，改变素材片段的第二个速度部分（即两个速度关键帧之

间的部分）。在时间线窗口中，把选择工具定位到第一个和第二个速度关键帧之间的黄色"Speed（速度）"线上，向下拖动到50%。注意素材片段长度现在被拉伸了，以适应这部分速度的改变，如图 4－114 左图所示。也可以在效果控制面板时间线上，将游标█移至第一个速度关键帧右侧（或第二个速度关键帧左侧），用鼠标向下拖动到50%，如图 4－114 右图所示。

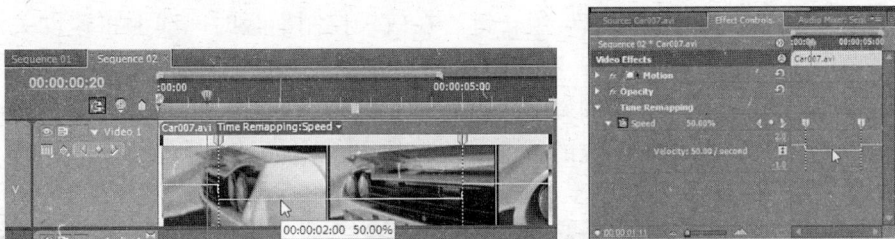

图 4－114　调整速度值

第五步，播放素材片段。注意速度从 100% 变为 50% 之后在结束时又变回100%。此时，在两个速度关键帧左右两侧的速度是突变的。因为速度关键帧是紧靠在一起的一对关键帧，可以将其拉开距离，为速度变化提供缓冲，实现关键帧前后两种速度的渐变，如图 4－115 左图所示。一个速度关键帧的一对关键帧之间的距离代表速度过渡时间的长度，每个关键帧的位置代表着速度开始变化的时间点。将过渡时间长度调整好后，单击选中关键帧，可以左右拖动黄色"Speed（速度）"曲线中间的控制手柄控制过渡部分曲线的形状，以达到更好的速度渡过效果，如图 4－115 右图所示。

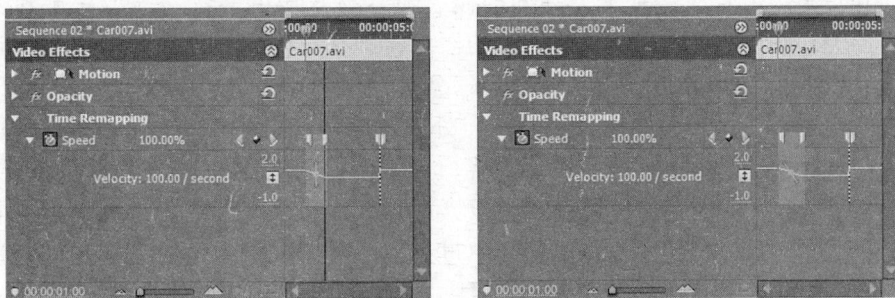

图 4－115　调整速度过渡时间

**227**

（2）使用时间重映射生成静帧图像。

使用时间重映射功能可以方便地生成静帧图像，操作方法如下：

第一步，在时间线窗口或在效果控制面板时间线上，将游标■移至需要生成静帧图像的位置。

第二步，在效果控制面板中使用"添加关键帧"按钮■添加一个速度关键帧。

第三步，按住"Ctrl + Alt"组合键，在效果控制面板时间线上将速度关键帧的两个关键帧左右拉开，如图 4 - 116 左图所示。生成静帧时的关键帧形状及关键帧中间显示有所不同，仔细调节关键帧标记■与静帧标记■间的距离，还可以为静帧的起点和终点添加一定的速度过渡，如图 4 - 116 右图所示。

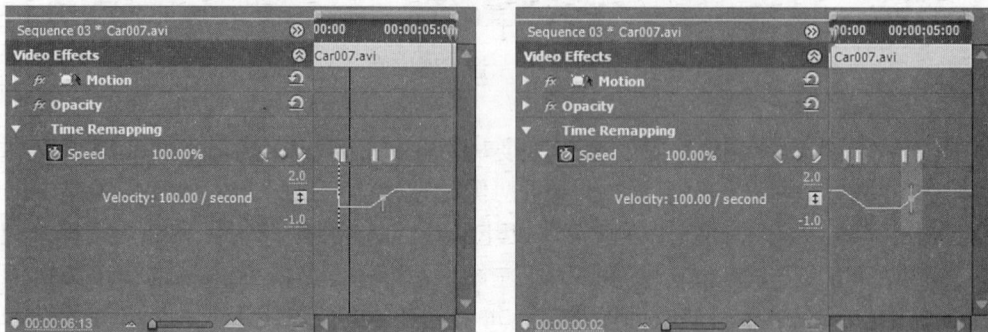

图 4 - 116　生成静帧图像

## 4.2.2　制作动画效果

Premiere Pro CS5 是基于关键帧的概念对素材片段的运动、缩放、旋转及特效属性进行动画设定的。所谓关键帧的概念，即在不同的时间点对对象属性进行变化，而时间点间的变化则由计算机来完成。例如，在素材片段的第一个时间点处设置旋转度数为 30，在第二个时间点处设置旋转度数为 120，则在素材片段上产生了两个关键帧，如图 4 - 117 所示。计算机通过给定的关键帧，可以计算出对象在两处之间旋转的变化过程。播放素材片段，可以在节目监视器窗口中看到素材片段在两个时间点处的旋转的变化过程，一般情况下，为对象指定的关键帧越多，所产生的运动变化越复杂。但是关键帧越多，计算机需要的计算时间也越长。

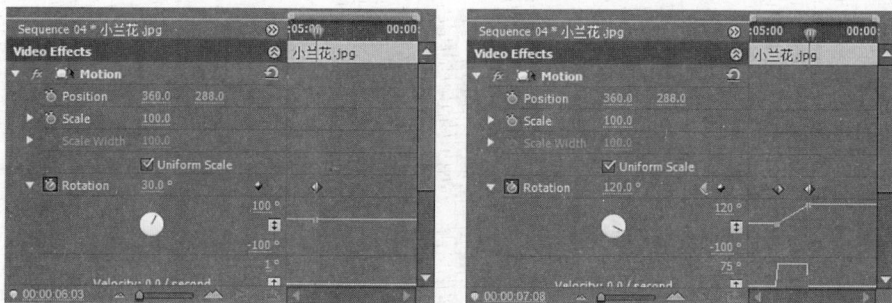

图 4 - 117　设置关键帧

1. 在视频上添加运动特效

在项目窗口中导入一段视频素材，然后用鼠标拖动该视频素材将其添加到时间线窗口中的任意一个视频轨道。选中该视频，并打开效果控制面板。在效果控制面板中，单击"Motion（运动）"属性，使其变为灰色选中状态，这样会在节目监视器窗口中出现视频的控制窗口。将时间线标尺拖动到视频入点位置，调节控制窗口使其移动到节目监视器窗口的右边，如图 4 - 118（a）所示，单击"Motion（运动）"属性下的"Position（位置）"参数前面的"Toggle Animation（切换动画）"按钮 ，产生位置关键帧以记录当前位置参数。然后再将时间线窗口标尺拖动到视频出点位置，调节控制窗口使其移动到节目监视器窗口的左边，如图 4 - 118（b）所示，因为刚好是出点位置，所以可以看到在效果控制面板右侧的时间线窗口上直接产生了第二个位置关键帧以记录当前位置参数。这样一个简单的运动特效已经制作完毕，单击节目监视器窗口的播放按钮，可以看到当前视频已经产生了从右向左的运动效果。

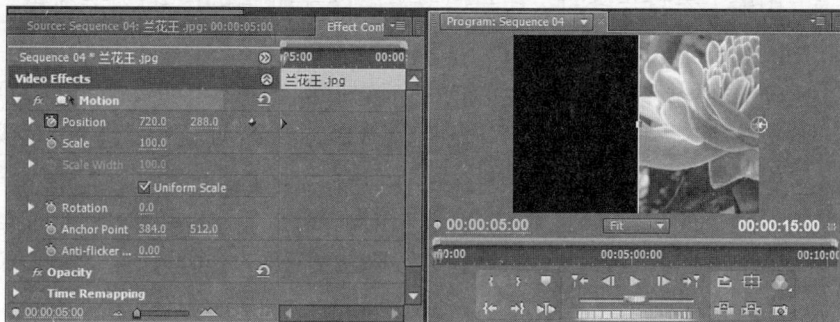

（a）

**229**

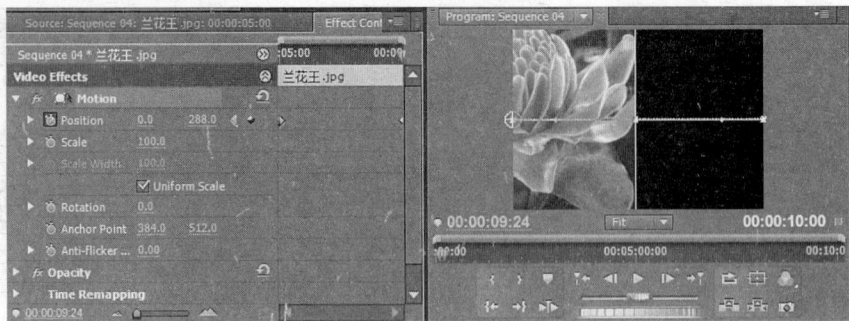

(b)

图4－118　在视频上添加运动特效

2. 在视频上添加关键帧

在 Premiere Pro CS5 中，可以对不同的视频运动方式独立设置关键帧。在默认情况下，对视频的运动参数的修改是不记录关键帧的，如果希望保存某种运动方式的动画记录，需要单击该运动参数前的切换动画按钮 ，这样才能将此方式下的参数变化记录成关键帧。在效果控制面板中，凡是在名称前显示切换动画按钮 的属性参数，都是可以为其设置关键帧的，也就是说可以设置该属性参数的数值随素材播放时间的不同而不同，这样就产生了动画效果。

（1）利用效果控制面板参数添加关键帧。

单击效果控制面板右上角的"Show/Hide Timeline View（显示时间线视图）"按钮 ，打开效果控制面板的时间线视图。在效果控制面板时间线上，将游标 拖动至素材片段 00：00：01：00 的位置，单击"Motion（运动）"属性下的"Position（位置）"参数前面的切换动画按钮 ，并在"Position（位置）"参数后的文本框中输入素材片段的运动起始位置坐标，如（360，0），完成第一个位置关键帧的设置，如图4－119（a）所示。再将游标 拖动至素材片段 00：00：03：00 的位置，单击"添加/删除关键帧"按钮 ，并在"Position（位置）"参数后的文本框中输入素材片段的运动结束位置坐标，如（360，576），完成第二个位置关键帧的设置，如图4－119（b）所示。当设置完两个位置关键帧后，单击节目监视器窗口的播放按钮，可以看到当前视频已经产生了从上向下的运动效果，同时可看到效果控制面板中的位置参数随素材播放时间变化而变化。

（a）

（b）

图 4 – 119　添加设置关键帧

　　若想给视频添加旋转或缩放效果，则需要设置旋转或缩放比例关键帧。方法与设置位置关键帧相似，在要想设置的关键帧的时间点上设置素材关键帧的各个属性参数。每个属性参数可以独立设置其关键帧，各关键帧的位置、缩放比例和旋转参数相互独立，结合在一起形成复杂的动画。如图 4 – 120 所示，在效果控制面板中，该素材在位置移动的同时还会发生旋转和缩放。注意关键帧是设置在素材属性上的，在设置关键帧前要确认在时间线窗口上所选中的素材是否正确。设置关键帧时，第一步，要先确定好为哪个属性参数设置关键帧，单击其前面的切换动画按钮；第二步，定位设置关键帧的时间点；第三步，调整参数，系统会自动在定位的时间点上添加关键帧，而不一定要按添加/删除关键帧按钮。一对关键帧在效果控制面板上的时间线上标示为 。

**231**

图 4 – 120　为多个参数设置关键帧

（2）利用节目监视器窗口添加关键帧。

除了利用效果控制面板参数调节关键帧参数外，用户还可以在节目监视器窗口中拖动素材设置其每个关键帧的参数。如图 4 – 121 所示案例，利用节目监视器窗口添加关键帧的方法如下：第一步，在效果控制面板中单击需要添加关键帧的属性参数前面的切换动画按钮 ⬤。第二步，在效果控制面板时间线上将游标 ▮拖动至素材片段 00：00：01：00 的位置。第三步，在节目监视器窗口中调整画面的位置、缩放比例或旋转等属性，完成第一个关键帧设置，如图 4 – 121（a）所示。第四步，在效果控制面板时间线上将游标 ▮拖动至素材片段 00：00：03：00 的位置。第五步，在节目监视器窗口中重新调整画面的位置、缩放比例或旋转等属性，完成第二个关键帧设置，如图 4 – 121（b）所示。第六步，单击节目监视器窗口的播放按钮，可以看到当前视频已经产生了边运动边缩放边旋转的动画效果，同时还可看到效果控制面板中的位置参数、缩放比例参数和旋转参数随素材播放时间变化而变化。

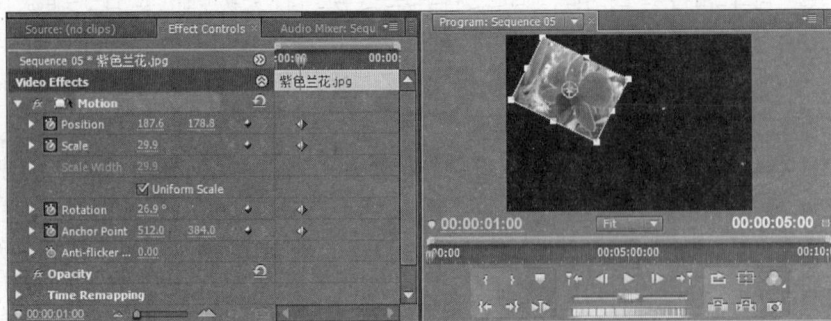

（a）

（b）

图 4 - 121　在节目监视器窗口中添加关键帧

**3. 修改与删除关键帧**

用户可以通过在效果控制面板时间线窗口上移动游标 ▉ 到关键帧的位置，再次对该关键帧的参数设置进行修改。当游标所在位置恰好处在某关键帧所在的时间点上时，参数右侧的添加/删除关键帧按钮 ◆ 显示为 ◆，表示该按钮此时的功能为删除关键帧功能，此时按下该按钮，将删除该处的关键帧。

大多数情况下，在效果控制面板时间线窗口上移动游标定位到关键帧不是很准确，若当前游标所处的位置不是关键帧时，调整效果控制面板上的参数时系统会在此处自动添加额外的关键帧，产生误操作。要想快速准确地定位到关键帧的位置上，可以使用效果控制面板参数右侧的关键帧控制按钮 ◀ ◆ ▶ 跳转定位到上一个关键帧或下一个关键帧。当游标正处于某关键帧上时，用户可以调整该关键帧上各参数的数值，对该关键帧的属性进行修改或者按下按钮 ◆ 删除该关键帧。

**4. 编辑关键帧**

在效果控制面板时间线窗口上，用户可以对一个或多个关键帧进行选择、复制、移动、粘贴及删除等编辑操作，还可以调整关键帧参数控制曲线。

如图 4 - 122 所示，在效果控制面板时间线窗口上按下鼠标左键拖动，画出的细线框可以将多个关键帧同时选中，在时间线窗口上右击鼠标，选择相应的命令对选中的关键帧进行操作。用户单击某个关键帧可以仅选择该关键帧，被选中的关键帧呈浅蓝灰色显示。在效果控制面板时间线窗口上可以直接用鼠标左右拖动选中的关键帧，改变其在时间线窗口上的位置。粘贴关键帧时需要先将时间线窗口上的游标定位到合适的位置。可以删除选中的一个或多个关键帧。

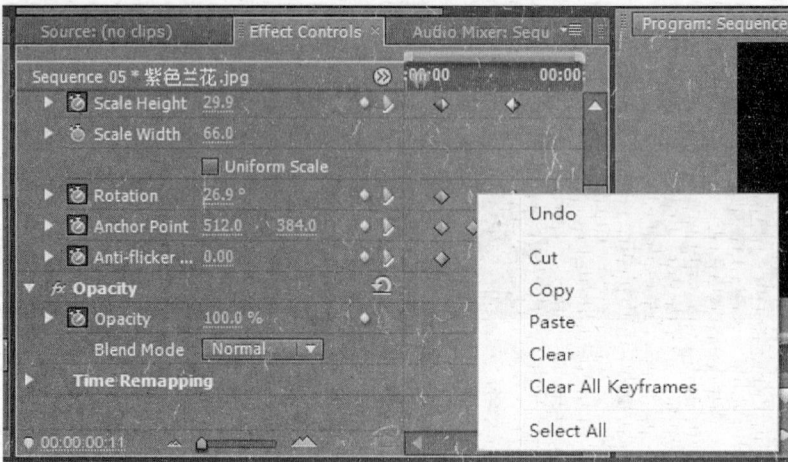

图4-122　选择关键帧

Premiere Pro CS5 提供了关键帧参数控制曲线，用户可以使用该功能灵活控制动画的各参数及变化速度。将"Scale Height（高度比例）"参数展开，如图4-123 所示。可以看到"Scale Height（高度比例）"参数右侧的时间线窗口下有"Value（参数值）"和"Velocity（速度）"两条曲线，通过调整这两条曲线上节点的位置和曲线的曲率可以控制该关键帧参数值及参数值变化的速度。控制曲线上节点的位置对应关键帧的位置。关键帧参数值曲线用来指示和控制当前参数的数值高低及变化形式，如图4-123 所示，参数值曲线就是控制比例参数的大小的，用户可以直接用鼠标上下拖动节点的高低调整该关键帧上比例的大小。该参数值曲线左右两个节点间的变化反映了两处关键帧间比例参数的变化形式。

图4-123　调整参数值曲线及速度曲线

234

默认情况下，参数值曲线上两节点间的变化形式为线性，用户可以通过拖动速度曲线节点及改变关键帧的插值类型的方式改变其变化形式。单击选中一个关键帧，其速度曲线节点上会出现一条小线段，用鼠标拖动其右侧端点可控制其长短及高低，如图 4 - 124 所示，从而可以控制速度曲线的变化，参数值曲线也会相应变化。速度曲线控制当前参数变化的方向、速度及加速度和减速度等。

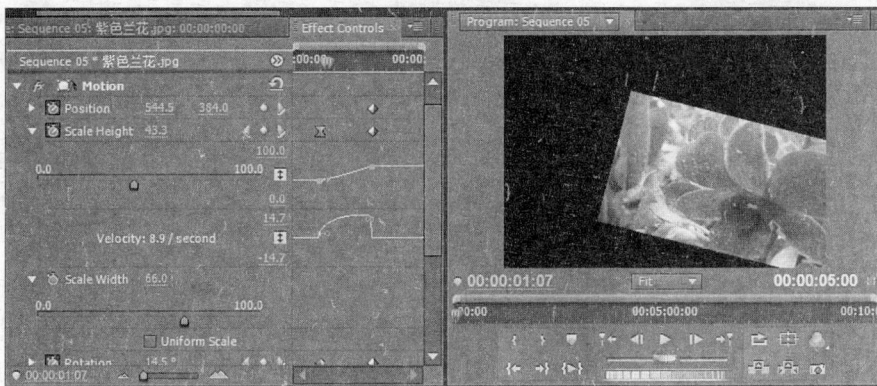

图 4 - 124　调整速度曲线

在关键帧上右击鼠标，弹出如图 4 - 125 所示的快捷菜单，选择相应的插值类型可以改变当前关键帧的插值类型，可以控制该关键帧后的控制曲线的形状。调整后的关键帧参数控制曲线形状会发生变化。选择 "Linear（线性）" 命令，两个关键帧之间的参数将以恒定速度变化；选择 "Bezier（贝塞尔曲线）" 命令，将以贝塞尔曲线控制速度变化，并且可以手动调整曲线的形状以控制速度变化，形成非常平滑的速度变换；选择 "Auto Bezier（自动贝塞尔曲线）" 命令，将以自动贝塞尔曲线控制速度变化，形成平稳的速度变化；选择 "Continuous Bezier（连续贝塞尔曲线）" 命令，以平稳的速度变化，并可以手动调整曲线方向手柄；选择 "Hold（保持）" 命令，使参数值在该点到下一个关键帧间发生瞬间的突变，不再渐变；选择 "Ease In（缓入）" 命令，减慢参数值的改变，逐渐进入下一个关键帧；选择 "Ease Out（缓出）" 命令，加快参数值的改变，逐渐离开上一个关键帧。在如图 4 - 126 所示的效果控制面板中，第一个关键帧的插值类型设置为 "Ease In（缓入）"，第二个关键帧的插值类型设置为 "Ease Out（缓出）"，在两个关键帧之间自动形成的速度变化曲线如图 4 - 126 所示，比例参数由第一个关键帧的值向第二个关键帧变化时，先减速再加速，形成较为平滑的比例变化效果，可以在节目监视器窗口中看到素材的运动变化。

**235**

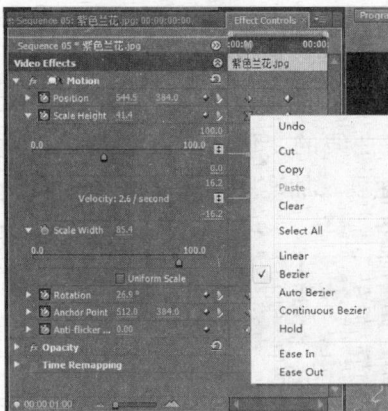

图 4 – 125　设置关键帧插值类型

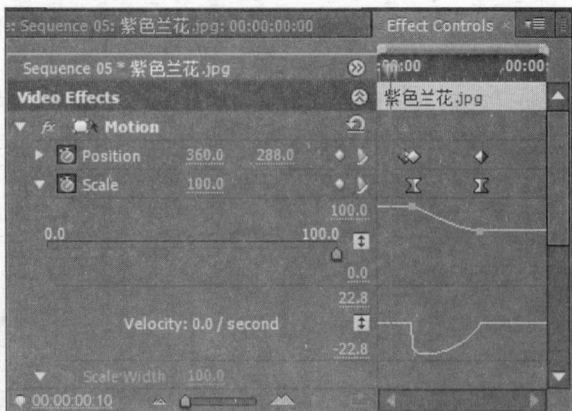

图 4 – 126　利用关键帧插值类型形成速度变化曲线

## 5. 编辑动画路径

利用多个关键帧可以实现较为复杂的变化，形成复杂的指定动画路径。默认情况下，在多个关键帧之间形成的动画路径曲线为自动贝塞尔曲线，用户可以在节目监视器窗口中直接用鼠标调整每个节点上的控制手柄，如图 4 – 127 所示，为了看得更清楚，可关闭当前视频轨道上的背景画面。用户可以在效果控制面板的时间线窗口上的关键帧上单击鼠标右键，在弹出的快捷菜单中选择需要的路径曲线的类型，如图 4 – 128 所示，将动画路径曲线类型在第二个节点处设置为"Linear（线性）"，即在该处为直线运动。在效果控制面板中定位到时间线窗口上的第三个关键帧上，单击鼠标右键，在弹出的快捷菜单中选择"Continuous Bezier（连续贝塞尔曲线）"命令，即在第三个节点处以平稳的速度变化。设置完毕，播放时间线，可以在节目监视器窗口中看到素材的运动变化。

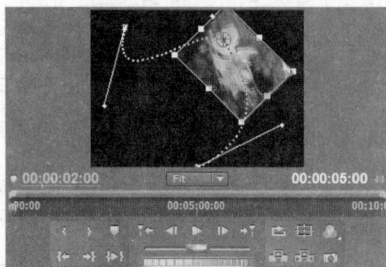

图 4 – 127　调节动画路径曲线

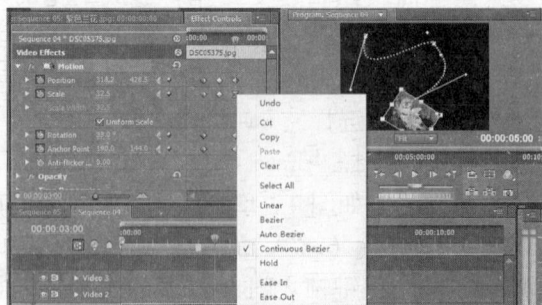

图 4 – 128　设置动画路径曲线类型

### 4.2.3　制作画中画

所谓画中画效果是指在一个活动画面播放的同时，另一个活动画面在该画面上的某一个区域内进行播放，而且可以根据需要移动画中画的位置，改变画中画的大小。画中画效果是影视制作中常用的特技手法，制作中用户需要考虑背景，各画面的比例、位置、角度及入屏、出屏效果等因素。在 Premiere Pro CS5 中可以综合利用视频转场特效和视频运动特效实现画中画效果。如图 4 – 129 所示是三张图片在背景画面上的画中画合成效果，本小节以实例介绍具体的制作方法。

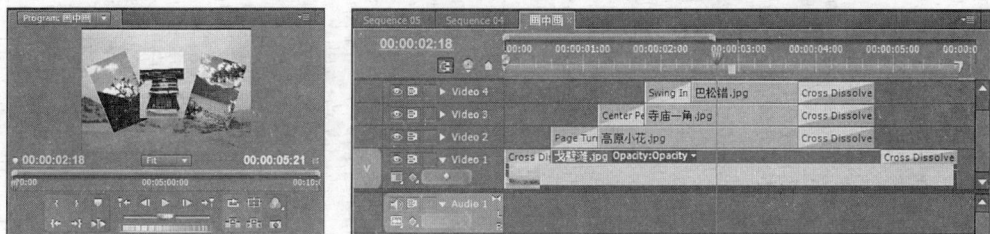

图 4 – 129　应用视频运动特效制作画中画效果

第一步，新建项目，将四张图片导入当前项目。

第二步，将图片"戈壁滩. jpg"拖放到时间线窗口的"Video 1（视频 1）"轨道上，为其左端添加"Video Transitions（视频转场） > Dissolve（溶解） > Cross Dissolve（交叉溶解）"转场效果。在时间线窗口上单击选中该素材，打开效果控制面板并调整该素材画面的比例参数，使其充满节目监视器窗口，如图 4 – 130 所示。

图 4 – 130　调整视频背景画面比例

**237**

第三步，将图片素材"高原小花.jpg"拖放到时间线窗口的"Video 2（视频2）"轨道上，令其入点向右偏移与"Video 1（视频1）"轨道上背景图片的转场出点对齐，并在其左端入点处添加"Video Transitions（视频转场）> Page Peel（翻页）> Page Turn（翻转翻页）"转场效果，如图4-129右图所示。在时间线窗口上单击选中该素材画面，打开效果控制面板并调整该图片素材画面的位置、比例及旋转等参数，如图4-131所示。

图4-131　调整图片素材"高原小花.jpg"的各项参数

第四步，将图片素材"寺庙一角.jpg"拖放到时间线窗口的"Video 3（视频3）"轨道上，令其入点向右偏移与"Video 2（视频2）"轨道上图片素材"高原小花.jpg"的转场出点对齐，并在其左端入点处添加"Video Transitions（视频转场）> Page Peel（翻页）> Center Peel（中心翻页）"转场效果，如图4-129右图所示。在时间线窗口上单击选中该素材，打开效果控制面板并调整该图片素材的位置、比例及旋转等参数，如图4-132所示。

图4-132　调整图片素材"寺庙一角.jpg"的各项参数

**238**

第五步，将图片素材"巴松错 . jpg"拖放到时间线窗口的"Video 4（视频 4）"轨道上，令其入点向右偏移与"Video 3（视频 3）"轨道上图片素材"寺庙一角 . jpg"的转场出点对齐，并在其左端入点处添加"Video Transitions（视频转场）> 3D Motion（三维运动）> Swing In（摆入）"转场效果，如图 4 - 129 右图所示。在时间线窗口上单击选中该素材，打开效果控制面板并调整该图片素材的位置、比例及旋转等参数，如图 4 - 133 所示。

图 4 - 133　调整图片素材"巴松错 . jpg"的各项参数

第六步，将四个视频轨道上的素材出点对齐，再将"Video 1（视频 1）"轨道上的背景图片素材的出点向右拖出 2 秒钟，为所有素材的出点添加"Video Transition（视频转场）> Dissolve（溶解）> Cross Dissolve（交叉溶解）"转场效果，如图 4 - 129 右图所示。至此，画中画效果制作完成。在节目监视器窗口中播放素材观看制作的画中画效果。若不满意，可继续修改。制作完成保存项目。

## 4.3　视频特效的应用

Premiere Pro CS5 的视频特效与音频特效功能十分丰富，其中视频特效功能可以为影片提供丰富多彩的画面效果，是影视节目制作过程中经常使用的画面特技处理方式。视频特效在早期 Premiere 版本中被称为"Filters（滤镜）"，可以为视频添加特殊效果（如添加镜头光晕、波纹、浮雕、模糊等特殊效果），也可以对画面内容进行处理（如对画面的调色、变形、抠像等）。滤镜处理过程实际上就是将原有素材或已经处理过的素材，经过软件中内置系统的数字运算和处理后，将处理好的素材再次按照用户的意愿输出。

Premiere Pro CS5 的视频特效可以分为固定特效和标准特效。固定特效主要

**239**

有 Motion（运动）、Opacity（透明度）和 Time Remapping（时间重映射），还有音频音量的 Bypass（旁通）和 Level（电平）效果，固定特效用以调整素材的位置、缩放、移动、透明度、速度及音量等。默认情况下，固定特效被自动应用到时间线序列中的每个素材，但在处理固定特效前，它们不会对素材产生影响。标准特效是指除固定特效以外的视频特效，可以由用户自行添加和删除，通常影响素材的图像质量和外观，本节主要介绍此类特效。

### 4.3.1 视频特效的操作

视频特效的操作主要包括特效的添加、设置、删除、查找、重命名等操作。

1. 添加视频特效

添加视频特效很简单。只需要在"Effects（效果）"面板中"Video Effects（视频效果）"下的分类中找到需要的视频特效，用鼠标将其拖放到时间线窗口的素材上，就可以为该视频素材添加视频特效。

如图 4 - 134 所示，将需要施加特效的素材拖放到时间线上，选中该素材，在"Effects（效果）"面板中选择"Video Effects（视频效果）"下的"Blur & Sharpen（模糊与锐化）> Directional Blur（定向模糊）"，将其拖到时间线窗口中的素材上。添加了视频特效的素材中上部会显示一条紫色的水平直线提示用户（当素材处于被选中状态时，紫色线反转显示为绿色线）。

图 4 - 134 添加"Directional Blur（定向模糊）"视频特效

2. 设置视频特效

为素材添加视频特效后，用户可以在效果控制面板中找到已经添加的视频特效对其参数进行设置。由于每个视频特效的效果或功能各不相同，因此不同视频特效的参数也基本上是不同的，对每种视频特效的参数需要分别对待。

当时间线窗口上的视频素材被选中时，效果控制面板中会显示当前素材上所有的视音频特效的名称列表。在如图 4 - 135 所示的效果控制面板中可以看到，当前素材上已经被添加了"Directional Blur（定向模糊）"特效。尽管每种特效的具体参数各有不同，但 Premiere Pro CS5 效果控制面板中对视频特效的功能控制均有四个按钮：展开按钮 ▶，单击该按钮将特效下的参数一级一级展开供用户设置；Toggle the effect on and off（切换效果开或关）按钮 ，用于控制当前特效是否被启用，显示 时，表示该特效生效，显示 时，表示该特效处于关闭状态，该特效下的所有参数都不起作用；Reset（复位）按钮 ，用于将特效的当前参数恢复到初始系统默认状态；切换动画按钮 ，用于开启或关闭当前参数的关键帧功能，当显示为按下状态时为开启，再次按下时将会删除所有已设置的关键帧数据。为已添加的视频特效设置其自己特有的参数，直接在相应的参数位置处输入数值或拖动滑块就可以了，设置好特效参数后的"Directional Blur（定向模糊）"特效视频效果如图 4 - 135 节目监视器窗口中所示。

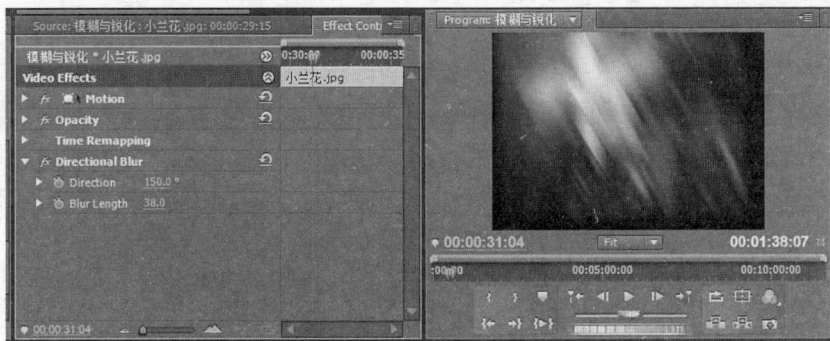

图 4 - 135　设置"Directional Blur（定向模糊）"视频特效

### 3. 编辑视频特效

用户可以把已经添加到视频素材上的视频特效当成一个整体对象进行选择、复制、剪切、粘贴及删除等编辑操作，这些操作一般可以使用右键快捷菜单完成，如图 4 - 136 所示。用鼠标单击视频特效的名称可以将其选中，按住"Ctrl"或"Shift"键可以同时选择多个视频特效。可以同时复制、删除及粘贴多个特效。在时间线窗口上选中新素材后，直接按"Ctrl + V"组合键完成特效粘贴，也可以在控制面板上单击鼠标右键选择弹出菜单命令"Copy（粘贴）"。复制特效后可以将其粘贴到其他视频素材上，粘贴到新视频素材上的所有参数将与被复制的特效参数相同。

**241**

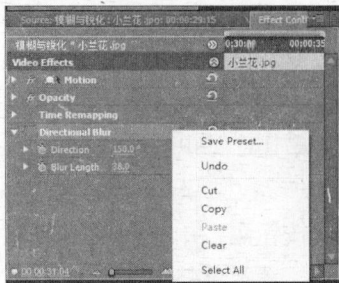

图 4 – 136　编辑视频特效　　　　　　图 4 – 137　删除视频特效

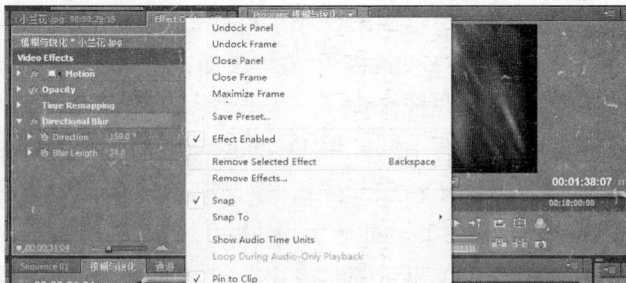

　　对于暂时不需要使用的视频特效或是需要对比未使用特效时的画面效果，用户可以选择关闭该视频特效。在效果控制面板上单击某个视频特效名称前的切换效果开关按钮 $fx$，当显示为■时，该特效被关闭，其所有参数虽会被保留但不再起作用。再次单击■将打开该特效，其所有参数将重新起作用。如图 4 – 136 所示，"Directional Blur（定向模糊）"视频特效属性设置中的各参数在图中所示状态不起作用，该特效被暂时关闭。

　　对于不再需要的特效，可以在效果控制面板中单击该特效的名称，按下键盘上的"Delete"键或"Backspace"键将其删除；也可以在该特效名称上单击鼠标右键选择弹出菜单命令"Clear（清除）"将其删除；还可以单击选中需要删除的特效的名称，在效果控制面板的弹出式菜单中选择命令"Remove Selected Effect（移除所选效果）"将其删除，如图 4 – 137 所示。

　　4. 使用关键帧控制视频特效

　　在 Premiere Pro CS5 中，默认状态下，添加到视频素材的视频特效会对整段素材起作用，并且已添加的视频效果不会发生变化，直至该段素材播放结束。使用关键帧控制视频特效可以让同一段视频素材中的特效参数随时间发生变化，从而实现视频效果的动态变化。前面讲过凡是在名称前显示切换动画按钮的属性参数，都是可以为其设置关键帧的，也就是说均可通过添加关键帧实现视频素材的动态变化效果。下面通过一个简单的实例说明使用关键帧控制视频特效的方法。

　　第一步，将需要施加特效的素材"小兰花.jpg"拖放到时间线窗口上，选中该素材，在"Effects（效果）"面板中选择"Video Effects（视频效果）"下的"Blur & Sharpen（模糊与锐化）＞ Directional Blur（定向模糊）"，将其拖到时间线窗口中的素材上。

　　第二步，在时间线窗口上将游标移动到"00：00：01：00"的位置上，选中素材"小兰花.jpg"，使用菜单命令"Window（窗口）＞ Effect Contrds（效果控制）"调出效果控制面板。单击效果控制面板上"Directional Blur（定向模糊）"
特效"Direction（方向）"参数前的切换动画按钮，启用该参数的关键帧功能，
同时将其数值设定为150°；也启用"Blur Length（模糊程度）"参数的关键帧功
能，同时将其数值设置为30，设置效果如图 4 - 138 所示。

图 4 - 138　设置"Directional Blur（定向模糊）"视频特效

　　第三步，在时间线窗口上将游标移动到"00：00：03：00"的位置上，将
"Directional Blur（定向模糊）"特效"Direction（方向）"参数的数值设定为
300°；将"Blur Length（模糊程度）"参数的数值设置为50，设置效果如图 4 -
139 所示。

图 4-139　使用关键帧控制"Directional Blur（定向模糊）"视频特效参数

第四步，设置完毕，在时间线窗口上将游标移动到素材入点位置，按下空格键在节目监视器窗口中预览效果，可以观察到素材播放过程中模糊方向和模糊程度都随播放时间而逐渐变化的过程。

## 4.3.2　调色视频特效

调色是对视频画面色彩和亮度等相关信息进行调整，使其能够表现出某种感觉和意境，或者对画面中的偏色进行校正，以满足制作上的需求。调色是视频处理中一个相当重要的环节，其结果甚至可以决定影片的画面基调。Premiere Pro CS5 提供了一整套图像调整工具，还可以与 Photoshop 共享颜色调整参数。在 Premiere Pro CS5 中，调色视频特效主要有 3 组，分别在"Effects（效果）"面板中"Video Effects（视频效果）"下的"Adjust（调节）"、"Color Correction（色彩校正）"和"Image Control（图像控制）"三个子文件夹中。

1. Adjust（调节）视频特效

调节视频特效主要是一类调整画面色彩、亮度和对比度的视频效果，可以通过色阶或曲线等方式对画面的某些缺陷加以弥补和修复，还可以增加某些特殊效果。其中包含 9 种不同的效果，如图 4-140 所示。

（1）Auto Color（自动色彩）、Auto Contrast（自动对比度）和 Auto Levels

**244**

（自动电平）。

这三种效果均可以对素材画面进行快速的整体调节。Auto Color（自动色彩）效果使用去除黑、白像素，并中和中间调的方式，调节素材片段的对比度和色彩。Auto Contrast（自动对比度）效果调节总对比度和色彩混合，而不添加或去除色彩。Auto Levels（自动电平）效果自动校正高光和阴影，由于其

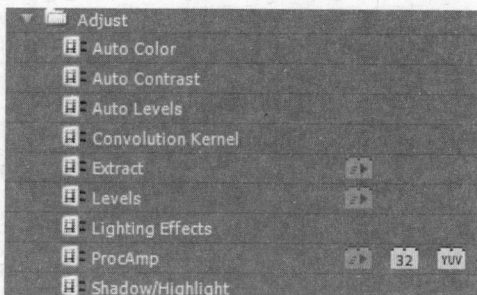

图 4 – 140　Adjust 视频特效类型

分别调节每个色彩通道，所以可能会添加或去除某些色彩。这 3 个效果的设置选项十分简单，都包含 Temporal Smoothing（瞬时平滑）、Scene Detect（场景检测）、Black Clip（减少黑色）、White Clip（减少白色）和 Blend With Original（与原图像混合）等属性设置，如图 4 – 141 所示。用户对素材应用这几种效果后，系统会自动调整素材的对比度、色阶和色彩。

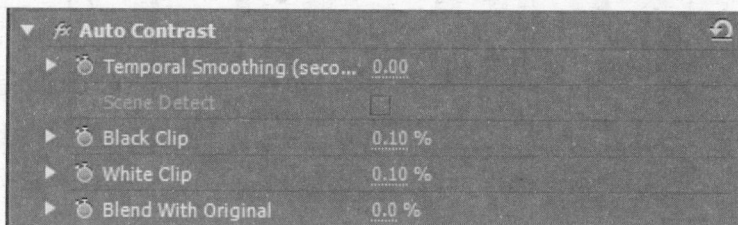

图 4 – 141　Auto Contrast 效果属性设置

（2）Convolution Kernel（回旋核心）。

Convolution Kernel（回旋核心）效果使用数学卷积分的运算来改变素材片段中每个像素的亮度值。其参数设置如图 4 – 142 所示。

Convolution Kernel（回旋核心）效果包含了一组设置，M11、M12、M13 等参数可以将其理解为如图 4 – 143 所示的九宫格，中间的栅格（M22）代表用于卷积分的当前像素，周围栅格代表当前像素周围邻接的像素。在 Offset（偏移）参数输入栏中输入一个数值，此数值将被加到卷积分计算的结果中。在 Scale（比例）参数输入栏中输入一个数值，在积分操作中包含的像素亮度总和将除以此数值。如图 4 – 144 左图所示是原素材画面，右图所示是应用 Convolution Kernel（回旋核心）的效果。

**245**

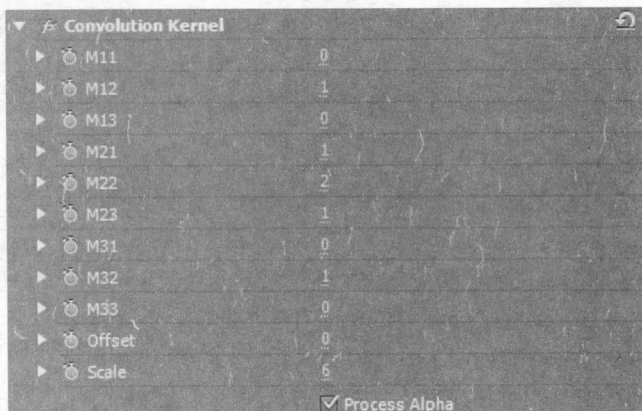

图 4 - 142　Convolution Kernel 效果属性设置

图 4 - 143　亮度增效九宫格

图 4 - 144　Convolution Kernel 效果

（3）Extract（提取）。

Extract（提取）效果可以从视频素材中吸取颜色，然后通过设定灰阶区域控制影像素材的显示。其参数设置如图 4 – 145 所示。其中"Input Range（输入范围）"参数对话框中柱状图用于显示在当前画面中每个亮度值上的像素数目，拖动滑块可以设置将变为白色或黑色的像素范围；"Softness（柔化）"参数设置图像的柔和程度，通过控制灰度值得到柔和程度，该值越大，灰度值越高；选择"Invert（反转）"选项可以反转效果。

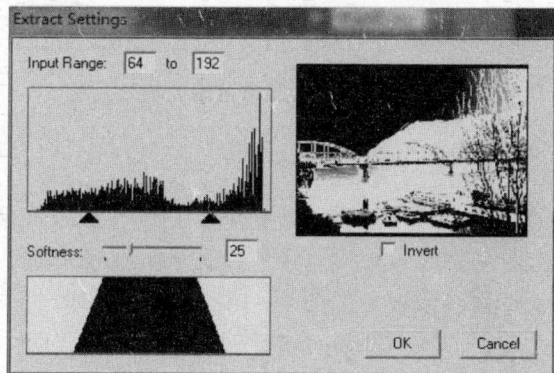

图 4 – 145　Extract 效果参数设置

（4）Levels（电平）。

Levels（电平）效果综合了色彩平衡、亮度、对比度和反转特效的多种功能，使用它可以调整素材的亮度、明暗对比和中间色彩。和大多数特效相同，通过单击"Setup（设置）"按钮　，可以打开 Levels（电平）效果参数设置对话框，如图 4 – 146 左图所示。其中"Channel（通道）"参数下拉列表框可以供用户选择需要调整的通道；"Input Levels（输入色阶）"对话框显示当前帧的色阶直方图，$X$ 轴代表亮度（从左至右表示从暗到亮），$Y$ 轴代表此亮度值的像素数，将黑三角滑块▲向右拖动使影片变暗，将白三角滑块△向左拖动使影片变亮，拖动中间的灰色三角滑块▲可以控制中间色调；使用"Output Levels（输出色阶）"下的滑块可以减少素材的对比度，将黑三角滑块▲向右拖动可以减少素材中的黑色数值，将白三角滑块△向左拖动可以减少影片中的亮度数值，效果如图 4 – 146 右图所示。

**247**

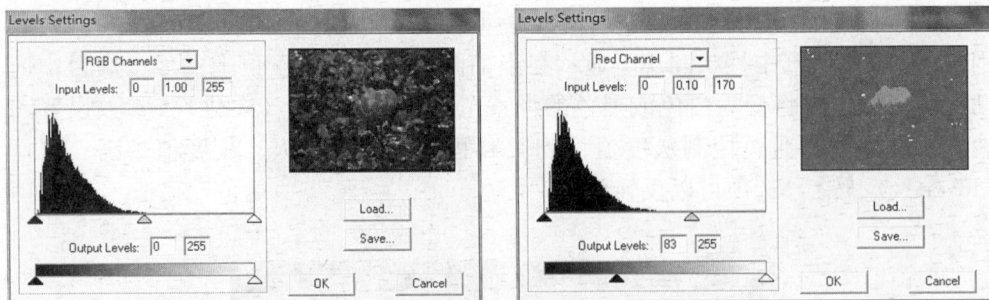

图 4 - 146　Levels 效果参数设置与效果图

（5）Lighting Effects（照明效果）。

Lighting Effects（照明效果）模拟光源照射在图像上的效果，以至多 5 盏灯对素材片段施加灯光效果。此效果可以控制灯光的几乎所有属性以达到仿真的效果，其变化比较复杂。其参数设置如图 4 - 147 所示。其中"Light Type（灯光类型）"，包括"None（无）"、"Directional（定向）"、"Omni（泛光灯）"和"Spotlight（聚光灯）"四种类型。"Directional（定向）"使光从远处照射；"Omni（泛光灯）"使光在图像的正上方照射；"Spotlight（聚光灯）"是投射一椭圆形的光柱，用户可以调整光照方向和角度以及光照范围。"Exposure（曝光）"参数为零时没有作用，增大其参数值使光线变亮，减小其参数值使光线变暗。应用"Lighting Effects（照明效果）"的实例效果如图 4 - 148 所示。

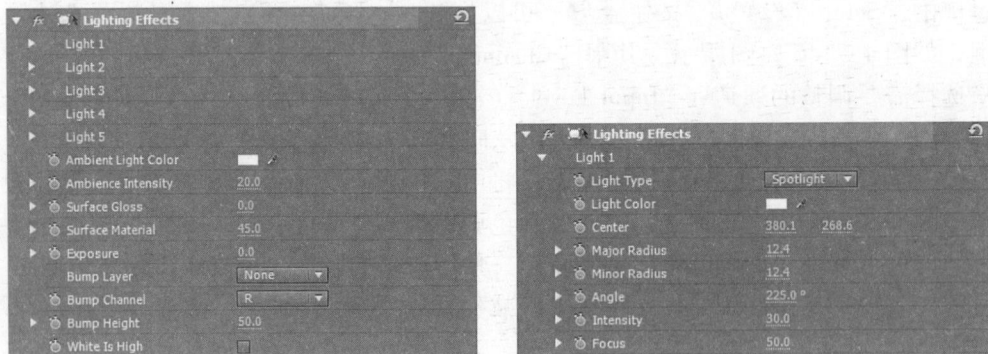

图 4 - 147　Lighting Effects 参数设置

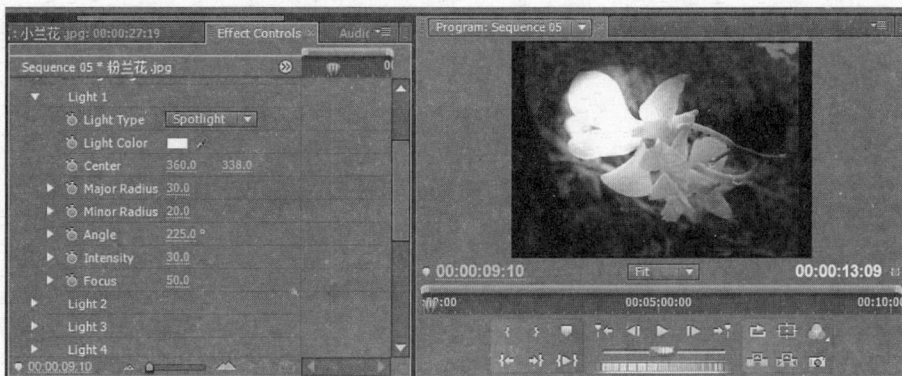

图 4 – 148　Lighting Effects 的实例效果

（6）ProcAmp（调色）。

"ProcAmp（调色）"效果可以分别调节影片的亮度、对比度、色相和饱和度，还可以分屏进行效果对比。其参数设置如图 4 – 149 所示。调节"Brightness（亮度）"参数值可以控制图像亮度；调节"Contrast（对比度）"参数值可以控制图像对比度；调节"Hue（色调）"参数值可以控制图像色相；调节"Saturation（饱和度）"参数值可以控制图像饱和度；调节"Split Percent（划分范围）"参数值可以调整范围，分屏对比调节前后的图像效果。图 4 – 149 节目监视器窗口中所示的图像是素材添加了"ProcAmp（调色）"特效的效果。

图 4 – 149　ProcAmp（调色）参数设置及实例效果

（7）Shadow/Highlight（阴影/高亮）。

"Shadow/Highlight（阴影/高亮）"效果可以对图像中的阴影区域进行提亮，

并对高光区域进行减暗。这个效果不是对画面的全局进行调整，而是分别调整其阴影和高光区域，使画面更富有层次感。其参数设置及应用效果如图 4 – 150 所示。

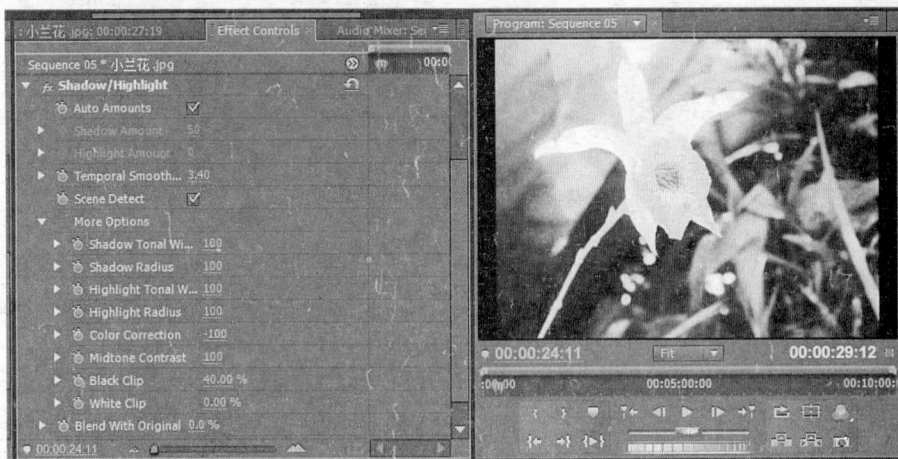

图 4 – 150　Shadow/Highlight（阴影/高亮）参数设置及实例效果

2. Color Correction（色彩校正）视频特效

虽然使用某些其他和色彩相关的视频效果也可以起到调色的作用，但色彩校正类视频特效的多数调色效果是为专业调色而设计的。色彩校正视频特效是 Premiere 提供的高级调色工具，利用它可以应付复杂的调色问题。在视频素材中，色彩校正包括对画面色相和亮度等色彩信息的调整。调节视频素材的色彩和亮度，可以创建一种感情基调，并可以对视频画面中过亮、过暗或偏色的部分进行校正，以满足广播级播放标准。另外，某些调色效果还可以起到强调影片细节的作用。如图 4 – 151 所示，色彩校正包含 17 种不同的视频特效效果。

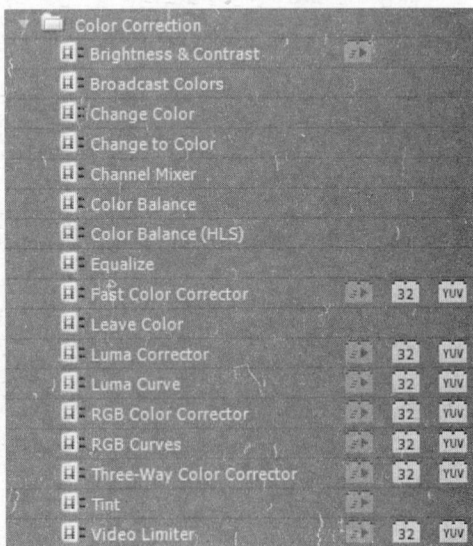

图 4 – 151　Color Correction 视频特效类型

（1）Brightness & Contrast（亮度和对比度）。

Brightness & Contrast（亮度和对比度）可以调节整个素材片段的亮度和对比度。该效果同时调整所有像素的亮部区域、暗部区域和中间色区域，但不能对单一通道进行调节。其参数设置如图 4 - 152 所示，其中"Brightness（亮度）"参数值为正值表示增加画面亮度，为负值表示降低亮度；"Contrast（对比度）"参数值为正值表示增加画面对比度，为负值表示降低对比度。直接输入想要调节的数值或用鼠标在参数值上左右拖动即可改变 Brightness & Contrast（亮度和对比度）的参数值。

图 4 - 152　Brightness & Contrast 参数设置

（2）Broadcast Colors（广播级色彩）。

Broadcast Colors（广播级色彩）可以将素材片段画面像素的色彩值转换为广播电视允许的范围。其参数设置如图 4 - 153 所示。

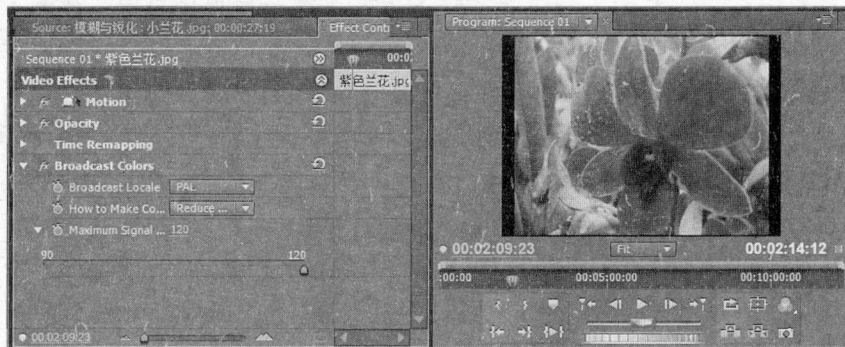

图 4 - 153　Broadcast Colors 参数设置

（3）Change Color（改变颜色）。

Change Color（改变颜色）用于改变图像中的某个范围内颜色的色相、饱和度和亮度，需要用户指定某一个基色和设置宽容度来确定色彩范围。其参数设置如图 4 - 154 所示，包括"View（查看）"、"Hue Transform（色相转换）"、"Lightness Transform（亮度转换）"、"Saturation Transform（饱和度转换）"、"Color to Change（色彩更改）"、"Matching Tolerance（匹配限度）"、"Matching Softness（匹配柔和度）"、"Match Color（匹配颜色）"、"Invert Color Correction Mask（反转色彩校正遮罩）" 等参数供用户选择设置。

图 4 - 154　Change Color **参数设置**

（4）Change to Color（转换颜色）。

Change to Color（转换颜色）可以在图像中选择一种颜色将其转换成为另一种颜色的色相、饱和度和亮度的值，执行颜色转换的同时也添加一种新的颜色。此效果具有比 Change Color（改变颜色）效果更为复杂的选项设置，如图 4 - 155 所示其属性参数包括"From（从）"、"To（到）"、"Change（更改）"、"Change Accordings（更改依据）"、"Tolerance（宽容度）"、"Softness（柔和度）"、"View Correction Mask（查看校正遮罩）" 等，供用户选择设置。

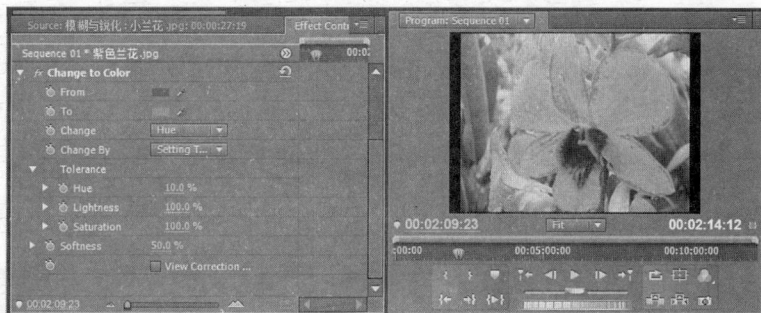

图 4 - 155　Change to Color 参数设置

（5）Channel Mixer（通道混合）。

Channel Mixer（通道混合）通过对当前颜色通道的混合修改一个颜色通道。通过为每个通道设置不同的颜色偏移量来校正图像的色彩。比如可以把一张生机盎然的绿色调的图片调整为满眼秋色的黄色调的图片，其参数设置如图 4 - 156 所示，通过直接输入想要调节的数值或用鼠标在参数值上左右拖动即可改变各个颜色通道的色彩信息。对各项参数的调节控制着选定通道到输出通道的强度。"Red - Red（红色—红色）"、"Blue - Const（蓝色—恒量）" 等参数表示由前面的颜色通道（如红色、蓝色）输出到后面的颜色通道即目标颜色通道（如红色、恒量）。通道后面的参数值越大输出颜色强度越高，对目标通道影响越大。负值表示在输出到目标通道前反转颜色通道。选择 "MonoChrome（单色）" 参数将对所有通道应用相同的数值，产生包含灰阶的彩色图像。对于打算将其转换为灰度的图像，选择 "MonoChrome（单色）" 非常有用。使用 Channel Mixer（通道混合）效果可以创建出其他调色工具难以创建出来的创新性效果，读者可以多加尝试。

图 4 - 156　Channel Mixer 参数设置

**253**

（6）Color Balance（色彩平衡）。

Color Balance（色彩平衡）用于改变素材片段中的红、绿、蓝三种色彩。其参数设置如图4-157所示，每种色彩被分为Shadow（阴影）、Midtone（中间调）和Highlight（高光）三个区域，每个属性滑块处于中点表示没有改变源色彩，设置为-100时移除所有色彩；而设置为"+100"时加倍增强属性色彩。

图4-157　Color Balance 参数设置

（7）Color Balance（HLS）[色彩平衡（HLS）]。

Color Balance（HLS）[色彩平衡（HLS）]用于改变素材画面的色相、亮度和对比度。其参数设置如图4-158所示，包括"Hue（色相）"、"Lightness（亮度）"、"Saturation（饱和度）"等参数供用户选择设置。

图4-158　Color Balance（HLS）参数设置

（8）Equalize（均衡）。

Equalize（均衡）可以改变素材画面图像的像素值，并将它们平均化处理，以产生更加统一的亮度和色彩成分。其参数设置如图 4 – 159 所示，包括"Equalize（均衡）"、"Amount to Equalize（均衡数量）"等参数供用户选择设置。

图 4 – 159　Equalize（均衡）参数设置

（9）Fast Color Corrector（快速色彩校正）。

Fast Color Corrector（快速色彩校正）可以对素材片段整个范围的色彩和亮度进行快速调整。其参数设置如图 4 -- 160 所示，包括"Show Split View（显示分割视图）"、"White Balance（白平衡）"、"Hue Balance and Angle（色相平衡和角度）"、"Balance Magnitude（平衡幅度）"、"Balance Gain（平衡增益）"、"Balance Angle（平衡角度）"等参数供用户选择设置。使用此效果用户可以自动或手动控制白平衡、黑阶、灰阶和白阶。

（10）Leave Color（分色）。

Leave Color（分色）可以只留下指定的颜色及相近的颜色，而将素材画面中除

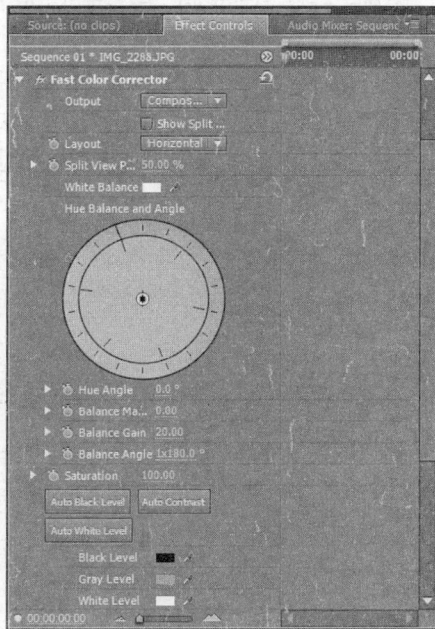

图 4 -160　Fast Color Corrector 参数设置

**255**

了被选中的颜色及相近的颜色之外的其他颜色分离去掉。其参数设置如图 4-161
所示，包括"Amount to Decolor（脱色量）"、"Color to Leave（要保留的颜色）"、
"Tolerance（宽容度）"、"Edge Softness（边缘柔和度）"和"Match Color（匹配
颜色）"等参数供用户选择设置。

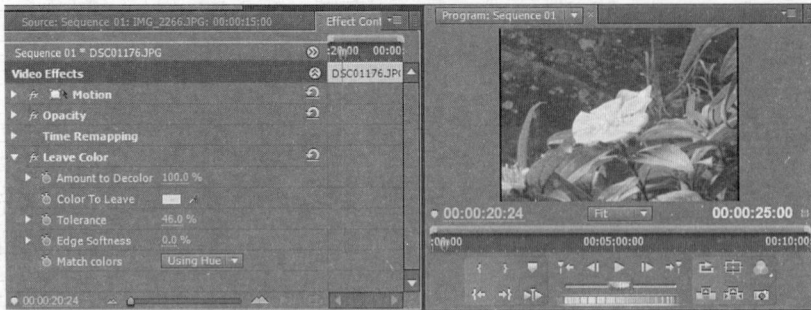

图 4-161　Leave Color 参数设置

（11）Luma Corrector（亮度校正）。

Luma Corrector（亮度校正）通过数值调整图像的 Shadow（阴影）、Midtone
（中间调）和 Highlight（高光）部分，并且可以指定这些部分的范围。其参数设
置如图 4-162 所示，包括"Tonal Range Definition（色调范围定义）"、"Bright-
ness（亮度）"、"Contrastness（对比度）"、"Contrast Level（对比度电平）"、
"Gamma"、"Pedestal（基准）"、"Gain（增益）"、"Secondary Color Correction
（附属色彩校正）"等参数供用户选择设置。

图 4-162　Luma Corrector 参数设置

（12）Luma Curve（亮度曲线）。

Luma Curve（亮度曲线）与 Luma Corrector（亮度校正）相比多了一个亮度调整曲线图，它是通过曲线调整图像的 Shadow（阴影）、Midtone（中间调）和 Highlight（高光）部分，并且可以指定这些部分的范围。其参数设置如图 4-163 所示，通过改变曲线图中的曲线可以调整图像亮度，其他参数的含义可以参考 Luma Corrector（亮度校正）的参数设置。Luma Curve（亮度曲线）效果中的曲线控制的方法与在 Photoshop 和 After Effects 中基本相同。

图 4-163　Luma Curve 参数设置

（13）RGB Color Corrector（RGB 色彩校正）。

RGB Color Corrector（RGB 色彩校正）通过数值调整素材片段的色彩和亮度，并且可以对色调和色彩的范围进行限制。其参数设置如图 4-164 所示，用户可以通过设置 "RGB" 选项下的各参数改变红、绿、蓝 3 个通道中的参数，从而改变图像的色彩。

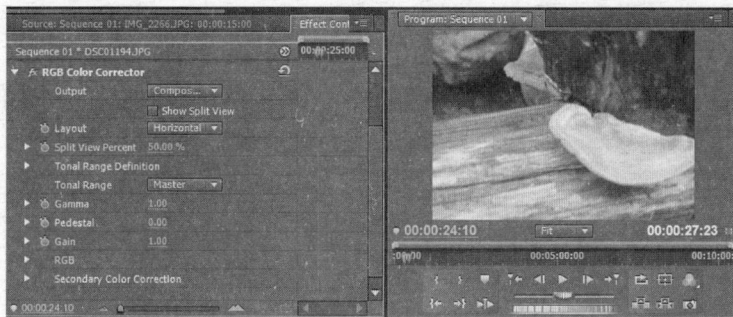

图 4-164　RGB Color Corrector 参数设置

（14） RGB Curves（RGB 曲线）。

RGB Curves（RGB 曲线）通过曲线调整素材片段的色彩和亮度，并且可以对色调和色彩的范围进行限制。其参数设置如图 4 - 165 所示，用户可以通过曲线调整主通道和红、绿、蓝 3 个通道中的参数值改变图像的色彩和亮度。

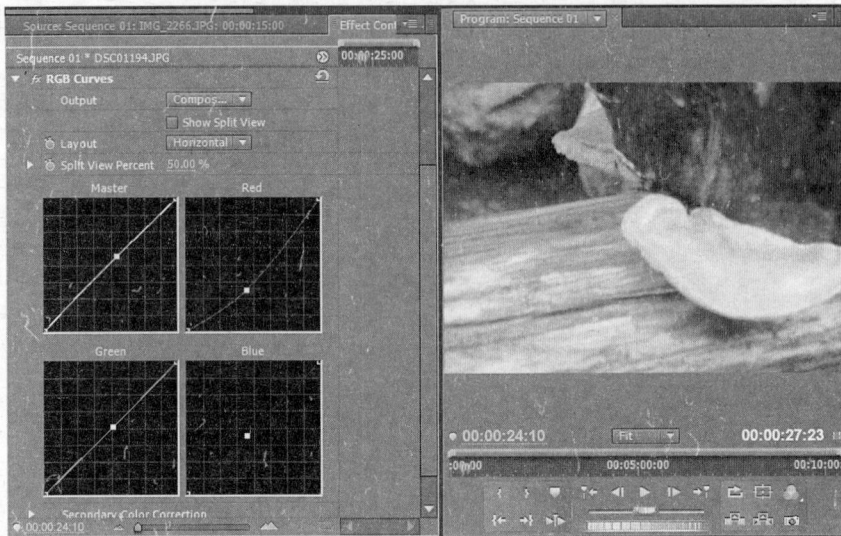

图 4 - 165　RGB Curves 参数设置

（15） Three-Way Color Corrector（三路色彩校正）。

Three-Way Color Corrector（三路色彩校正）效果提供了数值控制和图形化控制两种方式来调节素材片段的阴影、中间调和高光部分的色彩和亮度，也可以对色彩的范围进行限制。其参数设置如图 4 - 166 所示，用户通过旋转 3 个色调盘来调节不同色相的平衡和角度。

（16） Tint（着色）。

Tint（着色）效果用来调整图像中包含的颜色信息，对其中的暗部和亮部分别映射为不同的色彩。其参数设置如图 4 - 167 所示，包括"Map Back To（映射黑色到）"、"Map White To（映射白色到）"、"Amount to Tint（着色量）"等参数供用户选择设置。

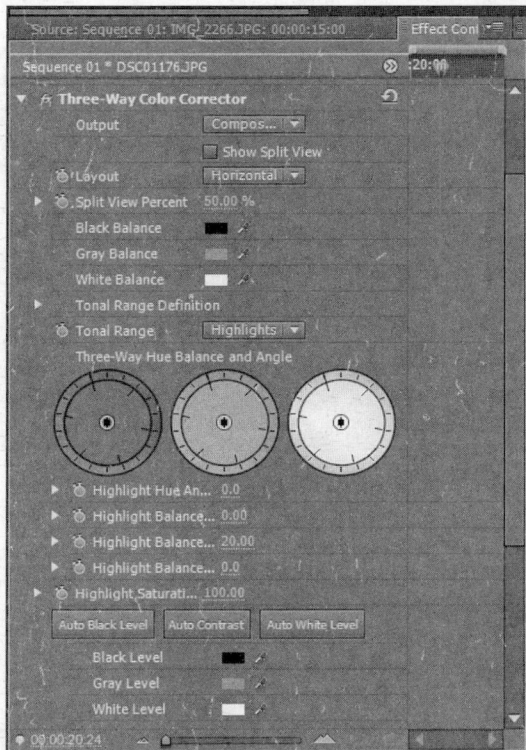

图 4 – 166　Three-Way Color Corrector 参数设置

图 4 – 167　Tint 参数设置

（17）Video Limiter（视频限幅器）。

Video Limiter（视频限幅器）效果调节视频信号，将其限制在一个特定的范围之内。此效果经常会与其他调色效果配合使用，用于在调色后修正溢出。其参数设置如图 4 – 168 所示。

**259**

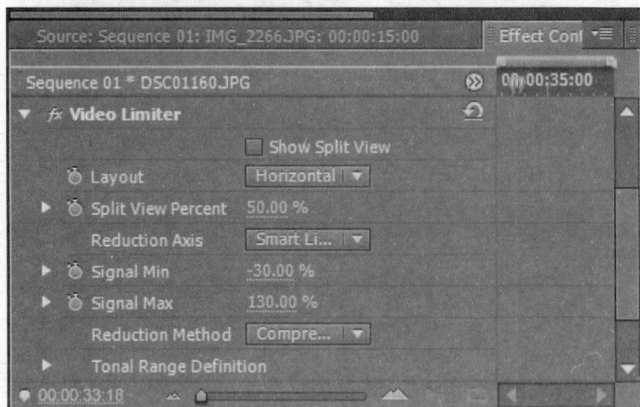

图 4 - 168　Video Limiter 参数设置

3. Image Control（图像控制）视频特效

图像控制视频特效主要是通过对图像色彩等相关信息的控制完成所需效果，包含 5 种不同的具体效果，如图 4 - 169 所示。

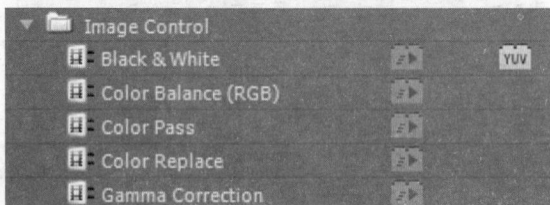

图 4 - 169　Image Control 视频特效类型

（1）Black & White（黑与白）。

Black & White（黑与白）效果可以将彩色图像转换为黑白图像，此效果不支持关键帧。

（2）Color Balance（RGB）[色彩平衡（RGB）]。

Color Balance（RGB）[色彩平衡（RGB）] 通过调节红、绿、蓝通道的颜色数值来改变素材画面的色彩。其参数设置对话框如图 4 - 170 所示。用户可以通过拖动滑块调整图像中红、绿、蓝通道的颜色数值来改变素材画面的色彩。

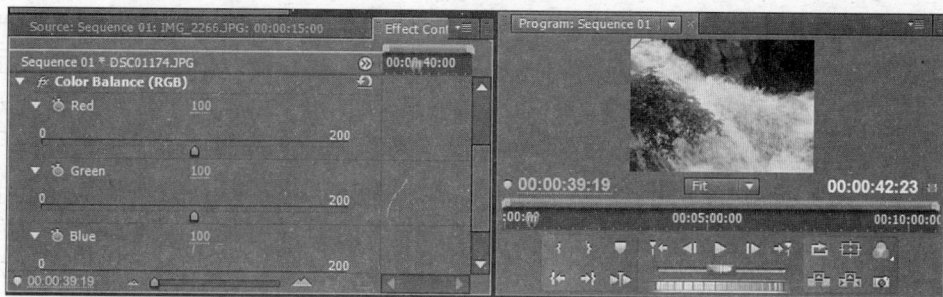

图 4 - 170　Color Balance（RGB）参数设置

（3）Color Pass（色彩传递）。

Color Pass（色彩传递）通过计算特定的色彩，将彩色素材画面除某种特定色彩之外的部分转换为灰阶图。单击"Setup（设置）"按钮➡️▤，可以打开Color Pass（色彩传递）效果参数设置对话框，如图 4 - 171 所示，用户可以在其中一边设置色彩和变化量，一边对比施加效果前后的画面。Color Pass（色彩传递）效果的使用方法如下：第一步，将鼠标放到"Clip Sample（素材取样）"视窗中，鼠标变为滴管工具，单击选取需要的颜色；第二步，拖动"Similarity（相似性）"滑块或直接在其文本框中输入数值，以增加或减少选取颜色的范围；第三步，根据需要决定是否勾选"Reverse（反转）"复选框，若勾选则可以反转过滤效果，即除指定的颜色变为灰色显示外，其他颜色都保持不变。

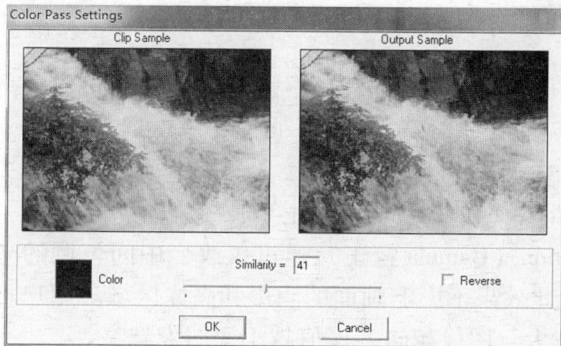

图 4 - 171　Color Pass 参数设置

（4）Color Replace（色彩替换）。

Color Replace（色彩替换）可以指定素材画面中的某种色彩，然后使用一种

**261**

新的色彩替换指定的色彩，可以控制其程度并且保持原有灰阶水平。单击"Set-up（设置）"按钮➡️🔲，可以打开 Color Replace（色彩替换）效果参数设置对话框，如图 4 - 172 所示，在其中用户可以边设置色彩和变化程度，边对比施加效果前后的画面。Color Replace（色彩替换）效果的使用方法为：第一步，将鼠标放到"Clip Sample（素材取样）"视窗中，鼠标变为滴管工具，单击选取需要的颜色；第二步，单击"Replace Color（替换色）"前的颜色块，在弹出的"拾色器"对话框中选取需要替换的颜色（新的颜色），单击"OK"按钮；第三步，拖动"Similarity（相似性）"滑块或直接在其文本框中输入数值，以增加或减少被替换颜色的范围；第四步，根据需要决定是否勾选"Solid Colors（实色）"复选框，若勾选则在颜色替换时将不保留被替换颜色中的灰度颜色，替换颜色可以在效果中完全显示出来。

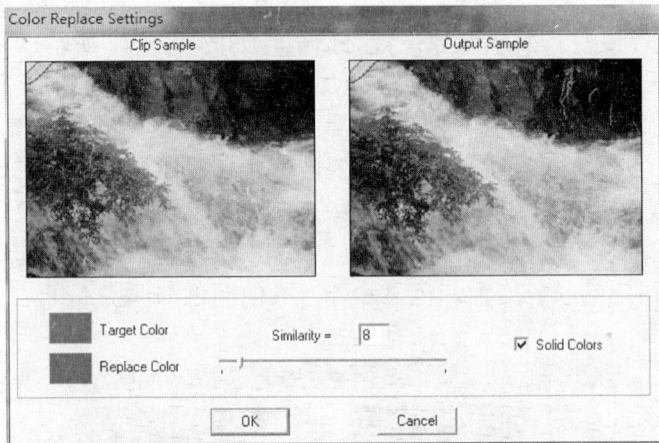

图 4 - 172　Color Replace 参数设置

（5）Gamma Correction（Gamma 校正）。

Gamma Correction（Gamma 校正）通过仅改变中间色调的亮度，对素材画面进行加亮或减暗，此效果不影响画面的阴影和高光区域。用户可以拖动滑块调整 Gamma 值，该值越大，图像越暗；该值越小，图像越亮。

### 4.3.3　抠像视频特效

抠像也叫色键、键控，在影视节目制作中用来完成特殊画面的叠加与合成。常见的抠像特效是"抠蓝"（或"抠绿"），它能把在演播室蓝色（或绿色）幕布前表演的演员镶嵌到另一背景中。之所以将这类视频效果称为"色键",是因为在传统编辑中,这类特效切换由幕布给出的色度信号作为键控信号,控制电子切换台的切换时间,使演播室拍摄的图像中对应于幕布色调的地方由背景图像来填充,以达到某种特殊效果或降低制作成本。在 Premiere Pro CS5 中,色键的作用是选取画面中的某一种颜色,通过软件处理将画面中该种颜色的部分去除,使原画面中有该种颜色的部分变为透明,再与其他画面进行叠加与合成,由此达到多轨节目合成的目的,以形成各种丰富而神奇的艺术效果。

摄像机拍摄的画面在默认状态下是完全不透明的,当其处于时间线窗口上层视频轨道时会完全覆盖下层轨道上的画面,抠像的目的就是将原画面中的部分内容抠除,使之能够透明,从而可以将下层轨道上的部分背景画面显示出来。在 Premiere Pro CS5 中进行抠像,就要选择合适的参数和方法,将原始画面中的部分内容抠除,然后与其他画面合成。要合成的素材必须保证其画面内有透明的部分。Premiere Pro CS5 提供了 15 种键控(Keying)效果,如图 4 – 173 所示,可以通过这 15 种方式为素

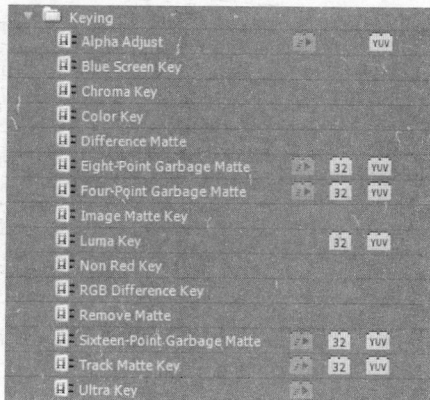

图 4 – 173　Keying 效果类型

材创建透明效果。这 15 种键控效果根据产生透明的原理不同,分为颜色透明、亮度透明、通道遮罩透明几大类型。

1. 颜色透明

颜色透明即色度键,主要根据被抠图像(原始画面)中的颜色差别来进行抠像,主要有 RGB Difference Key(RGB 差异键)、Chroma Key(色度键)、Blue Screen Key(蓝屏键)、Non – Red Key(非红色键)、Color Key(颜色键)。

(1) RGB Difference Key(RGB 差异键)。

RGB Difference Key(RGB 差异键)与 Chroma Key(色度键)类似,同样是在素材中选择一种颜色或一个颜色范围,并使它们透明。二者的不同之处在于,色度键特效可以单独地调节素材像素的颜色和灰度值,而 RGB 差异键特效则可以同时调节素材像素的颜色和灰度值。该特效不能对以灰度图像为主的素材进行抠像,适合对场景中明亮、画面中没有阴影或对景物边缘要求不高的素材进行抠像。图 4 – 174 所示的是 RGB 差异键参数设置面板。用户可以在"Color(色彩)"参数处指定被抠颜色。在"Similarity(相似性)"参数处设定指定颜色的相似值,与指定颜色相似的颜色会被抠除。在"Smoothing(平滑)"参数处设定

被抠图像的边缘平滑情况，减弱图像边缘的锐化效果。勾选"Mask Only（仅遮罩）"参数，可以在素材的透明部分产生一个黑白或灰度的 Alpha 蒙版，这对半透明的抠像尤其重要，如果需要向 Photoshop 传送一个素材并使用 Photoshop 的绘图工具润色，或需要从图像通道中分离出键通道，也可以选择该复选框。勾选"Drop Shadow（投影）"参数，可以为抠出图像添加 50% 灰度、50% 透明度的投影，增加画面与背景的立体感，效果如图 4–174 所示。

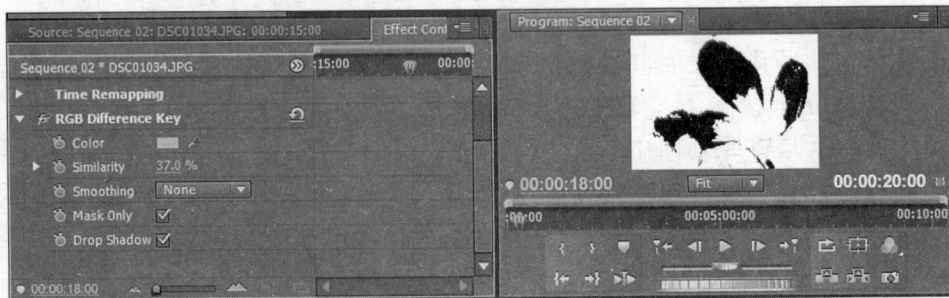

图 4–174　RGB Difference Key **参数设置**

（2）Chroma Key（色度键）。

Chroma Key（色度键）特效允许用户在素材中选择一种颜色或一个颜色范围并使之透明，这是最常用的抠像方式。应用 Chroma Key（色度键）特效后可以在效果控制面板中打开该特效的参数面板，如图 4–175 所示。用户可以在"Color（色彩）"参数处指定被抠颜色或者选择滴管工具图标，按住鼠标并在节目监视器窗口中需要抠除的颜色上单击选取颜色，吸取颜色后，再调节各项参数，观察抠像结果。其参数与 RGB Difference Key（RGB 差异键）相似。用户可以在"Similarity（相似性）"参数处设定指定颜色的相似值，与指定颜色相似的颜色会被抠除。在"Blend（混合）"参数处设定被抠图像与原背景间的混合程度，参数越大与背景混合越多。在"Threshold（阈值）"参数处调节图像阴暗部分的量。在"Cutoff（屏蔽度）"参数处使用纯度键调节暗部细节。在"Smoothing（平滑）"参数处设定被抠图像的边缘平滑情况，减弱图像边缘的锐化效果。勾选"Mask Only（仅遮罩）"参数，可以在素材的透明部分产生一个黑白或灰度的 Alpha 蒙版。

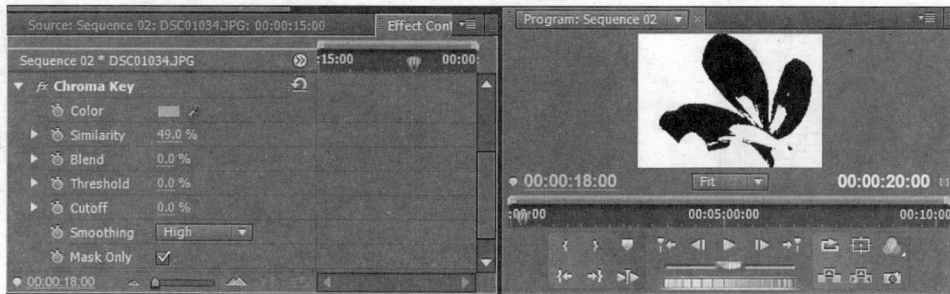

图 4 - 175　Chroma Key 参数设置

（3）Blue Screen Key（蓝屏键）。

Blue Screen Key（蓝屏键）特效专门针对以纯蓝色为背景拍摄的素材进行抠像。创建透明效果时，屏幕上的纯蓝色变得透明。所谓纯蓝色是指不含任何红色与绿色，极接近 PANTONE2735 的颜色，这也是一种最常用的抠像方式，该特效的参数面板如图 4 - 176 所示。在使用过程中，需要恰当调整参数"Threshold（阈值）"和"Cutoff（屏蔽度）"的数值，使人物边缘的蓝色尽量抠除而又不影响人物形象的完整，人物的头发部分是比较容易观察的部分；使用"Mask Only（仅遮罩）"选项，查看人物轮廓，容易发现抠像的不足或过度；使用"Four - Point Garbage Matte（四点蒙版扫除）"切除素材中的边框；"Smoothing（平滑）"参数仅在必要时使用。蓝屏键抠像过程如图 4 - 177 所示。

图 4 - 176　Blue Screen Key 参数设置

**265**

图 4-177　Blue Screen Key 抠像过程

（4）Non-Red Key（非红色键）。

Non-Red Key（非红色键）可以将不包含红色的背景抠除，可以在蓝色或绿色背景中创建透明区域。这种抠像效果与 Blue Screen Key（蓝屏键）相似，但可以用"Defringing（去边）"参数混合两个素材片段或创建一些半透明的对象。"Defringing（去边）"参数可以从素材片段不透明区域的边缘移除剩余蓝色或绿色的屏幕色彩，选择"None（无）"则不启用此项功能；而"Green（绿色）"和"Blue（蓝色）"两个选项分别针对绿色或蓝色背景素材。Non-Red Key（非红色键）与绿背景配合工作时的效果尤其好，如图 4-178 所示。

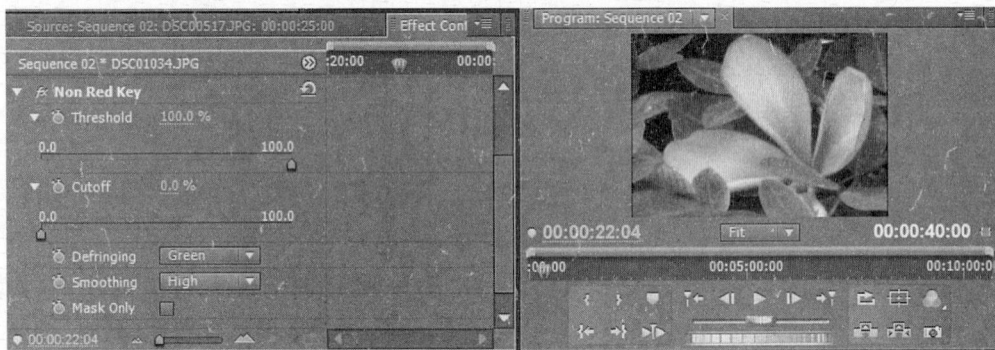

图 4-178　Non-Red Key 参数设置

（5）Color Key（颜色键）。

Color Key（颜色键）与 Chroma Key（色度键）类似，可以将画面中与指定颜色相似的颜色抠除。其抠像效果是以修改 Alpha 通道实现的，因此其参数与 Chroma Key（色度键）有所不同，如图 4-179 所示。"Key Color（键颜色）"参数供用户使用调色板或颜色吸管工具指定被抠颜色。"Color Tolerance（色彩宽容度）"参数供用户设定与指定颜色相似的宽容程度，连同指定颜色一同被透明。"Edge Thin（边缘薄化）"参数可以调整抠像边缘向内蚀入或向外扩展。"Edge Feather（边缘羽化）"参数可以虚化抠像边缘，使被抠图像与背景更为融合。

图 4 - 179　Color Key **参数设置**

2. 亮度透明

亮度透明即 Luma Key（亮度键）特效，可以在键出图像灰度值的同时保持其色彩值。常用来在纹理背景上附加影片，以使附加的影片覆盖纹理背景，其参数设置面板如图 4 - 180 所示。用户可以在"Threshold（阈值）"参数处设置被叠加图像灰阶部分的透明度，数值越大，透明区域越大；可以在"Cutoff（屏蔽度）"参数处设置被叠加图像的对比度，数值越大，对比度越大。

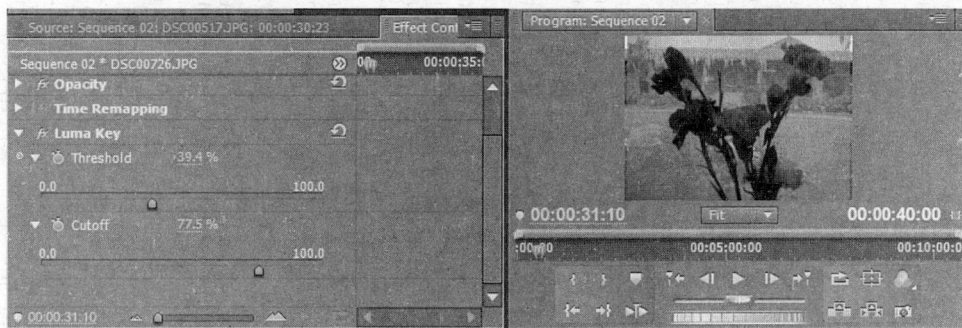

图 4 - 180　Luma Key **参数设置**

**267**

3. 通道遮罩透明

通道遮罩透明包括蒙版抠像和 Alpha 调节抠像。蒙版与 Photoshop 中的蒙版相似，它是一个轮廓图，即通过一个形状作为遮罩来完成透明，这是一种较抽象的抠像方式。在 Premiere Pro CS5 中，蒙版抠像主要有"Difference Matte Key（差异蒙版键）"、"Eight - Point Garbage Matte（八点蒙版扫除）"、"Four - Point Garbage Matte（四点蒙版扫除）"、"Sixteen - Point Garbage Matte（十六点蒙版扫除）"、"Image Matte Key（图像蒙版键）"、"Track Matte Key（轨道蒙版键）"、"Remove Matte（移除蒙版）"等 7 种方式。

（1）Difference Matte Key（差异蒙版键）。

Difference Matte Key（差异蒙版键）是通过比较两个素材之间的透明度来区分素材表面粗糙的效果。在无法使用纯色背景抠像的大场景拍摄中，这是一个非常有用的抠像效果。例如：在一场室外场景的运动场面中，可以先拍下演员运动的视频素材；然后再用摄像机以完全相同的轨迹拍摄不带演员的空场景；最后在后期制作中通过"Difference Matte Key（差异蒙版键）"来完成抠像合成。其参数设置面板如图 4-181 所示。该键控特效对摄像设备有非常苛刻的要求，为了保证两遍拍摄有完全相同的轨迹，必须使用计算机精密控制的运动控制设备才能达到效果。

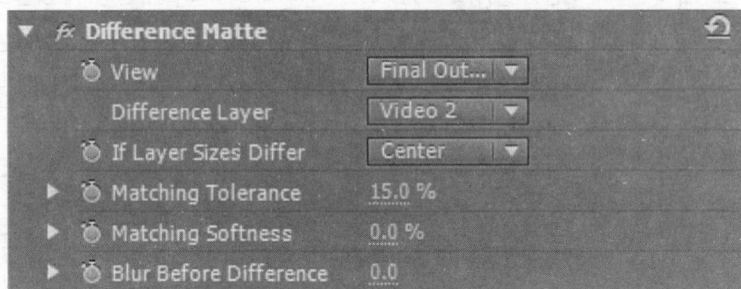

**图 4-181　Difference Matte Key 参数设置**

（2）蒙版扫除。

蒙版扫除键控特效是在画面四周添加控制节点，可以直接抠除其节点所围成的多边形之外的画面部分。经常用作辅助抠像，比如直接抠除画面边缘的灯架、无关人员或其他内容，这部分画面使用色度键或亮度键通常难以抠除。根据控制点的多少，蒙版扫除有"Four - Point Garbage Matte（四点蒙版扫除）""Eight - Point Garbage Matte（八点蒙版扫除）""Sixteen - Point Garbage Matte（十六点蒙版扫除)"三种,用户可以根据所抠图像边缘的复杂程度进行选择使用。每个控制点均以其在节目监视器窗口中的屏幕坐标进行表示,用户可以在效果控制面板中直接输入或调整,也可以单击蒙版扫除键名称左侧的变形图标█,然后在节目监视器窗口中直接使用鼠标拖动各控制点的位置,如图 4 – 182 所示。

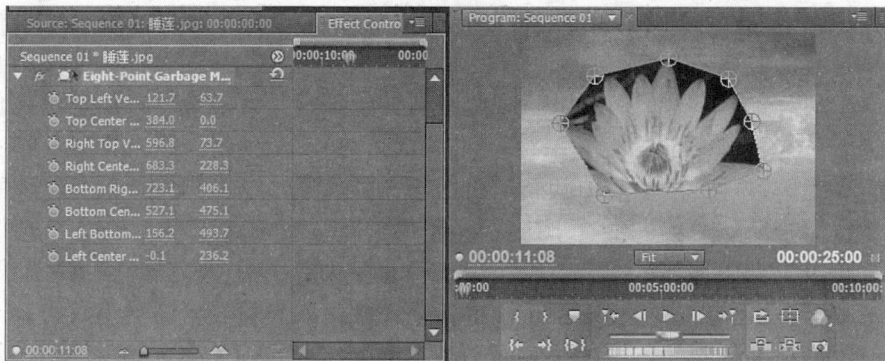

图 4 – 182   使用蒙版扫除进行抠像

(3) Image Matte Key(图像蒙版键)。

Image Matte Key(图像蒙版键)特效是在图像素材画面的亮度值基础上去除素材画面图像,透明的区域可以将下方的素材画面显示出来。图像蒙版一般是灰度图像,对应蒙版中白色的部分表示保留,黑色部分会被抠除,灰色则表示被部分抠除,形成半透明效果。图像蒙版键应该施加在需要抠像的素材上,背景图像素材应在更低的视频轨道上。当一段视频素材被添加了图像蒙版键后,接下来需要用户在效果控制面板中单击其右侧的"Setup(设置)"按钮█,使用弹出的打开文件对话框找到蒙版图像文件,再回到效果控制面板中进行其他设置,其参数设置面板如图 4 – 183 所示。在"Composite using(复合使用)"下拉列表中可以选择使用图像的 Alpha 通道或者亮度通道作为蒙版。勾选"Reverse(反转)"复选框可以使用"Image Matte Key(图像蒙版键)"特效进行反转。

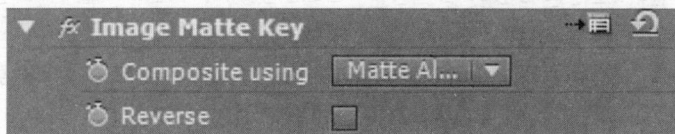

图 4 – 183   Image Matte Key 参数设置

（4）Track Matte Key（轨道蒙版键）。

Track Matte Key（轨道蒙版键）特效是指把序列中一个轨道上的影片作为透明用的蒙版，该蒙版可以是任何素材片段或静止图像，通过像素的亮度值定义轨道蒙版层的透明度。在屏幕的白色区域不透明，黑色区域可以创建透明区域，灰色区域可以生成半透明区域。"Track Matte Key（轨道蒙版键）"与"Image Matte Key（图像蒙版键）"工作原理相同，都是利用指定蒙版对当前抠像对象进行透明区域定义，但是"Track Matte Key（轨道蒙版键）"更加灵活。由于使用时间线窗口中的对象作为蒙版，所以可以使用动画蒙版或者为蒙版设置运动。在使用"Track Matte Key（轨道蒙版键）"进行抠像时，需要用到至少三条视频轨道：最下面轨道上放置背景素材，中间轨道上放置被抠图像，蒙版则放置在高层轨道，时间线窗口布局如图 4 - 184 左图所示。当用户在被抠图像素材上添加了"Track Matte Key（轨道蒙版键）"特效后，接下来最重要的操作是进行蒙版来源选择，在"Matte（蒙版）"下拉列表中正确选择用作蒙版的素材放置的轨道编号。与被抠对象素材长度相同的范围内，在"Track Matte Key（轨道蒙版键）"中调用的轨道上的蒙版素材将不会被直接显示，而是以抠像结果显示在节目输出监视器中的合成画面上，如图 4 - 184 右图所示。

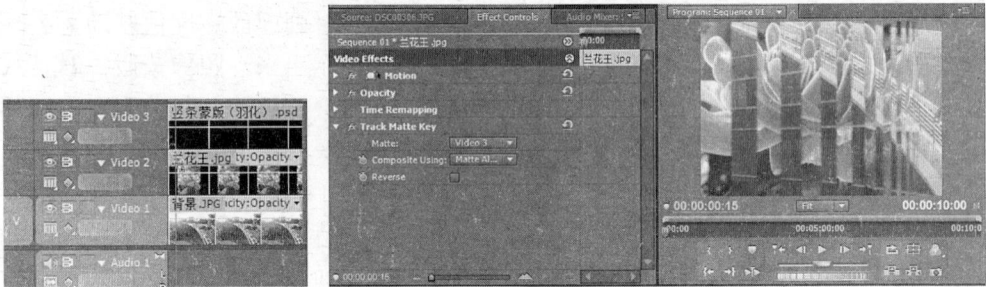

图 4 - 184　使用 Track Matte Key 进行抠像

（5）Remove Matte（移除蒙版）。

Remove Matte（移除蒙版）特效可以移除来自素材的颜色，例如移除画面中蒙版的白色区域或黑色区域，其参数设置如图 4 - 185 所示。当从一个透明通道导入影片或者使用 After Effects 创建透明通道时，需要除去来自图像的光晕。光晕是由图像色彩与背景或表面粗糙的色彩之间有较大的差异而引起的，除去或者改变表面粗糙的颜色能除去光晕。

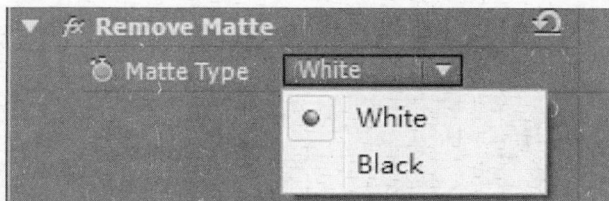

图 4 - 185　Remove Matte **参数设置**

（6）Alpha Adjust 抠像。

当需要通过改变默认的固定效果来改变不透明的百分比时，可以使用
"Alpha Adjust（Alpha 调节）"抠像特效来代替不透明效果。它是通过控制素材
的 Alpha 通道来实现抠像效果的。其参数设置面板如图 4 - 186 所示。若选择
"Ignore Alpha（忽略 Alpha）"复选框，则会忽略素材的 Alpha 通道，而不让其产
生透明。若选择"Invert Alpha（反转 Alpha）"复选框，则反转键出效果。

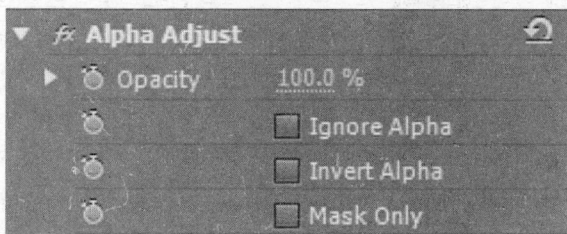

图 4 - 186　Alpha Adjust **参数设置**

**4. 极致键抠像**

应用"Ultra Key（极致键）"抠像特效后，可以在效果控制面板中打开该特
效的参数设置面板，对参数进行设置。如图 4 - 187 所示，是将"Key Color（键
颜色）"参数设置为白色时的"Ultra Key（极致键）"抠像特效效果。

图 4 – 187　使用 Ultra Key（极致键）抠像特效

### 4.3.4　其他视频特效

限于篇幅，本小节仅对其他视频特效作一简要介绍。这些特效的应用均比较简单，只需要在效果面板中"Video Effects（视频效果）"下的分类中找到需要的视频特效，用鼠标将其拖放到时间线窗口的素材上，就可以为视频素材添加该视频特效。接下来可以在效果控制面板中打开所添加的视频特效，对其参数进行设置，以达到想要的理想效果。

1. 模糊与锐化类特效

"Blur & Sharpen（模糊与锐化）"类特效包括 Anitialias（抗锯齿）、Camera Blur（镜头模糊）、Channel Blur（通道模糊）、Compound Blur（复合模糊）、Directional Blur（定向模糊）、Fast Blur（快速模糊）、Gaussian Blur（高斯模糊）、Ghosting（幻影）、Sharpen（锐化）、Unsharp Mask（非锐化遮罩）等 10 种视频特效。模糊和锐化从理论上讲是相反的两种特效，但由于这两种特效本身都会损失原图信息，所以这两种特效并不可逆。

2. 通道类特效

"Channel（通道）"类特效包括 Arithmetic（算法）、Blend（混合）、Calculations（计算）、Compound Arithmetic（复合算法）、Invert（反转）、Set Matte（设置蒙版）、Solid Composite（固态合成）等 7 种视频特效。

3. 扭曲类特效

"Distort（扭曲）"类特效包括 Bend（弯曲）、Corner Pin（边角固定）、Lens Distortion（镜头扭曲）、Magnify（放大）、Mirror（镜像）、Offset（偏移）、Spherize（球面化）、Transform（变换）、Turbulent Displace（紊乱置换）、Twirl（旋转）、Wave Warp（波形弯曲）等 11 种视频特效。

272

4. 生成类特效

"Generate（生成）"类特效包括 4 – Color Gradient（四色渐变）、Cell Pattern（蜂巢图案）、Checkerboard（棋盘）、Circle（圆）、Ellipse（椭圆）、Eyedropper Fill（吸色管填充）、Grid（网格）、Lens Flare（镜头光晕）、Lightning（闪电）、Paint Bucket（油漆桶）、Ramp（渐变）、Write – on（书写）等 12 种视频特效。

5. 噪波与颗粒类特效

"Noise & Grain（噪波与颗粒）"类特效包括 Dust & Scratches（灰尘与划痕）、Median（中值）、Noise（噪波）、Noise Alpha（噪波 Alpha）、Noise HLS（噪波 HLS）、Noise HLS Auto（自动噪波 HLS）等 6 种视频特效。

6. 透视类特效

"Perspective（透视）"类特效包括 Basic 3D（基本 3D）、Bevel Alpha（斜面 Alpha）、Bevel Edges（斜角边）、Drop Shadow（投影）、Radial Shadow（径向投影）等 5 种视频特效。

7. 风格化类特效

"Stylized（风格化）"类特效包括 Alpha Glow（Alpha 辉光）、Brush Strokes（笔触）、Color Emboss（彩色浮雕）、Emboss（浮雕）、Find Edges（查找边缘）、Mosaic（马赛克）、Posterize（色调分离）、Replicate（复制）、Roughen Edges（边缘粗糙）、Solarize（曝光）、Strobe Light（闪光灯）、Texturize（材质）、Threshold（阈值）等 13 种视频特效。

8. 时间类特效

"Time（时间）"类特效包括 Echo（抽帧）、Posterize Time（重影）等 2 种视频特效。

9. 变换类特效

"Transform（变换）"类特效包括 Camera View（摄像机视图）、Crop（裁剪）、Edge Feather（边缘羽化）、Horizontal Flip（水平翻转）、Horizontal Hold（水平保持）、Vertical Flip（垂直翻转）、Vertical Hold（垂直保持）等 7 种视频特效。

10. 转场类特效

"Transition（转场）"类特效包括 Block Dissolve（块溶解）、Gradient Wipe（渐变划像）、Liner Wipe（线性划像）、Radial Wipe（径向划像）、Venetian Blinds（百叶窗）等 5 种视频特效。

11. 视频类特效

"Video（视频）"类特效只包括"Timecode（时间码）"视频特效。

12. 实用类特效

"Utility（实用）"类特效只包括"Cineon Converter（Cineon 转换）"视频特效。

# 4.4 创作实训

综合利用本章介绍的 Premiere Pro CS5 中的各种特效完成下列实训内容。

### 4.4.1 视频转场的应用

观摩影视作品，注意分析影片中所用到的技巧转场方法。至少寻找 3 个技巧转场的实例，并将其在 Premiere Pro CS5 中编辑成一段影片，可以用字幕注明技巧转场的类型，也可配上解说词说明实例所用的技巧转场方法，供交流。另外，可逐一尝试体验 Premiere Pro CS5 提供的各类视频转场的应用效果。

### 4.4.2 运动特效的应用

利用运动特效实现如图 4-188 所示的画中画效果。

图 4-188　画中画效果

### 4.4.3 视频特效的应用

练习添加与调节视频特效的方法，反复体验 Premiere Pro CS5 提供的多种视频特效效果。重点完成以下实训任务：①使用调色视频特效调整所拍摄素材的颜色与亮度，尝试改变素材所反映的拍摄时间。②使用 Blue Screen Key（蓝屏键）特效进行抠蓝特效制作。③使用遮罩技术制作人物脸部的马赛克效果。

### 4.4.4　在自己的作品中合理运用特效

希望读者根据自己作品的需要，合理运用各类视频转场效果、视频运动特效和视频特效创造丰富多彩的视频过渡及变化效果。

### 【思考题】

1. 在 Premiere Pro CS5 中添加转场的步骤是怎么样的？如何设置转场的持续时间？

2. 在 Premiere Pro CS5 中设置视频的运动属性，主要可以调整哪些参数设置？

3. 试描述运用蓝屏键特效抠像的过程。

# THE TECHNOLOGY AND CREATION OF TV EDITING

## Subtitles

第 5 章

# 电视字幕

本章主要阐述了电视字幕的表现形式，重点介绍了在
Premiere Pro CS5 中制作字幕的方法与技巧，并提出了
相应的创作实训任务。

**【本章学习要点】**

通过本章的学习，读者应了解电视字幕的表现形式，熟练掌握在 Premiere Pro CS5 中制作字幕的方法与技巧。

**【本章内容结构】**

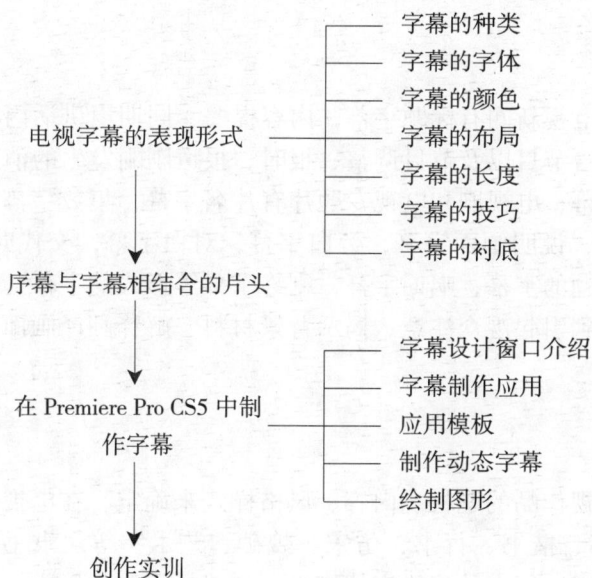

电视字幕的表现形式
- 字幕的种类
- 字幕的字体
- 字幕的颜色
- 字幕的布局
- 字幕的长度
- 字幕的技巧
- 字幕的衬底

序幕与字幕相结合的片头

在 Premiere Pro CS5 中制作字幕
- 字幕设计窗口介绍
- 字幕制作应用
- 应用模板
- 制作动态字幕
- 绘制图形

创作实训

**277**

字幕是电视屏幕上具有独立表意功能的视觉元素，在电视节目中被广泛使用。字幕是用文字符号说明电视片内容、增加画面信息的手段，是电视片风格样式的一部分，也是一部电视片的门面。字幕运用得恰当与否直接关系到观众对整部电视片的感受，必须根据电视片的内容、形式和风格进行恰当合理的选择。

## 5.1　电视字幕的表现形式

### 5.1.1　字幕的种类

字幕的种类多种多样。电视新闻有标题字幕，内容提要、同期声讲话内容以及介绍人物身份的字幕，预告节目以及节目调整、报时、报道刚刚发生的消息与台标等插入字幕等形式的字幕；电视剧和电视专题片有片名字幕，集数字幕，演职员表字幕，介绍人物字幕，说明画面字幕，旁白字幕，对白字幕，交代时间、地点、事件的字幕，解释主题的字幕，唱词字幕，剧终字幕等形式的字幕。字幕与画面、声音配合，可以起到引起观众注意、揭示背景材料、解释翻译画面、增加视觉信息的作用。

### 5.1.2　字幕的字体

字幕的字体应该根据电视作品的题材、内容、风格样式来确定。在电视作品中常用的字幕的字体有隶书、楷书、行书、仿宋、魏碑、艺术字等。隶书、仿宋、魏碑显得庄重严肃；楷书、行书的流线字体给人一种流畅明快的感觉；而充满创意的艺术字能给人一种活泼、新奇、明朗、可爱的心理感觉。一部电视作品风格样式的形成有多种因素，而字幕字体就是其中之一。如果一部片子中出现反差较大的字体，会使电视片在风格样式上跳跃性太大，从而干扰观众对电视作品的欣赏。

### 5.1.3　字幕的颜色

在电视片中，字幕的颜色不但给观众一种视觉上的色彩印象，而且是电视作品内容的直接表现者。因为颜色本身具有一定的象征意义，如红色给人一种热烈、庄严的感觉；黄色给人一种古朴、稳重的感受；蓝色、绿色给人一种安静、寒冷的感觉；紫色给人一种沉重、凝聚的感觉；白色给人一种醒目、对比的感觉；黑色给人一种肃穆的感觉。我国电视作品中最常用的字幕颜色有红色、黄色和白色三种。字幕颜色的运用同样要依据电视作品的内容而定，如红色、黄色多用于历史和现实题材的作品；白色、黑色多用于惊险片；蓝色、绿色在神话、恐怖片中多见；白色、黄色在演职员表中用得较多。

### 5.1.4　字幕的布局

字幕的布局是整部片子风格样式的集中体现，也是电视作品的片头、片尾造型美的重要因素之一。电视字幕大多是叠加在画面上的，所以字幕布局要与画面造型、主体动作相结合，做到和谐统一，为画面增色，至少不要破坏画面。在电视新闻中，标题性的字幕一般是在屏幕下方，在一行容纳不下的情况下可以把地名（人名）放在第一行，新闻内容字幕排在第二行。口播新闻字幕大多打在播音员旁边，字幕可以横排也可以竖排，但要注意断句准确且排列有美感。我国电视作品中字幕的布局有传统的竖排法，有现代的横排法，也有根据主体动作和画面造型因素的需要以左上角、右上角、左下角、右下角、左中、右中、中上、中下等布局的方式来表现。目前电视特技机和非线性编辑软件可以完成各种维度的画面造型，字幕的布局也越来越新颖别致。但不论如何布局，都要依据电视片所要表现的内容和风格采取符合本片主题的字幕排列法。

### 5.1.5　字幕的长度

电视字幕的长度是由声音和画面的内容来决定的，在运用时必须根据电视片的实际情况灵活处理。同期声讲话的字幕、播报文件的字幕和字幕新闻等要求内容完整，以观众看清楚为目的，字幕的长度完全取决于内容的长度；而电视剧片头片尾的字幕则必须根据具体需求而确定长度，一般以 2 分钟左右为宜，同时应特别注意片头片尾的听觉形象也要好。一般情况下，为使观众看清楚字幕的内容，正常的字幕长度应以每秒钟 3 个字的计算方法处理；片名字幕需要长一些，可以放 4～6 秒；各种说明字幕、历史年代字幕应以实际视觉感受计算长度，也可参照每秒钟 3 个字的计算方法处理，最长用 3 秒即可。

### 5.1.6　字幕的技巧

字幕画面技巧是现代电视艺术中的一种表现形式。利用特技，可以使字幕和电视片的内容及字幕衬底的主体动作和造型因素相匹配，达到电视字幕和声画搭配的完美结合。比如以小说改编的电视剧《围城》在片头字幕的处理上就别出心裁，具有特色。它以小说中一句富有哲理的话"围在城里的人想冲出去，围在城外的人想冲进来"作为开篇的旁白，引出字幕。而字幕的处理是将一幅幅剧中人物形象画面以四方框的技巧划入，由小变大，在画面四周形成一个坚固的围城。同时画面变成一种陈旧的土黄色定格，字幕就在定格的画面上淡入、淡出，如图 5 - 1 所示。这个片头字幕的技巧处理，在造型上既吻合片子的内涵，又有一定的寓意。观众从视觉上感到了一种无形的压抑与紧箍，因而产生一种冲破这种紧箍的欲望，使"围城"的含义更加深刻。

图 5 - 1　电视剧《围城》片头字幕的处理

### 5.1.7　字幕的衬底

字幕的衬底有两种表现形式：一种是无人物动作的字幕衬底，包括绘画、图案、图片等，观众在观看时无任何干扰，但较呆板；另一种是有人物动作的字幕衬底，可以有计划地拍摄几个有人物动作的镜头作字幕衬底，也可以在片中选择有人物动作、景物动作的镜头组接成片头片尾的字幕衬底，这些字幕衬底既反映电视片主题，又高度概括电视片内容、突出人物，比较灵活、动感。

## 5.2　序幕与字幕相结合的片头

在电视片中，序幕一般是独立成章的，但它又与电视片有直接的连带关系，既高度概括主题内涵，又合理地压缩时空，使观众在很短的时间内看到电视片所要表现的内容。序幕也许是事件的起因，也许是人物命运的开篇，利用序幕引出字幕能更形象地突出主题。序幕处理得巧妙，会紧紧地抓住观众，使电视片更具有特色。比如电视连续剧《三国演义》的片头就是采用了序幕和字幕相结合的处理方法，序幕共 54 秒，以四部分概括三国的内容：古代作战时两军摆阵；马队的冲锋、厮杀；战场上士兵的肉搏；少数民族的风情，同时运用了"魏"、"蜀"、"吴"三国的旗帜来强调三国的鼎立，使观众一目了然。全部镜头画面动感强，场面大，气势雄伟，惊险激烈。序幕的画面在一种烘托性音乐的衬托下，产生出一种古代战场的韵味。紧接着，画面以滚滚流淌的长江水为衬底，红色的"三国演义"（字体是魏碑）从右至左转出、定格。主题歌音乐出现，浑厚的男中音唱出"滚滚长江东逝水，浪花淘尽英雄……"移出职员表字幕。在江水画面中又运用三维特技移出刘备、诸葛亮、曹操、孙权、关羽、张飞六位主要人物的画面（每个人物画面持续5秒），人物画面和名字出现在椭圆形的相框中，人物形象在江水映衬下随着江水一同流动，"古今多少事，都付笑谈中"，如图5－2所示。画面与主题歌内涵极相吻合。短短3分钟的片头，新颖别致，高度概括了主题，可视性极强，同时又蕴涵了一定的哲理，使观众既看清了字幕、了解了人物，也引发观众去思考、去揣摩。

图5－2　电视剧《三国演义》的片头

总之，字幕是电视片的门面，能否吸引观众、让观众感兴趣，片头字幕起着很重要的作用。片头字幕处理得当，有创新，就能赢得观众的喜爱；否则，就会损坏电视片的整体风格样式。因此，字幕的设计需要引起电视创作者的高度重视。

## 5.3　在 Premiere Pro CS5 中制作字幕

Premiere Pro CS5 中内嵌了一个字幕制作软件——Title Designer（字幕设计），如图5－3所示。使用 Premiere Pro CS5 的 Title Designer（字幕设计）功能可以创建专业级字幕。在 Title Designer（字幕设计）中，可以使用系统中安装的任何字体创建字幕，并可以输入图形或图像作为 Logo。此外，使用 Title Designer（字幕设计）内置的各种工具还可以绘制一些简单的图形。

**281**

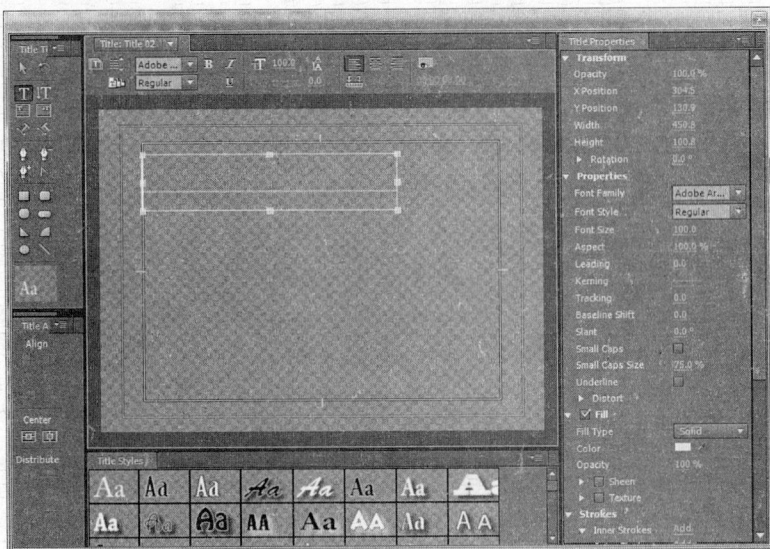

图 5-3 "字幕设计"窗口

### 5.3.1 字幕设计窗口介绍

字幕的制作主要是在 Title Designer（字幕设计）窗口中进行的。如图 5-3 所示，字幕设计窗口集成了包括 Title Tools Panel（字幕工具面板）、Title Main Panel（字幕主面板）、Title Properties Panel（字幕属性面板）、Title Actions Panel（字幕动作面板）和 Title Styles Panel（字幕样式面板）等在内的主要面板，其中 Title Main Panel（字幕主面板）提供了主要的绘制区域。

1. 字幕工具面板

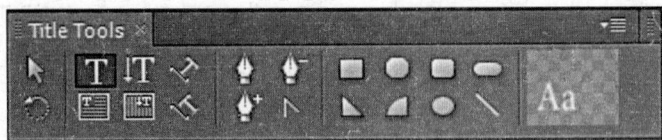

图 5-4 "字幕工具"面板

在字幕设计窗口左侧的 Title Tools（字幕工具）面板中存放着与字幕制作相关的工具，如图 5-4 所示。要使用这些工具进行单次操作，在其中单击该工具按钮，然后在字幕主面板中的字幕显示区域拖动鼠标就可以了。如果要使用某个工具进行多次操作，在 Title Tools（字幕工具）面板中双击该工具按钮即可。利用 Title Tools（字幕工具）面板中的各种工具，用户可以输入不同排列类型的文字，绘制简单的几何图形，还可以对文字、图形等对象进行布局调整。

（1）Selection Tool（选择工具）▨。该工具可用于选择字幕设计区中的对象（一个物体或文字块），按住"Shift"键可以同时选择多个对象，直接拖动对象句柄可改变对象区域和大小。对于 Bezier 曲线物体来说，还可以使用选择工具编辑节点。

（2）Rotation Tool（旋转工具）▨。使用该工具可以对文字、图形等对象进行旋转。

（3）Type Tool（文字工具）▨。选择此工具后在字幕设计区单击，出现闪动光标后可以输入一行文字，不会自动换行，直至用户按下回车键。

（4）Vertical Type Tool（垂直文字工具）▨。该工具可用于输入竖排文字。

（5）Area Type Tool（文本框工具）▨。该工具用于建立段落文本。建立段落文本与普通文本的不同在于，使用该工具建立文本时，首先是在字幕设计区拖出一个矩形文本框，再在其中输入文字，所输入的文字会自动换行。用鼠标拖动文本框大小时，不会影响到其中字的大小。

（6）Vertical Area Type Tool（垂直文本框工具）▨。该工具可用于输入多列竖排文字。

（7）Path Type Tool（路径文字工具）▨。该工具可用于建立一段沿用户设定的特定路径分布的文字。

（8）Vertical Path Type Tool（垂直路径文字工具）▨。该工具可用于建立一段沿用户设定的特定路径分布的竖排文字。

（9）Pen Tool（钢笔工具）▨。该工具可用于描绘文字排列的路径、不规则曲线或移动调节已有的定位点；按住"Alt"键可以变为转换定位点工具（Convert Anchor Point Tool）▨。

（10）Add Anchor Point Tool（添加定位点工具）▨。该工具可用于在文字路径或图形、曲线上添加定位节点。

（11）Delete Anchor Point Tool（删除定位点工具）▨。该工具可用于删除文字路径或图形、曲线上已有的定位节点。

（12）Convert Anchor Point Tool（转换定位点工具）▨。使用该工具可以产生一个尖角或用于调整曲线的圆滑程度。

（13）Rectangle Tool（矩形工具）▨。用以绘制矩形，按住"Shift"键可以绘制出正方形。

（14）Clipped Corner Rectangle Tool（切角矩形工具）▨。用以绘制切角矩

形，按住"Shift"键可以绘制出切角正方形。

（15）Rounded Corner Rectangle Tool（圆角矩形工具） ▧ 。用以绘制圆角矩形，按住"Shift"键可以绘制出圆角正方形。

（16）Rounded Rectangle Tool（圆矩形工具） ▬ 。用以绘制圆矩形，按住"Shift"键可以绘制出正圆矩形。

（17）Wedge Tool（楔形工具） ◣ 。用以绘制直角三角形，按住"Shift"键可以绘制出等腰直角三角形。

（18）Arc Tool（弧形工具） ◢ 。用以绘制弧形，按住"Shift"键可以绘制出四分之一圆弧形。

（19）Ellipse Tool（椭圆形工具） ⬤ 。用以绘制椭圆形，按住"Shift"键可以绘制出正圆形。

（20）Line Tool（直线工具） ◹ 。用以绘制直线，按住"Shift"键可以绘制出水平、垂直或45°倾斜的直线。

2. 字幕主面板

Title Main Panel（字幕主面板）是字幕设计窗口的重要组成部分，在其中创建和查看文本与图形对象。包括选项设置区和工作区两个区域，如图 5 - 5 所示。在设计字幕的过程中，用户可以在字幕设计工作区中显示当前时间线窗口上的内容，以方便用户随时观察字幕叠加到画面后的效果。用户可以通过右上角的时间码来控制时间线窗口上的游标位置，可以改变当前背景。

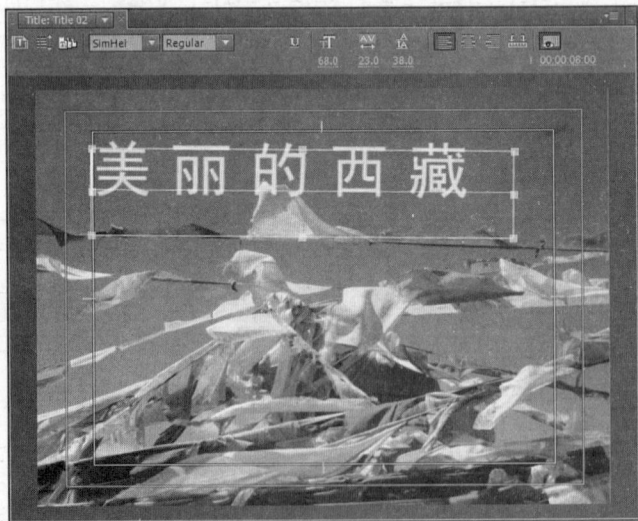

图 5 - 5　字幕主面板

（1） New Title Based On Currrent Title （基于当前字幕新建字幕） 🇹。单击此按钮可以基于当前字幕新建一个字幕，所新建的字幕不是一个空白的字幕，而是当前字幕的副本。

（2） Roll/Crawl Options （滚动/游动选项） ▤。单击此按钮弹出 "Roll/Crawl Options （滚动/游动选项）" 对话框，如图 5 - 6 所示。在 "滚动/游动选项" 对话框中，可以重新选择字幕类型：静态字幕、滚动字幕、向左游动字幕、向右游动字幕。

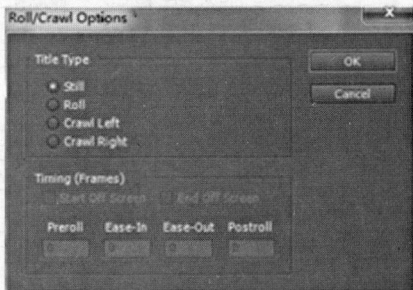

图 5 - 6　"滚动/游动选项" 对话框

（3） Font Family （字体类型） SimHei ▼。在该下拉菜单中可以选择字体类型。如果需要使用中文字体，需要注意的是列表中不会显示中文字体的中文名，而是显示类似拼音的名称。

（4） 常用样式按钮 U。这三个按钮用于设置经常使用的文本样式，从左到右依次为 Bold （加粗）、Italic （倾斜）、Underline （下划线）。

（5） Font Style （字体样式） Regular ▼。在该下拉菜单中可以选择字体的样式，包括常规、特粗、加粗、倾斜、加粗并倾斜。默认样式为常规。

（6） Templates （模板） 。单击此按钮弹出 "模板" 对话框，如图 5 - 7 所示。在列表框中，选中需要的模板，单击 "OK" 按钮就能将所选模板应用到工作区中。本书后续内容将详细介绍如何应用模板。

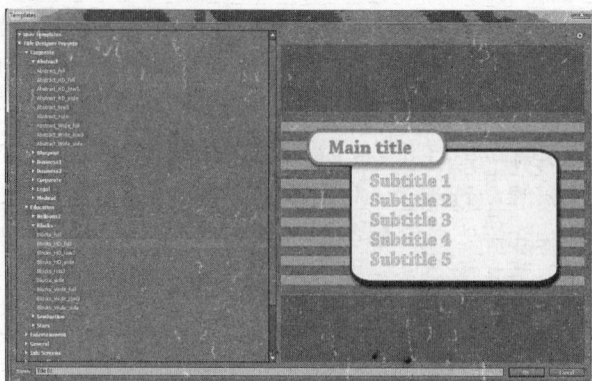

图 5 - 7 "模板" 对话框

（7）Size（大小）⊤ 100.0 、Kerning（间距）↔ 30.0 、Leading（行距）A|A 29.0 。这三个按钮分别用于设置文字的字号、字符间的距离和行与行之间的距离。

（8）Left（左对齐）▤、Center（居中对齐）▤、Right（右对齐）▤、Tab Stops（跳格停止）⬛。前三个按钮分别用于设置文本的左对齐、居中对齐、右对齐。跳格停止按钮用于设置制表符的位置，能够快速实现段落的对齐和排版，单击此按钮弹出"跳格停止"窗口，显示三种对齐制表符，从左到右依次为左对齐、居中对齐、右对齐，如图 5 - 8 所示。单击选择某种制表符，拖动鼠标到标尺的具体刻度处，在其上方单击就能创建一个对齐制表符。创建后用鼠标按住并拖动该符号，可以编辑它所处的位置，此时工作区中的黄线跟随移动，到达目标位置松开鼠标，单击"OK"按钮返回字幕设计窗口，在字幕中某段落前单击鼠标，然后按键盘上的"Tab"键，就能根据设置的制表符对齐段落了。

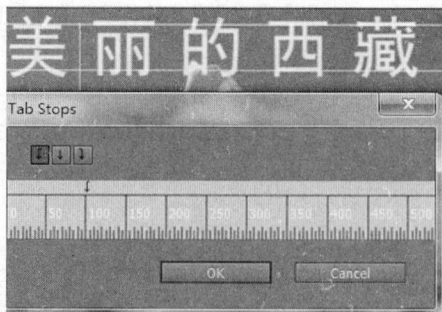

图 5 - 8 "跳格停止" 窗口

(9) Show Background Video（显示背景视频）▣。用于显示/关闭字幕设计区中的背景。字幕背景为时间线窗口当前位置（游标）处的画面。

(10) Background Video Timecode（背景视频时间码）`00:01:47:13`。用于在未关闭字幕设计窗口的情况下，调节时间线窗口上游标的位置来改变当前字幕设计时显示的背景视频画面。

(11) 工作区。是字幕设计窗口的中心部分，也是编辑字幕的主要区域。工作区默认显示"回"字形安全框，最外层的即为动作安全框，内层的为字幕安全框，提示用户当前字幕位置是否安全。一般情况下，字幕应位于"回"字形外框以内的区域。电视机在进行图像显示时采用了"过扫描（Overscan）"技术，电视机扫描系统在进行图像扫描再现时，场扫描和行扫描的幅度超过电视机画框的范围，从而使传送的画面周围在显示时被截去一圈，也就是在电视机上看到的画面内容要小于在设计时的画面范围。在默认情况下，Premiere Pro CS5 中的安全区分为内框（字幕安全区，20% 位置处）和外框（动作安全区，10% 位置处）。在动作安全区处留有 10% 的空间。一般电视机的过扫描比例不超过 5%，也就是当字幕超过动作安全区过多时，该字幕有可能在电视机上不能显示完整。用户可以使用菜单命令"Project（项目）> Project Settings（项目设置）> General（常规）"，在打开的"Project Settings（项目设置）"对话框"General（常规）"选项卡下面设置项目文件的 Action and Title Safe Areas（动作与字幕安全范围）。电脑显示器在显示视频画面时不存在过扫描现象。如果选择了显示背景视频，则工作区中背景即为背景视频，背景视频在该区域不能被编辑，起辅助定位的作用。在工作区输入文本或创建文本输入区域后，在文字下方显示文本基线。如果设置了"跳格停止"功能，在跳格位置就会显示黄色的跳格标记。

3. 字幕属性面板

Title Properties Panel（字幕属性面板）能够对文本或图形对象进行多种样式或风格的设置。根据选择的字幕对象不同，属性面板的设置选项也会随之发生改变。当选择文本字幕时，显示如下 5 种属性设置。

(1) 变换。

Transform（变换）属性设置如图 5 – 9 所示。

Opacity（透明度），用于设置字幕的不透明值，默认为 100% 不透明。可直接输入数值或用鼠标拖动数值改变不透明值。

X Position（X 位置），设置字幕在工作区中 X 轴上的位置。

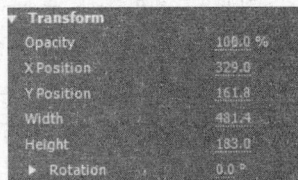

图 5 – 9　变换属性设置

**287**

Y Position（Y 位置），设置字幕在工作区中 Y 轴上的位置。

Width（宽度），设置字幕所占的宽度。

Height（高度），设置字幕所占的高度。

Rotation（旋转），设置字幕旋转的角度。

也可以使用选择工具在工作区中拖动字幕从而改变字幕的坐标位置。在工作区中单击选中字幕后，字幕框的四周出现 8 个控制点，用鼠标左键按住并拖动控制点可以调整字幕的宽度、高度和旋转角度。在工作区中，在字幕对象上单击鼠标右键，在弹出的快捷菜单中选择"Transform（转换）"菜单，在下一级菜单中有调整变换属性的 Position（位置）、Scale（比例）、Rotation（旋转）和 Opacity（透明度）4 个命令，同样可以设置变换属性的各个参数。

（2）属性。

Properties（属性）设置字幕的格式，根据选中的字幕对象不同，属性参数有所不同。当选择文本字幕时，属性设置如图 5-10 左图所示；当选择图形字幕对象时，属性设置如图 5-10 右图所示。

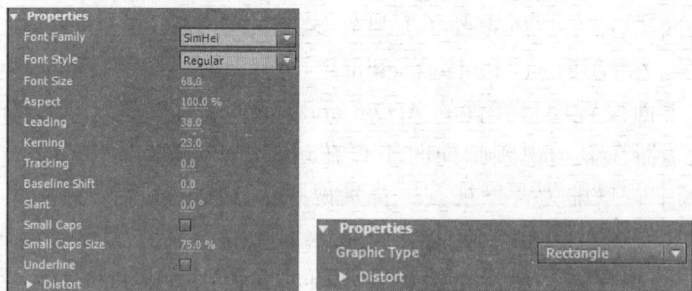

图 5-10　属性设置

文本字幕的属性参数设置如下：

Font Family（字体类型），用于设置当前被选中文字的字体类型，可以是一个字幕对象，也可以是单个字符。

Font Style（字体样式），用于设置加粗、倾斜风格。中文一般不能支持此项。

Font Size（字体大小），用于设置当前被选中文字的字体大小，可以是一个字幕对象，也可以是单个字符。

Aspect（纵横比），用于设置文字的高宽比例。

Leading（行距），用于设置调整多行文字之间的距离。

Kerning（字间距），用于设置调整同行文字之间的距离。

Baseline Shift（基线位移），用于调整英文字符的基线位置，对中文无效。

Slant（倾斜），用于设置文本的倾斜角度，将字符向左或向右倾斜，单位为度，不影响文本框的角度。

Small Caps（小型大写字母），同时将所有英文字母改为大写（原文字是大写字母的将无变化）。

Small Caps Size（小型大写字母尺寸），与小型大写字母配合使用，调整变化后大写字母尺寸的大小（原文字是大写字母的将无变化）。

Underline（下划线），用于为文字添加下划线。

Distort（扭曲），用于设置字幕在 X 轴和 Y 轴上的扭曲程度，从而产生富有变化的文本形态。

字幕基本属性中的大部分参数可为正数或负数，0 或 100% 是参数的中点。用户可以在参数值上单击后输入新的数值，也可以直接用鼠标左右拖动更改其数值。

图像字幕的属性参数只有 Distort（扭曲）和 Graphic Type（绘图类型）两个。扭曲参数的设置与文本字幕的扭曲设置相同。绘图类型参数包括 Rectangle（矩形）、Ellipse（椭圆形）、Arc（弧形）、Wedge（楔形）、Rounded Corner Rectangle（圆角矩形）、Clipped Corner Rectangle（切角矩形）、Rounded Rectangle（圆矩形）、Logo、Open Bezier（开放贝塞尔）、Colsed Bezier（闭合贝塞尔）、Filled Bezier（填充贝塞尔）等 11 种绘图类型可供用户选择。在工作区中选中一个图形对象后，通过选择绘图类型可以改变图形对象的类型，例如可以选中一个矩形对象，将其改为其他 10 种类型的任意一种。

（3）填充。

Fill（填充）设置用于设置文本或图形的颜色或纹理填充格式。Fill（填充）属性设置如图 5－11 所示。

在填充设置中包括 Fill（填充）、Sheen（光泽）、Texture（纹理）三大部分及相应子选项。在应用填充前，需要先选中填充前面的复选框（默认为选中）才能进行参数设置，否则文字（或图形）透明，效果无法看到。

图 5－11　填充设置

选择对象后在 Fill Type（填充类型）菜单中可以选择七种填充方式：①Solid（实色）。使用实色填充字幕或图形对象是 Premiere Pro CS5 默认的也是最常用的

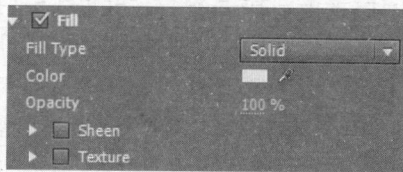

方式。设置对象颜色的方式一般可以通过调色板指定颜色或用颜色吸管选择颜色，如图5-11所示。单击"Color（色彩）"右侧的颜色方块 ▢，可以打开"Color Picker（颜色拾取）"对话框，如图5-12所示。首先在中部色彩条上上下拖动一对小三角 ▶ ◀ 选取色别，再在左边方形区域内单击选择合适饱和度与明暗的色彩。单击色彩右侧

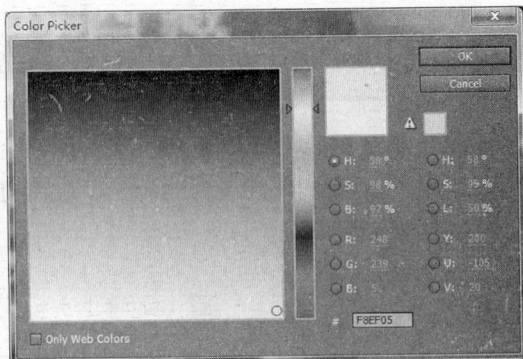

图5-12 设置字幕颜色

的颜色吸管按钮 ✐，鼠标形状变为 ，在屏幕上含有希望颜色的位置单击鼠标，可以将字幕对象设置为该颜色。调整"Opacity（透明度）"右侧的数值，可以实现字幕对象的半透明效果。由于电视广播中的色彩显示范围与计算机显示的色彩范围存在差别，在计算机中为对象设置的颜色超出电视广播中的色域时，系统会出现一个"Makes The Color Broadcast Safe（制作广播级安全色）"按钮 ⚠ 提示用户，如图5-12所示。单击该按钮，系统将颜色自动修正为与用户设置颜色最接近的广播级安全色彩。超出广播级色域的色彩在电视机屏幕上显示时会出现溢出、偏色等现象。②Linear Gradient（线性渐变），填充到字幕或图形对象中的两种颜色沿直线方向逐渐变化，可调整每种颜色的位置、不透明度和产生渐变的方向，还可以通过Repeat（重复）参数增加对象中色彩变化的循环次数以创造条纹效果，如图5-13左图所示。颜色由"Color（色彩）"右侧的两个色彩滑块 ▢ 上的颜色决定，单击色彩滑块可在其下的"Color Stop Color（色彩到色彩）"栏中设置该滑块的颜色，也可以直接双击色彩滑块打开调色板设置其颜色。调整"Angle（角度）"参数可以控制对象中颜色变化的方向。拖动两个色彩滑块间的距离可以调整对象中两种色彩变化的快慢。③Radial Gradient（径向渐变），填充到字幕或图形对象中的两种颜色沿中心向四周方向逐渐变化，设置方式与Linear Gradient（线性渐变）相似，如图5-13中图所示。④4 Color Gradient（四色渐变），可以在矩形的四个顶点方向设置四种不同颜色的过渡，双击每个色彩栏角上的色彩滑块分别设置其颜色，没有颜色位置与渐变角度调整，如图5-13右图所示。⑤Bevel（斜角边），产生立体化效果的工具，可以为文字或图形对象添加立体效果，如图5-14左图所示。⑥Eliminate（消除），使原对象范围内的颜色变为透明。当为其设置了阴影并且尺寸大于原对象时，可以看到阴影中被对象镂空，大于原对象的阴影被保留了下来，即仅保留了描边效果。⑦Ghost（残像），

与 Eliminate（消除）相似，隐藏了原对象，但不会和阴影发生相减的关系，会完整保留描边效果和阴影效果，如图 5 - 14 右图所示。

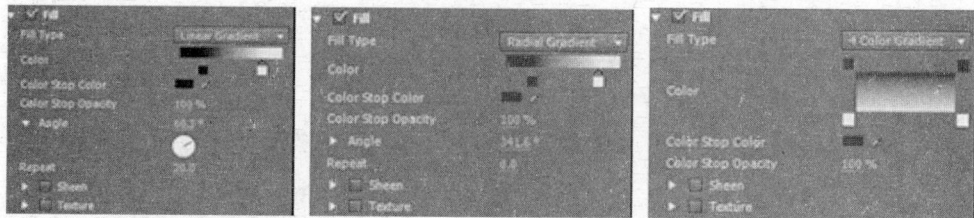

图 5 - 13　设置字幕颜色线性渐变、径向渐变、四色渐变填充效果

图 5 - 14　设置斜角边及残像填充效果

　　Sheen（光泽）设置是填充设置的子菜单，可为文字或图形对象表面加一道彩条，可以在参数设置中调整 Color（颜色）、Size（大小）、Angle（角度）、Opacity（透明度）以及位置偏移量（Offset）。应用光泽效果需要勾选 Sheen（光泽）选项，展开属性下拉菜单进行选择使用，如图 5 - 15 左下图所示。灵活使用光泽效果中的"位置偏移量"和"角度"可以得到较好效果。

　　Texture（纹理）设置可以选择图形图像文件（包括位图和矢量图）作为对象纹理（即贴图功能），增加屏幕文字和图形的表现力。应用纹理效果需要勾选 Texture（纹理）选项，展开属性下拉菜单进行选择使用，如图 5 - 15 右图所示。在菜单中可以选择 Texture（纹理）设置对象贴图材质，选择 Flip with Object（随对象翻转）设置贴图是否随对象翻转，选择 Rotate with Object（随对象旋转）设置贴图是否随对象旋转，选择 Scaling Horizontal/Vertical（水平/垂直缩放）缩放

**291**

贴图，当贴图小于对象时选择 Scaling Tile X/Tile Y（X/Y 缩放）设置贴图是否四方连续，选择 Alignment（对齐）设置对齐方式，选择 X Offset/Y Offset（X/Y 轴位置偏移）设置贴图位置偏移量。此外，还可以使用 Blending（混合）选项定义多种填充之间的运算方式，设置纹理和原始字幕的混合程度，还可以设置 Alpha 混合比例和组合规则等参数。

图 5－15 设置字幕光泽、纹理效果

（4）描边。

Strokes（描边）属性设置是以某种填充方式为字幕建立描边效果。为字幕添加描边效果除了可以美化字幕以外，还可以增加字幕与背景之间的反差，使字幕能够更加醒目，有助于保持字幕与随时变化的背景之间的反差。绝大部分电视字幕需要添加描边修饰以增强与背景的反差，使字幕更加清晰或者产生特别的效果。

以对象边际为界限，描边分为 Inner Strokes（内侧边）和 Outer Strokes（外侧边）两大类，每一类都有 Depth（凸出）、Edge（边缘）和 Drop Face（凹进）

三种描边方式。三种类型的效果对比如图 5 – 16 所示。一般情况下笔画较细的字体适合使用 Outer Strokes（外侧边），笔画较粗的字体适合使用 Inner Strokes（内侧边）。用户可以为同一个字幕对象添加多个描边效果，还可以为描边部分添加设置不同的色彩填充类型、光泽及纹理等效果。

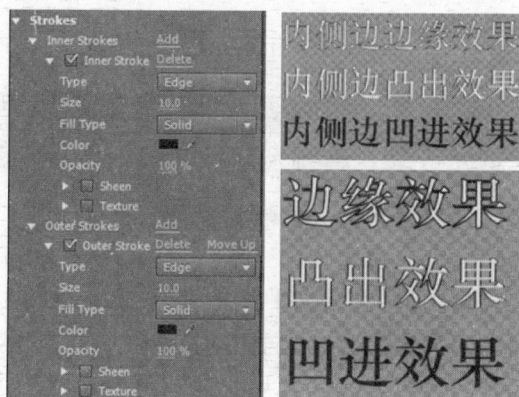

图 5 – 16　字幕描边设置及三种类型效果对比

（5）阴影。

Shadow（阴影）属性设置可以为对象添加阴影效果，增加字幕与背景画面间的层次感、立体感，可以美化、增加字幕与背景之间的反差。虽然可以使用外描边设置制作阴影效果，也可以通过将描边填充设置为"带有透明度渐变"的方法得到有羽化效果

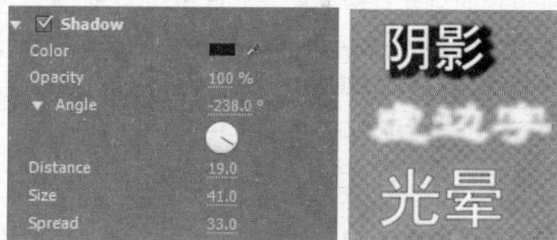

图 5 – 17　添加设置字幕阴影效果

的阴影，但在 Shadow（阴影）设置中提供的参数调整更为便捷。通过"Shadow（阴影）"分类下的各项参数，用户可以控制阴影的 Color（颜色）、Opacity（透明度）、Angle（角度）、Distance（距离）和 Spread（发散程度）等参数，如图 5 – 17 左图所示。通过上述参数的调节，可以一步到位地为字幕制作理想的阴影，不仅比使用描边制作效率高，而且效果好。灵活使用阴影参数，并配合填充、描边等设置，可以制作出虚边字（关闭填充效果）、光晕字（阴影距离为零，合适阴影大小及扩散）等效果，如图 5 – 17 右图所示。

**293**

4. 字幕动作面板

Title Actions Panel（字幕动作面板）主要用于对齐、居中或分散所选字幕对象或对象组。当在字幕工作区内选择一个对象时，水平居中和垂直居中选项被激活，可设置所选对象在工作区内居中显示。如果选择多个对象，则 Title Actions Panel（字幕动作面板）的对齐、居中、分布都将被激活。Title Actions Panel（字幕动作面板）的工具如图 5 - 18 所示。

图 5 - 18　字幕动作面板工具

（1）Align（对齐）选项，包括水平和垂直两个方向的对齐设置。水平方向的对齐设置包括水平左对齐█、水平居中对齐█、水平右对齐█，用于设置多个选择对象的水平方向的对齐方式。只有在选择两个或两个以上对象的时候，该工具才被激活。水平左对齐表示以所选对象最左边的对象的左边界为基准来进行对齐排列；水平居中对齐表示以所选对象的水平中间位置为基准来进行对齐排列；水平右对齐表示以所选对象最右边的对象的右边界为基准来进行对齐排列。所呈现的对齐效果如图 5 - 19 所示。垂直方向的对齐设置包括垂直顶对齐█、垂直居中对齐█、垂直底对齐工具█，用于设置多个选择对象的垂直方向的对齐方式。与水平对齐相类似，只是在垂直方向上进行对齐，所呈现的对齐效果如图 5 - 20 所示。

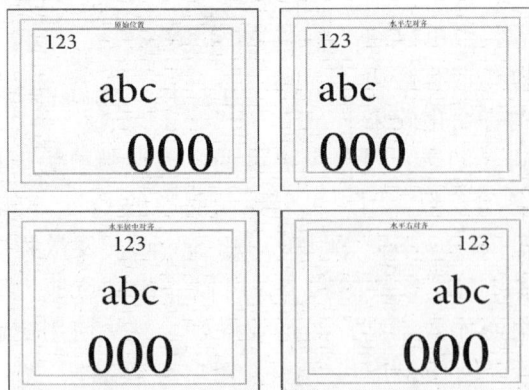

图 5 - 19　水平对齐各种效果对比

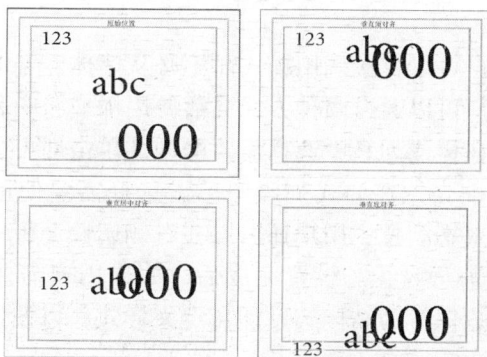

图 5 – 20　垂直对齐各种效果对比

（2）Center（居中）选项，包括水平居中 ▦ 和垂直居中 ▦ 两个工具。使用水平居中或垂直居中工具可以使所选择的对象相对于工作区处在水平居中或垂直居中的位置。

（3）Distribute（分布）选项，包括水平和垂直两个方向的分布设置。水平方向的分布设置包括水平左分布 ▦、水平居中分布 ▦、水平右分布 ▦、水平等距分布 ▦ 四个工具。垂直方向的排列设置包括垂直顶分布 ▦、垂直居中分布 ▦、垂直底分布 ▦、垂直等距分布 ▦ 四个工具。当选择三个以上的对象时，该工具才被激活，可以平均分布各个对象之间的水平间距和垂直间距，区别在于所参照的分布标准不同。

5. 字幕样式面板

Title Styles Panel（字幕样式面板）用于预设字幕样式，可以从几个样式库中进行选择。字幕样式是 Premiere Pro CS5 预置的字幕的风格，每种风格都包括字幕的字体、字号、阴影、颜色等参数的设置，如图 5 – 21 所示。

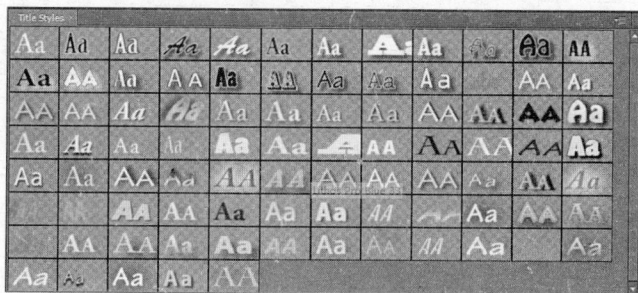

图 5 – 21　字幕样式面板

**295**

（1）应用样式。

设计字幕时，用户可以直接调用样式而不必从字体、字号、填充、描边及阴影等一步步做起。用户可以通过两种方式灵活使用样式：一是在工作区中选中需要应用样式的字幕，在样式列表中选择需要的样式单击即可自动应用到选中的字幕；二是在输入文字前，先在样式列表中单击选择需要使用的样式，再输入文字。选择样式后，如果不满意，用户还可以在右侧属性面板中对样式的各种参数进行重新设置，直至满意为止。设置完成后，如果用户需要以后再次使用该样式，可以将自己的设置保存为新样式，即自定义样式，以便以后随时从样式列表中调用。

（2）自定义样式。

用户可以将自己最常用的字幕属性设置定义为样式，在以后的工作中只要应用自定义的样式就可以轻松设置与原来设置完全相同的效果。在进行自定义样式之前，先要将字幕的字体、字号、填充、描边及阴影等各项属性设置好，在字幕设计工作区选中该字幕，单击样式列表右上角的 ▾≣ 按钮，在弹出的菜单中选择"New Style（新建样式）"命令，根据提示输入新建样式的名称信息，如图 5 - 22所示，单击"OK"按钮即可保存自定义样式。在字幕设计工作区选中需要应用自定义样式的文字，在样式列表中单击选择已定义好的样式即可为其他字幕应用用户自定义的样式。使用自定义样式不仅可以提高工作效率，还可以保证作品中的字幕风格一致，避免出现人为偏差。

图 5 - 22　自定义样式

### 5.3.2　字幕制作应用

在 Premiere Pro CS5 中应用制作字幕常用的操作有新建字幕、打开字幕、保存字幕和应用字幕等。

1. 新建字幕

用户有多种方式建立字幕：

（1）使用菜单命令"File（文件）> New（新建）> Title（字幕）"或按"F9"键或按组合快捷键"Ctrl + T"。

（2）在项目窗口中空白处单击鼠标右键，执行"New（新建）＞Title（字幕）"命令或者单击项目窗口中底部的新建分类按钮，在弹出的菜单中选择"Title（字幕）"命令。

（3）在"Title（字幕）"菜单中选择"New Title（新建字幕）"命令，在它的二级菜单选项中选择所要创建的字幕类型，包括默认静态字幕、默认滚动字幕、默认游动字幕、基于当前字幕、基于模板等。随后弹出"新建字幕"对话框（如图 5－23 所示）等待用户为新字幕命名，用户输入拟定的字幕名称，单击"OK"按钮，Premiere Pro CS5 自动打开 Title Designer 软件，弹出字幕设

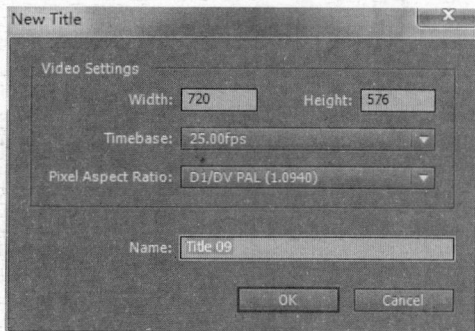

图 5－23　"新建字幕"对话框

计窗口，同时在菜单栏中的"Title（字幕）"菜单中的命令选项被激活。在字幕设计窗口的设计区中单击鼠标，进入文字输入状态。

2. 打开字幕

除了新建字幕外，还可以在 Premiere Pro CS5 打开原先创建的字幕。

（1）在项目窗口中打开字幕文件。使用菜单命令"File（文件）＞Import（导入）"，在可导入的文件格式中可以发现 Adobe Title Designer 字幕文件格式，如图 5－24 所示。选择要导入的字幕文件，单击"OK"按钮，Premiere Pro CS5 的项目窗口中自动添加了新导入的字幕文件素材。在项目窗口中双击字幕文件，就可以使用 Title Designer 打开字幕文件，弹出已有字幕文件的字幕设计窗口，供用户作调整。

（2）在时间线窗口打开字幕文件。如果字幕已经添加到时间线窗口的序列上，则可以在时间线窗口中双击字幕文件，系统也会自动使用 Title Designer 弹出该字幕文件的字幕设计窗口，供用户作调整。

3. 保存字幕

保存字幕的方法与保存项目的方法一样，在激活字幕设计窗口时，可用"Save（保存）"、"Save As（另存为）"、"Save a Copy（保存为副本）"等命令保

图 5－24　Premiere Pro CS5 中可以导入的字幕文件格式

**297**

存字幕。

4. 应用字幕

当字幕保存或打开后，该字幕会以素材的形式自动出现在项目窗口中，将素材放置在时间线窗口中就可以将字幕放在某一视频轨道中。当字幕需要与背景视频素材叠加使用时，将字幕放到高层轨道中，字幕会自动应用 Alpha 通道的透明方式与低轨道的视频素材合成。如将字幕放置在 Video1 轨道，则以黑色填充 Alpha 通道。如果需要改变时间线窗口中字幕文件长度，与素材操作相同，使用"Clip（素材）> Speed（速率）> Duration（持续时间）"命令或快捷键"Ctrl + R"或直接用鼠标拖动字幕文件素材的边缘即可。

### 5.3.3　应用模板

Premiere Pro CS5 预置了很多类型的字幕模板，可以帮助用户更快捷地设计字幕，以满足各种电视节目的制作需求。这些模板的设计都非常精美，字幕中可能包含图片和文本，一般情况下，用户可以根据节目制作的实际需求对其中的元素进行简单的设置修改就可以满足个人日常编辑的需求，还可以将自制的字幕保存为模板，以备以后工作中随时调用，从而大大提高工作效率。通过 Adobe 资源中心，还可以在线下载所需的字幕模板。

1. 应用模板

设计字幕时，用户可以直接调用模板而不必从头一步步做起。用户可以通过三种方式灵活使用模板：一是使用菜单命令"Title（字幕）> New Title（新建字幕）> Based On Template（基于模板）"；二是在 Title Designer（字幕设计）窗口打开的状态下，使用菜单命令"Title（字幕）> Template（模板）"；三是在 Title Designer（字幕设计）窗口打开的状态下，单击字幕设计窗口顶部的模板按钮 ▦ 调出模板对话框。在模板对话框中选择所需的模板类型，右侧会出现此字幕模板的缩略图（如图 5-7 所示），单击"OK"按钮即可将模板添加到字幕设计窗口的工作区。使用了新字幕模板后，模板中的内容会替换字幕设计窗口工作区中的所有内容。在字幕设计窗口工作区中应用模板后，如果不满意，用户还可以使用各种手段修改模板内容以及布局方式，直至满意为止。设置完成后，如果用户需要以后再次使用该模板，可以将其保存为新模板，即自定义模板，以便以后随时调用。

2. 自定义模板

用户可以将自己最常用的字幕版面设置定义为模板，在以后的工作中只要应用自定义的模板就可以轻松设置与原来设置完全相同的效果。在进行自定义模板之前，先要将字幕的文字、图片、布局等各组成元素的各项属性设置好，在字幕设计窗口中单击 ▦▦ 按钮调出模板对话框，在模板弹出式菜单中选择 "Import Current Title as Template（导入当前字幕为模板）" 命令，根据提示输入新建模板的名称信息，如图 5 – 25 所示，单击 "OK" 按钮即可保存当前字幕为用户自定义模板。此后，就可以通过模板对话框应用该模板。与使用自定义样式一样，使用自定义模板不仅可以提高工作效率，还可以保证作品中的字幕风格一致，避免出现人为偏差。

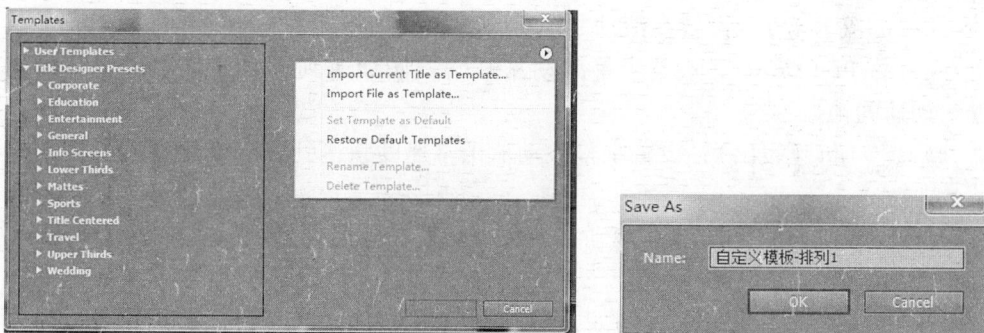

图 5 – 25　自定义模板

## 5.3.4　制作动态字幕

影视节目是空间艺术与时间艺术的综合，仅有静态字幕的切入切出不足以展现其真正的艺术魅力。在 Premiere Pro CS5 中，有多种方式可以让静态的字幕"动"起来，比如运用滚动、游动、关键帧动画、转场、视频特效等方式可以制作动态字幕。

1. 制作滚动字幕

滚动字幕是指字幕垂直上下滚动，是经常使用的一种运动字幕。比如电视节目结尾时的演职员表常常以字幕上下滚动的形式给出。制作滚动字幕的操作步骤如下：

第一步，创建滚动字幕。可以有两种方法：第一种方法，在 Premiere Pro CS5 中，使用菜单命令 "Title（字幕）> New Title（新建字幕）> Default Roll（默认滚动）"，在弹出的"新建字幕"对话框中输入字幕名称单击 "OK" 按钮，即可创建一个滚动字幕。第二种方法，首先使用前面介绍的创建字幕的方法创建

**299**

一个静态字幕，在弹出的字幕设计窗口中单击滚动/游动选项图标█，在弹出的"滚动/游动选项"对话框中将"Title Type（字幕类型）"选择为"Roll（滚动字幕）"，单击"OK"按钮返回字幕设计窗口，即可创建一个滚动字幕。

"滚动/游动选项"对话框中还可以设置"Timing（Frames）［时间（帧）］"参数。只有字幕类型设置为"Roll（滚动）"、"Crawl Left（向左游动）"或"Crawl Right（向右游动）"，"时间（帧）"参数才被激活。选项中的各项参数功能如下：

Start Off Screen（开始于屏幕外），选中此项后，"Preroll（预卷）"参数不可用，设置字幕从屏幕底边以下逐渐上滚开始进入屏幕。

End Off Screen（结束于屏幕外），选中此项后，"Postroll（后卷）"参数不可用，设置字幕全部上滚至屏幕顶边以上结束。

Preroll（预卷），设置在滚动之前字幕在画面中呈现静止状态的帧数。

Ease - In（缓入），设置字幕滚动从开始缓慢加速到正常速度前需要跳跃或逐渐加速的帧数。

Ease - Out（缓出），设置字幕滚动从正常速度减速到完全停止前需要播放的帧数。

Postroll（后卷），设置在滚动结束之后字幕在画面中呈现静止状态的帧数。

灵活设置"滚动/游动选项"对话框中"时间（帧）"项下的各参数，可以获得不同的字幕滚动效果。例如选择"开始于屏幕外"并将"后卷"设置为125，则可以看到，当所有字幕内容上滚至最后一行出现时静止125帧（5秒）后结束，如图5 - 26所示；若选择"结束于屏幕外"并将"预卷"设置为75，则可以看到，所有字幕内容在屏幕上静止75帧（3秒）后开始向上滚出后结束，如图5 - 27所示（本例采用后一种设置）。

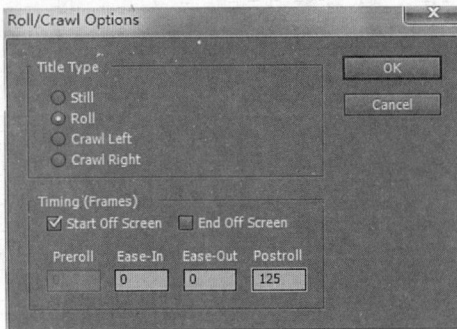

图 5 - 26　滚动/游动选项设置示例一　　　图 5 - 27　滚动/游动选项设置示例二

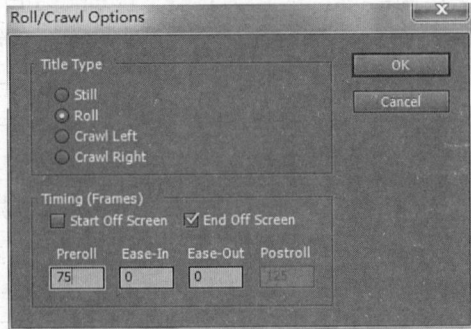

第二步，编辑滚动字幕。在字幕设计窗口中，使用文字工具和图形工具，分别添加文字和文字的背景矩形区域，并使用属性面板调整它们的属性，使字幕和背景对齐，效果如图 5–28 所示。编辑完成后，单击右上角的 ⊞ 按钮关闭字幕设计窗口。可以看到项目窗口中增加了新建的字幕文件素材，保存项目文件。

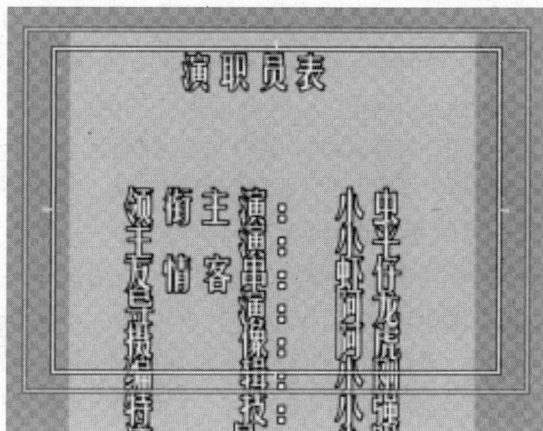

图 5–28　编辑滚动字幕

第三步，应用字幕。字幕制作完成后就可以将其拖放到时间线窗口中的序列轨道上，为影视作品所用。首先在视频轨道上放置视频素材，然后在该轨道的上方拖入制作好的滚动字幕，调整两者的入点和出点到合适的位置。最后将游标定位到开始位置处，就可以在节目监视器窗口中预览滚动字幕与视频的合成效果了，如图 5–29 所示。

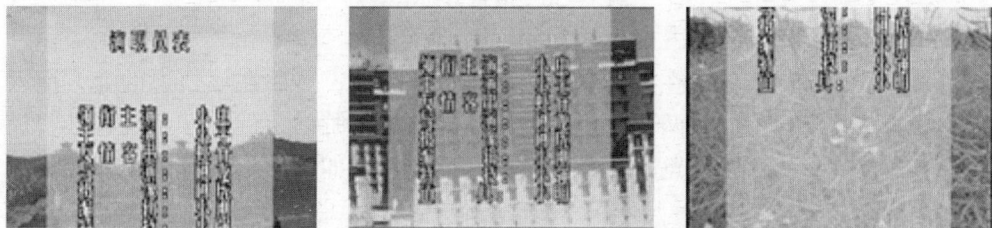

图 5–29　滚动字幕与视频的合成效果

2. 制作游动字幕

游动字幕是指字幕在水平方向上运动，有向左或向右运动两种方向，也是经常使用的一种运动字幕。比如电视新闻节目画面底部的动态信息就常常以字幕从左向右运动的形式给出。制作游动字幕与制作滚动字幕类似，其操作步骤如下：

第一步，创建游动字幕。同样有两种方法：第一种方法，在 Premiere Pro CS5 中，使用菜单命令"Title（字幕）＞ New Title（新建字幕）＞ Default Crawl（默认游动）"，在弹出的"新建字幕"对话框中输入字幕名称，单击"OK"按钮，即可创建一个游动字幕。第二种方法，首先使用前面介绍的创建字幕的方法创建一个静态字幕，在弹出的字幕设计窗口中单击"滚动/游动选项"图标，在弹出的"滚动/游动选项"对话框中选择字幕类型为"向左游动"或"向右游动"，单击"OK"按钮返回字幕设计窗口，即可创建一个游动字幕。

第二步，编辑游动字幕。在字幕设计窗口中，使用文字工具添加文本字幕，并使用属性面板调整它们的属性，效果如图 5－30 所示。编辑完成后，单击右上角的按钮关闭字幕设计窗口。可以看到项目窗口中增加了新建的字幕文件素材，保存项目文件。

图 5－30　编辑游动字幕

第三步，应用字幕。在视频轨道上放置视频素材，然后在该轨道的上方拖入制作好的游动字幕，调整两者的入点和出点，然后将游标定位到开始位置处，最后在节目监视器窗口中预览字幕与视频的合成效果，如图 5－31 所示。

**图 5 – 31　游动字幕与视频的合成效果**

　　注意游动字幕一般常用于屏幕的上下两端，字号一般不宜过大，位置也不能靠安全框上（或下）边框过近，避免在电视屏幕上不能正常显示。

　　3. 制作动画字幕

　　在 Premiere Pro CS5 中时间线窗口上的每个可显示对象均有 Motion（运动）和 Opacity（透明度）效果供用户调整。添加到时间线窗口上的字幕对象也不例外，可以给时间线窗口上的字幕添加运动效果，从而实现复杂多样的运动效果。为字幕对象添加运动效果的方法与为图片、视频添加运动效果的方法相同，在添加前需要考虑好控制哪几个参数以及各参数随时间如何变化等问题。

　　如图 5 – 32 所示样例中为"白水寨"字幕添加了"比例"动画，为字幕划分了入屏、显示及出屏三个阶段，四个关键帧的"比例"参数分别如下：入屏，"00：00：00：00"——0→"00：00：01：00"——100，字幕由小变大；显示，"00：00：01：00"——100→"00：00：04：00"——100，字幕保持大小不变；出屏，"00：00：04：00"——100→"00：00：05：00"——0，字幕由大变小。

**图 5 – 32　动画字幕及参数设置**

4. 字幕的转场效果应用

Premiere Pro CS5 支持可显示对象的单轨转场，可以为时间线窗口上的字幕入点和出点各添加一个转场，实现字幕的动态入屏与动态出屏效果。在使用转场制作字幕的入屏与出屏效果时，调整转场持续的时间可以控制入屏与出屏速度的快慢。需要注意的是，由于转场效果处理的是整个画面，而字幕往往只占整个画面的一小部分，所以并非所有视频转场都适合用作字幕的入屏或出屏效果。感兴趣的用户可以自己尝试一下。

图 5-33 是为字幕添加了动态入屏与动态出屏效果的示意图，入屏出屏采用了风车转场效果。制作方法如下：打开"Effects（效果）"面板，找到"Video Transition（视频转场）＞Wipe（划像）＞Pinweel（风车）"，用鼠标按住"Pinweel（风车）"前的图标将其拖放到时间线窗口上字幕素材的起点位置上，再在"Effects（效果）"面板中找到"Video Transition（视频转场）＞Wipe（划像）＞Pinweel（风车）"，用鼠标按住"Pinweel（风车）"前的图标将其拖放到时间线窗口上字幕素材的终点位置上，这样就为字幕入点和出点同时添加了风车转场效果。如果想调整字幕风车转场效果的时间长度可以在效果控制面板中或在时间线窗口中改变转场长度的设置。具体设置请参看本书第4章视频转场的应用的相关内容。

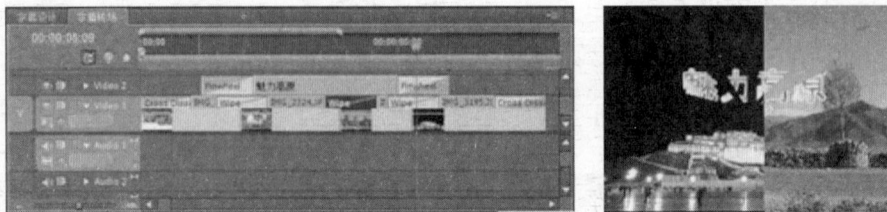

**图 5-33  字幕动态入屏与动态出屏**

5. 字幕的视频特效应用

将视频特效应用到字幕上时，主要用来增加显示阶段的效果，可以配合动画、转场方式制作字幕的动态入屏与动态出屏效果。如图 5-34 所示是为字幕添加了视频特效而产生动态效果的示意图。制作方法如下：打开"Effects（效果）"面板，找到"Video Effect（视频效果）＞Distort（扭曲）＞ Transform（变换）"，用鼠标按住其图标将其拖放到时间线窗口中的字幕素材上，打开效果控制面板，设置变换特效下的 Anchor Point（定位点）、Scale Width（比例宽度）、Skew（倾斜）等参数，在时间线窗口不同的位置设置属性参数各不相同的多个关键帧。

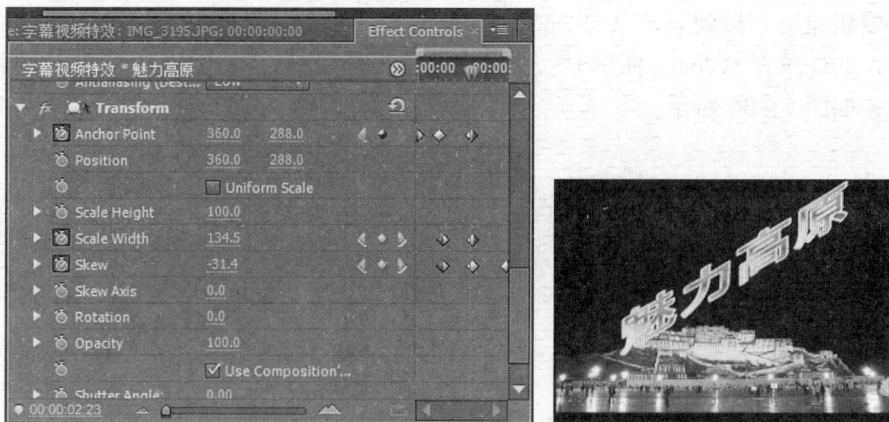

图 5 – 34 字幕视频特效及参数设置

### 5.3.5 绘制图形

用户可以使用字幕设计窗口中的绘图工具绘制图形来衬托或修饰字幕。使用绘图工具绘制的图形的填充、描边及阴影等属性的设置与字幕文字属性的设置基本相同。稍微不同的是，当使用图形作字幕背景时，经常在其填充属性中将其透明度设置为半透明，以减少对背景视频画面的影响，又可以突出字幕。当一个字幕文件中有多个图形、字幕对象重叠排列时，可以在每个图形上右击，在弹出的菜单中选择"排列"下的合适的命令，依次调整多个图形的重叠关系。把文字和图形分开保存在不同的字幕文件中，按照原来的层次再放置到时间线轨道上，可以为文字和背景图形分别添加不同的动作，使字幕效果更生动活泼。

1. 使用形状工具绘制图形

在 Title Designer（字幕设计）窗口中的字幕工具面板中选择任何一种绘图工具，将光标移动到字幕主面板的工作区中，按下鼠标从左上角移动到右下角，再释放鼠标，即可绘制出相应的图形。在绘制图形时，如果按住"Shift"键，可以保持所绘制图形的纵横比；按住"Alt"键即可以从图形的中心位置绘制。对角交叉拖动控制点，可以将图形进行对角翻转；对边交叉拖动控制点，可以将图形进行水平或垂直翻转。

2. 改变图形的形状

在 Title Designer（字幕设计）窗口中绘制的图形可以相互转换。改变图形形状的方法为：第一步，选择一个绘制图形的按钮绘制图形，此处使用 Rectangle Tool（矩形工具）■绘制一个矩形；第二步，在字幕属性面板中单击"Propertites（属性）"左侧的三角按钮将其所包含选项展开，单击"图形类型"右侧的

**305**

三角按钮弹出下拉列表框（如图 5 – 35 所示），在其中选择单击一种需要的图形形状，此处选择"Arc（弧形）"，当前绘制的图形就会自动转换为所选择的弧形形状，如图 5 – 36 所示。

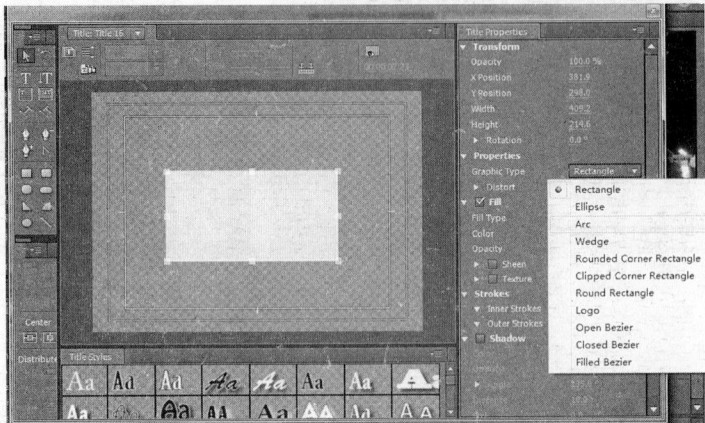

**图 5 – 35　图形类型转换**

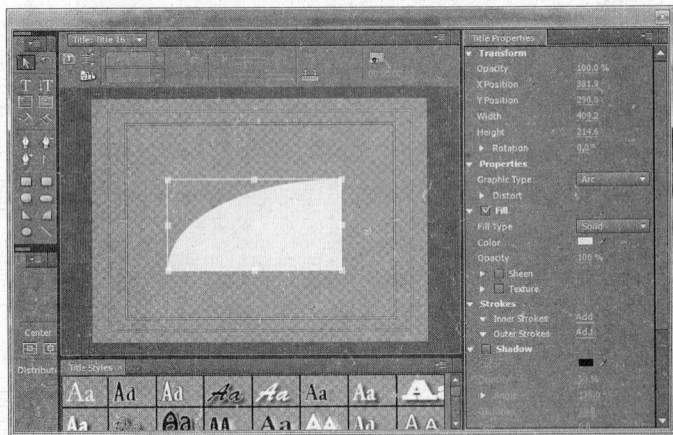

**图 5 – 36　图形类型转换效果**

### 3. 使用钢笔工具创建自由图形

钢笔工具是 Premiere Pro CS5 中最为有效的图形创建工具，可以用来建立任何形状的图形。钢笔工具通过建立贝塞尔曲线创建图形，通过调整曲线路径控制点可以修改路径的形状。使用钢笔工具可以产生封闭或开放的路径。下面使用钢

笔工具来绘制一个简单的图形,具体的操作方法如下:

第一步,使用菜单命令"File(文件)> New(新建)> Title(字幕)",在弹出的"新建字幕"对话框中输入新建字幕的名称,单击"OK"按钮,打开 Title Designer(字幕设计)窗口。

第二步,在字幕设计窗口中,单击选择字幕工具面板中的钢笔工具(Pen Tool)图标 🖋,在字幕主面板的工作区创建一条封闭曲线作为所要绘制图形的轮廓,如图 5-37 所示。在字幕工具面板中单击 Convert Anchor Point Tool(转换定位点工具) ⬉,调整曲线上的每一个控制点,使曲线变得圆滑,如图 5-38 所示。

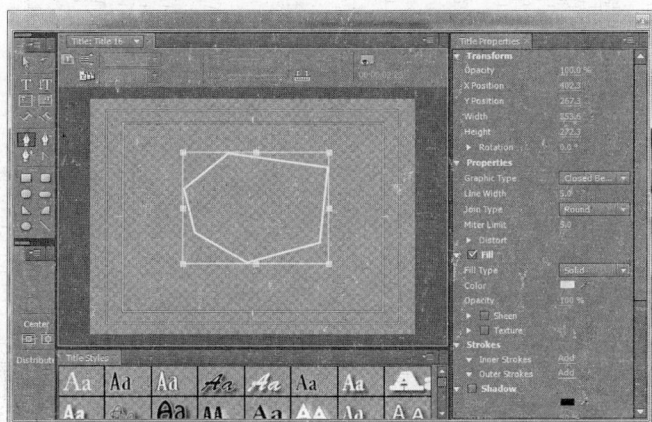

图 5-37  创建图形

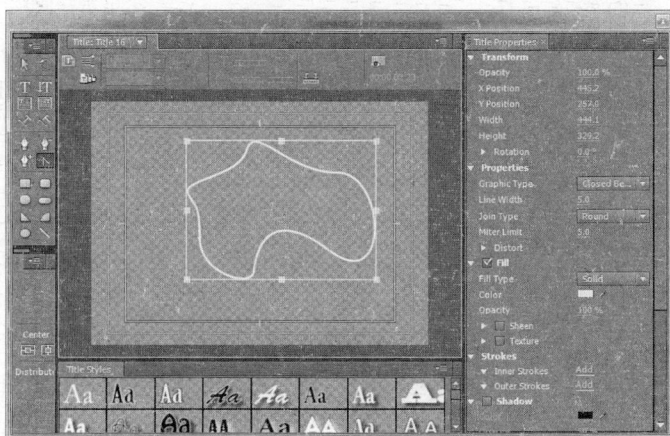

图 5-38  调整图形

**307**

第三步，选中曲线，在字幕属性面板中单击"Propertites（属性）"左侧的三角按钮将其所包含选项展开，单击"图形类型"右侧的三角按钮弹出下拉列表框，在其中选择单击"填充贝塞尔曲线"；在"填充"选项组中设置"填充类型"为"实色"，选择用户自己喜欢的颜色即可。完成后的效果如图5-39所示。

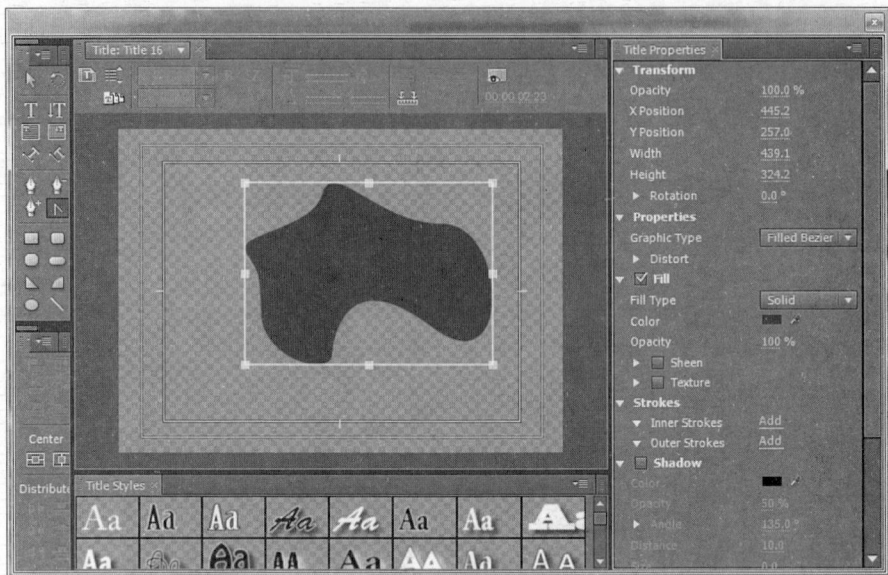

图5-39 设置图形属性及所创建自由图形的最终效果

### 4. 改变对象的叠放顺序

默认情况下，字幕设计窗口中的多个文本或图形对象是按创建的顺序分层放置的，新创建的对象总是处于上方，挡住下面的对象。为了方便编辑，也可以改变对象在窗口中的叠放顺序。改变对象叠放顺序的方法如下：

第一步，选择要改变叠放顺序的对象。

第二步，右击该对象，在弹出的快捷菜单中选择"Arrange（布局）"命令，如图5-40所示，在其二级菜单中选择相应的命令。若选择"Bring to Front（置于顶层）"命令，即将选择的对象置于所有对象的最顶层；选择"Bring Forward（上移一层）"命令，即将选择的对象在字幕中的叠放排列顺序提前一层；选择"Send to Back（置于底层）"命令，即将选择的对象置于所有对象的最底层；选择"Send Backward（下移一层）"命令，即将选择的对象在字幕中的叠放排列顺序滞后一层。图5-41所示是将对象设置为置于顶层的前后效果对比。

图 5 - 40　改变对象的叠放顺序

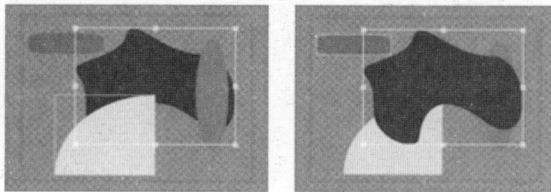

图 5 - 41　改变对象叠放顺序前后效果对比

## 5.4　创作实训

综合利用 5.3 小节介绍的 Premiere Pro CS5 中制作字幕的方法完成自己的电视作品的片头片尾字幕表现形式的设计与制作。要求字幕的颜色搭配必须清晰可见，字幕的字体大小合适，字幕的布局与视频背景和谐统一，字幕的运动新颖恰当。

### 【思考题】

1. 电视字幕有哪些表现形式？

2. 观摩影视作品，寻找序幕与字幕相结合的片头实例。

3. 在 Premiere Pro CS5 中如何设置字幕视频特效？

**309**

# THE TECHNOLOGY AND CREATION OF TV EDITING

## Audio Editing

第 6 章

# 电视声音编辑

本章主要阐述了电视声音的分类、电视声音的编辑、电视声画组合的关系，重点介绍了在 Premiere Pro CS5 中处理音频的技巧与方法，并提出了相应的创作实训任务。

## 【本章学习要点】

通过本章的学习，读者应了解电视声音的类型及功能，掌握电视声音综合处理的一般方法，并学会电视声画组合关系的三种处理方式。

## 【本章内容结构】

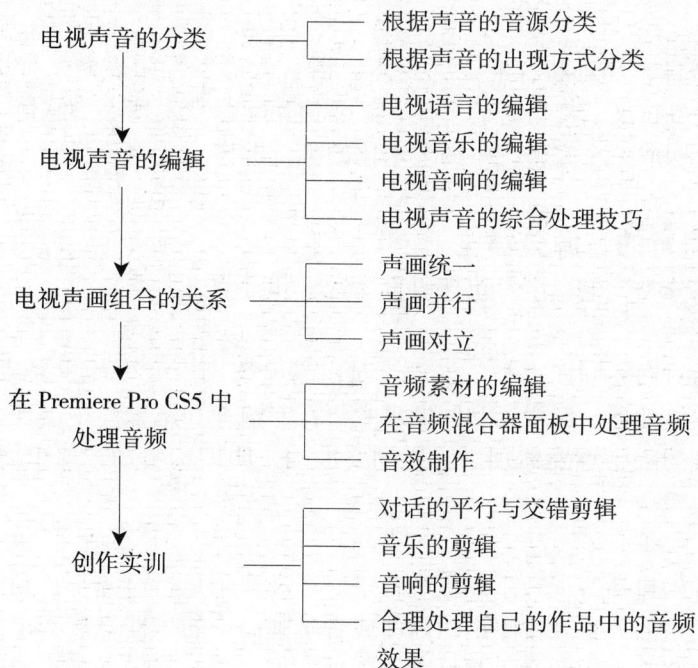

电视声音的分类 ——— 根据声音的音源分类
　　　　　　　　　　根据声音的出现方式分类

电视声音的编辑 ——— 电视语言的编辑
　　　　　　　　　　电视音乐的编辑
　　　　　　　　　　电视音响的编辑
　　　　　　　　　　电视声音的综合处理技巧

电视声画组合的关系 ——— 声画统一
　　　　　　　　　　　　声画并行
　　　　　　　　　　　　声画对立

在 Premiere Pro CS5 中
处理音频 ——— 音频素材的编辑
　　　　　　　在音频混合器面板中处理音频
　　　　　　　音效制作

创作实训 ——— 对话的平行与交错剪辑
　　　　　　　音乐的剪辑
　　　　　　　音响的剪辑
　　　　　　　合理处理自己的作品中的音频效果

电视是声画结合的综合艺术，既是视觉艺术，同时也是听觉艺术。电视中的声音和画面既相辅相成、互相补充、互相依存，又彼此分离，构成一种独特的艺术风格。在电视节目制作中，不能顾此失彼，要恰当地处理电视声画关系，提高电视作品的艺术表现力。

# 6.1 电视声音的分类

电视声音包括语言、音乐和音响三大要素。语言表意、音乐表情、音响表真，这三者之间既要各自展示出自身的个性，又要相互配合来表现人物感情、环境气氛和故事进展，构成一个完整统一的艺术化的听觉世界。

### 6.1.1 根据声音的音源分类

根据声音的音源分类，电视声音包括语言、音乐和音响三大类。

1. 语言

电视的语言包括对白、同期声和解说词。对白是电视剧声音中的主要成分，它担任戏剧发展的主要任务。解说词和同期声主要在专题片和纪录片中出现，同期声是电视纪实风格的一个重要体现。解说词要准确、明朗、生动，要少而精，不能过满。

2. 音乐

电视作品中的音乐包括客观音乐和主观音乐。客观音乐是指声源来自画面之中的音乐，比如画面中的人物直接唱出的歌曲或者是画面中的乐器直接奏出的声音，各类音乐会、电视晚会中的音乐节目就属于这一类。主观音乐是指声源来自画面之外的音乐，是为烘托画面内容而配制的音乐，其主要作用在于表达画面内容的情绪、渲染特定的环境气氛、刻画人物的内心世界等，比如纪录片《望长城》中的《兵马俑》、《临洮秦长城》两段气氛音乐，把人们带到了遥远古老的秦始皇时代千军万马的兵阵之中，似战马嘶鸣、车声四起，充满了紧张激烈的古代战场气氛，形成了一种神秘莫测、发人深省、凝重的艺术氛围。

3. 音响

电视音响包括环境音响和背景人声。从采集方式上看，有同期声效果音响和拟音效果音响。同期声效果音响是摄像机在拍摄画面的过程中，与画面同步录制的自然音响，主要用于新闻、专题片和纪录片等非虚构性的电视作品中。拟音效果音响是由拟音师模拟自然音响的效果而人工录制的音响，主要用于电视剧的后期配音。

### 6.1.2 根据声音的出现方式分类

根据声音出现的方式，电视声音可分为客观性声音和主观性声音。

1. 客观性声音

客观性声音是指画面中有声源的声音，包括环境音响、背景人声、同期声、对白及客观音乐。观众在听到声音的同时还可以在画面上找到声源，显得合理而真实。所以电视节目中大量使用客观性声音。

2. 主观性声音

主观性声音是指画面中没有提供声源的声音，主要包括解说词和主观音乐。主观性声音是编剧、导演根据节目主题、人物、气氛、环境的需要加上去的。主观性声音虽然没有客观性声音那么自然合理，但两者都具有多种表现功能，只要运用得当，仍可获得较强的艺术效果。

## 6.2 电视声音的编辑

电视声音的编辑是指语言、音乐和音响的选配、组接以及这三者之间的综合性处理技巧。

### 6.2.1 电视语言的编辑

电视语言的编辑包括解说词、对白和同期声的编辑。

1. 解说词的编辑

解说词是解说画面的语言，它与画面是一种相辅相成的关系。它可以使电视具有完整叙事的能力，有助于电视叙事方式的精炼和集中；可以使电视克服画面的局限而揭示深层主题；可以使画面更真实自然；可以用来连接画面进行转场。在编辑选配解说词时需要注意两个方面：一是处理好解说词与画面的关系，解说词不必重复画面已经展示的东西，而应发挥其叙事说理的特长，解说词不能充斥画面，要有较多的停顿和间歇；二是处理好解说词与听觉的关系，解说词是读给观众听的，必须做到口语化，让解说词的语言显得通俗、易懂。

2. 人物对白的编辑

在前面讲声音编辑点时曾说过，人物对话的剪辑可分为平行剪辑（同位法）和交错剪辑（串位法）两种表现形式，共有五种处理方法（参见本书 3.2.2 小节图 3-4 和图 3-5）。一般空间距离较大、人物对话交流语气平稳、情绪节奏缓慢的，适宜采用平剪；空间距离较小、人物对话情绪交流紧密、语言节奏较快

**313**

的，适宜采用串剪。在编辑人物对白时要注意三个方面：一是要严格按照不同场景中的"规定情境"和人物性格、人物情绪，结合语言动作的特点，采取不同的剪辑方法处理；二是要依据不同场景中"人物语言动作"的节奏，包括对话速度的快慢、对话气氛的强弱和起伏，结合人物在特定环境中的语言内容，采取不同的剪辑方法处理；三是要根据镜头造型特点，注意画面构图、方向、角度、景别远近和光影色彩等要素，同时还要注意时间和空间的变化关系，结合语言动作、气氛节奏和人物性格，采取不同的剪辑方法处理。

### 3. 同期声的编辑

同期声是画面上所出现的人物的同步话语，是一种直接的真实语言声音。在录制同期声时，讲话现场应与讲话内容或人物身份有一定连带关系，使环境效果音响较好地烘托讲话内容、体现出现场真实感，并对讲话的中心有所提示和引申；注意录音话筒的方向、角度和距离，选择最佳录音点；人声和环境音响强度的比例一般保持在7∶3左右，不得干扰主信息传播。在编辑时，要尽量保持讲话内容的连贯性，在必须剪辑的地方，要找上下两段内容的相同点、承接点或不同点进行剪辑；在较长的同期声讲话段落中，可在讲话的中间插入与讲话内容相关的图像、图片和资料镜头，以丰富讲话内容，拓展信息量，即将同期声作为画外音处理。同期声编辑对声音和画面的处理有五种方式：一是声音与画面同时出现，直接切换；二是先闻其声，后见其人，将下一个画面的声音开始部分叠加在前一个画面上；三是画面和声音同时出现，但声音是从低过渡到正常位置，如同画面的淡入一样；四是画面结束在前，把声音适当地延后，将上一个画面的声音延续到下一个画面开始的部分；五是在需要的讲话内容结束后，逐渐把声音压低，表示讲话还在进行，同时解说词可概括出讲话的内容，以缩短同期声讲话的篇幅，避免给人冗长的感觉。

## 6.2.2　电视音乐的编辑

音乐在电视中能起到展示主题、烘托气氛、表达人物情绪、渲染感情、加强画面节奏的作用。音乐的编辑主要包括三个方面的内容：一是将录制好的音乐与画面进行合成；二是对录制中产生问题的音乐进行修剪；三是组接多条音乐时，使音乐衔接转换时旋律和谐流畅，无跳跃感。音乐的编辑方法有挖剪插接和删剪连接两种方法。在音乐录制时，如果一段音乐或一首歌曲中有个别处要补录，则需要挖剪原音乐声，将新录音乐声插接进去。有时有的音乐段落长于画面，而音乐又不需要延长，则需要对音乐的节拍、乐句进行删剪连接。在音乐的挖剪插接和删剪连接中，要注意在声音起伏强弱的起点或终点剪接，不宜在声音停顿的空

**314**

声处（即静音处）剪接。剪辑点要求准确，误差不能超过 1/4 帧，否则就会产生听觉上的不流畅。在音乐剪辑中，音乐之间的衔接必须注意旋律的高低起伏、强弱变化，按照强音接强音、弱音接弱音、强音接弱音、弱音接强音、静音接静音等基本规律来剪辑。音乐的剪接点既要在旋律、节拍、节奏、乐句、乐段上加以选择，又必须与画面相吻合，这样才有可视性。

### 6.2.3 电视音响的编辑

音响是画面的辅助手段，它往往是画面中的人和物发出的自然声响，具有渲染现场气氛、使人产生身临其境的真实感的作用。在声音处理上同画面的剪辑一样，可灵活地选择拼剪、挖剪和分剪等方法对声音进行艺术加工，使其达到一定的听觉形象的艺术效果。音响效果的剪辑既从属于画面，又不受画面制约，可以根据剧情的需要、环境气氛的需要，对音响声音的强弱、远近进行制造气氛的艺术处理。电视音响的组接可分为动作音响、剧情音响和背景音响三个部分。这三种音响的构成是体现电视片戏剧动作、环境气氛、战斗气氛的真实性和艺术效果的重要基础。

动作音响主要是按照画面里的主体动作、人或物对动作和对位置配录的音响声。一方面可以根据人物形体动作的需要，依照声音构成的计划、分场分段录制。如人物的脚步声、开关门声、喝水声等，都需要声画合成的剪辑，使音响声与人物动作和位置准确吻合，从而加强屏幕生活的现实感。另一方面，可以根据动作、景物活动的需要，选择有关音响资料。如风声、雷声、动物吼叫声、枪击声、爆炸声等，都必须利用剪辑手段与画面里的动作准确地套剪，使音响声与画面有机结合，还原生活的真实。

剧情音响主要是为突出人物动作、衬托人物内心活动、渲染情绪、制造气氛而使用的音响。剧情音响的编辑是为刻画人物和剧情服务的。比如电影《青春之歌》中戴瑜投降叛变的一场戏，在特务头子胡梦安和吸烟女特务的怒目逼视下，戴瑜一副紧张忧郁的面孔表现出复杂的情绪，最后坐到沙发上以低头示意投降。在这种无言的情境中，影片利用音响由弱到强、由慢到快的滴答滴答的钟摆声，恰如其分地衬托了人物内心活动，展示了戴愉的心理活动。滴答滴答的钟摆声音响，起到了为剧情服务的作用。

背景音响主要是指自然环境中的气氛音响、群众场面的气氛音响和战争场面的气氛音响。背景音响应根据实际生活中的环境特征来组接。故事片和电视剧要根据"规定情境"的内容和动作组接背景音响。战斗背景音响既要从"规定情境"出发，又要结合军事顾问的要求，参照画面中具体的实战情况组接。

**315**

### 6.2.4 电视声音的综合处理技巧

电视中的声音必须做到多而有序、杂而不乱。在电视节目中，画面是主要的，声音是从属的，两者相辅相成、互相依存。而在声音中，采访人物的同期声、解说是主要的，音乐、音响是次要的。在处理声音的主次关系时有三个原则：一是在同一时间里，只能有一种声音是主要的；二是在出现两种以上的声音时，主次声音的音量比例要控制好；三是在一般情况下最好只控制两种声音，如果出现两种以上的声音，次要声音控制时间不要太长。

声音综合处理的技巧一般包括声音的互相补充、声音的互相转换和声音的互相对立（对比）三种方法。当一种声音的表现力或感染力逐渐减弱时，可以转接或增加另一种声音，以补充前一种声音力量的不足，并同前一种声音结合起来共同说明一定的问题。在有些场合中，当某种声音不能增加画面的表现力甚至限制画面的艺术处理时，往往用另外一种格调的声音来替换，会产生新的魅力。而在环境气氛与人物的内心情绪不一致的场合，则可采用声音的互相对立来表现。

## 6.3　电视声画组合的关系

声画组合是将画面和声音这两大类信息形成整体，综合处理画面和声音，使画面和声音既有各自的表现特性，又达到声画协调、配合的高度统一，最终使电视节目成为一种相对完美的视听综合艺术。声画组合在电视作品中呈现出三种状态：声画统一、声画并行和声画对立。

### 6.3.1　声画统一

声画统一也称声画同步、声画合一，即声音与画面之间建立一种对应关系，画面内容与声音内容一致。声画统一是声画关系各种形式中运用最多的一种。声音和画面融为一体，声音能够烘托画面形象，渲染画面情境中的气氛，使视觉形象更加逼真，能够使观众更好地理解视觉形象。

对于音响和对白，声画统一的主要形式就是同期声。如同期声语言、同期声效果音响都是具有代表性的声画统一。同期声符合人们的生活习惯。画面上有什么声源，即出什么声音。比如画面上有人敲门，声音则是敲门声。同期声在新闻类、纪实类节目中得到了广泛应用。新闻事件的现场报道中，记者对人物的采访、镜头对现场情况的记录都属于同期声。在科教电视节目中，由于节目自身强调科学性、真实性的特点，也特别强调同期声的作用。比如像《世纪大讲堂》

**316**

这种以人物的语言为主要传播内容的科教电视节目，大都采用同期声语言；像《探索发现》、《走近科学》这种以记录事件过程为主要内容的科教电视节目，大都采用同期声效果音响。

对于音乐，要实现声画统一，就要使音乐的风格与画面情绪、节奏、气氛相匹配，使音乐和画面在时间和长度上对应起来。音乐的选取要与整部电视内容相统一。比如动画片《米老鼠和唐老鸭》中，始终保持音乐与画面内容在时间上的同步。音乐几乎灌满全片，每一个动作、每一个脚步与音乐都是同步的。

对于解说词，它的位置必须与画面内容相对应，才能真正发挥它补充、提示、概括和强化画面的作用。解说词与画面不是简单的一对一的关系，而是与镜头段落的对应。一方面，解说词随着画面的出现，对画面的具体内容进行同步的解释、补充。很多教学片都是利用解说词的这一功能。另一方面，解说词可以引导观众去思考画面无法直接表现的更深刻的内容，使观众体会更深层次的思想感情。比如《话说长江》中感情的升华就是通过解说词形成的语言结合画面的艺术来实现的。

### 6.3.2 声画并行

声画并行，也称声画分立，是指声音与画面形象不同步，各自独立，互相离异，在两条线上并行发展，但保持着内在的联系，调动观众的联想，让观众去理解声画结合之后的新的意义。声画分立是声音和声源不在一个画面上，声音与画面不同步，声音往往以画外形式出现，称为画外音。

对于"过去时"的表现，有许多电视节目是运用声画并行的方法来处理的。例如，许多介绍先进人物事迹的专题节目，某一段解说词是追述人物几十年来的成长历程，而画面是表现"现在时"的人物工作、学习、生活的场面。"过去时"的解说和"现在时"的画面各成一条线并行发展，通过观众视听结合的联想，把并行的声音和画面两种元素统一起来。电视艺术片、风光片、纪录片、专题片的解说采用画外音就是典型的声画并行。画面形象变化速度与解说的速度不一致会造成两者的不同步，但绝不能一味强调声画并行而使画面形象与解说内容过分脱节。

音乐和画面的并行。音乐有时不可能和画面完全同步和统一，而是和画面貌合神离，表面上两者游离，各行其是，而实际上是配合默契的。音画并行在电视纪录片中经常使用。因为纪录片不像故事片和电视剧那样有完整的情节，如果遇到什么画面就配用什么音乐，随镜头更换就会使音乐支离破碎，所以一段相对应的音乐只能是与一段画面内容的情绪大致吻合。

**317**

声画并行的表现手法较为含蓄地传递了两种信息，而声画统一的表现手法是画面和声音二者传递同一事物的信息。例如电视剧《今夜有暴风雪》中有一片段：画面出现的是爱情萌发的裴晓云坐在炕头遐想，炕尾坐着同住一屋的知青郑亚茹也在想心事……忽然画外传来踏雪而来、吱吱嘎嘎的脚步声，声音由远而近，脚步声是朝画内来的。敏感的裴晓云听闻熟悉的脚步声便忖度是曹铁强来了，郑亚茹心领神会。两位少女关心窗外，屏息聆听——少女间互相窥视、探望——大失所望。原来果真是曹铁强专程来看裴晓云，走到门前，掂量郑亚茹肯定也在屋里，倒不如改天再来，于是又折了回去，脚步声渐渐远去。这里声画分立的手法，是用画外音传递的信息与画面的直觉，含蓄而又微妙地表达出一个妙龄姑娘和曹铁强之间的关系和人物各自的内心活动。

### 6.3.3　声画对立

声画对立，也称声画对位，是指声音与画面是在相反、对立的关系中，通过对立双方的反衬作用，表现出更为深刻的思想意义。声画对立的特点是音乐和画面在情绪上造成"反差"，通过"反差"造成对比，在对比中包含着潜台词，观众通过潜台词受到启迪，从而收到更加感人的艺术效果。

生活中有悲哀与喜庆、粗犷与细腻、奔放与柔情，这数者之间的对立借用到声画关系之中，就构成了声画对立。声画对立在特殊的场合使用，比起声画统一和声画并行来，具有更强的表现力量。如电影《祝福》中祥林嫂与贺老六拜天地一场戏，画面是祥林嫂悲痛欲绝、满面泪水，音乐是欢乐的吹打乐。这是以客观性音乐形式出现而形成的声画对立，即喜与悲的对立。电影《小花》中有一段翠姑与另一位老同志用担架抬伤员上山的戏，翠姑在前面，为了抬平担架，她只好双膝跪行，膝盖鲜血淋漓、满脸汗水污垢，艰难地沿着陡峭的台阶一步一步往上攀登。作曲家王酩没有用沉重的音调来描绘这一组画面，而是用了一段山歌风格的、抒情性的颂歌。音乐表现的不是画面中的个体形象，而是着重刻画翠姑面对困难时发出呐喊的积极的内心世界。声画对立中的音乐不是写观众已经看见的东西，而是强调和描绘画面的气氛。

声画对立采用了声画分立方式，声画所表现的是两种对立的事物，起到两种事物间的比较、对比，从中肯定一方，使之弦外有音，让观众去得出结论。再如影片《天云山传奇》中，当周瑜提起天云山"怪人"罗群时，顿时唤起宋薇的回忆——采用宋薇的内心独白"罗群，罗群，没想到，21 年了，你还在天云山哪……"。她想起当初吴遥向她讲述罗群的右派言行和所谓反党活动……画面上只见吴遥喋喋不休、嘴唇闪动的特写而没有吴遥的声音，听到的声音却是罗群的爽朗笑声……而对吴遥的言语却置若罔闻。吴遥的严肃面孔（画面）与罗群的爽朗笑声（声音）的对立，表现出宋薇、吴遥和罗群三个人的心态、精神面貌、人品以及吴遥的低劣和爱情占有欲。

声画对立运用得得当，会使艺术效果更为强烈；用得不当，很可能会表意不明，使观众感到费解。所以声画对立手法在运用时要慎之又慎，切忌滥用。

## 6.4　在 Premiere Pro CS5 中处理音频

Premiere Pro CS5 具有强大的音频处理功能，包含一个多功能的音频混合器，可以录制音频、编辑音频、添加音效、进行多轨混音、完成立体声或 5.1 环绕声制作。并可以通过与 Audition 和 Soundbooth 的无缝整合，多渠道制作音频，还可以为复杂的影视节目进行配音。在 Premiere 中可以很方便地处理音频，同时还提供了一些较好的声音处理方法，例如声音的摆动、声音的渐变等。本节主要介绍 Premiere 处理音频的方法。

### 6.4.1　音频素材的编辑

与编辑视频素材相似，在 Premiere Pro CS5 中编辑音频素材使用音频轨道（音轨）进行编辑。用户可以在时间线窗口和音频混合器面板中增删音轨的数量。在剪辑带有同期声的视频素材时，大多数情况下同期声也会被同时剪辑。用户可以通过剪辑工具配合时间线窗口完成音频剪接，也可以利用信号源监视器窗口对音频素材进行剪辑，还可以应用音频混合器面板对音频进行混合。

1. 在时间线窗口中编辑音频

对于已经拖放到时间线窗口上的音频素材，在选择工具状态下，可以用鼠标直接拖动音频素材片段的入点、出点，调整其入点、出点的位置，如图 6 - 1 所示。用户还可以使用工具面板上的各种编辑工具完成对音频的剪接，使用方法与编辑视频素材的方法相同。

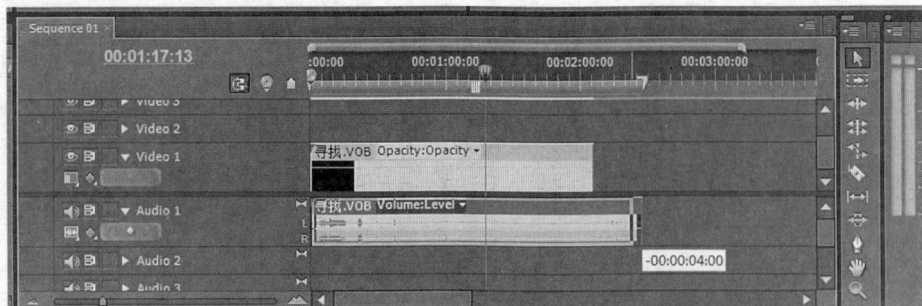

图 6-1　在时间线窗口上编辑音频

图 6-2　在信号源监视器窗口中编辑音频

2. 在信号源监视器窗口中编辑音频

使用信号源监视器窗口适合对较长的音频素材或较长的视频素材中的音频进行剪接或分离。在项目窗口中双击音频素材，将其在信号源监视器窗口中打开。在信号源监视器窗口中设置音频的入点、出点，借助于插入编辑  或覆盖编辑  按钮完成音频编辑，其操作方法与编辑视频基本相同，如图 6-2 所示。对于带有同期声的视频素材，信号源监视器窗口中部左侧方会显示  和  两个图标按钮，用户直接用鼠标拖曳 "Drag Video Only（只拖曳视频）" 按钮  可以只将素材中的视频信息插入到时间线窗口上，拖曳 "Drag Audio Only（只拖曳音频）" 按钮  可以只将素材中的音频信息插入到时间线窗口上。

3. 调整音频速度与持续时间

在 Premiere Pro CS5 中，用户可以方便地改变音频素材的播放速度来达到某种效果，同视频回放速度处理相似，一般有以下方法：

（1）使用"Speed/Duration（速度/持续时间）"命令。

当选中时间线窗口上某段要处理的音频素材后，使用菜单命令"Clip（素材）> Speed/Duration（速度/持续时间）"，或者单击鼠标右键，在弹出的快捷菜单中选择"Speed/Duration（速度/持续时间）"命令，打开"Clip Speed/Duration（素材速度/持续时间）"对话框，可以对音频的速度和持续时间进行调整，如图 6 - 3 所示。其中"Speed（速度）"是相对于正常速度的百分比，"Duration（持续时间）"是素材的持续时间，可以通过按钮选择两者是否关联。勾选"Reverse Speed（速度反向）"复选框可以实现素材倒放，由于音

图 6 - 3 "素材速度/持续时间"对话框

频一般不倒放，所以此选项一般不选，保持默认即可。勾选"Maintain Audio Pitch（保持音调）"复选框可以降低因回放速度变化对声音音调造成的影响。勾选"Ripple Edit, Shifting Trailing Clips（波纹编辑，移动后面的素材）"复选框的作用是，在增大音频素材速度而使素材长度变小时，删除其与后面相邻音频素材之间的空隙。

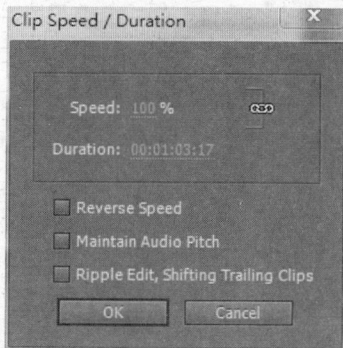

（2）使用选择工具或比例缩放工具。

音频的持续时间是指音频的入、出点之间的素材持续时间，因此，对于音频持续时间的调整就是通过入、出点的设置来进行的。如果仅是改变音频素材的持续时间，而不改变音频素材的播放速度，可以在时间线窗口中用选择工具 ▶ 直接拖动音频素材的两个端点，以改变音频素材的长度。

如果要改变音频素材的播放速度，则可以使用比例缩放工具 ▶ ，直接在时间线窗口中拖动音频素材的入、出点左右移动，调整音频素材的播放速度，使音频素材变为慢动作或快动作，而不影响该音频素材的入、出点位置。注意改变音频的播放速度后会影响音频播放的效果，音调会因速度的提高而升高，因速度的降低而降低。同时播放速度变化了，播放的时间也会随之改变，但这种改变与单纯改变音频素材的入、出点而改变持续时间不是一回事。

4. 调整音频增益

音频素材电平指的是音频素材中声音信号的高低强弱。在节目中经常要处理

声音信号的高低强弱，特别是当同一个视频中同时出现多个音频素材时，就要平衡几个音频素材的增益。否则一个素材的音频信号或低或高，将会影响节目的效果。在同一部影视节目中，声音信号的强弱应保持相对一致，不能忽高忽低。因此，对于不同素材中的音频信号进行必要的调整，成为音频编辑过程中的重要任务。用户可以为一个音频素材设置整体的增益，尽管音频增益的调整在音量、摆动/平衡和音频效果调整之后，但它并不会删除这些设置。

在 Premiere Pro CS5 中，用户可以通过多种方式控制、调整音频素材的增益，对于时间线上的单个音频素材来说，一般有以下方法：

（1）使用"Audio Gain（音频增益）"命令。

当选中时间线上某段要处理的音频素材后，使用菜单命令"Clip（素材）> Audio Options（音频选项）> Audio Gain（音频增益）"命令，或者单击鼠标右键，在弹出的快捷菜单中选择"Audio Gain（音频增益）"命令，打开"Audio Gain（音频增益）"对话框，可以对音频的增益进行调整，如图 6 - 4 所示。在"Set Gain to（设置增益为）"右侧的文本框中可以输入 - 96 ~ 96 之间的任意数值，表示音频增益的声音大小，单位为分贝（dB）。大于 0 的值会放大音频素材的增益，小于 0 的值会削弱音频素材的增益，输入 0 表示保持音频素材原音量电平值不处理。"Adjust Gain by（增益调整）"默认值是 0.0 dB，在其文本框中输入 0 以外的值将自动更新"Set Gain to（设置增益为）"的分贝值，以反映应用到音频素材的实际增益值。在"Normalize Max Peak to（标准化最大峰值为）"右侧的文本框中可以输入 Premiere Pro CS5 的最大增益值，最大可达 96，该值代表将音频素材中音量最高的部分放大到系统能产生的最大音量所需要的放大分贝数。"Normalize All Peaks to（标准化所有峰值为）"默认值是 0.0 dB，在一次选择多个音频素材时该选项很有用，这个功能调整被选择的所有音频素材的增益，使它们的峰值均达到 0 dB（或设置的其他分贝值）。注意音频电平一般要低于 0 分贝，过高会引起声音的失真，过低则会使声音信号的直观音量过小。一般情况下，正常音频信号的峰值电平在 - 3 ~ 0 dB 即可。

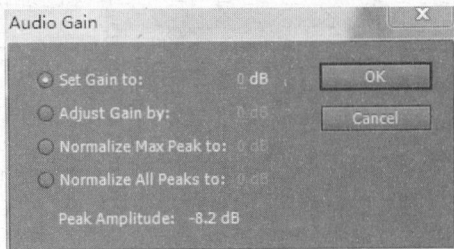

图 6 - 4　"音频增益"对话框

（2）使用效果控制面板。

当时间线窗口上的某段音频素材或包含音频信息的视频素材被选中时，在效果控制面板中就会显示其音量调整值及关键帧设置信息，如图 6-5 所示。在不使用关键帧或仅有一个关键帧时，调整"Level（电平）"参数值可以调整整段素材的电平，正数表示提升素材中的原始电平，负数表示降低，0 dB 表示不处理。使用关键帧可以实现音频电平随时间变化，即声音的淡入、淡出效果，如图 6-5 中左图所示。选中某关键帧后，可以调整"Velocity（速度）"控制曲线，使声音电平在淡入、淡出时的速度发生改变，如图 6-5 中右图所示。

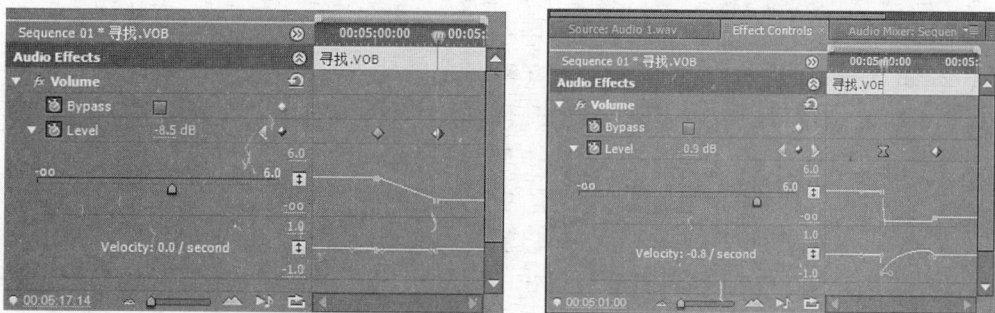

图 6-5　在效果控制面板中控制音频

（3）在时间线窗口音频轨道上调整音量。

将素材添加到时间线窗口上后，单击音频轨道上的小三角按钮就可以展开音频轨道上的详细内容。在对音频的编辑过程中基本上都要展开这些内容。

单击音频轨道左侧的"Set Display Style（设置显示方式）"按钮 ▦ 切换到"Show Waveform（显示波形）" ▦ 状态下，看到音频轨道上音频素材左右声道之间显示出一条细细的黄色水平线，即是素材音量电平控制曲线。将鼠标悬停在时间线窗口的音频素材音量电平控制曲线上，直到鼠标变成垂直调整工具光标为止，然后上下拖动这条黄色线，可以看到提示的音频增益分贝值，如图 6-6 所示。该调整可以一次提高或降低整个音轨的音量。

图 6－6　在时间线窗口音频轨道上调整音量电平

### 5. 转换音频声道

根据音频信号在混音流程中的作用不同，可将音频轨道划分为普通音频轨道（Regular Audio Tracks）、子混音轨道（Submix Tracks）和主输出音频轨道（Master Track）。也可以根据听觉效果，按照轨道的声道组合形式可将音频轨道划分为单声道轨道（Mono Tracks）、立体声轨道（Stereo Tracks）和 5.1 环绕声轨道（5.1 Surround Tracks）。轨道和声道是两个不同的概念，用户在操作时可以注意体会。其中普通音轨类似视频轨，可以放置音频素材并对其进行编辑。需要注意的是，不同声道的普通音轨只能放置相应的素材，比如单声道音频素材只能放置在单声道轨道中（带有 ◀ 标志），双声道音频素材只能放置在立体声轨道中（带有 ▶◀ 标志），5.1 声道音频素材只能放置在 5.1 环绕声轨道中（带有 5.1 标志）。子混音轨道不可以放置音频素材，可以通过子混音轨道对多个普通轨道或子混音轨道共同编辑。主输出音频轨道是所有音频轨道的最终输出通道，也不可以放置音频素材。主输出音频轨道决定整体节目输出的声道模式（主输出音频轨道可以与其他轨道具有不同的声道数），用户可以通过主输出音频轨道对所有轨道进行编辑。

由于每种音频轨道上只能容纳对应声道数量的音频素材，用户可以将多声道素材中的声道分离后再进行操作。在项目窗口中选择需要分离声道的素材，使用菜单命令"Clip（素材）＞ Audio Options（音频选项）＞ Breakout to Mono（转换为单声道）"，即可在项目窗口中将立体声或 5.1 环绕声格式的音频素材分离为单声道的素材，如图 6－7 所示，立体声一分为二，5.1 环绕声分为 6 个。如果源素材片段为包含视音频的混合素材，则视频被单独分开。分离声道不会影响到原始素材文件，只是在项目窗口中形成单独调用某个声道中信息的素材图标。

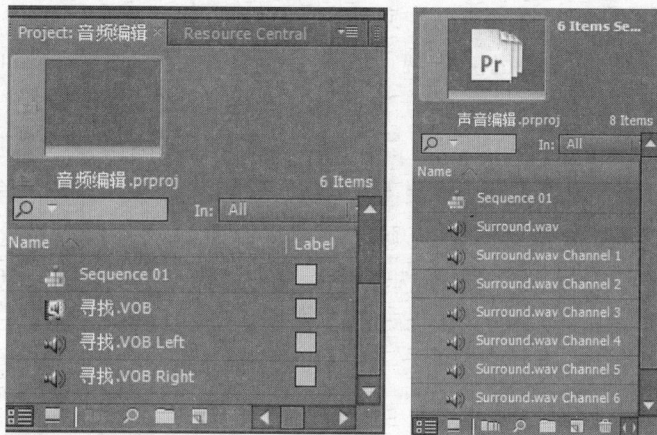

图 6－7　分离素材声道

　　有时需要将单声道的素材作为立体声素材，使其与立体声轨道相吻合，从而对其进行编辑操作。使用菜单命令"Clip（素材）＞ Modify（修正）＞ Audio Channels（音频轨道）"，弹出"Modify Clip（修正素材）"对话框，如图 6－8 所示，在其中"Audio Channels（音频轨道）"选项框下的"Track Format（轨道格式）"中选择"Mono as Stereo（单声道作为立体声）"，可以将项目窗口中选中的单声道音频素材视为立体声素材，可以将其添加到立体声轨道中进行编辑操作。素材片段的声道转换仅可以在项目窗口中进行，而不会影响硬盘中的源文件。

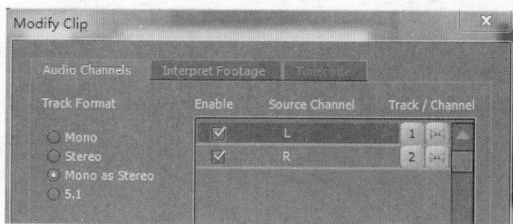

图 6－8　"修正素材"对话框

## 6.4.2　在音频混合器面板中处理音频

　　除了在时间线音频轨道及效果控制面板上对音频进行调整、控制外，用户还可以在 Premiere Pro CS5 提供的更专业的音频混合器面板中对音频进行处理。

　　用户可以使用菜单命令"Window（窗口）＞Audio Mixer（音频混合器）"或者"Window（窗口）＞Workspace（工作区窗口）＞ Audio（音频）"，调出音频

**325**

混合器面板，如图 6 - 9 所示。音频混合器面板应用了调音控制台的界面设计，便于用户对操作的理解，也能直观地表现音量，其主要设置有 Automation Mode（自动控制模式）选择 Read 、Mute/Solo/Record Track（静音/独奏/录音轨道）选择 、Left/Right Balance（左/右平衡）调节 、Volume（音量）控制 、Playback（回放）控制 等。音频混合器面板中的每一条音轨还包括效果及发送选项，单击面板左侧的"Show/Hide Effects and Sends（显示/隐藏效果和发送）"选项开关 可以展开，如图 6 - 10 所示，展开后可以为音轨添加效果（Effect Selection）或将音轨发送到子音轨（Send Assignment Selection）。

图 6 - 9　音频混合器面板

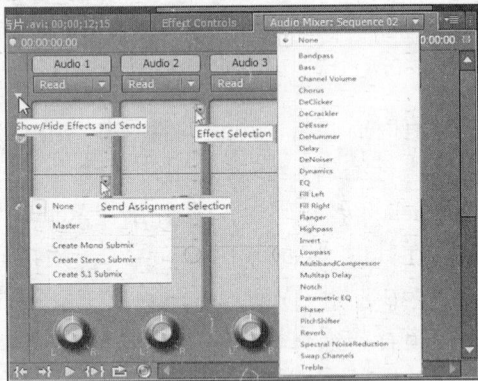

图 6 - 10　显示效果和发送选项

音频混合器面板只代表当前序列中时间线窗口上的音频轨道，而不是整个项目的所有音频轨道。若需要创建一个音频混合器同时包含多个序列中的音频轨道，可以创建一个主控序列，然后将其他序列当做普通素材拖放到该序列中的时间线窗口上，形成序列嵌套，达到总控的目的。

1. 使用自动控制模式实时调整音频素材

音频混合器面板中的每个音轨具有多种不同的自动控制模式，可以控制当前音轨的所有属性与设置，其中最常用的是电平与平衡控制。单击每条音轨顶部的 Automation Mode（自动控制模式）按钮 Read ，弹出下拉列表供用户选择，如图 6 - 11 所示。对于每条音轨，在自动控制模式选项菜单中的选择决定了其在混合过程中音轨的自动控制状态：① Off（关），在回放时间线窗口时忽略音轨上已经存储的轨道关键帧设置，允许用户实时地使用音频混合器控制，不会影响到已经存储的自动控制模式。②Read（只读），在回放时间线窗口时读取已经存

储的轨道关键帧设置并将这些设置应用
到该音轨上，如果当前轨道上没有设置
关键帧，则对音量推子■的操作将会影
响到整条音轨的电平高低。③ Write
（写入），系统会自动记录用户对当前
轨道音量推子■和平衡旋钮◎进行的
调整，并在时间线窗口上产生相应的轨
道关键帧。默认设置下，当回放结束
后，所有轨道会由写入模式自动转为触
动模式，用户可以单击音频混合器面板
右上角的选项按钮，在弹出的下拉菜单
中选择设置。④Latch（锁定），与写入

图 6 – 11　"自动"控制模式

模式相似，会记录用户的操作，不同的是当用户做了操作后才会记录关键帧数
据，并将调整值一直记录，直到用户再次调整才会改变。⑤Touch（触动），与
写入模式相似，会记录用户的操作，不同的是当用户停止了对某项调整的操作
后，该调整值会自动恢复到调整以前的值。

2. 调整音量

了解每种自动控制模式的功能后，用
户就可以在播放声音的同时拖动音量推子
■来调整声音的大小。在每个普通音轨中，
默认的音量为 0 dB，可以增大到 6 dB，减
小到负无穷。在主输出音轨中，只能从默
认的 0 dB 减小到负无穷，如图 6 – 12 所示。

用户可以使用 Write（写入）、Latch
（锁定）或 Touch（触动）模式中的任一种
自动控制模式来进行音量调节，调节后可
以在时间线窗口中看到调节中自动记录下
的音量关键帧，如图 6 – 13 所示。

图 6 – 12　在音频混合器面板中调整音量

图 6 - 13　在时间线窗口中显示调节中自动记录下的音量关键帧

由于主输出音轨对整个项目中所有的音轨均有效，一般使用每个普通音轨来调节该音轨中的音量变化，使用主输出音轨制作整个节目中声音的淡入和淡出。相比时间线窗口来说，使用音频混合器面板调节音量可以根据内容要求实时进行，尤其对轨道较多、内容复杂的音频编辑更加方便。比如影视节目中常见的片尾画外音的处理：当未插入画外音时，各种音效的音量可以逐渐增强以营造气氛；当插入画外音时，则需要逐渐降低各种音效的音量以突出画外音；当画外音结束时，又需要恢复各种音效的音量并将背景音乐的音量从负无穷逐渐增大以烘托气氛。

3.　摆动和平衡调节

使用音频混合器面板还可以通过"Left/Right Balance（左/右平衡）"调节按钮实时调节声音的摆动与平衡（声音的位置）。音轨分为单声道、双声道（立体声）和 5.1 声道三种，其中单声道无法利用声道的变化来表现发声体的位置变化，而双声道和 5.1 声道则可以利用声道的变化来突破单声道的限制。

摆动（Pan）是双声道中的声道变化技术，又称虚声源或感觉声源。双声道分左声道和右声道，用左、右分布的两个音箱分别播放两个声道的声音时，由于人的双耳效应，听者会根据同一声音在两个音箱中强弱不同而产生声音位置的感觉印象，俗称立体声。摆动技术就是调整一个音轨中的声音在左右两个声道中的均衡。在实际应用中，两个音箱距离越大摆动变化效果越明显。在 Premiere Pro CS5 中，所有的音轨的声音都通过主输出音轨输出，主输出音轨决定整个项目中声音的通道数。如果主输出音轨设置为立体声（双声道），就可以在单声道与立体声的普通音轨中设置摆动（5.1 声道中无法设置），最后通过主输出音轨得到摆动效果（主输出音轨不能进行摆动调整）。具体方法为：在播放声音的同时直接拖动"Left/Right Balance（左/右平衡）"旋钮可以实时调整摆动参数（与调整音量类似），也可以直接用鼠标拖曳旋钮下面的参数值或输入新的数值，如图 6 - 14 所示。

平衡（Balance）是多声道中的声道变化技术，改变的是声道之间的相对属

**328**

性。如果主输出音轨设置为环绕声（5.1 声道），就可以在单声道与立体声的普通音轨中设置平衡（5.1 声道中无法设置），最后通过主输出音轨得到平衡效果（主输出音轨不能进行平衡调整）。由于 5.1 声道能够在左右和前后两个维度上表现声音位置的感觉印象，在 Premiere Pro CS5 中使用类似托盘的调节区域表现五个音箱的位置，如图 6 - 15 所示，每个缺口表示一个音箱，通过移动中间的黑色圆点来设置声音的位置。调节区域中的 ▓ 表示中间通道百分比，可以用来调整声音在中间通道的输出百分比，用户可以根据需要设置该音轨中声音占用中间通道的比例。一般中间通道是人说话声，单声道音轨默认数值为 100% ，立体声音轨默认数值是 0。调节区域中的 ▓ 是低音声道扩音器（LFE），可以用来调整 5.1 声道中低音声道的强弱，调整数值越大，低音效果越明显。一般例如爆破、吼叫等声效，为增强表现力，往往在编辑中增大 LFE 的数值。与摆动一样，平衡也可以在播放声音的同时直接调整。注意 5.1 声道的平衡调节需要使用 5.1 声道音箱才能得到真实的监听效果，使用 2.0 或 2.1 声道音箱无法得到环绕的声音位置的感觉。

图 6 - 14　摆动的调整

图 6 - 15　平衡的调整

### 4. 录音与配音

在影视节目制作过程中，录音与配音是音频处理工作的重要内容。用户编辑影片所需要的录音素材，可以使用其他专门的录音软件进行录音后，将录音文件导入 Premiere Pro CS5 中继续编辑。用户也可以在非线性编辑计算机上对照正在编辑的影片进行配音。

Premiere Pro CS5 的音频混合器也具有基本的录音棚功能，它可以录制由声卡输入的任何声音。把麦克风连接到计算机的声卡，就可以使用 Premiere Pro CS5 把一段解说直接录制到项目中。录音的具体操作步骤为：第一步，在时间线窗口中选择可以录音的空音频轨道，将游标定位到需要录音的起始位置。第二步，在音频混合器面板中，单击对应音轨的"Enable Track for Recording（激活轨道录制）"按钮 并在弹出快捷菜单中选择录音设备。第三步，单击音频混合器面板底部的红色的"Record（录制）"按钮 ，它将开始闪烁，显示进入录音状态。第四步，单击音频混合器面板底部的"Play（播放）"按钮 ，并开始配音。如果时间线窗口上的游标位置在音乐素材上，那么在录音时将会听到音乐声。在配音时能听到序列中的声音很有用处。配音时还可以在音频混合器面板中监视正在录音轨道的音频电平表，用鼠标拖动电平推子调整录音电平至合适位置。第五步，完成配音后，单击音频混合器面板中的"Stop（停止）"按钮停止录音。所录制的音频素材被自动添加到时间线上被选中的音频轨道上，并显示在项目窗口中。Premiere Pro CS5 自动根据音频轨道命名该音频素材，并在硬盘上该项目文件夹中添加这个音频文件。

　　如果在录音时没有采取措施使输出静音，可能会发生啸叫，当麦克风太靠近扬声器时就会发生啸叫。要想解决这个问题，可以在音频混合器面板中单击录音轨道的"Mute（静音）"按钮，使其由 变为 ，降低扬声器的音量（用耳机听自己的声音）或者使用菜单命令"Edit（编辑）＞Preferences（参数）＞Audio（音频）"调出对话框，在其中选择"Mute Input During Timeline Recording（时间线录制时输入静音）"选项，如图 6－16 所示。

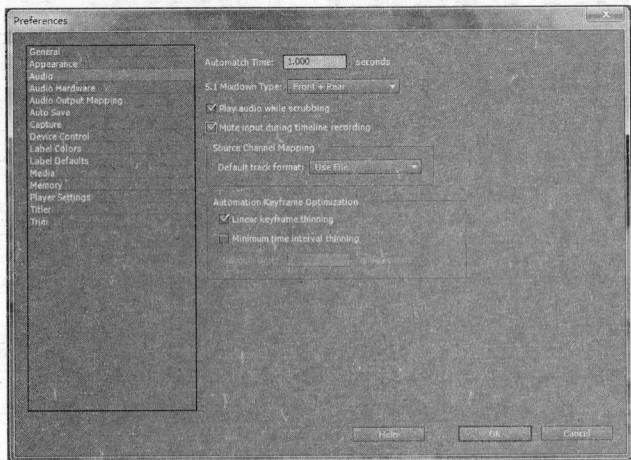

图 6－16　设置静音参数

### 6.4.3　音效制作

Premiere Pro CS5 为用户提供了强大的音效制作功能，为音频素材添加常用的音频处理功能及特效，如音质调整、混响、延迟、变速等。在 Premiere Pro CS5 中对音频进行效果处理的方法主要是使用"Audio Transitions（音频转场）"和"Audio Effects（音频特效）"两种方式，它们与前面介绍的视频转场和视频特效使用方法相似。

1．音频转场

在 Premiere Pro CS5 中，使用音频转场可以为相同轨道上的相邻音频素材之间的过渡部分施加叠化效果，可为音频素材的入点和出点分别施加淡入淡出效果。为音频素材添加转场的方法与视频素材相同。在效果面板的"Audio Transitions（音频转场）"文件夹下有三种音频转场方式，如图 6 – 17 所示，左图为 Constant Power（恒定功率）转场，中图为 Constant Gain（恒定增益）转场，右图为 Exponential Fade（指数型淡入淡出）转场。Constant Power（恒定功率）转场是默认状态下的音频转场，它是将两段素材的淡化线按照抛物线方式进行交叉，创建一个平滑渐变的转场，和视频的溶解转场有些类似。Constant Gain（恒定增益）转场则将淡化线线性交叉，在转场时以持续速率改变音频，这种转场有时听起来可能有些突然。Exponential Fade（指数型淡入淡出）转场是将两段素材的淡化线以指数型进行线性交叉，实现音频转场。

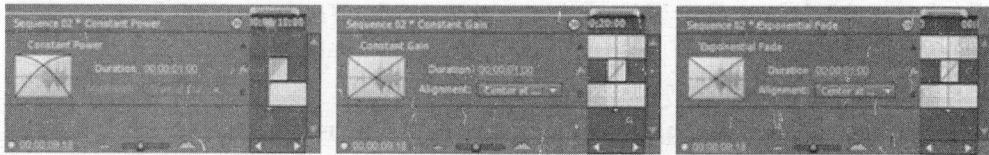

图 6 – 17　音频转场类型

2．音频特效

在 Premiere Pro CS5 中内置了大量的 VST 音频插件效果，以修改或提高音频素材的某些属性。除了针对立体声设计的 Fill Left（填充左声道）、Fill Right（填充右声道）和 Swap Channels（转换声道）效果，绝大多数效果均支持单声道、立体声和 5.1 环绕声，并在效果面板中的"Audio Effects（音频特效）"文件夹中以此进行分类。施加轨道音效时，也可以为音频轨道施加这些音频特效效果，但"Balance（平衡）"和"Volume（音量）"效果除外，这是因为可以在音频混合

**331**

器面板的控制区域中分别通过平衡控制旋钮和音量电平推子对轨道的声像和音量这两个音频基本属性进行调节。每个音频效果都包含一个"Bypass（旁通）"选项，可以通过关键帧控制效果随时间变化的开关状态。为音频素材添加特效的方法与视频素材相同，这里不再赘述。下面简要介绍一下各类音频特效效果。

（1）声道控制类特效。

声道控制类特效包括 Balance（平衡）、Channel Volume（声道音量）、Fill Left（填充左声道）、Fill Right（填充右声道）、Swap Channels（转换声道）、Invert（反相）等效果。

Balance（平衡）效果控制左右声道的相对音量。正值增加右声道的音量比例，负值增加左声道的音量比例。此效果仅支持立体声。

Channel Volume（声道音量）效果用来控制当前音频素材（立体声或5.1环绕声）中每个声道音量电平的高低。其参数设置面板如图6－18所示。

Fill Left（填充左声道）效果复制素材片段画面音频中左声道的信息，并将其填充到右声道中，右声道中原来的信号被覆盖。此效果仅支持立体声。

Fill Right（填充右声道）效果复制素材片段画面音频中右声道的信息，并将其填充到左声道中，左声道中原来的信号被覆盖。此效果仅支持立体声。

图 6－18　使用 Channel Volume 特效

Swap Channels（转换声道）效果用于转换左、右两个声道的信息，此效果仅支持立体声。

Invert（反相）效果将所有声道内的音频相位反转180°。

（2）音频调整类特效。

音频调整类特效包括 Bandpass（带通）、Highpass（高通）、Lowpass（低通）、Bass（低频）、Treble（高频）、Notch（陷波）、Phaser（相位）、PitchShifter（变调）、EQ（均衡）和 Parametric EQ（参数均衡）等效果。

Bandpass（带通）效果用来滤除超出某些音频设备能够处理的频率范围的信号或是将声音信号进行分频段单独处理等，可以滤除音频素材画面中低频部分及高频部分。"Center（中置）"参数指定频率范围的中心频率。"Q值"参数用来设置以中置值为中心的频带宽度，数值越小，曲线越平坦，即以指定频率为中心

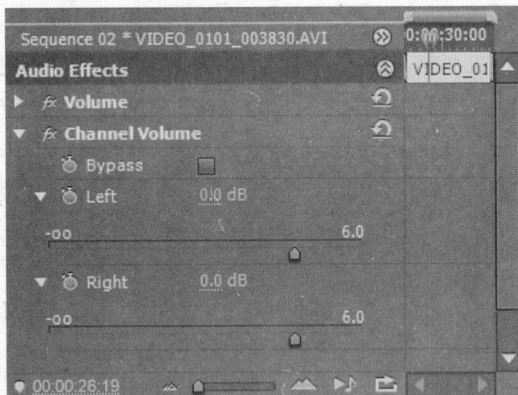

的频带越宽；数值越大，曲线越尖锐，即以指定频率为中心的频带越窄。其参数设置面板如图 6 – 19 所示。

Highpass（高通）特效可以将低于指定截止频率的声音信号滤除，消除低频的干扰声。

Lowpass（低通）特效可以将高于指定截止频率的声音信号滤除，消除高频噪声。

Bass（低频）效果可以增加或降低低频部分，用来增加音频素材的低音效果。

Treble（高频）效果用于增强或减弱音频信号的 4kHz 及以上的高频部分。

Notch（陷波）效果用于滤除靠近指定频率的信号。其自定义参数设置如图 6 – 20 所示，"Center（中置）"参数用于指定被滤除的中心频率，"Q"参数值指定被影响的频带宽度。

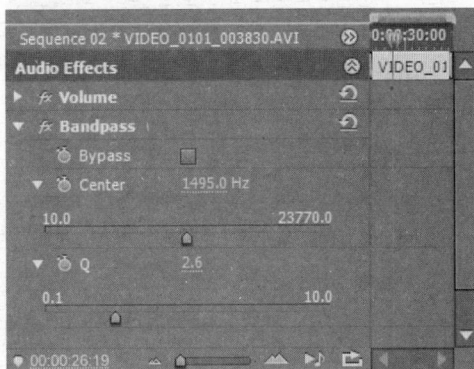

图 6 – 19　使用 Bandpass 特效　　　　图 6 – 20　使用 Notch 特效

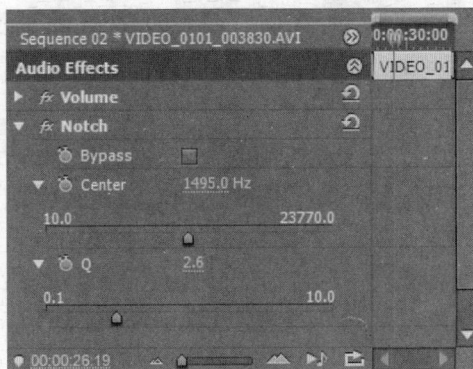

PitchShifter（变调）效果可以调节输入信号的音调，比如可以为高音降调等。其自定义参数设置如图 6 – 21 所示。

Phaser（相位）效果可以定向改变素材声音相位，并进行合并，产生迷幻效果。其自定义参数设置如图 6 – 22 所示。

**333**

图 6 – 21　使用 PitchShifter 特效

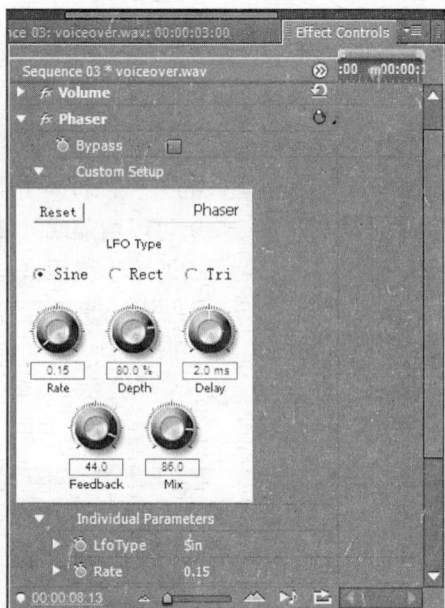

图 6 – 22　使用 Phaser 特效

　　EQ（均衡）和 Parametric EQ（参数均衡）效果用来对声音信号的不同频率成分进行调节。通过对各种不同频率的声音信号的调节来补偿扬声器或声源的缺陷，或是起到限制声音信号频带宽度等特殊作用。可以修饰或补偿播音员或演员的声线，比如加低音、提高音、减少鼻音等。还可以强化某些特殊的嗓音特征，如强化沙哑等。EQ（均衡）效果使用直观的指定频段的方式对声音信号的各个频率成分进行调节（如图 6 – 23 左图所示）。Parametric EQ（参数均衡）效果则以指定中心频率及 Q 值的方式进行调节（如图 6 – 23 右图所示）。"Frequency（频率）"参数用于指定需要调整的频率。"Gain（增益）"用来设定该频率成分的处理方式，正数表示提升，负数表示衰减。Q 值用于设置每个指定频率调整时的有效宽度。"Output（输出）"用来补偿调整经 EQ 输出的增益。单击 EQ 特效名称右侧的"Preset（预置）"按钮，可以调用系统预置的多种 EQ 参数。表 6 – 1 给出了不同特征的常见人声频率分析，以供用户参考。

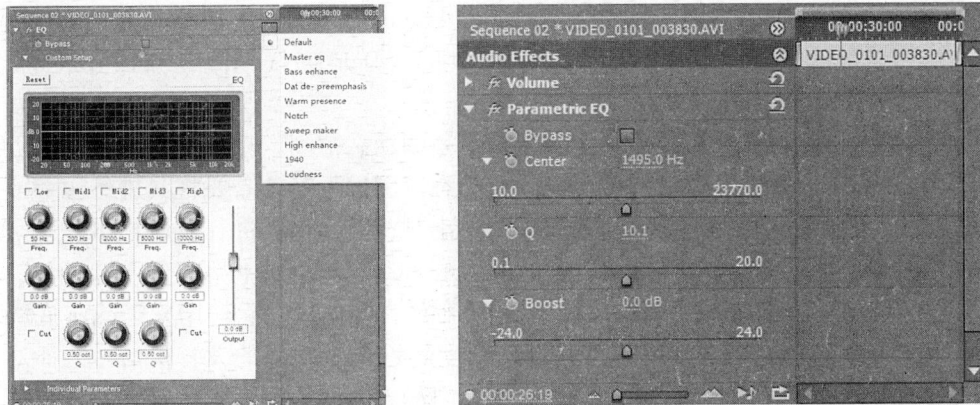

图 6-23　使用 EQ 和 Parametric EQ 特效

表 6-1　常见人声频率分析

| 音源 | 明显影响音色的频率 |
| --- | --- |
| 语音 | 女声和童声语音的基音主要频率为 256 Hz～440 Hz，男声语音的主要频率区域为 196 Hz～315 Hz，如果提升这些频段，将会使语音显得坚实、丰厚。800 Hz 是危险频率，过分提升会使音色发"硬"、发"愣"。 |
| 歌声（男） | 150 Hz～600 Hz 影响歌声力度，提升此段频率可以使歌声共鸣感强，增加力度。1 kHz～3 kHz 频段影响音色的明亮度、清透度。 |
| 歌声（女） | 1.6 kHz～3.6 kHz 影响音色的明亮度，提升此段频率可以使音色鲜明通透。 |
| 女声带杂音 | 提升 64 Hz～315 Hz 频段，衰减 1 kHz～4 kHz 频段，可消除女声带杂音（声带窄的音质）。 |
| 沙哑声 | 提升 64 Hz～261 Hz 频段会使音色得到改善。 |
| 喉音重 | 衰减 600 Hz～800 Hz 频段会使音色得到改善。 |
| 鼻音重 | 衰减 60 Hz～260 Hz 频段，提升 1 kHz～2.4 kHz 频段，会使音色得到改善。 |
| 齿音重 | 6 kHz 过高会产生严重齿音，衰减该频率可以减少齿音严重的现象。 |
| 咳音重 | 4 kHz 过高会产生严重咳音（电台频率偏离时的音色），衰减该频率可以减小咳音严重的现象。 |

（3）动态调整类特效。

动态调整类特效包括 Dynamics（动态）、Multiband Compressor（多波段压缩

**335**

器）、Spectral NoiseReduction（频谱降噪）、Volume（音量）、DeNoiser（降噪）、DeCliker（消除咔嗒）、DeCrackler（消除噼啪）、DeEsser（消除嘶嘶）、DeHummer（消除嗡嗡）等效果。

Dynamics（动态）效果用来控制音频信号的动态范围。在音频设备中可以处理的音频信号的范围是有限的，当信号的动态范围过大时，需要将其进行压缩或限制，避免产生失真；当信号的动态范围偏小时，需要将其进行扩展，以提高声音效果。其自定义参数设置如图 6 - 24 所示。动态特效提供了三种工作模式："AutoGate（自动噪声门）"，可以将低于阈值的信号直接滤除，用来消除本底噪声；"Compressor（压缩器）"，可以压低幅度超过指定阈值的大音量信号，而对小于阈值的信号不作处理，能够在指定范围内最大限度地提高信号动态，可以使大的声音信号不因过高而失真，小的信号也会更清晰；"Expander（扩展器）"与压缩器作用相反，用来增加动态范围。单击"Dynamics（动态）"特效名称右侧的"Preset（预置）"按钮 ，用户可以使用系统预置效果参数。

Multiband Compressor（多波段压缩器）效果为用户提供了一个三频段压缩器，每个频段都可以独立控制，以便更好地调节压缩效果。当需要一个柔性的声音压缩器时，可以用其替代 Dynamics（动态）中的混合器。其自定义参数设置如图 6 - 25 所示，可以用旋钮调节各个参数；也可以在其频谱视窗中，通过拖曳控制柄的方式调节各参数。

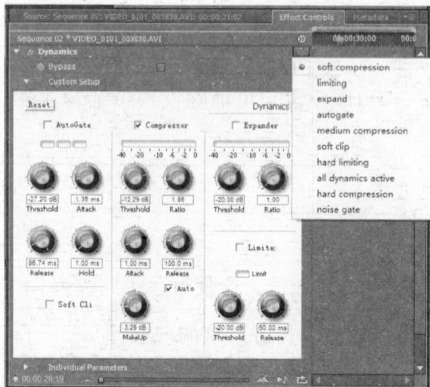

图 6 - 24　使用 Dynamics 特效

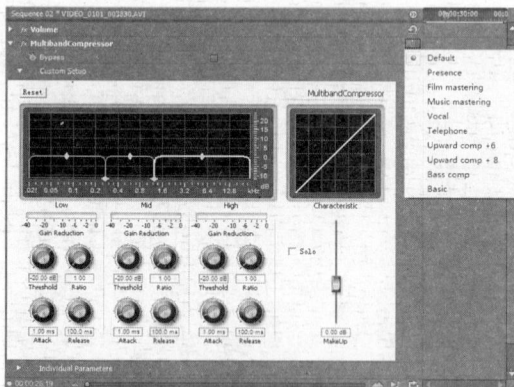

图 6 - 25　使用 Multiband Compressor 特效

Spectral NoiseReduction（频谱降噪）效果为用户提供 3 个滤波器消除音频信号中的噪声。其参数设置如图 6 - 26 所示，用户可参照频谱控制各个参数进行调节。

　　Volume（音量）效果可以为音频创建音量包络的效果，使其音量随时间变化而变化，而无须对素材片段进行剪辑。如果想在施加某些基础效果之前调整音量，可以在输出音量控制前使用音量效果进行调节。正值增加音量，负值减低音量。

　　DeNoiser（降噪）效果可以自动降低音频素材中的噪声，尤其是记录在磁带上的模拟信号中的噪声。其自定义参数设置如图 6 - 27 所示。"Reduction（衰减）"参数用于设置减少噪声的幅度，"Offset（偏移）"用于当自动降噪功能不理想时提供更多控制。

图 6 - 26　使用 Spectral NoiseReduction 特效　　　　图 6 - 27　使用 DeNoiser 特效

　　DeCliker（消除咔嗒）效果可以降低或消除 CD 等数字音频光盘载体上由于灰尘、划痕等原因造成的爆破音，如类似"咔嗒"的声音。在其自定义设置中，可以在如图 6 - 28 所示的混音器风格的控制面板中，用旋钮控制各个参数。

　　DeCrackler（消除噼啪）效果可以消除时间极短的幅度脉冲，如类似"嘭嘭"的爆破音。在其自定义设置中，可以在如图 6 - 29 所示的混音器风格的控制面板中用旋钮控制各个参数。

**337**

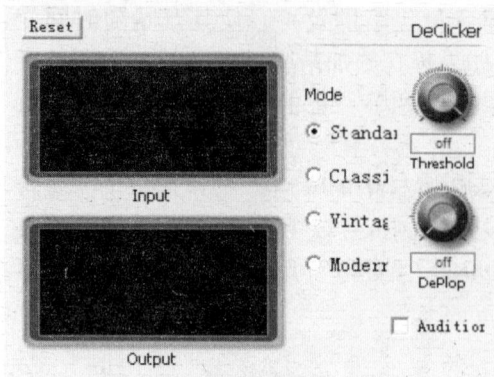

图 6 - 28　使用 DeCliker 特效

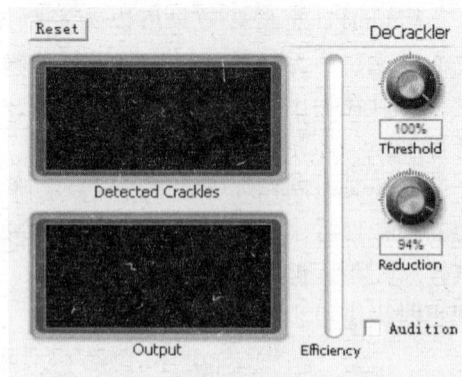

图 6 - 29　使用 DeCrackler 特效

　　DeEsser（消除嘶嘶）效果可以消除音频素材中高频的齿擦声或"嘶嘶"声，一般在遇到对字母 S 和 T 进行发声时会产生这种声音。在其自定义设置中，可以在如图 6 - 30 所示的混音器风格的控制面板中，用旋钮调节"Gain（增益）"参数，设置音量增减的多少。选择"Male（男性）"或"Female（女性）"选项可以选择发音者的性别，有助于调整音质。

　　DeHummer（消除嗡嗡）效果可以消除音频素材中低频的"嗡嗡"声，这种声音主要来自于交流市电的干扰。在其自定义设置中，可以在如图 6 - 31 所示的混音器风格的控制面板中用旋钮控制各个参数。"Reduction（衰减）"参数用于控制减小程度，"Frequency（频率）"用于选择设置滤除频率。

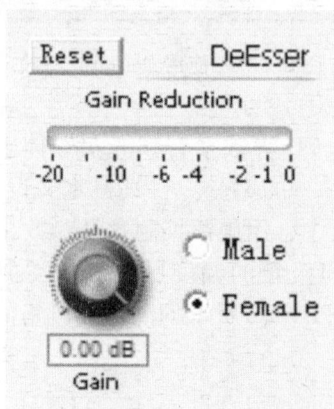

图 6 - 30　使用 DeEsser 特效

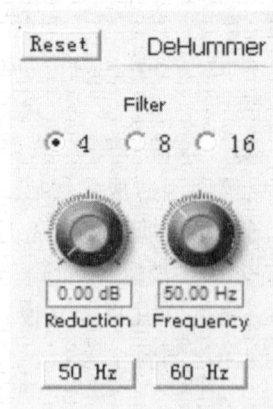

图 6 - 31　使用 DeHummer 特效

（4）延迟类特效。

延迟类特效包括 Delay（延迟）、Chorus（合唱）、Flanger（镶边器）、Multitap Delay（多重延迟）、Reverb（混响）等效果。

Delay（延迟）效果可以按照设置的时间量，为素材片段中的音频添加回声。其自定义参数设置如图 6 - 32 所示。"Delay（延迟）"参数用于设置延迟信号的延迟时间；"Feedback（回授）"参数用于设置延迟信号叠加在返回信号上的百分比，用以产生多重回响；"Mix（混合）"参数用于设置延迟信号的高低。

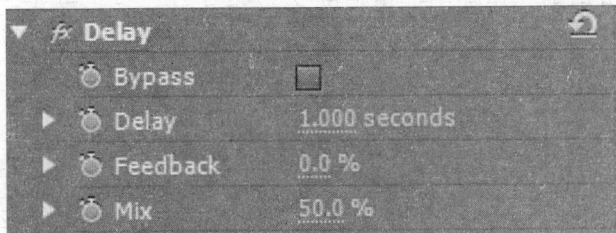

图 6 - 32　使用 Delay 特效

Chorus（合唱）效果通过添加多个短暂的延迟，模拟许多声音或乐器同时发声，生成非常丰富而饱满的声音。在其自定义设置中，可以在如图 6 - 33 所示的混音器风格的控制面板中用旋钮控制各个参数。在施加 Chorus（合唱）效果前，应先将单声道音频素材画面转换为立体声。

Flanger（镶边器）效果可以使音频产生移相加延迟的奇幻效果。在其自定义设置中，可以在如图 6 - 34 所示的混音器风格的控制面板中用旋钮控制各个参数。

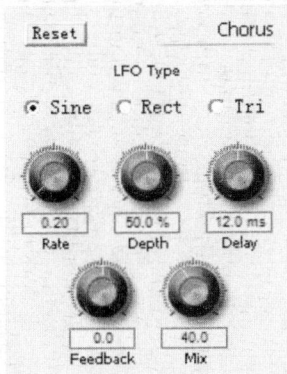

图 6 - 33　使用 Chorus 特效

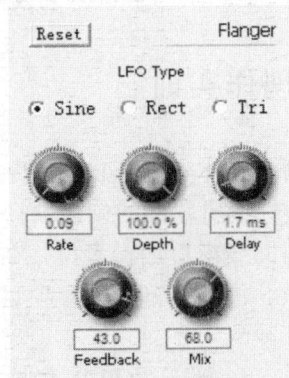

图 6 - 34　使用 Flanger 特效

**339**

Multitap Delay（多重延迟）效果按照分别设置的时间量，可以为素材片段的原音频添加至多 4 个回声。因为会多次延时，所以素材尽量短，避免同时听到多次延时效果。其自定义参数设置如图 6-35 所示，"Delay 1-4（延迟 1-4）"参数用来设置原始信号和回声之间的时间，最大值为 2s；"Feedback1-4（反馈1-4）"参数用来设置延迟信号返回后所占的百分比；"Level 1-4（电平 1-4）"参数用来控制每个回声的音量；"Mix（混合）"参数用来混合调节延迟与非延迟回声的数量。

Reverb（混响）效果可以通过模拟声音播放空间来增加环境感和音质的"温暖感"。比如可以模拟在房间中发出声音等。在其自定义设置中，用户可以在如图 6-36 所示的混音器风格的控制面板中用旋钮控制各个参数，也可以在系统预置参数中进行选择。

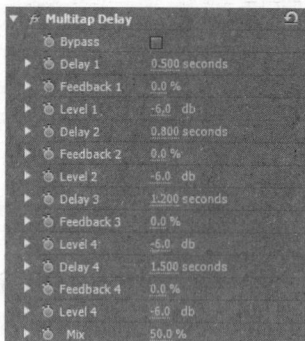

图 6-35　使用 Multitap Delay 特效

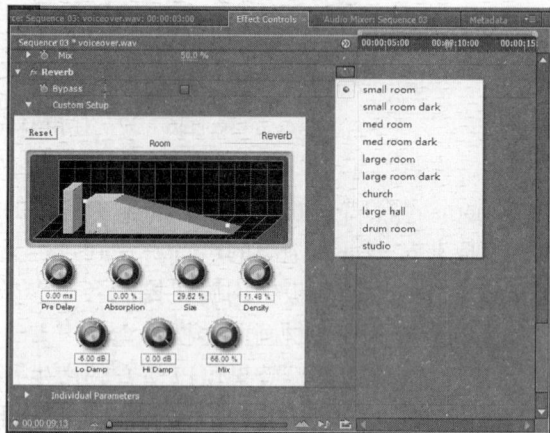

图 6-36　使用 Reverb 特效

## 6.5　创作实训

综合利用本章介绍的处理音频的方法完成如下创作任务。用到 Premiere Pro CS5 非线性编辑软件的创建项目、素材导入、设置出入点、向时间线窗口添加素材、在时间线窗口编辑素材、在音频混合器面板处理音频、添加音频转场、添加音频特效、添加字幕、保存项目等功能。

### 6.5.1　对话的平行与交错剪辑

拍摄一段两个人（可以是同学、朋友、恋人、兄弟、母子关系）从闲聊到发生激烈争执的一段素材，注意提醒演员对话时语气要自然，语速从平和到激烈要有明显的变化。

第一步，用所拍摄到的素材的前半部分（对话的语气、语速比较平和），根据两个人说话的内容和语气，合理选择平行前辑的三种形式进行对话剪辑。并用字幕或解说说明每个剪接点采用该种形式的理由。

第二步，用所拍摄到的素材的后半部分（对话的语气、语速比较激烈），根据两个人说话的内容和语气，合理选择交错前辑的两种形式进行对话剪辑。并用字幕或解说说明每个剪接点采用该种形式的理由。

第三步，把所拍摄到的素材的前半部分的平行剪辑改成交错剪辑，比较两种剪辑方法的差异，分析和缓的对话是否一定要用平行剪辑的方式，用交错剪辑是否也能取得很好的效果。

### 6.5.2　音乐的剪辑

任意选择一首 MTV，事先把 MTV 的声音和画面分离，并打乱画面镜头的顺序。根据原始的声音进行画面剪接后，与 MTV 原片进行比较，看有哪些不同，找到音乐和画面之间相匹配的感觉。

### 6.5.3　音响的剪辑

任意选择一段有明显音响效果声的素材镜头（如打斗、暴风雨镜头），事先把素材的音响声删除掉，然后从音响素材库中选择恰当的音响效果声进行配音，并比较配音的段落与原始素材的效果。可尝试用音响的平剪法、拖声法、捅声法剪辑配音，比较三种音响剪辑方法的差异，体验音响声与画面内容同步、提前或延后的艺术效果，从而领悟在何种情况下应该使用哪种具体的音响剪辑方法。

### 6.5.4　合理处理自己的电视作品中的音频效果

希望读者根据自己作品的需要，合理处理自己作品中所包含的各种声音，创造合理而又多样的声画组合关系。

【思考题】

1. 声音有哪些类型？它们各自有什么功能？
2. 什么是电视音乐的主观音乐和客观音乐？
3. 声音综合处理的一般方法有哪些？
4. 结合具体实例，谈谈声画组合的三种方式。

**341**

# THE TECHNOLOGY AND CREATION OF TV EDITING

## Editing of Popular
## TV Program

第 7 章

# 常见类型电视节目的编辑

本章主要介绍了电视新闻、电视广告、电视纪录片和影视预告片等常见类型的电视节目的特点及其编辑技巧，并提出了相应的创作实训任务。

【本章学习要点】

不同的节目有不同的编辑要求，通过本章的学习与实训练习，读者应对各种常见类型的电视节目的编辑技巧有初步的认识，并通过实践发现自己的不足，能够较好地掌握各种编辑技巧和熟练地掌握编辑的整个流程。

【本章内容结构】

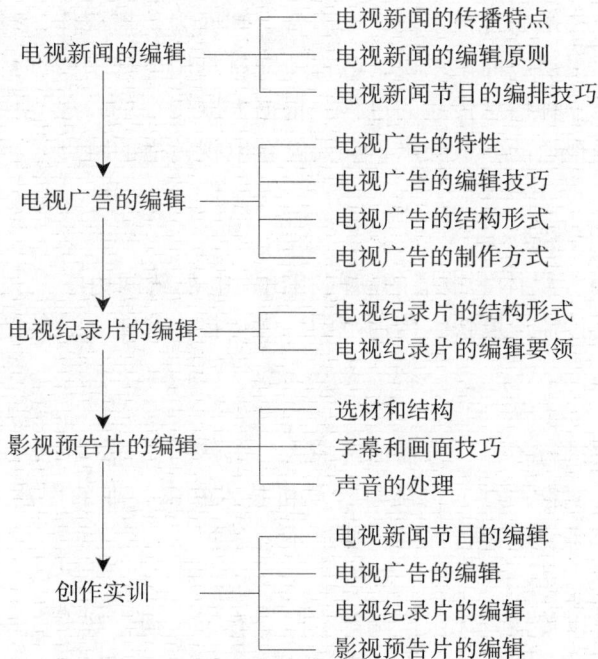

电视新闻的编辑 —— 电视新闻的传播特点
电视新闻的编辑原则
电视新闻节目的编排技巧

电视广告的编辑 —— 电视广告的特性
电视广告的编辑技巧
电视广告的结构形式
电视广告的制作方式

电视纪录片的编辑 —— 电视纪录片的结构形式
电视纪录片的编辑要领

影视预告片的编辑 —— 选材和结构
字幕和画面技巧
声音的处理

创作实训 —— 电视新闻节目的编辑
电视广告的编辑
电视纪录片的编辑
影视预告片的编辑

**343**

　　实际编辑工作中，要面对的是不同类型的电视节目，不同的节目有不同的编辑要求，本章主要介绍电视新闻、电视广告、电视纪录片、影视预告片等常见类型电视节目的编辑技巧。

# 7.1　电视新闻的编辑

　　新闻是电视节目的重要类型，各级各类电视台都会进行电视新闻节目的制作。电视新闻是以现代电子技术为传播手段，以声音、画面为传播载体，对新近或正在发生、发现的事实的报道。简单来说，电视新闻就是用电视手段进行报道的新闻。新闻报道本质上是一种信息传递的过程。根据大众传播的一般规律，电视新闻的制作既要满足新闻报道的一般要求，又要符合电视传播的特点。

## 7.1.1　电视新闻的传播特点

　　与在报纸、电台、网络等媒体上报道的新闻相比，电视新闻由于其报道载体——电视的特殊性，具有传播速度快、传播范围广、传播内容丰富、传播符号形象生动和线性传播等特点。

　　1. 传播速度快

　　电视通过光波、电磁波进行传输，传播速度惊人。虽然与广播、网络新闻相比，电视新闻制作的流程要复杂一些，但随着计算机技术在电视业的广泛应用，电视节目的制作速度大大提升，电视传播的迅速已不容忽视。

　　2. 传播范围广

　　卫星广播技术使电视可以传播到无限广阔的空间。有了电视，观众就相当于拥有了孙悟空的"千里眼、顺风耳"。"地球村"的概念也成为现实。

　　3. 传播内容丰富

　　电视传播内容丰富，只要人们能想到的内容都可以在电视上表现出来，少量无法表现的内容随着技术的进步也逐渐顺利地表现出来了。

　　4. 传播符号形象生动

　　电视以图像、声音、文字、动画等符号直接作用于观众的视听感知器官，形象生动，用这种方式传递信息是最容易为人们所接受的。目前市场上已经出现了三维电视。

　　5. 线性传播

　　电视传播有与时间同步流逝的特征，是顺时序的"一次过"，"过时不候"，无法返回。

### 7.1.2　电视新闻的编辑原则

根据电视传播新闻的上述传播特点，在电视新闻的编辑过程中需要考虑以下一些原则：

**1. 充分利用现场同期声和长镜头，强化现场感和镜头的纪实性**

电视传播的是活动的影像，声画结合，具有很强的现场感。因此，要发挥电视新闻报道的传播优势，就应当用摄像机镜头把对事件调查的过程完整地展现给观众，挖掘揭示出具有深度的主题。电视深度报道更应如此。在编辑过程中，要选择那些深入新闻现场记录下事件发生、发展过程的镜头，以及记录现场重要情节、关键细节、现场环境、氛围、音响、同期声的镜头。由事入理，情理交融，用新闻事件过程本身引起观众的思考，在表现事件过程的基础上发表议论，让观众在收看的过程中自然地接受新闻观点。强化现场感和镜头的纪实性可充分、合理地利用现场同期声和长镜头。现场同期声是在新闻现场中与新闻内容相关并且共同存在的声音。长镜头的最大优势是可以连贯地记录现场的声音和画面，有利于保证时空的连续性、完整性和真实性。在新闻节目中，长镜头可以把新闻事件的事实更完整、更透明地表现出来，相当于把观众带到新闻现场。

**2. 由小见大，选择合适的切入点**

一个好的切入点能够激起观众的收看欲望。一般情况下，电视新闻的切入点宜小不宜大。从小的切入点入手，比较容易在有限的节目时间里运用声音图像符号和相应的表现手段，做到既深入中肯又具体生动的论述。如果切入角度太大、论述范围太宽，做起来恐怕就会力不从心，即使后面的内容十分精彩，也不可能在第一时间抓住观众。可以说，一个好的切入点不仅决定着节目是否好看，更重要的是决定了节目能否达到预期的传播效果。

**3. 注重新闻的故事性**

电视新闻中的深度报道要运用声音和图像等直观符号吸引观众，需要在电视和观众之间找到一个合适的结合点。很多成功的电视深度报道都是用讲故事的方式来说明一个很抽象的政策、理论或观点，把大问题化成老百姓身边的小事，甚至是一个普通人的经历，仿佛是在叙述邻家的遭遇，使观众感觉与自己密切相关，从而引起观众的选择性注意和选择性接收，进而选择性理解新闻节目背后所反映的深刻的社会意义。电视新闻有故事性，才有讲述的可能，才能吸引普通老百姓，才有让观众理解的可能。

### 7.1.3　电视新闻节目的编排技巧

电视新闻担负舆论宣传和引导的作用，编辑要站在时代高度处理具体新闻、

**345**

编排节目。电视新闻编辑不但要了解党和政府的中心工作，与党中央保持一致，而且要了解基层的实际情况；在新闻的选择与编排上不仅要体现党中央的意图，还要能被观众所接受。电视新闻线性传播、转瞬即逝的特点，使观众在观看时只能按照节目既定的编排逐一看下去，对新闻信息的理解在很大程度上取决于信息接收的瞬间，而不可能像读报纸那样自己选择先看什么，后看什么，也不可能像读报纸那样可以反复阅读。电视新闻纵向传播的特点决定了节目的编排对受众有着很大的影响，要重视新闻节目的编排以增加传播效果。

电视新闻节目的总体编排包括新闻选择、分类、编排、栏目设置、栏目之间的协调平衡等。具体技巧如下：

1. 选好头条，突出重点

头条新闻直接体现了新闻编辑部门的意图，它往往代表一期节目的重点。另外，一期新闻节目中还要确定若干条重点新闻。围绕一个中心思想，选择不同角度进行新闻编排，以造成一定声势，形成舆论。

2. 优化组合，有序编排

优化组合是编排突出重点最常用的方法。编排时要通过合理巧妙的搭配排列，实现整体优化。常用的组合方式有同类组合、对比组合和相关组合。①同类组合是把题材相近或内容相同的新闻排列在一起，突出其中相同的方面，如相同的主题、相同的报道对象、相同的特点等。同类组合之后，新闻之间的凝聚力增强了，整体报道的气势和力度增加了，剔除了单条新闻之间重复的部分，节约了时间，增加了信息量，使整个报道更加精炼。②对比组合就是把几条内容有冲突的新闻组织到一起，通过对比把新闻事件的冲突凸显出来。对比组合之后，肯定一方，否定一方，使观众认识新闻事件的过程由渐进的变成跳跃的，能即刻明白、醒悟或搞清楚一个问题。③相关组合就是根据新闻的需要或编辑素材的需要将几条具体内容不同，但存在内在联系的新闻编排在一起，形成一组新闻，增强气势。新闻之间的内在联系可能是因果关系、呼应关系、述评关系，也可是一个事物的两个方面。选择各则消息中的共同点或不同点进行综述，把相关新闻组合排列在一起，能让观众全面地了解事物的各个层面、各方态度的反应、事物之间的相互关系以及事物的整体面貌。

3. 层次分明，灵活多样

编排时要考虑一期新闻节目整体的结构合理，做到层次分明、脉络清楚，切忌杂乱无章。从电视特点出发还要考虑到视觉效果所引发的感情色彩。根据新闻价值和观众兴趣喜好来调整结构。比如把社会新闻放在一般化的经济报道之前；重要的经济新闻也可以放在头条；有价值的人物新闻特写也可以上头条。电视新闻节目要以灵活多样的编排方式来吸引观众的注意力。

4. 张弛有度，富于节奏

心理学研究表明，人的注意力是有时间限制的，注意力往往随着视觉疲劳而下降，但受到刺激后在短时间内还会恢复。观众观看电视新闻的过程就是一个不断受刺激的过程，新闻刺激越强烈，新闻编排从内容到形式的变化越大，观众的注意力就越集中，新闻传播的效果就会更显著。电视新闻的编排可以通过将录像新闻和口播新闻恰当混排、长短新闻相互调节、一条新闻中解说与同期声相协调等方法来处理，使一期新闻节目张弛有度、富有节奏的变化。

## 7.2 电视广告的编辑

自 1979 年 1 月 28 日，上海电视台将第一则广告"参桂补酒"播出至今，电视广告发展极其迅速。电视广告运用影视艺术形象思维的方法，使商品形象更富于感染力和感召力，它不光为消费者提供信息及优质服务，又以惊人的速度占领了消费市场。目前，电视广告的收入已经成为各广播电视传媒集团的主要收入来源，也成为衡量电视行业成功与否的重要指标。电视台有专门的广告中心，各个民营的影视制作公司也大量承接电视广告的制作。电视广告成为电视行业非常重要的一种节目类型。

### 7.2.1 电视广告的特性

电视广告从其自身的性质来说是产品信息的传递，而在表现形式上是以艺术的手段来制作的。电视广告不能用荒诞的办法来耍噱头，而要善于在商品中挖故事，要求对可视性精益求精，要突出电视广告的科学性、艺术性和思想性。

1. 科学性

商品广告要讲究科学性，制作要讲究完美性，宣传要讲究真实性。电视广告的主题应围绕商品的效用展开，创意不能违背现实。广告不能强加于观众，应给消费者留足自主选择权。

2. 艺术性

电视广告声画结合，具有形象性、真实感，容易为观众接受和记忆。广告制作要通过画面的组接、声像的组合、字幕的编排等艺术技巧的运用，达到视像造型美、声像听觉美、视听语言美。

3. 思想性

广告要尊重社会文化取向，顺从民众心理，弘扬中华民族文化，提倡社会主义精神文明。特别是不同于商品广告的公益广告，它以浓缩的笔调歌颂了人们心

**347**

灵美的好风尚，将违背社会公德的坏习惯剖析得淋漓尽致。以宣传、教育、歌颂、抨击为主要目的的公益广告的出现大大完善了媒体的自身形象。

### 7.2.2　电视广告的编辑技巧

一条电视广告有十几秒或几十秒的时间，最短的只有 5 秒甚至更短。电视广告是一种在有限时间内，运用众多艺术元素的组合来达到明确产品诉求目的的特殊艺术形式，具有瞬间传达、被动接受的特点。因此在编辑创作时要把握以下要领：

1. 创意独特，突出主题

艺术赋予电视广告高度的想象力，但电视广告绝不能用荒诞的办法来耍噱头，而是要以策划为主体、创意为中心，先研究商品，研究观众的心理，研究目标对象（哪些人看、文化层次怎样、市场情况怎样）。同时广告要开门见山，要扩大广告的思维方法，善于选择传播手段，善于把握商品的特性、在商品中挖故事，善于营造好的印象，对可视性要精益求精。电视广告定位要准确，定向要清楚，定点要适中，立意要鲜明，构思要完美。

2. 充分调动一切视听元素，增加单位时间内的信息量

电视广告的播出时间极其短暂，要在有限的时间内完成对产品的宣传，必须调动一切视听元素构建整个信息体系，通过镜头的排列、构图、景别、方向、角度、光影、色彩和运动等使画面语言简洁优美，并利用人物语言、解说、旁白、音乐和音响等声音与画面的和谐统一，充分合理地利用字幕和画面技巧，使声音图像的各种表现都围绕主题进行。

3. 多用短镜头，缩短广告时间

电视广告的播出费用是按秒来计算的，因此广告的时间是能短则短。除了一些广告为了达到真实性的效果而采用长镜头外，大多数广告是以短镜头为主的，因为一个镜头具有一个镜头的意义，用短镜头可以向观众传递更多的信息。在电视广告的编辑过程中还可以在不改变情节的基础上利用镜头的挖剪缩短镜头，对镜头时值的控制可以精确到帧。

### 7.2.3　电视广告的结构形式

电视是瞬时媒体，受众对电视广告所持的是"爱理不理，可有可无"的态度，要使电视广告成为面对面的销售方式，就要在创意方面加倍努力，以独特的技巧和富有吸引力的手法传达广告信息。

电视广告的片型是电视广告结构的形式，体现了广告的整体创意，有的采用

以商品形象为主，与解说、音乐相结合的结构形式传递商品信息、推销商品；有的以模特演示、动画或人物情节为主，与商品特点、解说、音乐相结合的结构形式传递商品信息、推销商品。在选择电视广告片类型时，要注意结构形式要符合广告创意的要求、符合广告产品的诉求点、符合广告的主题思想、对产品的宣传有利、能使观众接受。常用的形式如下：

1. 新闻报道型

该类型的广告片是运用新闻报道的形式，以纪实的手法把有新闻价值的商品信息记录下来，通过电视进行广告宣传的一种方式。

2. 示范证明型

该类型的广告片主要通过名人、专家和产品使用者去说明和验证广告产品的功能和优点，能给消费者带来什么好处。又可分为印证式和名人推荐式两种。前者用知名人士或普通人士来引证商品的用途及好处，以达到有口皆碑的效果，但广告的技巧必须高明，否则受众会怀疑被访者言辞的可信度及真实性。后者用知名人士来介绍推荐商品，利用他们的聚焦力和号召力，来影响目标受众的态度，刺激购买欲。

3. 悬念问答型

该类型的广告片是由一个疑问者提出问题，将一个难题夸张，然后再由一个相信者将商品介绍出来，提供解决难题的答案的广告。

4. 生活片段情感型

该类型的广告片是把人们在日常生活中对某种商品的谈论和评价的事实，通过电视技术把其中的一部分加以艺术加工再现于电视屏幕的一种广告制作手法。

5. 气氛型

该类型的广告片是通过一个特定的场所、特定的事物来营造生活和人的情感氛围的广告。

### 7.2.4 电视广告的制作方式

广告片的制作方式有现场拍摄、室内拍摄和电脑绘制广告三种方式，这三种方式是目前广告片制作普遍选用的方式。电视广告内容的要求，决定了应该在演播室拍摄还是在现场进行拍摄。因为电视广告的创意要求和广告片结构形式的不同，往往使策划制作人在多种摄制方式中进行选择，或者是采用现场与室内两种拍摄方式相互结合的方法进行制作。

1. 现场拍摄制作方式

该方式是由广告制作人员携带摄像设备到现场直接把广告内容拍摄下来，稍

**349**

加剪接即可播出的一种广告制作方式。

2. 室内拍摄制作方式

该方式是由广告制作人员根据创意要求进行室内置景和造型设计的一种广告制作方式。

3. 电脑绘制广告制作方式

该方式是由广告创作设计人员向电脑编程人员提供广告创意和广告效果图，由电脑编程操作人员运用计算机编制程序绘制广告画面的一种广告制作方式。

## 7.3　电视纪录片的编辑

电视纪录片是电视艺术的重要片种之一，也是人们喜闻乐见的电视节目形态。目前我国的电视纪录片题材广泛、形式多样，既有新闻的真实性，又有观赏的艺术性，还有长于说理的政论性。若以题材分类，电视纪录片有人物专题、风光专题、新闻专题、体育专题、科教专题、军事专题、教育专题、少儿专题、文艺专题、农业专题、文物专题、旅游专题、诗词专题、政论性专题、纪录性专题等多种类型。电视纪录片没有故事片那种情节的束缚，因此后期的编辑工作需要而且能够充分发挥作用。同样的素材，根据不同的思路，可以编辑成完全不同的节目。有些纪录片可以仅靠资料做素材，通过编辑加工成新的纪录片。虽然纪录片来源于生活，但绝不等同于生活。荷兰纪录片大师伊文思在《关于纪录片创作的几个问题》一文中曾经作过这样的比喻："实际上这也就跟石料对于一个建筑家或雕塑家一样，石料本身并没有艺术价值，经过建筑家和雕塑家的加工，方成为艺术品。同样，生活也只是素材，而不是艺术品本身，艺术开始于对素材的选择，现实生活需要经过选择、剪接，才能形成一部具有艺术价值的影片。"由于反映生活迅速快捷，形成了纪录片时间短、镜头多、语言多、特技多、字幕多的"一短四多"的特点。这些特点使纪录片的内容、结构及画面组接具有不同于电视剧编辑的独特规律。因此，要剪辑出具有欣赏价值和艺术品位的电视纪录片，就要掌握纪录片的结构和剪辑规律。

### 7.3.1　电视纪录片的结构形式

电视纪录片中常见的结构形式有四种：①段落性结构，即一段内容结束，另一段内容开始，两者独立成章，互相之间没有连带关系（或者在系列片中每集之间的内容也都独立成章、互相不连贯），但如果从头至尾连起来看又都是在一条主线上、一个主题下进行的；②连续性结构，是段落性结构的反义，即在一部电视纪录片中，内容情节是互相连续的，不论是单集片还是系列片，其每段及每集之间的内涵都不是独立成章的，相互之间是有直接联系的，在内容上有条贯穿始终的中心线，有一个着重强调深化的主题；③交叉式结构，是指在一部电视纪录片中，有一条中心线贯穿始终，但在编辑时利用几条副线的平行发展、交叉进行来突出主题，使主线更加清晰，也使纪录片在节奏上更加明快；④问答式结构，就是在电视片中用声画形象提出问题，再用声画形象解答，一问一答，近似于采访。

段落性结构、连续性结构、交叉式结构和问答式结构是电视纪录片中常见的结构形式，它们都以各自不同的表现形式展示生活中的真人真事，描写世界各地的风土人情。如果把四种结构概括起来，又可分为有情节的叙述式结构和无情节的板块式结构两大类结构表现形式。有情节的叙述式结构，就是在片中用直接叙述的方式将情节、内容、人物关系组织起来，这种方式故事情节突出，观众易于理解和接受片子的主题内涵，是最为常见的表现形式。无情节的板块式结构是客观的，以解说的方式来反映片子的内容。根据解说词的内涵展示画面，没有人物，没有情节，这种方式多用于政论性专题、体育专题、科教专题等。

从结构来看，电视纪录片的结构与表现形式的一个基本原则就是内容决定形式，而不是以形式框定内容。电视纪录片要在规定的时间里，完整地向观众展示所要表现的内容、人物和情节，就必须做到：①开场要别致新颖，开门见山，能吸引观众的注意力；②内容不宜繁杂，脉络要清晰；③结尾要有力，能给观众留下深刻的印象。

### 7.3.2　电视纪录片的编辑要领

电视纪录片的编辑与其他片种的编辑大同小异，只是电视纪录片更强调结构、语言和节奏。针对纪录片"一短四多"的特点，其镜头组接要注意以下编辑要领：

**1. 突出主题，镜头的选择要有针对性**

一般原始素材很多，而最终能在成片中出现的镜头只占其中很少的比例。面对大量的镜头，在编辑时必须有明确的思路和敏锐的视听感觉才能选择到合适的镜头。要根据不同纪录片的不同内容，选择那些能反映主题、表现主题并能打动观众的镜头，并以突出主题的方式组接镜头。

**2. 以符合逻辑的方式组接镜头**

根据不同纪录片所展示的事物规律，以逻辑方式组接镜头。镜头的组接既要符合叙事性的生活逻辑，也要符合理论探索方面的因果逻辑，还要符合事物发展的自然逻辑规律。只有符合逻辑的镜头组接，才容易让观众明白纪录片所要表达的主题，容易让观众接受其中的哲理和观点。

**3. 镜头的组接要考虑画面造型因素**

画面的造型因素无外乎构图、方向、角度、景别、光影、色彩、轴线等。电视纪录片镜头的组接，要根据画面造型和镜头造型语言，以叙述的方式组接镜头。

**4. 合理运用资料镜头和景物镜头**

资料镜头包括历史资料镜头和现实资料镜头，是通过各种方法（摄影、绘画、文字等），将历史上、现实中的事件真实地记录下来，为电视片创作提供的历史资料素材和现实资料素材。资料镜头能再现历史，还原历史的真实，使人们从视觉形象的画面中直观感受到历史的原貌，从而增强电视片的真实感和历史感。景物镜头又称空镜头，是指画面内没有人物，只有景物（包括飞禽、走兽）的镜头。景物镜头有表现时间和环境的镜头（如晚霞、月亮、田野、学校等空镜头），也有说明性与交代性的镜头（如字画、照片、飞机、火车等空镜头）。景物镜头在影视作品中的作用主要是说明性与交代性的运用和描写性与象征性的运用两大方面，有时还可用来实现场景的转换。电视纪录片可以根据资料镜头、景物镜头的内容，以描写、象征、说明、交代的方式组接镜头。

**5. 镜头组接动作要连贯，要体现运动**

运动是影视有别于其他记录媒体的独特之处。镜头的运动包括主体的运动和镜头的运动两方面，具体的组接技巧在第 3 章运动镜头的组接部分已经进行过详细的阐述，在此不再重复。电视纪录片镜头的组接，要根据人物动作和镜头动作，以动态的方式进行。

**6. 有目的地使用画面技巧**

画面技巧主要指画面特技，包括针对单个镜头所作的画面特殊处理（如调色、降噪等）和多个镜头之间的过渡技巧（如淡入淡出、叠化、划像、虚化、静帧、慢动作等）。既然称之为特技，就是一种特殊手段，必须有特定目的才能使用，否则会使观众不理解、看不懂甚至觉得莫名其妙。电视纪录片镜头的组接，要根据画面技巧的样式和纪录片的内容与形式，以和谐统一的方式进行。

**7. 字幕的编排要和画面有机结合**

字幕的编排主要涉及片头片尾字幕、时间地点字幕、人物环境介绍字幕、历史说明字幕、解说字幕和歌词字幕等，包括字幕的字体的选择、色彩的选择以及在画面中出现的位置等。字幕的编排要使字幕与画面内容以及画面所表达的主题相吻合，并且不能破坏画面的结构。电视纪录片镜头的组接，要根据字幕的编排和纪录片的立意，以字幕与画面有机结合的方式进行。

8. 画面和声音要相辅相成、和谐统一

声画组合在电视作品中呈现出声画统一、声画并行和声画对立三种状态。电视纪录片镜头的组接，要根据纪录片语言（解说词）、音乐、音响的内容与含义，以声音与画面虚实结合的方式进行。

总之，如果在编辑过程中能根据纪录片特殊的表现形式，以及要表现的内容，巧妙运用各种技巧，就能使片子达到一定的质量。

## 7.4　影视预告片的编辑

影视预告片是影视宣传的一种方式、手段，是影视作品的广告，其内容不能脱离原作品，但也不能仅仅是原片的缩写或提纲。影视预告片要在较短的篇幅中，把影视作品的题材、风格和部分情节，以及出品单位、主要演员等都生动地、引人入胜地介绍出来；同时，还要尽可能地使影视作品的主题得到必要的反映和暗示。在影视行业激烈竞争的今天，任何影视作品的推出都需要注重宣传，不仅故事片需要预告片，许多电视节目也都需要预告片。预告片是否精彩将直接影响影视作品的收视率，影视预告片的剪辑制作也越来越受到行业内的关注。

影视预告片虽然是用影视作品中一系列的内容片段，通过剪辑手段，作一番新的组织、编排、裁剪而成，但一部预告片成败的关键却在于制作者在动手剪辑之前是否有一个较为完整的艺术构思和初步的结构设计。这种构思越成熟具体，剪辑工作就越会得心应手。剪辑预告片的工作流程和需要遵循的原则如下：

### 7.4.1　选材和结构

预告片画面素材的选择要注意以下几点：①要选用能够突出作品题材、风格的画面；②要选用能够反映时代背景的空间特征的画面；③要选用能够代表原片中人物精神面貌和动作性强的画面；④要选用有主要演员的画面。同时要注意预告片的镜头宜多不宜长，不宜选用较长的运动镜头、与主题无关的景物镜头、画面不够理想的镜头和作用不大的过场戏镜头，要尽可能多地从有关作品情节主线的画面中来选择素材。要将最精彩、最刺激、最火爆的镜头囊括在预告片中，这样才能吸引观众，引起观众的兴趣，达到宣传的目的。

有了理想的画面素材，还要寻找恰当的结构方式。不同片种，不同题材，应当产生不同结构的预告片。当然，无论什么样的预告片，只要能准确地反映出原片的题材特征，并与原片的样式、风格相吻合，其效果必然是好的。在结构预告片时要考虑以下几点：①在结构上一定要采取虚实结合的方式。因为预告片不可能把原片内容全盘托出使观众一览无余，但也不能让观众一无所得。这里的"实"指的是把主要情节和主要人物以及关键性细节具体地表现出来，目的是让观众对影视作品有个大致印象，但又不全盘托出；"虚"指的是省略次要的情节和人物，给观众以想象和预示，引起观众的期待和错觉，加强悬念。②处理好画面的内在联系与外在联系以及连续组接与对列组接的问题。内在联系一般指人物的精神面貌、情节、事件发展的必然性等，在剪辑方法上宜采取对列组接的技巧；外在联系一般指主体的动作、方向、速度、光影、色彩、景别大小、镜头的有机转换等，在剪辑方法上必然要采取连续组接的技巧。③考虑是否表现结局的问题。一般来说，当结局出人意料，和一般的推理不同时，在预告片中要出现结局；当结局合乎一般情理时，在预告片中则不出现结局，但要出现一些导致结局的关键镜头。

另外，预告片的长度取决于原片的片种和内容。一般说来，原片内容越复杂，预告片就越长；预告片越短，视觉冲击力就越强。

### 7.4.2　字幕和画面技巧

在预告片中，字幕有主题字幕、解释字幕和宣传字幕（包括演员字幕）等类型，担负着反映主题、宣传介绍、解释影片和吸引观众的主要任务，还可以用来转换预告片的节奏。字幕在预告片中占有重要的地位，影视预告片对字幕的要求有：①字幕要有强烈的宣传力和感染力，要结合画面的内容和人物表演，同时要紧密结合作品的主题。②字幕的语句要简单明了，不宜过长，在画面中占的篇幅也不宜过多，总体要求是简练、生动。③字幕之间要前后呼应，成为篇章。④字幕的形式要和影视作品的风格相统一，一般惊险片、喜剧片的字幕字体可以粗壮些、多些变化；而悲剧或正剧片的字幕字体要庄重些、变化少些。⑤预告片中的制片单位、片名字幕最好和原片中的制片单位、片名字幕一致。⑥字幕的排列和构图形式应当根据句子长短以及和画面的构图关系来决定。⑦字幕的拍摄方式及技巧的运用（如淡出淡入、推拉等），主要是根据内容来决定的，同时要结合画面的运动、方向以及主体动作。⑧字幕的出现与退出以及转换要与声音节奏相配合。

影视预告片的篇幅一般较短，因此镜头之间的组接往往采用技巧组接的方式进行。同时为了加强画面的视觉冲击力，有时还会对原片的画面做一些画面特技（如调色），以增加可视性。影视预告片中运用画面技巧的总的要求是使画面丰富多彩，具体要求有：①画面丰富多彩，增加悬念，吸引观众。②画面技巧和镜头运动相配合，在运动过程中恰当选择剪接点，借用技巧组接镜头，缩短篇幅。

③画面技巧的选择要与内容、主题、情绪相配合。

### 7.4.3　声音的处理

影视预告片的声音有三种表现形式：一是以音乐、音响为主；二是以音乐、解说为主；三是对白、音乐、音响相结合。可根据不同的片种和内容分别采用三种声音的表现方式。一般来说，采用对白、音乐、音响相结合的方式，能够更好地渲染人物的情绪，表达影片的主题、内容、气氛，增强影片的节奏。

影视预告片的声音来源有三种：一是拍摄前有设计的，在拍摄预告片的画面素材时进行同期录音；二是拍摄前没有设计的，在完成样片中选择需要的声音；三是拍摄前没有设计的，在剪辑预告片时，通过后期配音来配音响和解说词。

影视预告片的声音处理要符合以下要求：①预告片对白应当选择反映主题和人物思想感情的关键性语言，要求简练、生动。②音响主要用于渲染气氛，同时要起到表现人物情感和增强影片内容节奏的作用。③音乐是连接和贯穿影视预告片的主要方式，可以用原片的主题曲作为预告片的声音主体。另外，音乐在预告片中还要起到渲染气氛和增强影片节奏的作用。

## 7.5　创作实训

综合运用所学完成如下创作任务，可根据情况选做其中一至两项。用到Premiere Pro CS5 非线性编辑软件的创建项目、素材导入、编辑视音频素材、录音与配音、添加视音频转场、添加视音频特效、添加字幕、保存项目、输出影片等功能。

### 7.5.1　电视新闻节目的编辑

选择近期身边发生的新闻事件，拍摄大量的原始素材，就每一新闻事件编辑出 1~2 分钟的新闻消息，并把这些新闻消息编排成一期 15 分钟的新闻，注意新闻头条的选择和各新闻的编排。

### 7.5.2　电视广告的编辑

自己拍摄素材，编辑制作一个简单的电视广告。要求编辑制作出的广告能准确反映产品的性能，得到观众的认可。可将拍摄的素材分别编辑为 90 秒、60 秒和 30 秒的广告。编辑完成后，比较不同时长的广告在效果上有什么区别，并思考在编辑过程中应如何处理不同时长的广告。

**355**

### 7.5.3　电视纪录片的编辑

可以自己选题、写稿、拍摄电视纪录片素材；也可以选用一些现成的纪录片素材进行电视纪录片的编辑训练。首先熟悉素材，提炼并确定主题，撰写编辑提纲以及解说词，确定恰当的结构形式，确定主要动作线索，确定主要人物和事件的相互关系，然后根据纪录片的编辑原则，完成全片画面和声音的编辑，可尝试采用不同的开篇和结尾，比较其艺术效果上的差异，找到最佳方案。

### 7.5.4　影视预告片的编辑

以几个长度在30分钟以上的完整影视作品作为素材，可以是电影、电视剧或纪录片等，分别给不同的作品剪辑2分钟的预告片或者以自己的作品为素材，分别剪辑2分钟、1分钟、30秒、15秒的预告片。

【思考题】

1. 电视新闻的编辑应遵循哪些原则？
2. 电视广告有哪几种制作方式？
3. 电视纪录片的编辑原则是什么？
4. 影视预告片的声音处理有哪几种方式？

# 参考文献

1. ［俄］C. M. 爱森斯坦. 蒙太奇论（第 2 版）. 富澜译. 北京：中国电影出版社，2003.

2. ［美］Adobe 公司. Adobe Premiere Pro CS5 经典教程. 许伟民，袁鹏飞译. 北京：人民邮电出版社，2011.

3. ［英］卡雷尔·赖兹，盖文·米勒. 电影剪辑技巧. 方国伟，郭建中，黄海译. 北京：中国电影出版社，1985.

4. 邓烛非. 电影蒙太奇概论. 北京：中国广播电视出版社，1998.

5. 范喆. 电视纪实的本质. 渤海大学学报（哲学社会科学版），2005（2）.

6. 房晓溪，黄莹，马双梅. 非线性编辑教程. 北京：印刷工业出版社，2009.

7. 冯锡增. 非线性编辑应用基础. 北京：中国广播电视出版社，2000.

8. 付俊，黄碧云，睢凌. 广播电视摄、录、编. 北京：北京大学出版社，2009.

9. 傅正义. 实用影视剪辑技巧. 北京：中国电影出版社，2006.

10. 韩宪柱. 声音节目后期制作. 北京：中国广播电视出版社，2003.

11. 何苏六. 电视画面编辑（第 2 版）. 北京：中国广播电视出版社，2008.

12. 黄慕雄，徐福荫. 电视专题节目创作. 广州：华南理工大学出版社，2005.

13. 江永春. Premiere 非线性视频应用案例教程. 北京：电子工业出版社，2009.

14. 焦道利. 电视摄像与画面编辑. 北京：国防工业出版社，2010.

15. 蓝为洁. 剪辑台上的艺术. 北京：中国电影出版社，1984.

16. 李杰，王骏. 影视画面分析学. 北京：国防工业出版社，2008.

17. 李琳. 影视剪辑实训教材. 北京：中国广播电视出版社，2009.

18. 李停战，周炜. 数字影视剪辑艺术与实践. 北京：中国广播电视出版社，2006.

19. 李运林，徐福荫. 电视教材编导与制作（第 2 版）. 北京：高等教育出版社，2004.

20. 刘珺. 对《百家讲坛》的理性探析. 现代视听，2007（9）.

21. 刘强. Adobe Premiere Pro CS5 标准培训教材. 北京：人民邮电出版社，2010.

22. 刘振波. 影视后期编辑实践. 南京：南京师范大学出版社，2009.

23. 王志军. 数字媒体非线性编辑技术. 北京：高等教育出版社，2005.

24. 谢耘耕，唐禾. 2006 年中国电视娱乐节目报告. 现代传播，2006（6）.

25. 杨葆华. 电视编辑实验指导材料. 聊城大学教育传播技术学院，2006.

26. 姚争. 电视剪辑艺术. 杭州：浙江大学出版社，2003.

27. 伊文思. 关于纪录片创作的几个问题. 电影艺术，1980（10）.

28. 张同道，刘普亮. 制造笑声与创造欢乐. 电视研究，2003（12）.

29. 张晓锋. 电视编辑思维与创作. 北京：中国广播电视出版社，2001.

30. 郑刚. 视频后期编辑. 北京：北京师范大学出版社，2009.

31. 中国数字科技馆. 人的认知过程，http：//amuseum. cdstm. cn/AMuseum/perceptive/page_ 1_ organ/page_ 1_ 0. htm.

32. 左明章，童保红. 科教电视节目编导与制作. 武汉：湖北科学技术出版社，2006.